U0514065

民國荔波縣志稿

潘一志文集

潘一志 主纂

貴州民族大學圖書館
貴州水書文化研究院 編

上海古籍出版社

圖書在版編目(CIP)數據

民國荔波縣志稿 / 潘一志主纂. —上海：上海古籍出版社，2017.8
(潘一志文集)
ISBN 978-7-5325-8429-1

Ⅰ.①民… Ⅱ.①潘… Ⅲ.①荔波縣—地方志—民國 Ⅳ.①K297.34

中國版本圖書館 CIP 數據核字(2017)第 081651 號

民國荔波縣志稿
潘一志 主纂
上海古籍出版社有限公司出版
(上海瑞金二路 272 號 郵政編碼 200020)
(1) 網址：www.guji.com.cn
(2) E-mail：gujil@guji.com.cn
(3) 易文網網址：www.ewen.co
上海世紀出版股份有限公司發行中心發行經銷
惠敦印務有限公司印刷
開本 890×1240 1/32 印張 20.75 插頁 4 字數 474,000
2017 年 8 月第 1 版 2017 年 8 月第 1 次印刷
ISBN 978-7-5325-8429-1

K·2319 定價:78.00 元
如有質量問題,請與承印公司聯繫

《民國荔波縣志稿》整理委員會

顧　　問　潘朝霖
主　　任　張學立　陶文亮
副 主 任　唐建榮　韋　維
委　　員　潘朝霖　潘茂金　任達森　盧雲輝　龔　劍
　　　　　陳玉平　譚寶剛　王炳江

主　　編　盧雲輝
執行主編　潘茂金　譚寶剛

潘一志先生（1899-1977）

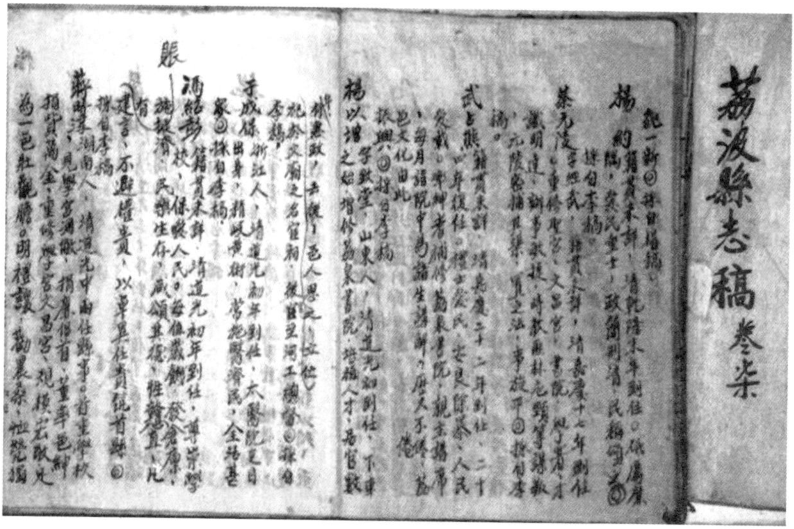

荔波縣志手稿

出版説明

潘一志在民國時期主纂的《荔波縣志稿》（原十卷，首卷在抗戰中丢失，現僅存一至八卷及卷末，共九卷），脱稿於抗戰末期的一九四四年十一月，因「黔南事變」，國家政局混亂，這部《荔波縣志稿》未能及時出版。該志稿衹有兩部手抄稿，一部由潘一志自己保管。抗日戰争結束後，在辭官隱居山林期間，潘一志將縣志的下限時段由一九四三年延伸到一九四九年，把新采集到的一些資料，尤其是日本侵略軍進入荔波燒殺擄搶的罪惡行徑以及抗戰結束後民國後期的真實記録補入了志稿。

中華人民共和國成立後，一九五四年，潘一志在中共荔波縣委、縣政府的支持下，對《荔波縣志稿》進行了修訂。由於受當時政治氣候的影響，他删去了帶有封建思想和落後文化意識的部分内容，把原來的地理志、氏族志、大事志、營建志、政教志、食貨志、職官志、人物志等八志改爲四編，即地理資料、民族資料、社會資料和歷史資料，並將《荔波縣志稿》更名爲《荔波縣志資料》，修訂後的《荔波縣志資料》仍未能及時付印。一九六五年八月，貴州省圖書館訪得《荔波縣志資料》手稿，將其進行刻寫油印，分贈有關圖書館和文史研究單位。一九八四年，荔波縣史志編纂委員會將潘一志主纂的民國《荔波縣志稿》進行刻寫油印，作爲内部資料，供編纂新《荔波縣志》的工作人員學習和參考。二〇〇六年，由黄家服、段志洪主编，四川出版集團和巴蜀書社聯合出版的《中國地方志集·貴州府州縣志輯》，誤將《荔波縣志資料》作爲民國後期編纂的《荔波縣志稿》收進《貴州府州縣志輯》。二〇〇七年，由陳琳主编，貴州人民出版社出版的《貴州省古籍聯合目録》才將《荔波縣志稿》正式著録。迄今爲止，民國《荔波縣志稿》仍未正式刊印出版。

在潘一志先生主纂《荔波縣志稿》之前，從清朝至民國年間，荔波曾有四種縣志的編寫：一、清道光年間，李國材撰《荔波縣志引》（二十卷）；二、清咸豐五年，鄭珍編纂《荔波縣志稿》（未分卷）；三、清光緒元年，蘇忠廷修，李肇同、董成烈纂《荔波縣志》（三十卷）；四、民國二十年前後楊薌蒲纂《荔波縣志》（未完稿）。

以上幾部縣志中，李國材撰的《荔波縣志引》，於咸豐十一年太平軍攻陷荔波縣城時，毁於兵燹；鄭、李、董、楊等稿本，從時段與存史來看，鄭志太簡略；李、董志稿迄於清同治年間，這樣，社會變革較快、新事物出現較多的清光緒初年至民國末期的荔波歷史，在志乘中就成了空白；此時段楊稿雖有所涉觸，但也顯簡略而殘缺。潘一志主纂的《荔波縣志稿》，不僅鏈接了荔波的人文歷史和社會發展脈絡，而且記載了近現代荔波縣在文化、教育、農業、財税等方面的情况，編者還對荔波的山脈、河流、交通等進行了實地勘查，使用了較爲準確的數據，此志稿爲二十世紀九十年代編寫出版的《荔波縣志》打下了基礎。

從清至民國，荔波的幾代文人都有私家修志的傳統。清道光年間的李國材，歷十餘年集二十卷成《荔波縣志引》；鄭珍（遵義人氏，荔波縣教諭）也沒受指派，其《荔波縣志》（一卷本）屬於私家縣志；李肇同、董成烈纂的《荔波縣志》（三十卷）雖「奉文以將修《黔省通志》，命各縣輯志以備采擇」（蘇忠廷《荔波縣志・序》），然而縣志稿「六閱月而志成。」，這祇能是李肇同、董成烈將各人的私志貢獻出來，綜合而成任務作品，否則半年時間難成其書；楊薌蒲用了十來年所纂的私家志，雖未完稿，但楊稿和李肇同、董成烈纂的縣志稿一併爲以後的縣志整理提供了不可或缺的史料；潘一志先生繼承先賢的傳統，在一九四三年民國荔波縣政府修志時，也無私地將自己的私家志貢獻出來，否則難以想像這部近五十萬字的縣志稿的編寫僅用一年多的時間纂成。

在這部民國末期成書的縣志中，潘一志雖然沿襲了舊志編寫的模式，因爲受「五四」新文化運動的影響，受科學思想和唯物主義的影響，在梳理社會歷史和記録人文掌故時，潘一志摒棄了許多陳舊的觀點，力爭在語言表述上，更忠於客觀，如對農民起義軍領袖潘新簡等歷史人物，舊志統稱爲「賊」、「賊首」等，《荔波縣志稿・大事志》中則改稱爲起義軍或民軍，對潘新簡亦直呼其名；對日本侵略軍直稱「日寇」、「敵寇」，不使用中性的日軍；對中國工農紅軍則直稱「紅軍」，不使用「共軍」、「紅匪」等稱謂（在《人物志》的墓志及傳記、年表中，還有幾處對紅軍及共産黨的蔑稱尚未修改，這是倉促所至）；對少數民族風俗習慣的記録，也不再使用蔑稱或侮辱性詞語；在人物志的撰寫方面，尤其體現了潘一志薄古厚今的思想，竭力爲進步知識份子如李家盛、高煌，抗日將士楊家騮、全正熹等立傳，爲在抗日鬥爭中犧牲和在歷次戰火中罹難的普通百姓留名。

一九四三年三月，「荔波縣志稿整理委員會」成立，主任委員由縣長掛名，潘一志任副主任委員及主纂，並聘地方熱心文化人士李伯純、吴佩竹、周繼光、梁門書、梁一民、李西長、陳幹周、韋植三、高重光等組成修志委員會。委員會還聘各鄉、鎮長，各校校長及熱心人士爲採訪員。在委員會的首次會議上，潘一志擬定半年至八個月，最多一年成書，他的計畫讓當時的委員們都吃驚，但大家看到一志先生的私志稿後，都一致贊同。在衆人的齊心合力下，《荔波縣志稿》（十卷）終於在日寇攻陷荔波縣城（一九四四年十二月三日）的十多天前手抄成書。看起來這是一個組織在修志，但書中史料的主要來源是「李稿」、「楊稿」和潘一志先生的「私家志稿」。書中納入的抗戰末期及勝利後的内容，完全屬於潘一志先生「私家修志」的個人運作。鑒於這樣的情況，我們認爲此書應該作爲《潘一志文集》（二）來出版。

縱觀以上所舉的四種「縣志」，没有一部如同潘一志先生那樣對民族歷史和民族文化傾心關注，《荔波縣志稿》（十卷）記録了荔波縣的民族、民俗、宗教、信仰、禁忌以及民族文字等内容。一九五六年以前，水族是荔波縣人口最多的少數民族，因此，《荔波縣志稿》亦是一部研究水族歷史文化的重要參考文獻。就潘一志一生研究本民族文化的歷程來看，《荔波縣志稿》中的水族部分内容是他水家學研究的始步。因此該縣志在研究潘一志的史學思想、史學成就方面，有著不可忽視的價值。這就是我們編輯出版民國《荔波縣志稿》的初衷。

民國《荔波縣志稿》的整理出版，得感謝潘茂金先生的大力協助。因稿本原件破損嚴重，給重新排版帶來許多困難，爲此，我們特聘請潘一志先生的兒子、原黔南州文聯主席潘茂金對《志稿》進行整理，潘茂金在輸入全志内容時，對照潘一志先生的有關遺稿，對部分文字及數據進行了認真的甄别，又補畫了部分地圖。茂金先生爲此花了兩年多時間，可謂功勞苦勞同在。

該書的不盡完善之處，請讀者給予諒解。

貴州民族大學

貴州民族大學圖書館

貴州水書文化研究院

二〇一三年十二月

目録

卷壹　地理志

《易》曰：「至哉坤元，萬物資生。」《白虎通》曰：「天地者，元氣之所生，萬物之祖也。」《釋名》曰：「土者吐也，能吐生萬物也。」土地之關係萬物也明矣。《禮記》曰：「取財於地。」《申子》曰：「土，食之本也。」人生之不可一日無土地也更明矣。

荔邑雖窮鄉僻壤，然三千餘方公里之幅員，十萬生靈，熙來攘往，賴此以生，以養，以葬，其關係又何如耶？至若歷代之沿革，疆域之區劃，位置之經緯，面積之大小，山川之形勝，氣候之温寒，土質之肥瘠，以及關隘津梁，泉塘巖洞，名勝古蹟，無一不影響於國計民生，是不可以不志。

首志地理。

建置沿革

荔波縣爲古荒服地，隋以前無考，唐貞觀間屬東謝應州地，天寶中爲勞、莪等羈縻州，宋置羈縻荔波州。元季、明初爲皮、蒙、雷三土司占據。正統間改土歸流，嘉靖間設縣，屬廣西慶遠府。萬曆間知縣劉邦徵始詳請建城於時來里之喇軫村（即今時來鄉舊縣村），明末廢焉。清順治十六年，知縣王家珍詳請移縣治於方村里襖村（即今方村街）。雍正十年，改屬貴州，隸都匀府。乾隆二年，貴州撫部院憲張廣泗奏請移縣治於今城（見黔志《貴州通志》、《貴州全省地輿圖説》、《明史・蠻夷傳》及知縣趙世綸《在城塘紀事碑》）。民國廢府，隸貴州民政司；後隸黔中道，屬貴州巡按使；民國六年廢道制，直屬貴州省長公署；民國十五年改省長公署爲省政府，直屬貴州省政府；民國二十四年六月，貴州劃爲「剿匪」區域，設行政督察區。貴州第十一區行政督察專員公署設獨山，二十五年三月縮併，改爲第八區；二十六年十一月復縮併，改爲第二區，仍駐獨山，荔波屬焉。

附　《黔志》：「東謝應州領都尚、婆覽、應江、陁隆、羅恭五縣。」

按　《新唐書・地理志》江南道諸蠻州下云：「應江，貞觀三年以東謝首領謝元深地置縣五：都尚、婆覽、應江、陁隆、羅恭。」都尚在故都江縣左近，婆覽在今荔波縣北境水婆及故三合縣爛土司地，應江在今榕江縣西北平江地，陁隆即今台拱縣地，羅恭在今丹江縣西雷公山左側。玄宗開元中，降牂州及琰、莊二州爲羈縻州。初牂、琰、莊、充、應、矩六州皆爲下州，至是降牂、琰、莊三州皆爲羈縻州。其後天寶三載，又降充、應、矩三州爲羈縻，始爲五十一羈縻之制，亦稱之諸蠻州。勞州治在今荔波縣東南一百二十里之勞村，莪州治在今荔波縣北莪蒲里。宋仁宗慶曆四年（民國紀元前八六八年）環州（即今廣西思恩縣）區希範及荔波峒蠻蒙趕等作亂，明年轉運使杜圮大平之。（詳《大事志》）皇祐中（民國紀元前八六三至八五七年）於廣西宜州置都督府及兵馬都監。宜州西境有南丹州，安化州（即唐之撫水州）三州一鎮，又有撫水、五洞、龍河、茅灘、荔波等蠻（撫水、安化、五洞、龍河，應均爲廣西思恩縣地，茅灘應即今荔波縣南之茅蘭地）及陸家砦（應即今南丹縣接獨山縣之六寨）。

附《貴州通志》：「宋置羈縻荔波州，元屬南丹安撫司，明洪武元年併入思恩縣，十七年析置荔波縣，隸廣西慶遠府，明末割隸貴州都司，國朝順治十六年仍屬廣西，雍正十年改隸貴州都勻府。」

附《貴州全省地輿圖説・荔波縣沿革》：「宋爲羈縻荔波州，元屬南丹安撫司，明洪武十七年析置荔波縣，隸廣西慶遠府。正統十二年改隸南丹州。弘治七年復隸慶遠府。國朝雍正十年改隸貴州都勻府，縣轄十六里。」

附《明史・蠻夷傳》：「（永樂二年），荔波縣民覃真保上言：縣自洪武至今，人民安業，惟八十二洞傜民未隸編籍，今聞朝廷加恩撫綏，咸願爲民，無由自達，乞遣使招撫。乃命右軍都督府移文都督韓觀遣人撫諭，其願爲民者，量給賞賚，復其傜役。」

附 知縣趙世綸《在城塘紀事碑》：「荔波，古百粵溪洞之地，苗蠻六種，聚族而居，各分頭目爲捧，總計有十六捧，即今之十六里也。漢、唐以前，無乘志可考。宋時曾置荔波土州。元季、明初，爲皮、蒙、雷三土司割據。至正德間改流，嘉靖間設縣，屬粵西之慶遠府。萬曆初，知縣劉邦徵始詳請建城於時來里之喇軫村，即今俗所稱舊縣地也。明末，知縣王君蒞任，以諸苗不法，詳請剿洗，而喇軫之縣治廢矣。本朝順治十六年，知縣王君家珍請改建縣治於方村之襖村，招異省漢民數家，以充役使，編緝錢糧，羈縻各里。然而規模草率，因陋就簡，雖稱縣治，實同村落。此歷來建置廢興因革之大略也。其風俗習尚，類皆家藏槍械，恣意仇殺，藐玩王章，輕視官宰。如知縣胡君蒼睿於康熙二年，奉檄涖任，路經水巖，苗民恐其止宿騷擾，糾集兇黨，羣行不法，官吏糧役，俱遭慘毒。此其兇暴之尤者也。雖旋經官兵剿洗，然自茲以後，受任斯邑，莫不心懷畏縮，裹足不前。或借寓於慶遠府城，間有親至者，皆請南丹土兵防護。人視荔波爲化外，官目荔波爲畏途。所以改土已逾二百餘年，而風不能遽易，習不能遽改云。雍正十年，因荔波接近貴州新辟苗疆，改歸黔省，隸都匀府屬。十三年苗疆多事，蒙總督部院張題請粤西官兵駐荔防範，四境藉以寧謐。又以苗民兇悍，擁有槍械，乾隆元年，復蒙督憲檄委都匀太守孫諱紹武協同都司林君焕奎，宣揚威德，諭繳兵械。苗民投獻恐後，閲二月而事竣，槍刀標弩各收至萬餘。乾隆二年，又蒙撫部院憲張於苗疆善後事宜案内題設荔波營，駐兵八百，以遊、守二員，千總、把總六員統轄之。復以方村縣治偏在一隅，難以控制，委員相度形勢，得古喇軫舊縣對門河之蒙石里，地既適中，形復寬敞，而縣治基址定焉。基内田畝房屋，悉給價值遷居之費，共給帑銀柒百玖拾餘兩。三年八月，起建城工，至五年三月告成。周圍五百二十六丈，約三里二分，共費帑銀貳萬壹千兩。又建立祠壇廟宇、衙署營房，設學勸課，演武宣威。制度既已宏遠，地勢又復平曠。向之草率簡陋者，規模爲之一變。從此化行俗美，政簡刑清，俾邊僻苗方，漸致於變時雍之治，實於是焉基之。其可無紀以志厥顛末歟？是役也，創始則邑宰吕諱瑛，繼事則邑宰金諱明基，督理則八寨司馬陳諱于中，協辦則遊戎李諱勳，守戎萬諱安，縣佐方諱時寶，儒學戎諱輔，縣尉魯諱志儀，部司李諱正吉、陳諱照先、李諱正魁、張諱少卿、張諱奇傑、吴諱德瑗暨外部司等，均著勞績。余於乾隆四年秋七月奉檄委署縣篆，爾時城工尚缺迨半。然典章具在，率循非難。因得勉從諸君子略爲措置，以終厥事焉。荔邑偏居一隅，素無志乘，故當落成之日，爲之備述始末，立詞於石，以俟後之君子備考云。乾

隆五年四月 日記。」

按 碑在北門外神道碑附近，字跡雖模糊，細讀之，尚可認識。

按 《黔志》、《貴州通志》、《貴州全省地輿圖説》、《明史·蠻夷傳》及趙世綸《在城塘紀事碑》等所載，自宋以後沿革，均有出入。惟以《在城塘紀事碑》係乾隆五年四月立，以地則親歷其間，以時則距明未遠，得之傳聞較真，故採焉。

位　置

經緯度

荔波全縣占倫敦子午綫東經一百零七度四十七分三十秒至一百零八度三十三分三十秒，北緯二十五度七分四十秒至四十三分四十秒。在貴州全省東南角偏南端，界桂省。黔桂公路未開之前，爲省防重要門户，亦黔、桂交通孔道也。縣城位全縣中央而稍偏西南。占東經一百零八度三分三十秒，北緯二十五度二十三分三十秒。

經緯度係按亞新地學社歐陽纓著《本國分省精圖》推算。惟據三十年十月貴州省政府製《貴州省概況統計》載荔波治所位置東經一百零七度五十五分二十秒，北緯二十五度二十九分四十秒。因無精确測算，特附録待考。

海　拔

荔波縣海拔根據亞新地學社歐陽纓著《本國分省精圖》載本國高度表，荔波係在四百公尺至一千公尺之間；又據地質學博士丁文江經過荔波口稱：「荔波海拔在四百二十公尺左右。」惟查三十年十月貴州省政府製《貴州省概況統計》載荔波海拔八百八十公尺。根據軍令部陸地測量總局十萬分之一《貴州省地形圖》測算，又查獨山鐵道高度標識係九百八十一公尺，則荔波當在四百公尺左右。但未經精确測量，尚難肯定，特並存之，以俟後考。

標準時區

荔波位置在一百零七度四十七分三十秒至一百零八度三十三分三十秒，應屬隴蜀時區。

按　民國紀元後，前中央觀象臺《曆書》劃分中國全部爲五個標準時區。以東經一百二十度經綫之時刻爲標準者曰中原時區，以東經一百零五度爲標準者曰隴蜀時區，以東經九十度爲標準者曰回藏時區，皆整時區也；以東經八十二度半爲標準者曰昆侖時區；以東經一百二十七度半爲標準者曰長白時區，皆半時區也；各區之範圍，經天文研究所加以修改，暫以省區之界綫爲限。其距省界綫較遠者，則擇重要城鎮及行政區域劃分之。二十八年二月九日，内政部召集標準時區會議，決定按此分法。但在抗日期間，全國暫時均用隴蜀時區。

又按　雲南、貴州、廣西均屬隴蜀時區，故荔波應屬隴蜀時區。

附　中國標準時區圖：

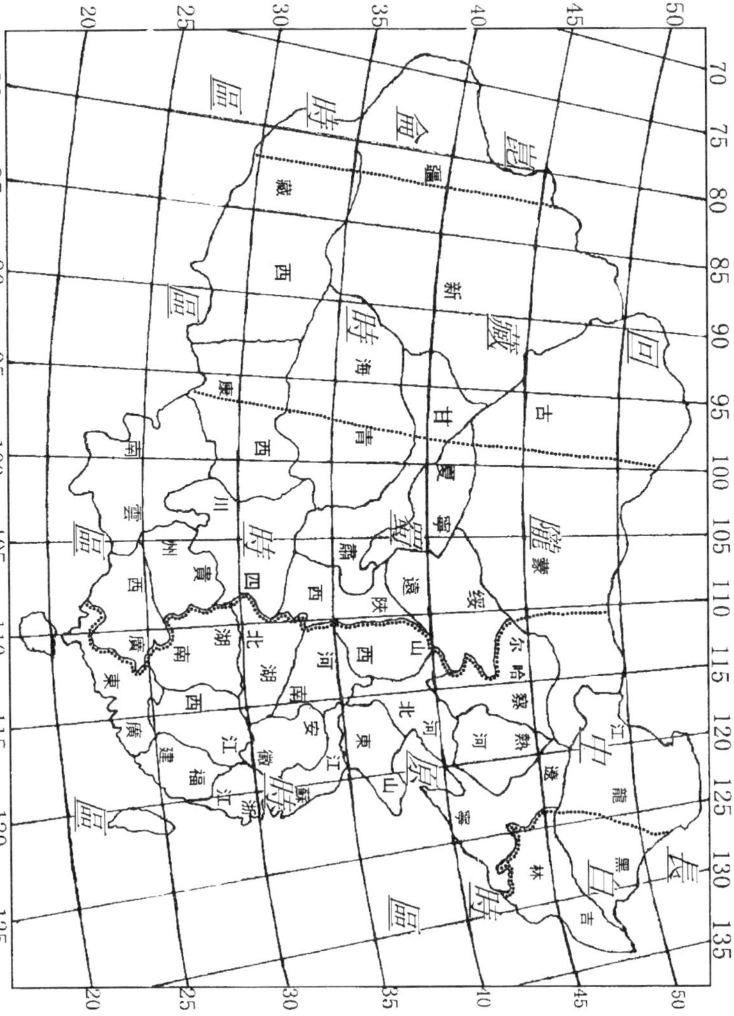

中國標準時區圖

日出日没時分表：

按　國立中央研究院天文研究所編製《民國三十一年國民曆》載北緯二十度與三十度日出日没時分表，與荔波縣位置在北緯二十五度七分至四十四分有關，特録於後，以備參考。

中華民國三十一年北緯二十度暨三十度日出日没時分表

日出没別			出		没	
北緯度			廿度	卅度	廿度	卅度
一月	一日	時	6	6	5	5
		分	35	56	32	11
	六日	時	6	6	5	5
		分	36	57	35	15
	十一日	時	6	6	5	5
		分	38	57	38	19
	十六日	時	6	6	5	5
		分	38	57	42	23
	廿一日	時	6	6	5	5
		分	38	56	45	27

續表

日出没別	北緯度	一月				二月									
		廿六日		卅一日		五日		十日		十五日		廿日		廿五日	
		時	分	時	分	時	分	時	分	時	分	時	分	時	分
出	廿度	6	37	6	36	6	34	6	32	6	30	6	27	6	24
	卅度	6	54	6	52	6	49	6	45	6	41	6	36	6	31
没	廿度	5	48	5	51	5	54	5	56	5	59	6	1	6	3
	卅度	5	32	5	36	5	40	5	44	5	48	5	52	5	56

續表

日出沒別			出				沒			
北緯度			廿度		卅度		廿度		卅度	
月	日		時	分	時	分	時	分	時	分
三月	二日		6	20	6	26	6	5	5	59
	七日		6	16	6	20	6	7	5	3
	十二日		6	12	6	15	6	9	6	6
	十七日		6	8	6	9	6	10	6	9
	廿二日		6	3	6	3	6	12	6	12
	廿七日		5	59	5	56	6	13	6	16
四月	一日		5	54	5	50	6	14	6	18

續表

日出没別	北緯度	四月六日 時	四月六日 分	十一日 時	十一日 分	十六日 時	十六日 分	廿一日 時	廿一日 分	廿六日 時	廿六日 分	五月一日 時	五月一日 分	六日 時	六日 分
出	廿度	5	50	5	46	5	42	5	38	5	34	5	31	5	28
	卅度	5	44	5	39	5	33	5	28	5	23	5	18	5	14
没	廿度	6	15	6	17	6	18	6	20	6	21	6	23	6	25
	卅度	6	21	6	24	6	27	6	30	6	34	6	37	6	40

續表

月	日	時分	出 廿度	出 卅度	没 廿度	没 卅度
五月	十一日	時	5	5	6	6
		分	26	10	27	43
	十六日	時	5	5	6	6
		分	24	6	29	46
	廿一日	時	5	5	6	6
		分	22	4	31	50
	廿六日	時	5	5	6	6
		分	21	1	33	52
	卅一日	時	5	5	6	6
		分	20	0	35	55
六月	五日	時	5	4	6	6
		分	20	58	37	58
	十日	時	5	4	6	7
		分	20	58	39	0

(表頭：日出没別；北緯度)

續表

日出没別		出				没			
北緯度		廿度		卅度		廿度		卅度	
		時	分	時	分	時	分	時	分
六月	十五日	5	20	5	58	6	40	7	2
	廿日	5	21	4	59	6	41	7	4
	廿五日	5	22	5	0	6	42	7	5
	卅日	5	28	5	2	6	43	7	5
七月	五日	5	25	5	3	6	43	7	5
	十日	5	27	5	6	6	43	7	4
	十五日	5	29	5	8	6	43	7	3

續表

日出没別			出		没	
北緯度			廿度	卅度	廿度	卅度
七月	廿日	時	5	5	6	7
		分	30	11	42	1
	廿五日	時	5	5	6	6
		分	32	14	40	58
	卅日	時	5	5	6	6
		分	34	17	38	55
八月	四日	時	5	5	6	6
		分	36	20	36	52
	九日	時	5	5	6	6
		分	38	23	33	47
	十四日	時	5	5	6	6
		分	39	26	30	43
	十九日	時	5	5	6	6
		分	41	29	26	38

續表

日出没別		出				没			
北緯度		廿度		卅度		廿度		卅度	
		時	分	時	分	時	分	時	分
八月	廿四日	5	42	5	32	6	22	6	32
	廿九日	5	43	5	35	6	18	6	27
九月	三日	5	44	5	37	6	14	6	21
	八日	5	46	5	40	6	10	6	15
	十三日	5	47	5	43	6	5	6	9
	十八日	5	48	5	46	6	1	6	3
	廿三日	5	49	5	48	5	56	5	56

續表

日出沒別			出		沒	
北緯度			廿度	卅度	廿度	卅度
九月	廿八日	時	5	5	5	5
		分	50	51	52	50
十月	三日	時	5	5	5	5
		分	51	54	47	44
	八日	時	5	5	5	5
		分	52	57	43	38
	十三日	時	5	6	5	5
		分	54	0	39	32
	十八日	時	5	6	5	5
		分	56	3	35	27
	廿二日	時	5	6	5	5
		分	57	7	31	22
	廿八日	時	5	6	5	5
		分	59	10	28	17

續表

日出没別			出		没	
北緯度			廿度	卅度	廿度	卅度
十一月	二日	時	6	6	5	5
		分	2	14	26	13
	七日	時	6	6	5	5
		分	4	18	23	9
	十二日	時	6	6	5	5
		分	7	22	21	6
	十七日	時	6	6	5	5
		分	10	26	20	3
	廿二日	時	6	6	5	5
		分	13	30	19	2
	廿七日	時	6	6	5	5
		分	16	34	19	0
十二月	二日	時	6	6	5	5
		分	19	39	20	0

續表

日出没别			出		没	
北緯度			廿度	卅度	廿度	卅度
十二月	七日	時	6	6	5	5
		分	22	42	20	0
	十二日	時	6	6	5	5
		分	25	46	22	1
	十七日	時	6	6	5	5
		分	28	49	24	3
	廿二日	時	6	6	5	5
		分	31	52	26	5
	廿七日	時	6	6	5	5
		分	33	54	29	8

按　日出日没時分，以日輪最上點實現於地平上定之。表中所載係地方時，欲改爲標準時者，應視本地經度在本時區標準子午圈之西或東幾何度，每度加減四分，西加東減。

日中平時表

按　國立中央研究院天文研究所編製《三十一年國民曆》載日中平時，乃太陽過東經一百零五度子午圈時之平時時分秒，亦即荔波標準時區，特列表附後，以備參考。

附　中華民國三十一年日中平時表

表一

月序	一月			二月			三月			四月			五月			六月		
日序	時	分	秒	時	分	秒	時	分	秒	時	分	秒	時	分	秒	時	分	秒
1日	12	3	20	12	13	36	12	12	35	12	4	9	11	57	8	11	57	33
2日	12	3	48	12	13	44	12	12	24	12	3	50	11	57	0	11	57	42
3日	12	4	16	12	13	51	12	12	11	12	3	32	11	56	53	11	57	51
4日	12	4	43	12	13	57	12	11	59	12	3	15	11	56	46	11	58	1
5日	12	5	11	12	14	2	12	11	46	12	2	57	11	57	41	11	58	11
6日	12	5	37	12	14	8	12	11	32	12	2	39	11	56	35	11	58	21
7日	12	6	4	12	14	12	12	11	18	12	2	22	11	56	30	11	58	32
8日	12	6	30	12	14	15	12	11	3	12	2	5	11	56	26	11	58	43
9日	12	6	55	12	14	18	12	10	49	12	1	48	11	56	23	11	58	55
10日	12	7	20	12	14	19	12	10	33	12	1	32	11	56	20	11	59	6
11日	12	7	44	12	14	20	12	10	18	12	1	15	11	56	17	11	59	18

續　表

月序	一月			二月			三月			四月			五月			六月		
日序	時	分	秒	時	分	秒	時	分	秒	時	分	秒	時	分	秒	時	分	秒
12日	12	8	8	12	14	20	12	10	2	12	0	59	11	56	15	11	59	30
13日	12	8	31	12	14	20	12	9	46	12	0	44	11	56	14	11	59	43
14日	12	8	54	12	14	18	12	9	30	12	0	28	11	56	14	11	59	55
15日	12	9	16	12	14	16	12	9	13	12	0	13	11	56	14	12	0	8
16日	12	9	37	12	14	14	12	8	56	11	59	59	11	56	14	12	0	21
17日	12	9	58	12	14	10	12	8	39	11	59	45	11	56	15	12	0	34
18日	12	10	18	12	14	6	12	8	22	11	59	30	11	56	17	12	0	47
19日	12	10	37	12	14	1	12	8	4	11	59	17	11	56	19	12	1	0
20日	12	10	56	12	13	55	12	8	47	11	59	4	11	56	22	12	1	13
21日	12	11	14	12	13	49	12	7	29	11	58	51	11	56	25	12	1	26
22日	12	11	30	12	13	42	12	7	11	11	58	38	11	56	29	12	1	39
23日	12	11	47	12	13	34	12	6	53	11	58	27	11	56	33	12	1	52
24日	12	12	2	12	13	26	12	6	35	11	58	15	11	56	38	12	2	5

續　表

月序	一　月			二　月			三　月			四　月			五　月			六　月		
日序	時	分	秒	時	分	秒	時	分	秒	時	分	秒	時	分	秒	時	分	秒
25日	12	12	17	12	13	17	12	6	17	11	58	4	11	56	43	12	2	18
26日	12	12	30	12	13	7	12	5	58	11	57	53	11	56	49	12	2	30
27日	12	12	43	12	12	57	12	5	40	11	57	43	11	56	55	12	2	43
28日	12	12	56	12	12	47	12	5	22	11	57	34	11	57	2	12	2	55
29日	12	13	7	12			12	5	3	11	57	24	11	57	9	12	3	8
30日	12	13	17	12			12	4	45	11	57	16	11	57	16	12	3	20
31日	12	13	27	12			12	4	27	11			11	57	24	12		

表二

月序	七　月			八　月			九　月			十　月			十一月			十二月		
日序	時	分	秒	時	分	秒	時	分	秒	時	分	秒	時	分	秒	時	分	秒
1日	12	3	31	12	6	15	12	0	12	11	49	56	11	43	40	11	48	48
2日	12	3	43	12	6	12	12	59	54	11	49	37	11	43	38	11	49	11
3日	12	3	54	12	6	8	12	59	34	11	49	18	11	43	37	11	49	34

續表

月序	七月			八月			九月			十月			十一月			十二月		
日序	時	分	秒	時	分	秒	時	分	秒	時	分	秒	時	分	秒	時	分	秒
4日	12	4	5	12	6	3	12	59	15	11	48	59	11	43	37	11	49	57
5日	12	4	16	12	5	58	12	58	55	11	48	41	11	43	38	11	50	22
6日	12	4	27	12	5	52	12	58	36	11	48	23	11	43	40	11	50	47
7日	12	4	37	12	5	45	12	58	16	11	48	5	11	43	42	11	51	12
8日	12	4	47	12	5	38	12	57	55	11	47	48	11	43	46	11	51	38
9日	12	4	56	12	5	31	12	57	35	11	47	31	11	43	50	11	52	4
10日	12	5	5	12	5	23	12	57	14	11	47	15	11	43	55	11	52	31
11日	12	5	14	12	5	14	12	56	54	11	46	59	11	44	1	11	52	58
12日	12	5	22	12	5	5	12	56	33	11	46	44	11	44	8	11	53	26
13日	12	5	30	12	4	55	12	56	12	11	46	29	11	44	15	11	53	54
14日	12	5	37	12	4	44	12	55	51	11	46	14	11	44	23	11	54	22
15日	12	5	44	12	4	33	12	55	29	11	46	1	11	44	33	11	54	51
16日	12	5	50	12	4	22	12	55	8	11	45	47	11	44	43	11	55	20
17日	12	5	56	12	4	10	12	54	47	11	45	34	11	44	53	11	55	49

續　表

月序	七月			八月			九月			十月			十一月			十二月		
日序	時	分	秒	時	分	秒	時	分	秒	時	分	秒	時	分	秒	時	分	秒
18日	12	6	2	12	3	57	12	54	26	11	45	22	11	45	5	11	56	18
19日	12	6	6	12	3	44	12	54	4	11	45	10	11	45	18	11	56	48
20日	12	6	11	12	3	31	12	53	43	11	44	59	11	45	31	11	57	17
21日	12	6	14	12	3	16	12	53	22	11	44	49	11	45	45	11	57	47
22日	12	6	17	12	3	2	12	53	1	11	44	39	11	46	0	11	58	17
23日	12	6	20	12	2	47	12	52	39	11	44	30	11	46	15	11	58	47
24日	12	6	22	12	2	31	12	52	18	11	44	21	11	46	32	11	59	16
25日	12	6	23	12	2	15	12	51	57	11	44	14	11	46	49	11	59	46
26日	12	6	24	12	1	59	12	51	37	11	44	7	11	47	7	12	0	16
27日	12	6	24	12	1	42	12	51	16	11	44	0	11	47	26	12	0	46
28日	12	6	23	12	1	25	12	50	56	11	43	55	11	47	46	12	1	15
29日	12	6	22	12	1	7	12	50	36	11	43	50	11	48	6	12	1	45
30日	12	6	20	12	0	49	12	50	16	11	43	46	11	48	27	12	2	14
31日	12	6	18	12	0	31	12			11	43	42	11			12	2	43

凡正午時校正鐘錶，欲得本地平時者以此爲準；若欲以本地平時改爲標準時者，應視本地經度在本時區標準子午圈之西或東幾何度，每度加減四分，西加東減。

附《時差曲綫圖說》以備參考。

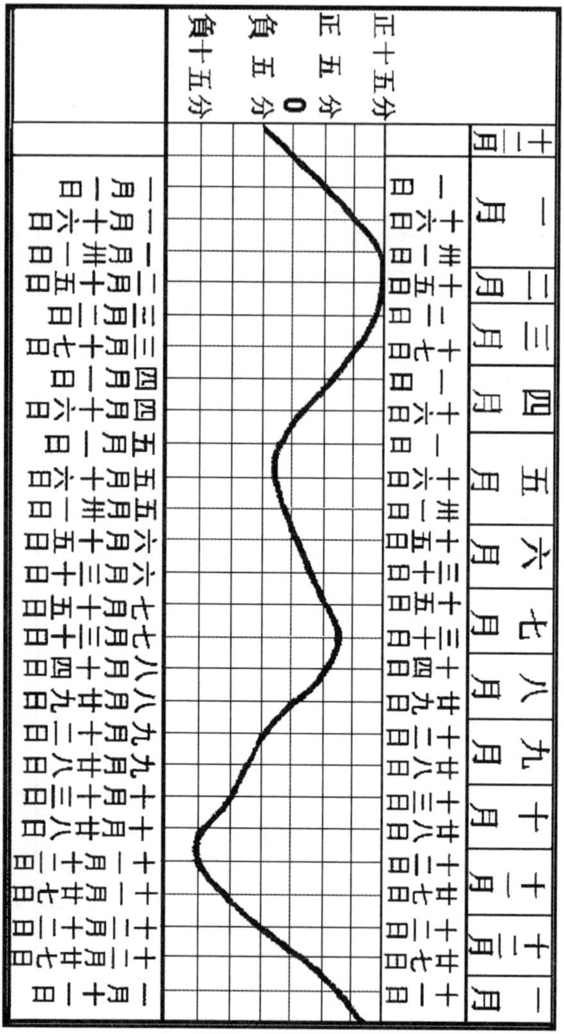

時差曲綫圖說

《時差曲綫圖説》：自本日夜半至次日夜半，或自本日正午至次日正午，謂之一日；若詳言之，則稱真太陽日。蓋所用以定日者爲太陽之實體也。然真太陽日之長短不一，其故有二：一則太陽在黄道上之視行速度不均，視其距離近地點之遠近而異，冬急而夏緩；二則因地球之自轉依赤道，而太陽之視行則與赤道斜交。因此，若用真太陽日，則一年中一日之時間，隨時盈縮，不特計算不便，而鐘錶之製造，亦無法求其合天。故近代天文家創爲平太陽之法，最爲簡易。其法設一想像之平太陽，以平均速度行於赤道而又與真太陽終年之行相合，以此平太陽爲準，則時日皆可平均矣。曆中所載日中平時即當真太陽中天時平太陽所應有之時分。平太陽正午與真太陽正午之距離，謂之時差。本圖即示時差周年變更之大勢。凡某日曲綫在零點横綫上者，應於真時上加時差始得平時。凡某日曲綫在零點横綫下者，應於真時上減時差始得平時。

按 各省舊志，多志分野，《謝東山志》云：「都勻府、程番府、永寧、鎮寧、安順、普安四州俱參井之餘，思州、思南、鎮遠、石阡、銅仁、黎平六府俱翼軫之餘。」《貴州通志》云：「天文星野，黔越在荒服，保章氏所未載，前人以地近荆梁，分翼軫參井之餘。」

鄉先達李肇同、董成烈諸先生舊編縣志遺稿云：「荔邑地鄰慶柳，屬古楊州南境，星分在軫翼之餘，畫野控黔粤之次。」

又按 廣東屬《禹貢》楊州徼外地，廣西屬《禹貢》荆州南徼，四川屬《禹貢》梁州之域，是以貴州屬荆州分野較爲適當，然皆渺不可稽。

又按 《貴州全省地輿圖説》載荔波縣天度日出日入：「冬至日出卯正三刻二分五十七秒，日入酉初初刻十二分三秒，晝四十一刻九分六秒，夜五十四刻五分五十四秒。夏至日出卯初初刻十二分三秒，日入酉正三刻二分五十七秒，晝五十四刻五分五十四秒，夜四十一刻九分六秒。」亦不精確，姑録之以備一格。

疆域

縣界

荔波縣東界廣西宜北縣。 縣屬佳榮鄉之甲料、坡脚、何家寨、新寨、拉勿卡，茂蘭鄉之羅家寨、龍洞坪、下堯柳、鐵坳、黎家寨、盧寨、韋寨等處，與宜北縣屬連界。

荔波縣東南界廣西思恩縣。 縣屬洞塘鄉之拉蒿、平吉、雄關、塘邊、洞腊、黎明關、洞長等處，與思恩縣屬連界。

荔波縣南及西南界廣西南丹縣。 縣屬洞塘鄉之拉扒、甲忙、拉路，永康鄉之堯蘭、董膽關，朝陽鄉之岜馬，董界鄉之董札、堯沙，撈村鄉之江奔、板扣、洞勤、洞龍、播夜、八弓、岜肯等處包圍南丹飛地之翁昂（**按** 民國三十二年三月，奉内政部令，准撥翁昂屬荔波。並曾由部派員查勘。現正由部員查勘呈覆中）。撈村鄉之長法、八故、雅抑、洞卓，董界鄉之朝沙、界牌、白臘坳，駕歐鄉之内廣、打柳關、甲馬關等處，與南丹縣屬連界。

荔波縣西及西北界獨山縣。 縣屬播瑶鄉之董扒、董馬、新寨、守倫、拉方、董細，陽鳳鄉之董豪、甲瞞、更蘭、岜有、抹榜、水頭、交朝、干堯，方村鄉之堯穹、新寨、水拉、大甲、板卜（**按**　該處之高黑村原屬荔波，因荔波地瘠民貧，各項捐款、負擔較獨山重，該村人民，避重就輕，借故捏詞，呈懇撥歸獨山，民國二十四年省政府派員查勘，不蒙明察，竟予劃撥。此亦可證明荔波貧瘠，擔負重欸之一例也），恒豐鄉之拾輪、塘弄、甲左，陽安鄉之甲蘭、甲下、甲約等處，與獨山縣屬連界。

荔波縣北界三都縣。 縣屬陽安鄉之拉哀、梅打、引雖、梅蕚、港務、干貴，三洞鄉之板了、地婆、己乃下寨、引港、水各等處，與三都縣屬連界。而河東溝直至河西，則以溝爲界。溝東南屬荔波，溝東北屬三都。

荔波縣東北界榕江、從江兩縣。 縣屬從善鄉之姑正、水往、水穴，佳榮鄉之地界、藍靛山等處，與榕江縣屬連界。佳榮鄉之雷家坡、小敖等處，與從江縣屬連界。

行政區域及其沿革

荔波縣行政區域，原分爲蒙石、時來、巴灰、董界、巴乃、羊奉、方村、瑶臺、恒豐（原名水婆）、羊安、三洞、從善（原名九阡）、周覃、莪蒲、瑶慶、巴容等十六埲（埲字從奉從土，取奉命守土之義，舊時土司之頭目謂之埲目），後改爲十六里。瑶慶、從善、巴乃、羊奉等爲四大里，蒙石、時來、莪蒲、羊安爲四小里，其餘爲八中里。

民國三年改爲六區。第一區轄蒙石、時來、巴灰、莪蒲四里，第二區轄董界、巴乃二里，第三區轄羊鳳、方村、瑶臺三里，第四區轄恒豐、羊安、周覃三里，第五區轄三洞、從善二里，第六區轄巴容、瑶慶二里。

民國二十年二月籌辦自治，設鄉鎮閭鄰，劃第一區爲玉屏、安濤兩鎮及附郭、水豐、時來、福村、朝陽、花提、水浦、水角等八鄉；第二區爲洞莪、巴樓、汪蒙、撈村、駕歐、六林、地莪、播綏等八鄉；第三區爲方村、水利、甲良、夾岸、把平、平寨、拉柳、大利等八鄉；第四區爲魯訓、懂黨、播花、洗舊、廷牌、陽樓、泰來、周豐、陽朝、金桃等十鄉；第五區爲上三洞、下三洞、水維、水東、楊柳、楊洪、鸞董、寨糖等八鄉；第六區爲久安、計才、洞塘、水堯、洞流、洞英、立化、威巖、坤地、水慶等十鄉；共二鎮五十二鄉。

民國二十四年，改聯保制。又因第五區治安問題，乃分化從善里，併入鄰區，改設五區，轄三十三聯保。玉屏、附豐（原蒙石里）、舊縣、福村（原時來里）、朝陽、花堤（原巴灰里）、水角（原莪蒲里）、揚善（原屬從善里一部分）等八聯保屬第一區；董界、巴樓、撈村（原董界里）、駕歐、地莪、播瑶（原巴乃里）等六聯保屬第二區；陽鳳、堯並（原羊奉里）、甲良、方村（原方村里）、瑶臺（原瑶臺里）等五聯保屬第三區；恒豐、廷牌（原恒豐里）、陽安（原羊安里）、三洞、下東（原三洞里）、周覃（原周覃里）等六聯保屬第四區；板南（原從善里一部分）、佳榮（原巴容里）、茂蘭、良山、述堯、溪竹、洞塘、久安（原瑶慶里）等八聯保屬第五區。

民國三十一年實施新縣制，設直轄區及方村、從善兩區署、一鎮、二十鄉。玉屏鎮及時來、朝陽、駕歐、董界、撈村、永康、洞塘等八鄉屬直轄區，方村、陽鳳、播瑶、水利、恒豐、陽安等六鄉屬方村區，從善、三洞、周覃、莪蒲、瑶慶、茂蘭、佳榮等七鄉屬從善區。

按 鄉鎮區域將前十六里建制變更較大，難於詳註。另繪行政區域沿革圖，以資對照。

荔波縣行政區域沿革圖

一、明、清荔波縣十六捧(里)行政區域圖：

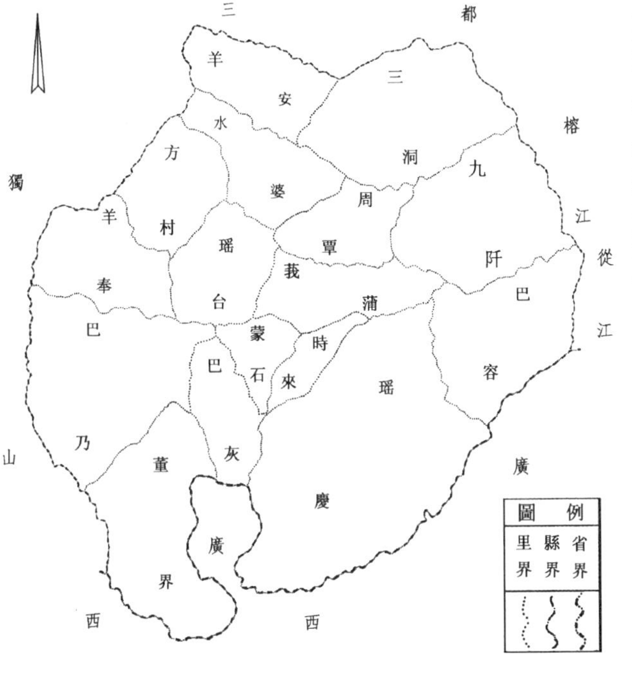

二、民國三年荔波縣六區十六里行政區域圖：

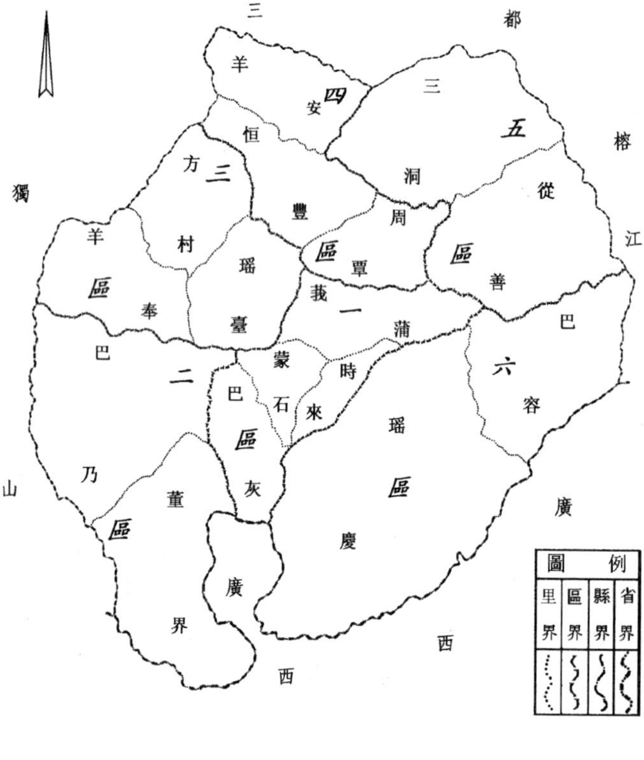

三、民國三十一年荔波縣新縣制一鎮三區二十鄉行政區域圖：

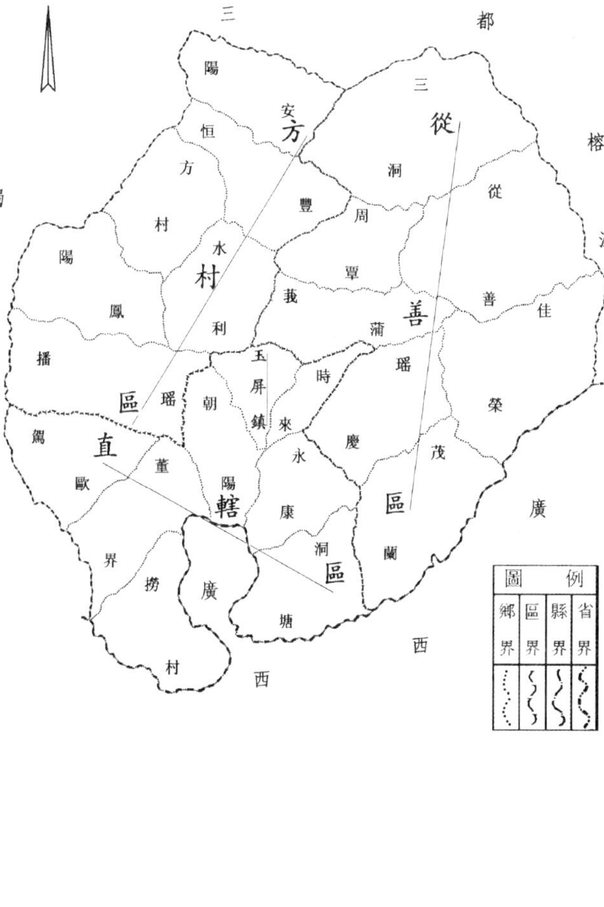

茲將各鄉鎮保甲户口列表於後，並附前十六里所轄村落表，以備查考。

按 從善區署於三十五年底業經裁撤。

荔波縣鄉鎮保甲户口村落一覽表

鄉鎮別	保別	甲數	户數	口數		壯丁數	村名
				男	女		
玉屏鎮	1	9	78	182	222	56	中正路、平泰路、光明路
	2	9	93	183	189	46	文化路、福德路、南疇路
	3	11	121	204	253	69	文化路、演武路、恒豐路
	4	7	74	148	200	57	中山路、縣府路
	5	9	98	172	200	49	昭明路、中正路、新華路
	6	8	83	153	205	53	昭明路、中正路、忠烈路
	7	8	78	162	200	49	中山路、公園路
	8	9	96	168	190	51	忠烈路、三民路
	9	13	151	228	272	70	民生路及石灰坳、新寨、魚塘、大平、擦耳巖等村

續表

鄉鎮別	保別	甲數	户數	口數		壯丁數	村名
				男	女		
玉屏鎮	10	8	82	178	151	40	上菜園、中菜園、下菜園
	11	11	118	259	284	93	西門寨、棠地、板結、板基、板孔、板妙、董猛、董札等村
共計	11	102	1 072	2 037	2 376	633	
時來鄉	1	8	85	175	216	57	上下羅家寨、新店、板望、廖家灣等村
	2	12	125	315	330	99	簡界、畝育、板口、拉岜、板畝、更乍、寨呼、甲幹、坡簿等村
	3	10	100	243	254	81	上中下福村、坡敢、上下花臯、畝汪等村
	4	9	96	193	215	65	上中下花圍、回龍閣、岜腿等村
	5	7	77	143	133	41	上下水浪、水銀、董更、董立、董丁、董五等村
	6	9	96	231	257	69	甲埲、坵城、拉台、弄扛等村
	7	10	112	253	281	79	舊縣、沙地、官塘、菜園、東以河、駝背樹等村

續　表

鄉鎮別	保別	甲數	户數	口數		壯丁數	村名
				男	女		
時來鄉	8	8	93	197	239	63	後城、上下白巖、上下板莪等村
	9	10	100	166	171	59	上下水春、更底、更樓、蘿蔔木等村
共計	9	83	884	1 916	2 096	613	
朝陽鄉	1	11	116	263	287	80	朝陽場及田洞、播用、板苟、冗瑶等村
	2	7	75	194	204	59	交朝、董柳等村
	3	7	70	166	202	42	吉茅、擋勞等村
	4	7	74	155	213	46	板樂、拉湖、塘上、鳩別、拉銀等村
	5	7	68	173	184	42	八濫、坡九、在省、魯鳳等村
	6	6	69	137	181	42	在平村
	7	7	72	133	185	43	拱勞、更兑、新寨、板苟、在鳩等村
	8	12	122	246	315	82	花提、大寨、脚拱、在橋、更留、董架、拉浪、冗力等村
	9	12	122	271	302	85	拉香、玖里、拉良、甾馬等村
共計	9	76	788	1 756	2 073	521	

續表

鄉鎮別	保別	甲數	户數	口數		壯丁數	村名
				男	女		
駕歐鄉	1	8	97	282	194	82	拉奥（即駕歐）、甲殆、弄抹等村
	2	7	73	230	190	68	更撓、簡印等村
	3	8	93	205	202	72	拉美、沖忙、拉烹、慕定、交弄等村
	4	10	118	232	230	74	岜故、浪抹、拉江、拉包、巴乃等村
	5	10	135	196	303	50	板檀、拉金、王寨、拉格腊等村
	6	8	93	197	185	56	六林、拉美、牛角等村
	7	12	145	204	266	63	地街、拉朋龍、榔蒲基、拉德莽等村
	8	5	51	83	82	25	翁龍、内廣、己定等村
共計	8	68	805	1 629	1 652	490	
董界鄉	1	13	130	247	269	82	在馬、下冷、董納、更細等村
	2	13	131	263	274	87	拉妙、内中外板麥等村
	3	11	113	219	229	71	拉早、巴懷、在莪等村
	4	9	89	178	184	57	婆村、董保、岜畝、董札、蕘沙、畝現等村

續表

鄉鎮別	保別	甲數	户數	口數		壯丁數	村名
				男	女		
董界鄉	5	9	93	175	190	56	拉又、拉岜、浪者等村
	6	13	129	274	280	84	巴樓、更類、脚村、拉冉、拉個等村
	7	9	97	177	174	56	王蒙場及内外孟塘、董界塘、海利等村
	8	8	80	165	178	53	董更、更相、洞干、更洛、拉烘等村
	9	10	105	175	187	55	者巴、把巷、界牌、朝沙、拉貶等村
共計	9	95	967	1 873	1 965	601	
捞村鄉	1	8	103	188	231	62	大寨、把江、坡所、納漢、蟠龍等村
	2	11	146	337	390	80	九畝、九雨、肯見、洞肯、洞卓、雅仰、肯布、八故、拉麽、八架、長法、翁後等村
	3	10	114	185	233	60	板林、平巖等村
	4	8	80	153	170	51	洞龍、播夜、八弓、岜肯、肯甲等村
	5	6	67	152	135	51	三脚、堯莪、洞勤等村
	6	7	76	154	128	50	江奔、洞忙、塘光、板扣、定排、玄穹等村
共計	6	50	586	1 169	1 287	354	

續表

鄉鎮別	保別	甲數	户數	口數		壯丁數	村名
				男	女		
永康鄉	1	10	131	291	327	95	溪竹、畝早、盤龍、筆峯、董黨、洞脚、洞瓦等村
	2	11	133	310	364	113	加強、必忙、董倒、上下蕘古、董歹、蕘蘭、拉橋等村
	3	11	147	365	414	103	梅寧、水洋、上口洞、董亞、太極、董亥、董台等村
	4	11	143	338	343	97	德門、其流、西友、梅卉、的坎、拉了、的大、拉梭等村
	5	9	119	286	297	77	董港、上下拉交、的未、拉黨等村
	6	9	123	322	339	99	水蕘、板夾、新場、坡底、打里、塘鴨等村
	7	7	88	212	258	52	馬鞍、孔傘、邑莫、水撈、董罕等村
	8	6	72	162	178	56	洞扛、董路、董見、水扒、董尾等村
共計	8	74	956	2 286	2 520	692	
洞塘鄉	1	12	144	262	302	72	洞塘場及丹林、山口、加肥、浪巴、馬道等村

續　表

鄉鎮別	保別	甲數	户數	口數		壯丁數	村名
				男	女		
洞塘鄉	2	11	132	338	318	81	莪押、攏用、老場、洞壋、洞更、瓦廠、油榨房、田洞、壩勞、牛洞等村
	3	8	109	242	265	64	九韙、白巖、必覺、大董蓬、吉弄、洞柏、拉干、必格、董務、董相等村
	4	7	93	244	226	63	李根坪、里忙、洞究、堯所、甲乙、加别、必左、洞腮等村
	5	12	139	252	263	70	板寨、板汪、洞湖、洞長等村
	6	12	137	270	297	75	洞亮、拉岜、寄才、坡格、洞陀、甲務、石板坳、街九、浪腊、甲鳩、拉路、甲忙、拉扒等村
	7	10	124	257	281	72	洞馬、坡恒、汪洞、巴格、肯龍、才肯、肯甫、羅寨、平吉、村友、拉蒿等村
	8	11	132	236	314	63	久安、洞腊、蒙寨、塘邊等村
共計	8	83	1 010	2 101	2 266	560	

續表

鄉鎮別	保別	甲數	户數	口數		壯丁數	村名
				男	女		
方村鄉	1	10	134	325	302	65	橋羅、拉街、板勇、播馬等村
	2	10	134	317	347	63	納排、板鴨、板郎、板墨、交撓、魯吉等村
	3	10	143	361	311	68	方村街及板廷、郊進、拉岜、堡脚、羅家寨等村
	4	10	125	343	351	68	巴平、甲莪、紅尼、者火、唐八、扳央、六黑、板站等村
	5	11	133	323	324	64	風寨、交羊、獨家村、金兑、拉料、甲言、唐末、板六、六末等村
	6	12	276	374	382	66	唐馬、上下莫萬、在慶、甲站、板培、朋兵、沙溝、董斗、董貶、水江等村
	7	11	155	423	445	84	甲多、塘上、灣河、納黑、交界、上下水蒙、更流、納拉、把琴、拉抹等村
	8	11	140	323	301	65	甲良場及老街、干廣、新寨、堯窮、橋頭、吊井、煤炭廠等村
	9	11	150	300	321	60	水拉、畝的、甲午、板勞、甲莽、新寨、孔抹、平寨、高坡、甲沙、三甲、董丙、納業等村

續　表

鄉鎮別	保別	甲數	户數	口數		壯丁數	村名
				男	女		
方村鄉	10	12	144	276	305	54	大甲、板卜、者相、納懷、董夯、其莪等村
共計	10	108	1 534	3 365	3 389	657	
陽鳳鄉	1	13	136	310	314	108	陽鳳場及平竹、拉往、新寨、董郎、水頭、甲杏、抹榜、岜嶺、拉夿等村
	2	8	85	171	185	59	老場、交朝、干堯、拉拐等村
	3	12	130	248	256	88	交甲、打利、破碗、打瓢、馬鞍、下河、董奎、拉岜等村
	4	10	115	212	215	76	堯更、把抹、堯付、岜嶺、梅桃等村
	5	9	117	237	239	78	拉甲、拉掛、貶化、寨美、拉往等村
	6	11	132	248	230	88	堯並、六了、拉呼等村
	7	12	146	384	361	139	拉九、拉柳、新寨、唐必、拉寨、董平等村
	8	10	122	239	231	79	抹約、拉強、松弄、小河、拉吉等村
	9	10	131	268	250	89	更貴、把查、過類、播完、架橋、董丙、降毫、董毫等村

續表

鄉鎮別	保別	甲數	户數	口數		壯丁數	村名
				男	女		
陽鳳鄉	10	12	139	287	291	96	拉磨、水涯等村
	11	12	141	296	280	98	過也、把然、甲按、甲瞞、月京、月老、月呆、更林等村
	12	11	125	240	230	86	油寨、拉守、把發、更蘭、岜有、把明、下井、坡廟等村
共計	12	130	1 519	3 140	3 082	1 084	
播堯鄉	1	12	146	301	326	84	播緩場及橋頭、板光、地辣、甲串、拉仰、堯細、豆村等村
	2	15	146	296	314	83	新寨、堯蒙、守倫、拉方、董細、利息、紅果、董拉、基固、坡旺等村
	3	9	103	156	184	45	更我、更鴨、上中下板岜、納朗、甲村、地温、六香等村
	4	15	168	390	389	80	更塘、丙樓、董馬、董扒、董婁、堯花、丙王、脚孔、拉類、大寨、拉烏、拉麻、更扛等村

續 表

鄉鎮別	保別	甲數	户數	口數		壯丁數	村名
				男	女		
播堯鄉	5	14	173	419	359	102	拉力、甲婁、拉唐、别好、甲能、在英、浪抹、桃村、打拉、把念、板拜等村
	6	12	132	280	354	83	干銀、甲令、板堯、小巴灰、上下巴竹、在作等村
	7	13	130	337	316	91	在票、拉干、弄旺、拉日、堯蒙、甲灣、脚孔、浪抹、拉美、董穹等村
	8	15	160	375	369	92	地莪場及更方、巴查、地脉、内外魚村、弄賣、洞丢、巴覺等村
	9	15	162	401	375	100	上下七村、大文、甲雷、更元、上下合村、更正、拉旁等村
	10	7	83	186	183	54	干龍、韋寨、洞杳（拉正、拜界、拉冉、拉雅、更右）等村
共計	10	127	1 403	3 041	2 169	814	
水利鄉	1	12	130	334	315	69	水利、抵瓦、拉印、孔廷、納莪、的朵、洞的、水丙、巖寨、大寨、水省、高寨、老寨、藍靛山等村

續表

鄉鎮別	保別	甲數	户數	口數 男	口數 女	壯丁數	村名
水利鄉	2	9	90	192	165	49	三所墳、龍井、拉弄、干各、堯捧、拉更、拉打等村
	3	10	150	299	277	68	拉連、弄畝、板陽、板帽、知物、知音等村
	4	8	74	180	174	48	甲本、洞覽、板妙、上寨、畝賞、小米寨等村
	5	14	164	321	330	88	上下水龍、花鉢、岜忙、拉吕、畝達、拉干、岜采、水巖、水降、拉小、抵和等村
	6	13	127	247	273	74	板堯、拉瞞、水碾寨、岜嶺、水風、下寨、董外等村
共計	6	66	735	1 573	1 534	396	
恒豐鄉	1	10	115	321	327	128	恒豐場及泰來、板衣、的領、板流、堯勇、其谷、脚的、務卯、務許、板口等村
	2	10	127	331	334	117	流連、務把、打遠、弄打、的兩、的哀、梅否、務條、總畝等村
	3	10	129	366	376	98	姑喬、班先、班打、水各、的吉、班尖、姑班、陽樓、畝起、姑成、塘弄、忙通等村

續 表

鄉鎮別	保別	甲數	户數	口數		壯丁數	村名
				男	女		
恒豐鄉	4	11	127	325	328	121	輪洛、打蘭、姑養、班孔、吉勇、拉嶺、忙馬等村
	5	13	155	467	470	148	總朋、塘黨、塘滚、打並、弄瑶、牛角、瑶臺、拉威等村
	6	11	131	317	309	113	古橋、水條、打化、雅都、務其、引哄、打抗、壩排、打往等村
	7	11	133	295	332	128	務莫、成領、板料、板蒙、板王、板馬、水究、旦道、甲化、把宰、板力等村
	8	10	136	339	375	121	小場及中寨、採棒、中勇、飯旦、班本、甘如、壩堯、班岜、班其等村
	9	10	133	379	368	144	廷牌、哄罕、玉雄、其虎、壩空、的美、姑多、甲流、總滿、務焦、始羅、忙庸、把老、把撈、甲左等村
	10	10	119	329	339	117	梅臭、禮笑、姑引、幹昆、本它、務壩、班勞、班本、干務、鞭豆等村
共計	10	106	1 305	3 469	3 558	1 235	

續表

鄉鎮別	保別	甲數	户數	口數		壯丁數	村名
				男	女		
陽安鄉	1	12	155	324	327	102	梅亞、甲約、甲下、高遠、塘降、甲王、地隆等村
	2	10	132	320	340	100	中朝、板格、把衣、長寨、陽包、項喬、務吉、高却、陽朝、雅曰、塘個等村
	3	10	123	353	373	105	甲蘭、吉動、陽哄、雅斗、弄榜、梅求、的空、吉空、姑其等村
	4	14	165	346	362	102	的押、引罕、引若、雅悶、打丙、務旦、港務、干貴、動亞等村
	5	11	139	320	362	100	高並、雅朗、務勞、板橋、吉友、十安、姑羅、引杏、拉外等村
	6	8	113	240	275	82	堂亨、新寨、甲乃、梅葶、雅火等村
	7	9	123	260	285	80	陽安場及引雖、十曰、金桃、塘干等村
	8	11	122	288	298	91	高畝、今逢、梅打、及香、今其、拉哀等村
共計	8	85	1 027	2 451	2 622	762	

續　表

鄉鎮別	保別	甲數	户數	口數		壯丁數	村名
				男	女		
從善鄉	1	10	135	295	296	105	豬場及姑賞、姑押、李家寨、覃家寨、榮鳥等村
	2	10	128	297	331	104	板南、引康、的係、水龍等村
	3	10	116	268	259	95	古檀、板悶、姑弄、姑如、弄力、蒿紅、板梅、井麻、姑流等村
	4	10	119	264	228	94	巴凡、李桃、大寨、畝改、老寨、古内等村
	5	8	95	236	251	83	雨岜、康達、水葉、係哀、係吕等村
	6	12	154	405	334	145	李滿、水達、石板寨、水迭、巴凱、水頗、梅高、姑其等村
	7	11	113	282	297	100	龍場及梅洒、梅才、姑祥、巴達、梅玄、梅蟻、甲利、的壩等村
	8	9	118	263	281	94	高農、巴老、水夜、本庭、水棒、塘棒、水往、水配、姑成、水穴等村
	9	12	137	344	284	126	水昂、楊拱、中寨、水響等村

續 表

鄉鎮別	保別	甲數	户數	口數		壯丁數	村名
				男	女		
從善鄉	10	13	153	406	325	142	楊拱大寨、姑斜、係大、姑純、姑正、平報、彎董、水碾、古奇等村
	11	6	85	136	121	55	巴繚、巴凱、姑杜、巴少、巴告、的岜、水董、姑茶等村
共計	11	111	1 353	3 196	3 007	1 143	
三洞鄉	1	8	100	284	295	84	三洞場及下街、干獨、在樂等村
	2	15	188	506	517	155	洒流、彎寨、雜哄、馬倉坪、板悶、總點、板岜、板勞等村
	3	7	105	285	310	76	岜顯、板旭、板稿、水雅、水間、母孟等村
	4	11	157	341	344	103	板引、的查、板勞、地畝、姑班、弄扛、弄亞等村
	5	9	119	258	307	78	板了、板郎、橋村、板堯、的如、班農、己電等村
	6	11	132	378	387	144	地婆（強打、的請、姑勇、板告）、板遼、良係、良村、良傘等村

續　表

鄉鎮别	保别	甲數	户數	口數		壯丁數	村名
				男	女		
三洞鄉	7	8	120	310	314	93	水更、己乃下寨等村
	8	9	116	324	375	107	達便、水墾、悟空、班的、己田等村
	9	6	80	221	265	50	定成、板嶺、板以、水各、姑桃、地蒙、梅山等村
	10	12	170	415	479	138	水洋、大善、去六、板南、板把、板留、板合、板龍、板幹、岜毫等村
	11	11	147	278	344	85	腊嶺、板黎、岜玉、彩從等村
共計	11	107	1 434	3 600	3 937	1 083	
周覃鄉	1	13	150	360	364	123	周覃場及展光、弄細、拉威、中苑、拉威、中苑、拉苑等村
	2	12	137	337	340	114	播花、得所、拉采、坡地、交孔、降納、更坡、交盤、更保等村
	3	8	132	314	318	105	拉也、板盤、佳慶、打毫、巴類、巴從、打繞、耕者等村

續　表

鄉鎮別	保別	甲數	户數	口數		壯丁數	村名
				男	女		
周覃鄉	4	9	108	264	268	86	板先、的秀、水令、駕遠、板留、水后、姑能等村
	5	13	155	388	397	124	周封、板偶、弄索、克茶、夏寨等村
	6	10	123	305	314	105	地埃、水蒙、水簡、干各、低涯等村
	7	6	76	242	258	81	水便、便總、古祐等村
共計	7	74	881	2 210	2 259	738	
莪蒲鄉	1	9	108	257	292	84	水角、班拉、母響等村
	2	13	154	334	352	112	甲了、抹潔、水對、新寨、拉約、上下水錯、塘房等村
	3	10	122	245	246	80	水吼、水泰、姑朗、水調、的育等村
	4	7	74	149	183	43	水江、水堡、中寨、弄成、瑶漂等村
	5	7	73	139	171	42	洞陀、洞田、水架、水扒、瑶排等村
	6	10	145	381	408	123	水息、畝桀、拉鮮、潘家寨（拉韶）、楊家寨（姑化）等村
共計	6	56	676	1 505	1 652	484	

續 表

鄉鎮別	保別	甲數	户數	口數		壯丁數	村名
				男	女		
瑶慶鄉	1	9	102	240	238	89	洞流、上甾國、更報、更昔、董戒、洞各等村
	2	10	123	221	249	96	坡等、筆架、良山、董刀、洞力等村
	3	8	87	165	171	67	下甾國、老寨、吉講、在平、拉雷、更坡等村
	4	10	102	187	178	69	更唐、更葉、高案、更院、王家寨等村
	5	10	116	238	234	85	瑶麓、定甾、覃家寨、韋家寨、盧家寨等村
	6	9	99	162	172	58	歐家寨、打里、董悶、董根等村
	7	10	109	231	244	87	吉王、拉歹、把干、拉所等村
	8	10	114	211	250	75	拉頭、拉節、水條、上寨等村
	9	11	117	243	313	89	上下甾合、干魯、底朵、板獨、覃家寨、更舖等村
共計	9	87	969	1 948	2 049	715	

續表

鄉鎮別	保別	甲數	户數	口數		壯丁數	村名
				男	女		
茂蘭鄉	1	10	133	285	293	101	茂蘭場及浪貶、己利、堯朝、堂講、巖差等村
	2	10	103	235	232	74	立卡、中寨、上下堯埃等村
	3	7	103	197	206	64	長寨、岜好、洞皆等村
	4	8	91	199	199	52	拉莪、在鳩等村
	5	7	98	197	216	59	洞英、岜英等村
	6	7	86	170	179	56	比丘、甲界、王家彎、羅家寨等村
	7	8	97	190	184	50	龍洞坪、上下堯柳、上下洞勿、唐馬等村
	8	9	112	224	225	61	吴寨、立化、岜孔、肯班、岜歐、岜昔、平寨、董港、高望等村
	9	11	134	265	233	83	黎家寨、余家坡、蒙寨、破其、打油寨、盧寨、下平寨、應昂、十二索、韋寨、堯吊、王寨、王同等村
共計	9	77	957	1 962	1 967	600	

續 表

鄉鎮別	保別	甲數	户數	口數		壯丁數	村名
				男	女		
佳榮鄉	1	11	120	294	317	99	狗場、老場及威巖、拉詔等村
	2	6	76	115	120	44	山王廟、拉勿等村
	3	11	127	343	349	89	龍場及坤地、坡脚等村
	4	8	92	172	206	46	比茅、新寨、何家寨等村
	5	13	140	359	267	87	拉祥、拉所、譚家寨、的界等村
	6	12	132	203	270	69	水維、小敖、甲料等村
	7	6	67	135	134	47	拉易、藍靛山等村
	8	9	109	251	265	90	拉亮、干田壩等村
	9	10	118	250	263	87	拉茅、水排、地牙等村
	10	13	151	392	413	142	岜鮮、拉先、拉學、地界等村
	11	13	158	356	344	127	蒿里、水簀、後山、水棚、堯己、拉灘、拉槳等村
共計	11	112	1 290	2 270	2 952	925	
合計	188	1 877	22 196	48 997	51 412	15 055	

按 各鄉鎮保甲户口，係根據荔波縣政府三十一年十一月編整保甲時所得數字填載。洎三十六年，迭經菑害，户口數字銳減，另附三十六年度保甲户口數字表於後，以備查考。至各保村落，均依次序排列，參閱輿圖，易於索引。

附 荔波縣三十六年度三月份鄉鎮保甲户口數字表

鄉鎮别	保數	甲數	户數	男數	女數	備考
玉屏鎮	6	63	902	1 993	2 126	
時來鄉	7	66	774	1 572	1 809	
朝陽鄉	8	62	894	1 681	1 926	
董界鄉	9	72	869	1 757	1 569	
捞村鄉	6	50	603	1 323	1 371	
永康鄉	6	62	783	1 987	2 212	
駕歐鄉	8	62	690	1 543	1 643	
洞塘鄉	8	65	776	1 757	1 803	
方村鄉	10	96	1 223	3 144	3 205	
陽鳳鄉	11	114	1 401	3 009	3 037	

續表

鄉鎮別	保數	甲數	户數	男數	女數	備考
播瑶鄉	10	108	1 313	3 830	3 387	
水利鄉	6	58	672	1 284	1 423	
恒豐鄉	8	90	1 012	1 704	2 598	
陽安鄉	8	81	920	1 827	2 252	
從善鄉	8	66	802	1 670	1 863	
茂蘭鄉	9	73	869	1 970	1 813	
三洞鄉	6	63	970	2 081	1 840	
周覃鄉	6	43	576	1 103	1 143	
莪浦鄉	6	48	654	1 299	1 429	
瑶慶鄉	8	66	821	1 809	1 873	
佳榮鄉	10	83	943	1 404	2 172	
共計	164	1 490	18 467	39 747	42 492	

附　荔波縣十六里所轄村落表（◎採自李稿）

里別	村名
蒙石里	西門小寨、北門小寨、平寨、播遠、板結、打油、高寨、花村、岜望、板瑶、水巖、董外、岜嶺等村
時來里	舊縣、後村、上下白巖、上下板莪、沙地、官塘、上下羅家寨、板旺、板苟、甲古、拉岜、播婆、上中下福村、上下彎寨、拉扶、下結茅、甲埲、更崽、拉台、交成、弄扛、上中下水春等村
巴灰里	上結茅、板樂、巴蘭、砦龍、拉艮、脚廟、脚別、班苟、砦筍、上下寨鳩、拱撈、脚拱、更料、上下拉香、拉良、拉浪、上中下寨平、板盤、内外播用、交曹、當老、田洞等村
董界里	内外板麥、下廟、寨馬、拉倫、拉冉、拉個、内外孟塘、上下翁龍、堂板、拉蒙、拉炯、己定、者把、拉曹、浪洋、板弄、納漢、勞村大寨、波所、板江、扁靄、把拱、板魯、板林、洞肯、鳩抹、波小、海利、硐甘、肯相、董更、巴樓、董保、肯類、脚村、板並、寨莪、巴懷、拉早、上下婆村等村
巴乃里	更方、太陽、巴茶、甲雷、漆村、地宛、甲寸、納朗、班崽、地辣、巴巍、甲魯、上下巴竹、播莞、豆村、瑶珉、杞固、甲轉、拉麻、董斗、再索、上下桃村、拉棠、播拜、打拉、拉犇、内外沖忙、簡杏、甲老、瑶花、拉今、拉歐、浪抹、板譚、六林、拉柳、地階、淪蓋、韋寨、拉岜、淪慕、拉祐、拜墳、岜乃、拉漚、甘龍、洞渺、洞脚、脚拱、拉干、上下再票、唐龍、地麥、巴脚、弄邁、洞丢等村
羊奉里	拉寨、拉掛、架橋、水涯、拉磨、甲案、月今、月老、月呆、板蘭、拉叟、板明、交甲、打利、廷邪、拉飄、拉岜、交曹、拉拐、平竹、交郎、董郎、把婆、瑶並、板摹、拉九等村
方村里	拉岜、棠橋、板廷、板央、交吻、板麥、板郎、板茅、交晉、羅家寨、板勇、橋羅、中寨、甲臉、巴平、板站、紅尼、唐入、六黑、風寨、瑶能、甘廣、白家寨、今兑、棠勉、瑶龍、拉庚、瑶蚌等村

續表

里別	村名
瑤臺里	水利大寨、納沃、抵朵、巖寨、高寨、朵瓦、公丁、洞低、水筍、水丙、洞田、甲站大寨、巴苓、再慶、唐馬、莫萬、上下水蒙、納黑、摸哄、納埃、董丙、甲砂、三甲、甲左、者桑、納外、董扛、打鴨、板卜、貶爲、高黑、板埃、板郎、水拉、水江、拉威、花村、洞覽、洞禮、唐介、唐袞、弄摸、則吾、板揚、板冒、摸拉、拉大等村
恒豐里	唐黨、務許、水刁、羊樓、忙馬、打來、水更、總母、梅虎、雅悶、悶它、幹昆、水舊、亭排、班打、班岜、岜鳥、的押、的空、上板料、外雄、干雷、姑引、水翁、塘弄、的兩、上下板流、板力、姑成、甲庭、班壩、甲點、梅丹、的哀等村
羊安里	甲乃、板惡、梅弄、拉外、高外、板追、板美、引生、今到、棠干、甲黄、羊翁、石月、高明、今殘、吉香、今逢、上羊翁、班比、拉愛、今昂、陽朝、今盤、板墨、甲下、地隆、巴艾、巴李、下地隆、淪講、利苗、甲學、務今、務學、高遠、今交、浪個、高并、石昂、務鄰、引訓等村
三洞里	打便、水更、水維、水東、轎扛、水義、班悶、地垓、欵牛、箐口、干篤、撒拱、良村、寨落、班妙、梅山、的畝、的斜、板龍、板南等村
從善里	水响、羊拱、寨抹、水龍大寨、水迭、水葉、姑流、楊柳、姑纇、水扒、榮耀、則祐、内力、板卯、板南、姑發、姑其、畝改、引抗、總候、水達、水蟬、水董、水便等村
周覃里	浪對、打高、板盤、上下板立、拉野、浪地、拉宰、波花、拉近、上下拉願、打類、拉遷、弄洗、板苟、板光、鳩摸、周崩、更消、弄索、岜軟、尾卦、板藕、上中下板料、董架等村
莪蒲里	水外、扶桑、水角大寨、佳留、漫納、菰所、水鈞、姑朗、上下水錯、水碓、水吼、水閉、水浩、水令、水江、水浦、水把、甲本、瑤票、洞它、洞田、雖架、瑤排等村

續表

里別	村名
瑶慶里	長寨、洞英、比鳩、瑶埃、瑶朝、瑶所、立卡、必坡、洞流、巴國、拉巖、更葉、更坡、水扒、水工、水慶、瑶六、水扛、拉竹、洞塘、瑶古、板寨、五圩、洞馬、九圩、十二索、立化、洞吾、六龍、甲乙等村
巴容里	高里、方田、乾葛、水淌、瑶解、拉朝、威巖、拉詳、拉吾、拉先、拉亮、拉茅、水維、坤地、地押、水排、水息、下拉小、姑活、慕容、拉邪、班董、抵由、務把等村

面積

荔波縣面積略成圓形，由正北至正南，約二百華里；由正東至正西，約一百七十華里；由東北角至西南角，約二百一十華里；由西北角至東南角，約一百八十華里。然萬山重疊，曲道回環，不能以道里計面積。

按 二十六年十二月十日貴州省政府教育廳技術室製《貴州省各縣面積一覽表》載荔波縣面積三千九百二十六點五二方公里，折合五百八十八萬九千七百五十市畝。

又按 三十年十月貴州省政府製《貴州省概況統計》，載荔波全縣面積爲三千四百五十八點一二平方公里，折合一萬三千八百三十二點四八平方市里，五百一十八萬七千一百五十市畝，佔全省面積百分比二點零三。

根據軍令部陸地測量總局十萬分之一《貴州省地形圖》測算，並載荔波耕地面積分類統計表爲：耕地總面積二十一萬六千二百三十市畝；水田面積五萬四千二百市畝；旱田面積一十三萬八千三百六十市畝；旱地面積二萬三千六百七十市畝。百分比：水田二五點一，旱田六四點零，旱地一十點九（根據各縣土地陳報結果重新估計而得）。又載荔波縣耕地面積對總面積百分比較表爲：總面積五百一十八萬七千一百五十，耕地面積二十一萬六千二百三十；耕地面積對總面積百分比爲四點二。又載荔波縣平均每人所有耕地面積統計表爲：耕地面積二十一萬六千二百三十市畝，人口數一十萬零六千五百四十六人，平均每人所有耕地面積爲二市畝。又載荔波縣人口密度統計表爲每平方公里所有人口數三十點八（根據二十八年人口數一十萬零六千五百四十六計算）。併録之以待後考。

氣候

荔波縣位置稍近熱帶，氣候温和，惟以山勢因四大幹脈由西北而東迤邐南行，故西、北、東三面高而中央及南面低，氣候亦隨之而異。最高爲陽安、恒豐、方村三鄉，次爲三洞、周覃、從善、佳榮、陽鳳、播瑶、駕歐七鄉及水利上半鄉，再次爲莪蒲、瑶慶及水利下半鄉，又次爲茂蘭、永康、洞塘三鄉，而城區及時來、朝陽、董界、撈村四鄉介兩大幹脈之間，地勢較低，又以撈村爲最低。至山之高度則以從善鄉之姑甲、鸞董等處爲最。城區氣候最寒時爲華氏三十三度，最熱時爲華氏九十八度，亦可爲各地氣候平均數字。而以陽安、恒豐、方村三鄉爲最冷，撈村鄉爲最熱。又因山勢縱横，高山與深谷氣候迥然不同。如城區沿江一帶與兩岸高峯，相距僅十餘里，有時山上細雨濛濛，大霧彌天，而平地則微露日光；隆冬時，山上白雪晶瑩，而平地則數年不見一雪片。雨量雖多，然亦因山勢及氣候而稍有差别。如城區一帶叢山包圍，雨量較各鄉少。每年各鄉已栽秧，而城區尚缺乏撤秧水；惟氣候熱，雖立夏撤秧，而成熟反在各鄉先。風向則夏季多東南風，冬季多西北風。氣量低二度，高三十二度（根據《貴州省概況統計》）。此荔波氣候之大概情形也。

兹附録三十年十月貴州省政府製《貴州省概況統計》載貴州省貴陽等三十四縣平均温度統計及平均降水量統計表所列之荔波温度及降水量表於後，以備查考。

荔波縣平均温度統計表

（民國二十六年至二十九年　單位　攝氏表）

全年平均	一月	二月	三月	四月	五月	六月	七月	八月	九月	十月	十一月	十二月
一零點九	八點四	一零點五	一三點五	一七點五	二二點五	二六點一	二七點四	二七點四	二五點四	二零點九	一五點一	一三點二

荔波縣平均降水量統計表

（民國二十六年至二十九年　單位　糎）

一月	二月	三月	四月	五月	六月	七月	八月	九月	十月	十一月	十二月	全年總計
一點七	三四點九	五三點一	八零點五	一八七點三	一八四點七	一七二點五	一六五點六	一一四點四	五一點九	四八點二	一一點九	一一零六點七

按　荔波交通不便，與外隔絶，外方人士，多目爲瘴癘之邦，有談虎色變者。實則此地氣候温和，寒熱變化正常，山水頗多明秀。［邑令劉仰方先生有「三洞屬之下楊柳一帶山水，其明秀不亞江南」之句（文詳《氏族志》），即可見一斑矣。］即窮鄉僻壤，亦絶无瘴癘。有遊宦住此一二年者，每依戀不忍去云。

土質

荔波土質，大都磽瘠，膏腴甚少，其種類約分爲五：

一曰壤土，二曰埴壤土，其質粗鬆，不過粘亦不過燥；性煖耐旱，旱則回潤，雨則濾水；所種穗大而質重，是爲中上田，各地少有，城區及時來、朝陽、董界、從善、周覃、方村、駕歐等地之上等田屬之；而以方村一帶之田甲於全縣。

三曰埴土，含砂質過少，濕則黏稠，乾則固結，空氣不易流通，不適於植物生育，但耕種及時，多施肥料，穗亦大而茂，是爲中下田，各地較多。

四曰砂壤土，砂質較多，不耐旱，亦稱中下田，工作認真，雨暘時若，收成亦可望，各地皆有，而以恒豐、三洞等地爲多。

五曰砂土，砂質最多，易乾燥，不宜耕種，雖工作施肥加倍認真，收益亦有限，是爲下等田，各地較多。

此係詢之老農所得之概況。本縣既無農學專家，又無化驗器具，其詳無法分析，僅志其略，以待後賢採補。

山脈（關隘、巖洞附）

荔波跬步皆山，岡巒起伏，叢薄錯綜，未易悉數。然水道所經，即山脈所亙。山脈難問，水道易詢。益智經歷各鄉，詳詢水道之原委，以求山脈之起訖。隨地留心，逢人必問。越兩閱月，筆載連篇，自信所得過半矣。殊執筆編纂，疑竇叢生，測繪輿圖，幾無從着手，擱笔者再。惟以限期迫促，無法徵詢，只得就其所得，筆之於書，遺漏錯誤，自知難免，深望閱者補遺正誤，貢獻意見於文獻委員會，以待異日删正。幸甚！

荔波山脈出自都匀、貴定間之雲霧山，迤邐南行，經都匀、獨山間之八瓣山，復南行至獨山之鳳凰山，分爲麻銀坡、瑶人坡、打然坡三支入縣境。兹分述如下：

一、瑶人坡南迤爲然仲坡，經三洞橋入縣屬陽鳳鄉老場。復東南行經拉拐、交甲等各村後山至馬鞍山，又分爲二支：一東南行經堯付、堯並等各村後山至拉寨、董平，止於淇江；一南行經堯更、梅桃等各村後山，與更貴等處山脈連接，截斷陽鳳河。

二、打然坡分三支：（一）一東南行經墨寨入縣屬陽鳳場，南行爲新寨、拉往等各村後山，止於陽鳳河。（二）二南行經養寨、打董、甲撓等村入縣屬陽鳳鄉之更蘭村，復東南行爲月京村後山，至更貴村與堯更、梅桃等處山脈連接，截住陽鳳河，復東行爲松弄、拉強等各村後山，止於架橋河入淇江口。（三）三西南行經惰寨、勤寨，又南行爲瑶璉山，復東迤爲瑶瑯山，又分三支入縣境，爲本縣西南部大幹脈：（壹）一向東南行入陽鳳鄉，爲董豪、董炳等各村後山，又東迤入播瑶鄉爲更我、納朗、地温等各村後山，至地温河入淇江口止；（貳）二南迤又折東行入播瑶鄉爲紅果、守倫、播緩場、拉麻、桃村等各處山脈，至巴竹止於堯花河入淇江口。（叁）三南行至播瑶鄉巴葉坳，又分三支爲播瑶鄉南部及駕歐鄉淇江西岸全部山脈：（甲）一東行爲播瑶鄉董馬、堯花、甲婁等各村山脈，至在作村止；（乙）二向東南行入駕歐鄉爲簡印村後山，至拉奧（駕歐鄉公所所在地）止；（丙）三向南行入駕歐鄉拉格腊，又分兩支：（子）左支東迤爲六林村後山，至地街起矗秀山，至板談村與淇江對岸拉包、岜故等各村山脈連接，截斷淇水；（丑）右支爲拿圭村後山，復分兩支：（A）一西南行爲牛角山，經夾馬關出廣西南丹；（B）二南行爲翁龍村後山，又分兩支：（a）一西南行經内廣至打柳關出廣西南丹；（b）二南行入董界鄉白蜡坳，又向西南行出廣西南丹里湖鄉甲木，復入縣屬撈村鄉爲洞卓、雅仰、八故、橙樹卡、拉麽、長法等各村山脈，又東南行出廣西南丹岜桃。

三、麻銀坡東南行爲石牌坡，分兩支：（一）一爲宋公山，折東而北，爲基長後山之獅山。（二）二爲拉細坡，東南行至老藍寨、秧寨又分爲三支：（壹）一南行出董登，經開寨、岜凸、漂寨，跨漂洞水入本縣方村鄉甲良老街，其後山即台嶺，爲荔、獨分界嶺也。復東南行爲甲良場、堯穹、交撓、吉魯等各處山脈，至拉岜止於甲良河入淇江口；（貳）二東南行爲高黑之霸王山，又分兩支入本縣方村鄉：一爲板卜、納懷、平寨、上水蒙等各村山脈，至淇江岸止；二由水拉又分左右兩支：左支經廖馬、莫萬、六黑、唐八、者火等各村山脈，右支經干廣、風寨、拉料等處，均止於淇江岸；（叁）三北行爲月亮坡，又分三支：（甲）一順牟尼河（亦稱母魚河）經水崖出三都屬甲照；（乙）二經本寨入本縣恒豐鄉爲忙庸、畝起、姑養、板孔等各處山脈，止於水瀛河（淇江上流）；（丙）三經壩寨又分三支：（子）一爲黎羅寨後山；（丑）二經幹雖入本縣陽安鄉爲中朝、金桃、陽包等各村山脈；（寅）三經姑也又分兩支：一入本縣陽安鄉爲引雖、甲乃、梅蕚等各村山脈；二出三都縣屬陽猛爲窑鑽廠等各處山脈，又分兩支：一東迤爲打物、拉佑延至水龍、牛場、地寨等處爲三都縣東南大幹脈，直至壩街止；一南迤經下靠、雄寨入本縣境，因三洞河劃分爲轎扛坡、正谷坡。

轎扛坡西南行爲荔波中西部大幹脈，正谷坡東南行爲荔波中東部及東南部兩大幹脈。茲分述於後：

一、轎扛坡爲三洞鄉西面屏障，亦即板了、橋村、弄扛等各村之後山。迤邐南下，爲正田坡，界三洞、陽安、恒豐三鄉之間，是爲荔波中西部大幹脈，又分四支：（一）一東南行經三洞鄉之内水東、外水東（即水叉）處。（二）二南行經水東之地埃、水蒙至播花、拉也等處。（三）三南行爲正嶺坡，是爲中幹，另述於後。（四）四西南行入恒豐鄉幹昆，又分兩支：（壹）一由本它村折向北行，經廷牌及陽安之梅求、雅朗、吉友等處。（貳）二西行至恒豐場，又分三支：（甲）一北行經務條、的兩、姑多等處，至姑羅止（因上兩山脈北行，截住幹昆之水折而北流，至吉友復折西流，至姑羅南下爲淇江）；（乙）二西行經板流、其谷、板口及方村之董夯、甲沙、三甲、下水蒙等處。（丙）三西行經務奇、雅都、水條及方村之甲站、在慶、董斗等處，均至淇江岸止。

＊ 正南行爲正嶺坡，界恒豐、周覃兩鄉之間，又分兩支：

（壹）一東南行經周覃之納降、交盤、更保、耕者、浪類、打毫等處，在更保又分一支東行至打繞，爲山甲坡，又東行經板盤至拉近，又分爲二支：（甲）一西行經板留等處，止於花村河。（乙）二東行經周覃場，又折東南行至拉苑，又分二支：（子）一南行經水庇、水后等處，止於從善河入三洞河口。（丑）二折東北迤者經夏寨，止於三洞河。

（貳）二西行經恒豐之塘黨，又分旁支東南行，經弄瑶及水利之花村等處；而正幹西南行至水利之堯埲，又分旁支西南行經龍井、董紅、董外及播瑶之台村、洞沓、韋寨等處；在台村又分支西南行經地莪場、脚孔及駕歐之巴乃、岜故、拉包等處，與淇江對岸板談諸山脈連接，橫截淇水，伏流十餘里；至正幹復南行至三所墳，又分旁支東南行，經水利、水龍、老寨、甲本、知音、知物及莪蒲之水錯、塘房等處，止於花村河入三洞河口；正幹又西南行，經水降、水巖又分爲三支：（A）左支東南行經花鉢、藍靛山，又分旁支經莪蒲之瑶排、水扒，正脈經洞覽及水浦、水江等處，至水浦河入三洞河河口止；

(B)右支西南行至岜嶺爲仙人洞，經水浪至朝陽之播用村後爲觀音山，又南行至董界經内板麥，又分旁支經外板麥、中板麥、板妙、在馬、下冷等處，正脈爲板峭山，爲外構坳，止於淇江匯入樟江處之王蒙場。(C)中支轉南迤，經板堯，蜿蜒起伏，至縣城北三里，爲玉屏山即縣城祖山也。又南下經花園、花臯止於樟江西岸。

二、正谷坡爲荔波、三都兩縣分界地，東迤爲正博坡，分兩支：

(一)一東行經三都縣的敢、姑引、中寨、和寨等處。

(二)二南行經的請、板告又分兩支：

(壹)一東行爲岜亢坡，出龍場坡又分三支：(甲)一東行經在樂、梅山、大善處止於大善河。(乙)二東南行經干獨、板悶，又分兩支：(子)一支東南行至板南、去六折西南行，經板龍、彩從等處至帽盒山，止於水便河。(丑)一支南行爲馬倉坪至地岔坡處，亦止於水便河。(丙)三南行經三洞場至洒流止。

(貳)二東北行經三都屬己乃場、板良，又東轉至姑仲分兩支：(甲)一東北行者爲己乃年坡。(乙)二東南行經的夜，入本縣屬三洞爲霧鹿山，又東南行經板嶺村、砍牛塘至姑桃村，爲筆架山，又分三支：(子)一西南行經地良、岜做、水假、水道及周覃之水便等處，至水便河止。(丑)二西南行經從善之姑奇、岜繚、岜凱、水董等處，止於從善河入三洞河。(寅)三南行經姑甲山，至楊拱又分三支：(A)一西南行經龍場又分三支：(a)一經李桃、岜凡、李家寨、覃家寨及莪蒲之水各等處，至三洞河河岸止。(b)二爲寨磨、姑賞等處山脈。(c)三經水梅又分爲兩支：一經板南、榮烏等處與莪蒲之水各等處山脈連接。二經石板寨及莪蒲之水調、水吼、水春等處，至佳榮河會三洞河河口止。(B)二南行經係大、姑農、係呂、梅高等處，又西南行爲邕凱、水達、李滿及莪蒲之水息等處山脈。(C)三東南行經平報、姑正、水往等處，至水穴爲引幽山，又分二支：(a)一東行出榕江縣屬之八蒙；(b)二東南行經佳榮之藍靛山，又分兩支：一東行出榕江屬之滚通；二南行至小敖又分二支：一東行經從江縣屬之廖家坡、雷家坡出宰便，二西行出水維又分二支：①一西北行經譚家寨、拉先、拉學、拉亮、拉茅出水碰、蒿里等處止於佳榮河。②二西南行經拉祥、狗場、老場、拉龍，至觀音山，爲荔波中東部大幹脈，兹分述如下：

一東行經扁茅至地坤之龍場；二東南行經拉勿、新寧、何家寨等處，出廣西宜北之馴樂鄉；三西南行，出三王廟又分三支：

(一)一東南行出龍洞坪，分兩支：(壹)一南行出唐馬，又分支東南行爲鐵坳，出廣西宜北。(貳)二西南行經立化至余家坡又分二支：(甲)一西南行至十二索止。(乙)二南行經盧寨、韋寨又分二支：(子)一西行經王寨及洞塘之肯龍、汪洞、坡恒等處。(丑)二西南行經堯吊，出廣西思恩縣。(叁)三西南行出洞勿經邕英、拉莪、長寨、洞皆、堯垓等處，過堯垓横截茂蘭河，出夾石營連洞塘之老場等處山脈。

(二)二南行經甲界、茂蘭場、巖嵯、堯朝、立卡等處，至夾石營與堯垓等處山脉截茂蘭河。

(三)三西南行出拉槳又分二支：(1)一南行經瑶麓及瑶慶兩鄉交界之黄泥坡，由黄泥坡西南迤經瑶慶之播料、洞流、洞力及永康之溪竹等處，又經必同卡至洞塘之老場又分二支：(壹)一經洞更、瓦廠、加別、洞腮、必左、甲乙等處，經洞塘場又分三支：（子）一南行經堯所、里昂、洞腊等處，至洞腊河止。（丑）二西南行經李根坪、坡格、板寨等處，至黎明關出廣西思恩縣。（寅）三西行經丹林、必覺、浪腊、洞長、拉扒等處至金壁關出廣西思恩屬之納脚場。（貳）西南行，出巖洞口經望鄉臺，至水慶、水工、更舖等處，又分二支：（金）一至吉王、董悶、高岸等處。（木）二經底朵，又分三支：（春）一東南行至板獨、岜國等處。（夏）二西南行延至平魯，又分二支：（天）一南行經洞各至沙梨坳。（地）二西南行，延至岜合經馬鞍、打里等處又分二支：（乾）一西行出時來，至甲捧、拉台等處。（坤）二西南行經董港、梅卉、穿洞、水洋、董亞、瑶蘭、董膽關出廣西南丹屬翁昂之浪呆、更岜、己隴等處。（秋）三西南行出更底、更樓至白巖龍王洞、大坳、白虎坡，復西南行經拉岜出朝陽之魯鳳、更兑、冗力、岜馬等處，又分二支：（東）一南行出之董莽、岜昂場及撈村之平巖、巴弓等處止於莪江。（西）二西行至洞豪又轉西南行，經董界之董札、董更、在莪等處，由董札分支西南行，至董保又分兩支：（紅）一西南行，經拉貶、朝沙、界牌等處，止於莪江河岸。（黄）二東南行經姑類之江奔又分二支：（日）一出撈村之三脚又南行爲猴坡經蟠龍止於莪江；（月）二出唐光，經撈村之洞勤、大寨等止於莪江。

按 荔波山脈錯綜，水多伏流，故每一岡一巒，起伏不明，脈絡頗難分析。至各地山名，不易爲一般人所認識，故用村名以爲綫索。然無村不山，更難悉數，只能述其大者。山既縱横交錯，村復布列星零，述之不易明瞭，特附系統表以明幹支分行之大概。按系統表以索輿圖，較爲易也。

荔波縣山脈系統表

貴定縣南、都匀縣西(雲霧山)—都匀(八瓣山)—獨山(鳳凰山)

獨山基場鄉
- (瑶人坡)→
- (打然坡)→
- (麻銀坡)→

(瑶人坡)—(然仲坡)—三洞橋—荔波陽鳳鄉老場—拉拐—交甲

馬鞍
- 堯付—堯並—拉寨—董平。
- 堯更—梅桃(與更貴等處山脈連接，截斷陽鳳河)。

(打然坡)
- 墨寨—荔波陽鳳場—新寨—拉往。
- 養寨—打董—甲撓—荔波陽鳳鄉更蘭—月京—更貴—松弄—拉強。
- 惰寨—勤寨—(瑶璉山)

(瑶瑯山)
- 荔波陽鳳鄉董豪—董炳—播瑶鄉更我—納朗—地温。
- 荔波播瑶鄉紅果—守倫—播緩場—拉麻—桃村—巴竹。
- 荔波播瑶鄉巴葉坳

- 董馬—堯花—甲婁—在作。
- 駕歐鄉簡印—拉奥(駕歐鄉鄉公所)。
- 六林—地街—板談—(與拉包等處山脈連接，截斷淇江)。

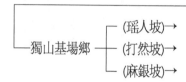

牛角—夾馬關出廣西省南丹縣。

内廣—打柳關出廣西南丹。

駕歐鄉拉格腊—拿圭—翁龍—董界鄉白腊坳—

廣西省南丹縣里湖—甲木—荔波縣捞村鄉—洞卓—八故—

橙樹卡—長法—廣西省南丹縣岜桃。

(宋公坡)—基長街。

荔波縣方村鄉板卜—納懷—

平寨—上水蒙。

高黑(霸王山)—

方村鄉水拉—莫萬—六黑—

唐八—者火。

(麻銀坡)—石牌坡

干廣—風寨—獨家村—板廷—方村街。

荔波方村鄉甲良老街—甲良場—堯穹—

交撓—吉魯—拉岜。

董登—開寨—岜凸—漂寨—漂洞—

(拉細坡)—老藍寨—秧寨—(月亮坡)—

牟尼河—水涯—出三都縣甲照。

本寨—荔波縣恒豐鄉忙庸—畝起—姑養—板孔。

黎羅寨。

壩寨—幹雖—荔波縣陽安鄉中朝—金桃—陽包。

姑也—荔波陽安鄉引雖—甲乃—梅萼。

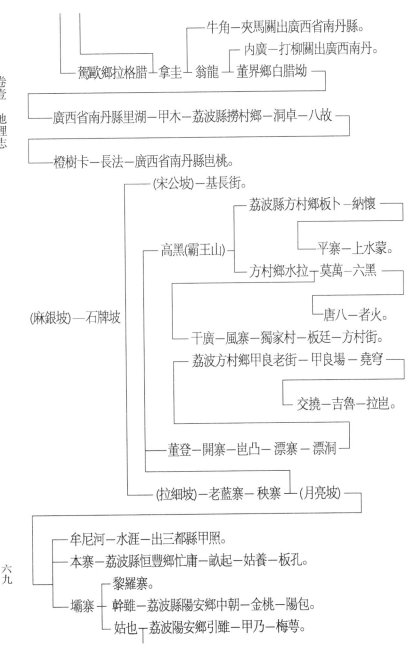

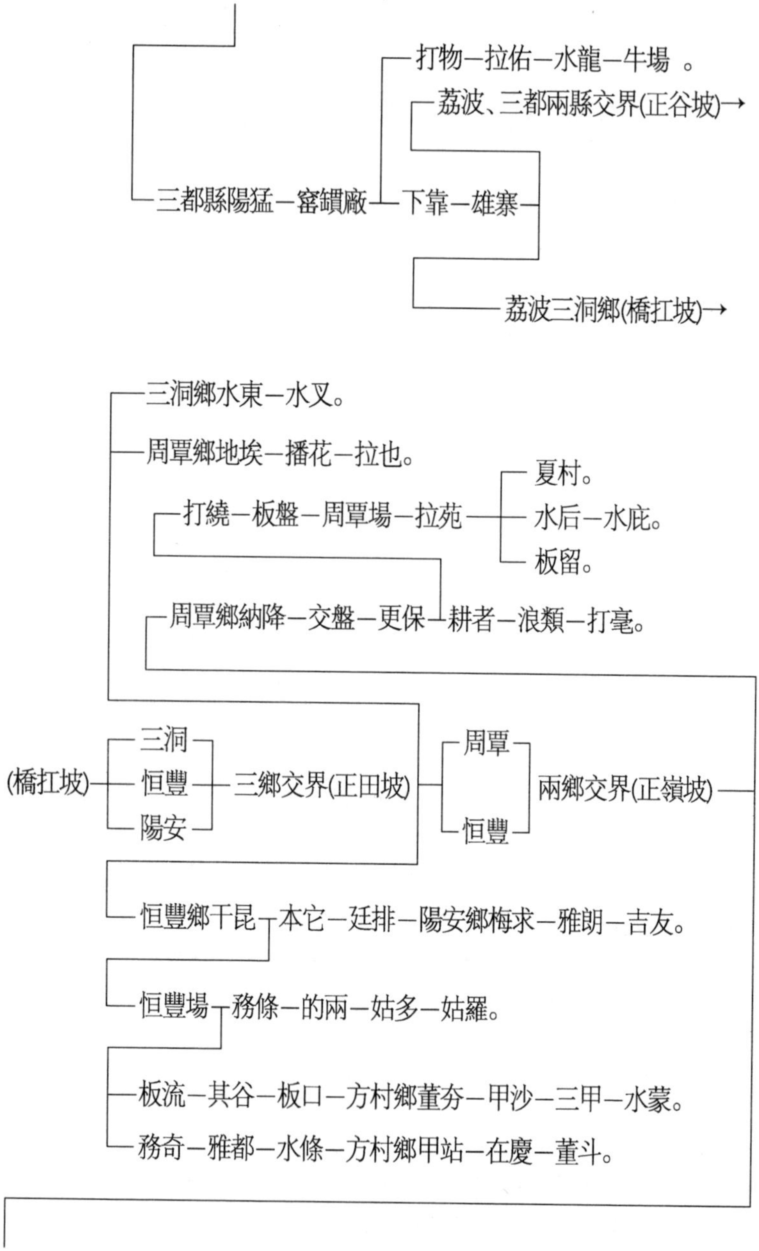
打物—拉佑—水龍—牛場。
荔波、三都兩縣交界(正谷坡)→
三都縣陽猛—窑鑽廠—下靠—雄寨—
荔波三洞鄉(橋扛坡)→
三洞鄉水東—水叉。
周覃鄉地埃—播花—拉也。
打繞—板盤—周覃場—拉苑
夏村。
水后—水庇。
板留。
周覃鄉納降—交盤—更保—耕者—浪頪—打毫。
(橋扛坡)
三洞
恒豐
陽安
三鄉交界(正田坡)
周覃
恒豐
兩鄉交界(正嶺坡)
恒豐鄉干昆—本它—廷排—陽安鄉梅求—雅朗—吉友。
恒豐場—務條—的兩—姑多—姑羅。
板流—其谷—板口—方村鄉董夯—甲沙—三甲—水蒙。
務奇—雅都—水條—方村鄉甲站—在慶—董斗。

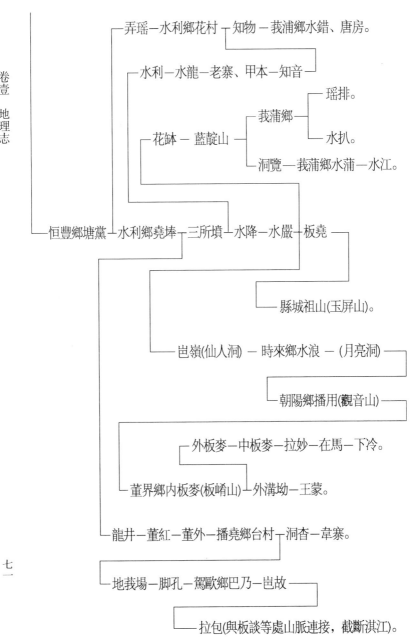

弄瑤—水利鄉花村—知物—莪浦鄉水錯、唐房。

水利—水龍—老寨、甲本—知音

瑤排。

莪蒲鄉

水扒。

花鉢—藍靛山

洞覽—莪蒲鄉水蒲—水江。

恒豐鄉塘黨—水利鄉堯俸—三所墳—水降—水巖—板堯

縣城祖山(玉屏山)。

岜嶺(仙人洞)—時來鄉水浪—(月亮洞)

朝陽鄉播用(觀音山)

外板麥—中板麥—拉妙—在馬—下冷。

董界鄉内板麥(板嵴山)—外溝坳—王蒙。

龍井—董紅—董外—播堯鄉台村—洞杳—韋寨。

地莪場—脚孔—駕歐鄉巴乃—岜故

拉包(與板談等處山脈連接，截斷淇江)。

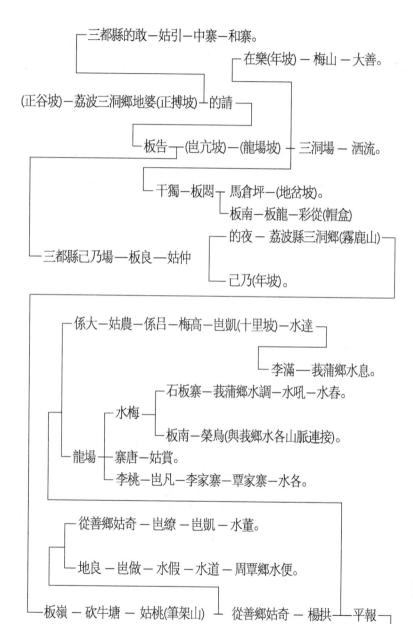

三都縣的敢－姑引－中寨－和寨。

在樂(年坡)－梅山－大善。

(正谷坡)－荔波三洞鄉地婆(正搏坡)－的請

板告－(岜亢坡)－(龍場坡)－三洞場－洒流。

干獨－板悶－馬倉坪－(地岔坡)。

板南－板龍－彩從(帽盒)

的夜－荔波縣三洞鄉(霧鹿山)

三都縣已乃場－板良－姑仲

已乃(年坡)。

係大－姑農－係吕－梅高－岜凱(十里坡)－水達

李滿－莪蒲鄉水息。

石板寨－莪蒲鄉水調－水吼－水春。

水梅

板南－榮烏(與莪鄉水各山脈連接)。

龍場－寨唐－姑賞。

李桃－岜凡－李家寨－覃家寨－水各。

從善鄉姑奇－岜繚－岜凱－水董。

地良－岜做－水假－水道－周覃鄉水便。

板嶺－砍牛塘－姑桃(筆架山)－從善鄉姑奇－楊拱－平報

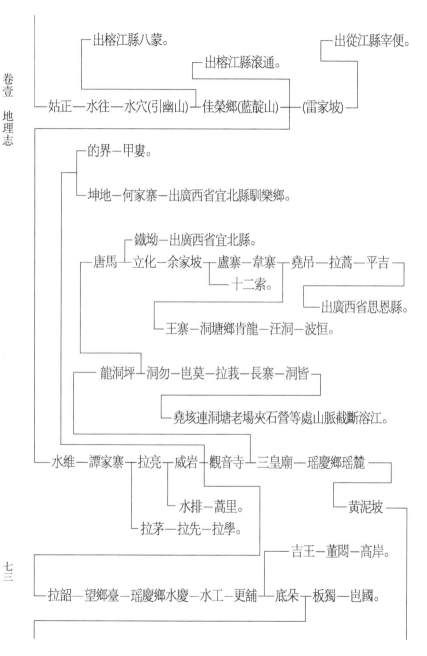

出榕江縣八蒙。

出榕江縣滚通。

出從江縣宰便。

姑正—水往—水穴(引幽山)—佳榮鄉(藍靛山)—(雷家坡)

的界—甲婁。

坤地—何家寨—出廣西省宜北縣馴樂鄉。

鐵坳—出廣西省宜北縣。

唐馬—立化—余家坡—盧寨—韋寨—堯吊—拉蒿—平吉

十二索。

出廣西省思恩縣。

王寨—洞塘鄉肯龍—汪洞—波恒。

龍洞坪—洞勿—岜莫—拉莪—長寨—洞皆

堯垓連洞塘老場夾石營等處山脈截斷溶江。

水維—譚家寨—拉亮—威岩—觀音寺—三皇廟—瑶慶鄉瑶麓

水排—蒿里。

黄泥坡

拉茅—拉先—拉學。

吉王—董悶—高岸。

拉詔—望鄉臺—瑶慶鄉水慶—水工—更鋪—底朵—板獨—岜國。

平魯
- 洞各—沙梨坳。
- 岜合—永康鄉馬鞍—打里
  - 董港—梅卉—穿洞—
  - 時来鄉甲捧。
  - 水洋—董亞—瑶蘭—董膽關—出廣西省南丹縣翁昂。

時来鄉更底—更樓—龍王洞—大坳—白虎坡—望城坡—拉岜—

朝陽鄉魯鳳—更兑—冗力—

岜馬
- 出廣西南丹翁昂。
- 洞豪—董界鄉董札—董更—寨莪。

董保
- 撈村鄉江奔
  - 堯莪—平岩—八弓—岜肯—出廣西南丹。
  - 三脚—猴坡。
- 拉貶—朝沙—界牌。

洞更—瓦廠—加別—洞腮—必左—甲乙。

洞瑙—倒馬坎—夾石營接茂蘭鄉洞皆、堯垓等處山脈—截斷溶江。

良山—洞流—洞力—永康鄉溪竹—必同—洞塘鄉老場—洞塘場—

堯所—里昂—洞腊—大造坡—出廣西省思恩縣。

- 李根坪—坡格—板寨—黎明關—出廣西省思恩縣。
- 丹林—必覺—浪腊—洞長—拉扒—金壁關—出廣西思恩縣納脚場。

荔波縣關隘表

名稱	所在地	附註
撞鐘石	玉屏鎮	在時會坳前二里，設石卡，路側峭石壁立，擊以石，聲若鐘磬，因此得名。◎採自李稿。
樓梯坡	玉屏鎮	在玉屏山後，爲縣城走陽鳳鄉要道。巖山陡峻，砌石級，如梯形，故名樓梯。
大坳	時來鄉	在舊縣村後，有石卡。
望城坡	時來鄉	在城南二里，爲赴桂孔道，山高路險，行人苦之。
火石坳	時來鄉	在望城坡後，山道曲折，極爲險要。
拉岜卡	時來鄉	在拉岜村後最高峯，圍石牆，高四丈餘，東西門洞各一，垛堞俱備。相傳建於清咸豐五年間，洪楊之役，附近村民避難於此。中寬闊，可容百餘家，惜無水可供給養耳。
甲捧卡	時來鄉	在甲捧村前後，砌石卡三，扼黔桂要衝。
外構坳	董界鄉	在拉個村後二里，清同治六年，廣西副將宋福慶曾敗賊於此。◎採自李稿。
哨樓坡	董界鄉	在者巴村對河，清咸豐三年，知縣魏承祝設哨樓於此。◎採自李稿。
白蜡坳	董界鄉	爲荔波、南丹交界地，知縣魏承祝建關於此。◎採自李稿。
十二卡洞	董界鄉	在坡小村西，爲黔桂交界地，知縣魏承祝設卡於此。◎採自李稿。

續　表

名　稱	所在地	附　註
猴　坡	撈村鄉	在蟠龍村後，於懸巖絶壁上闢徑直下，牛馬不能過，由坡脚至坡頂約五里，爲荔波第一險道。
橙樹卡	撈村鄉	在九畝村後山，有橙樹一棵，相傳清咸豐五年訓導鄭珍到此設防，題「橙樹卡」三字於其上，今已毁。
夾馬關	駕歐鄉	在牛角村西南，爲荔波與南丹交界，崎嶇曲折，如鳥道羊腸。
打柳關	駕歐鄉	在夾馬關南，爲黔桂交界地。
巴葉坳	播瑶鄉	在堯花村西北，爲荔波、獨山交界地。
紫微墻	陽鳳鄉	在水頭村西北，爲荔波、獨山交界地。
龍井坡	水利鄉	又名跋送坡，距城四十里，上獨山孔道，兩山對峙，一下一上，曲折數里，行者苦之。
花鉢卡	水利鄉	距城十五里，層峯阻塞，曲道紆迴，往來過此，均有行路難之嘆。
轎扛坡	三洞鄉	在弄扛村後，爲獨山至榕江孔道。
正谷關	三洞鄉	爲荔波與三都交界地。
正田坡	三洞鄉	爲三洞至恒豐大道。
箐口坡	三洞鄉	在三洞東十五里，絶險，坡脚爲河東溝，原爲獨山至榕江孔道。溝東南屬荔波，溝東北屬三都，路沿溝而下，俗稱「九十九道脚不乾」也。數十里無人煙，近年來因治安問題，行人絶跡。

續表

名稱	所在地	附註
沙沖	周覃鄉	爲荔波至三都要道。
正嶺坡	周覃鄉	爲周覃至恒豐大路。
拉后卡	周覃鄉	爲周覃進城必經之路。
白巖坡	從善鄉	爲三洞至從善要道。
水迭卡	從善鄉	卡極險要。清末，廣西遊匪猖獗，鄉民把守此卡十餘年，匪不能破。
貓叉樹	從善鄉	爲從善進城孔道，砌石爲卡，頗險要。
十里坡	從善鄉	爲從善鄉至佳榮必經之路，坡之長爲荔波第一。
水扒卡	莪蒲鄉	爲莪蒲進城要道。
摇排卡	莪蒲鄉	爲莪蒲進城要道。
沙梨坳	瑶慶鄉	爲瑶慶至永康要道。
苦李坳	瑶慶鄉	爲瑶慶至永康要道。
藍靛山	佳榮鄉	爲荔波與榕江交界地。
雷家坡	佳榮鄉	爲荔波與從江交界地。

續表

名稱	所在地	附註
拉勿卡	佳榮鄉	爲荔波與廣西省宜北縣交界地。
山王廟	佳榮鄉	爲佳榮至茂蘭孔道。
望鄉臺	佳榮鄉	爲佳榮至瑶慶大道。
鐵坳	茂蘭鄉	爲荔波與廣西省宜北縣交界處。
雄關及大造坡	洞塘鄉	清咸豐四年粤西土匪朱亞狗作亂，陷思恩，知縣魏承祝於雄關及大造坡等處建碉卡防堵。今已毁。◎採自李稿。
黎明關	洞塘鄉	距城一百一十里，在板寨南，爲黔桂交界處。
瑶所關	洞塘鄉	距城七十里，疊石爲垣，巉巖峭壁，真天險也。
金壁關	洞塘鄉	距城一百一十里，在拉扒村西南，爲黔桂交界處。
金城關	永康鄉	距城四十里，俗名懶板凳，在溪竹村南五里。上懸峭壁，下臨深澗，一徑紆迴，崎嶇陡絶。清同治丁卯，廣西提督馮子材破賊於此。◎採自李稿。
董膽關	永康鄉	爲永康至翁昂要道。

荔波巖洞表

名稱	所在地	附註
銀　洞	玉屏鎮	在玉屏山側，民國二十七年，縣長汪漢修作防空洞。
龍王洞	時來鄉	在白巖坡脚，上削壁、下深潭，洞内可容數百人。清同治之亂，邑紳何振新、覃端模等固守此洞，以待援軍。
蘇仙洞	時來鄉	在龍王洞側削壁上，無路可登，相傳有仙人蘇姓者在此修煉，故名。◎採自李稿。
歐官洞	時來鄉	在城西七里大河岸側，相傳有歐官者，姓韋名杰，邑之韋寨人，年二十棄家學道，在此圓寂，故名。◎採自李稿。
月亮洞	時來鄉	一名皇帝洞，在上花圍村附近，内寬平明亮，可容千餘人。
花圍洞	時來鄉	在花圍村後三里許，洞口有二，各可容千餘人，上中下花圍及朝陽鄉交朝村居民常在此避亂。
播用洞	朝陽鄉	在播用村西北，内寬二三丈，深二三十丈，可容數百人。
永安洞	董界鄉	俗名硝洞，在董界、駕歐之交。洞中陰深，人跡罕到。清同治之亂，村民住此，保全甚多。◎採自李稿。
甲　洞	董界鄉	山形如獅，洞内可容數百人。
九畝洞	撈村鄉	在九畝村後山，可容數百人。

續表

名稱	所在地	附註
安平洞	駕歐鄉	在地街村左，清同治之亂，村民在此避難，保全數百家，知縣鍾毓材曾駐其中。◎採自李稿。
甘穩洞	駕歐鄉	在板譚村右，淇江伏流其中，内可住數十家。◎採自李稿。
十二洞	駕歐鄉	在拉圭場，一峯聳立，三面玲瓏，洞凡十二，各不相通。清同治間，村民避亂於此，保全數百家。◎採自李稿。
魚村洞	播瑶鄉	洞内寬平，可容數百人。
唐朵洞	陽鳳鄉	洞前懸巖削壁，内有上下層，半邊有水半邊乾，無光，爲黑洞。搭橋過水里許，攀緣而上，數十步，達上洞，豁然開朗，地勢平坦，容五六千人。清同治五年之亂，在此避難者數百家，知縣王子林亦曾駐此。
董奎洞	陽鳳鄉	洞内寬平，可容二三千人。
降豪洞	陽鳳鄉	洞内可容數百人。
甲岸洞	陽鳳鄉	洞内可容數百人。
乾錕洞	陽鳳鄉	洞内四週有水，中高，可住百餘人，即架橋水發源處也。
拉有卡	陽鳳鄉	清同治之亂，有莫賴者，在此練團，卒能平亂。
水豐洞	水利鄉	在水豐附近，内寬闊，可容數千人。

續表

名稱	所在地	附註
仙人洞	水利鄉	一名清虛靈洞，在岜嶺村附近。可容數百人。餘詳見《名勝古蹟》。
拉更洞	方村鄉	洞內可容千餘人。
幹昆洞	恒豐鄉	洞口有二，內有溝，可容二千餘人。
皆友洞	陽安鄉	洞內寬闊，可容四五千人。
達便洞	三洞鄉	洞口二，長里許，寬二三丈不等，可容二千餘人。
板悶洞	三洞鄉	洞內高而寬，可容五六千人，深四五里。
古良洞	三洞鄉	洞內寬平，可容千餘人，深不可測，好事者探險，曾走四五里，因燭不繼而還。
周覃卡	周覃鄉	卡在周覃鄉卡坡山頂，周圍石牆約四尺高，可容一二千人。相傳清乾隆初年總督張廣泗曾屯兵於此。
幹球洞	周覃鄉	在夏村河對門，可容千餘人。
幹凱洞	從善鄉	在姑農村附近，內有河，可容千餘人。
幹可洞	從善鄉	在的係村附近，可容五六百人。
丙檀洞	莪蒲鄉	洞內可容五六百人。

續 表

名稱	所在地	附註
水慶洞	瑶慶鄉	洞内可容千餘人。
更昔洞	瑶慶鄉	洞内可容數百人。
更朋洞	瑶慶鄉	洞内可容數百人。
更坡洞	瑶慶鄉	洞内可容數百人。
拉毛洞	佳榮鄉	洞内深一里許，寬二丈，可容數千人。
白巖洞	佳榮鄉	洞在威巖村附近，深里許，寬三丈，内有水，可容數千人。
卡脚洞	茂蘭鄉	洞内高而寬，通已利卡，可容萬人。
浪外洞	茂蘭鄉	洞内可容數百人。
擺皆洞	茂蘭鄉	洞内可容數百人。
滕臺洞	茂蘭鄉	洞内可容數百人。
堯垓洞	茂蘭鄉	洞内可容數百人。
拉莪洞	茂蘭鄉	洞内可容數百人。
岜昔洞	茂蘭鄉	洞内可容數百人。

續表

名稱	所在地	附註
拾水洞	茂蘭鄉	洞内有大潭，茂蘭場附近村寨，冬季無水均取給於此。
燈籠洞	洞塘鄉	洞内寬平，週圍二三里，可容萬人。
瓦屋洞	洞塘鄉	距老場二里許。洞門人字形，外有石牆，内分内洞外洞、天樓地樓。外洞亮，内洞黑，外洞分二層，上層住人，下層豢牛馬。遇有事，壯者抵禦，老幼燃燈火，循石級，入内洞，經一月亮門，直達天樓，儼然瓦屋，故名。昔遊土匪徒擾亂，附近居民，多避難於此。
董大洞	永康鄉	洞内可容千餘人，清咸同之亂，村民在此避難十餘年。
幹柯洞	永康鄉	在吉洞村後，可容數百人。
幹才洞	永康鄉	在溪竹村後，可容數百人。
幹半洞	永康鄉	在水堯村後，可容數百人。
穿　洞	永康鄉	在永康水洋場附近，巖山横隔，大路中通，約十餘丈，清咸同之亂，村民在此避難，曾改道越山巔而下，亂平，仍爲往來孔道。

水道（津梁、泉塘附）

荔波之水，可分爲東西兩部，均南流入桂境爲龍江，匯柳江、西江入南海。境内諸水，名稱複雜，不便整理。兹爲使整理便利及閲者醒目起見，概括西部諸水爲峩江，東部諸水爲溶江。並詳述舊名，以備考古者之一助。

一、峩江

原打苟河，一名撈村河。

按「打苟」二字係本地方言「彎河」之義（本地方言「河」爲「打」，「彎」爲「苟」入聲）；此水發於東北，向西南流，至董界鄉之界牌，出廣西南丹境，折向東流，入撈村鄉，成大彎形，故有彎河之稱。此名稱僅限於界牌以下。

又按「撈村」二字，係以地名稱之，則僅限於撈村一鄉。

又按此水流經各地，各以地名稱之，不一而足。是則「打苟」及「撈村」均不足以概此水之總名。

又按「峩江」二字，原係指發源於三洞、佳榮兩鄉流至董界孟塘之水之總名稱。而荔波諸水，以此江爲最大，故以峩江二字總稱之，較爲名實相符，況荔波原有峩山之稱，以距城東北五里羅葡木之峩山得名。則峩山可以代表本縣别名，而此水又經峩山左側流至城東，是則以「峩江」名稱總之，更無不合，名正言順，不僅便於整理也。

有二源：

一爲樟江。

按 「樟江」二字以城東河岸樟樹得名，蓋荔波八景中「樟江夜月」，即此地也。

又按 此水自城區以下，在朝陽鄉稱巴灰河（以朝陽鄉原名巴灰里也）；在董界鄉稱寨馬河、王蒙河（以有寨馬場，一名洞莪場、王蒙場也）。今以「樟江」二字總之，蓋以樟江係城區命名，又爲八景之一，兼總納上流兩大水源也。

一爲淇江。

按 此水在方村鄉稱淇水，又稱方村河；在陽鳳鄉稱拉寨河（以拉寨係公渡處也）；在播瑤鄉稱地莪河（以有地莪場也）；在駕歐鄉稱巴乃河（以駕歐鄉原屬巴乃里也）。今以淇江總之，蓋以淇水爲方村命名，而方村爲邑舊治地也。

兹分述於後：

樟江源有二：

（一）爲三洞河。

按 此水在三洞鄉稱水維河、水叉河；在周覃鄉稱水便河；在莪蒲鄉稱大善河、水浦河；至時來鄉稱水春河；蓋以其經各處地名稱之。今以其發源於三洞鄉，故總稱三洞河。

（二）爲佳榮河。

按 此水在佳榮鄉稱巴容河（以佳榮鄉原名巴容里也）；至水息又稱水息河。今以其發源於佳榮鄉，故總稱佳榮河。

三洞河有二源：

一發源於三都屬犛角塘，逕水潘。

一發源於三都屬比寨，逕唐州至雄寨橋會水潘水，伏流里許，出雪花洞（以水由洞出，瀑布而下，飛沫四出如雪花，故名）、天生橋南下，逕縣屬三洞鄉水維，納洒流溪（源出良村脚，經洒流村後，逕岜顯村脚入水維河），稱水維河。折西南流逕水叉，納水雅溪（源出内水東，伏流後，逕水雅村脚，至板稿村下面，入水叉河），稱水叉河。復東折逕周覃鄉東南角，納周覃溪（在周覃鄉平田中，清流蕩漾，環繞若帶，一名帶溪），至水便稱水便河。納地花溪（源出三洞鄉，有五：一出干獨村北，經梅山村南至大善村東南，稱楊賢溪。二出三都屬板妙村南至打便村後伏流里許，復出至板嶺村脚。三出霧鹿山麓，至板嶺村會板妙水，合流稱忙畝溪，至大善村脚會幹獨水，西南流至水假村脚，爲地花河。四出水洋村脚東南流，入地花河。五出從善鄉古奇村脚，西流會地花河，稱水假溪，界三洞、從善兩鄉，入水便河），至莪蒲鄉西北納水董河（源出楊拱、水昂一帶，逕水董至從善、周覃、莪蒲三鄉交界處，入大善河），折西南下，稱拉散河。至水錯，納花村溪（源出水利鄉板陽、拉連一帶，經周覃鄉水令村，稱拉浩河，入拉散河），復南下納水兑溪（源出水各大寨，西北流至水兑，入河），稱水錯河。至水江，納水浦小河（源出水利鄉水龍，經洞覽、洞陀，伏流後復出，經瑶票入河），復南下納水扒溪、瑶排溪（兩溪源出水扒、瑶排與洞覽、洞雷間亂山中，均伏流後入河），又南流至水春會佳榮河，稱水春河。

佳榮河有二源：

一出佳榮之小敖與水爲間，至拉易，右納烏溜溝（出荔、從交界亂山中）及藍靛山等處之水，左納拉所及譚家寨等處小溝，至拉學，納岜鮮等處小溝，稱牙息河。

一出從善鄉水穴，右納係呂溪（出水往、水配、姑成等處亂山中）及岜凱溪（出本廷、板甲、水迭、岜凱等處之水），稱小河；至地界與牙息河會合，兩河合流後西南下，左納水碰溪（匯水排山蒿里處之水）及拉灘溪（出佳榮之拉韶、堯己、拉灘、巖洞口等處之水），稱巴容河。折西流至水息，右納水梅溪（出高農、水梅、石板寨一帶）及水吼溪（出水葉、引忼，及納板南、姑賞等處伏流之水），左納水工溪（出水工等處之水），復西南流，逕的育至水春，會三洞河，合流逕白巖西南下，爲樟江。逕城東而南，至羅家寨，左納板望溪（匯拉岜、板口諸水），西流至迴龍閣，又南下右納花園溪（一名威畝溪，源出水浪山後伏流，復出上花園村西北），至福村左納福村溪（源出福村後山），又下納上花皋溪（源出上花皋村後大山麓，經上花皋村脚入江），至朝陽鄉結茅村側，左納結茅溪（源出結茅村後大山麓），復西折右納下花皋溪（源出朝陽、圍寨交界亂山中，北流至下花皋村脚入江），又南下至朝陽場，右納播用溪（源出内播用村後魯好山麓），稱巴灰河，又折東向至寨省村脚，左納寨省溪（匯魯鳳、播九、八爛諸水），至花堤村脚，左納花堤溪（一名昂溪，源出更兑村），復西折右納寨平溪（源出寨平村後大山麓，绕寨平村右諸山入江），至拉良右納拉良溪（源出拉良村後大山麓），又南折，逕拉香村後入董界鄉，左納婆村溪（源出婆村後大山麓），至洞莪場，稱寨馬河，至下冷村西折，右納板麥溪（源出内板麥村側，一名流香井），南下左納洞莪溪（源出洞莪村後大山麓）下里許，右納董納溪（源出董納村後大山麓），折而東，三里許，左納巴樓溪（源出巴樓村後大山麓），折而西爲孟塘河，淇江自北來匯，下至王蒙，稱王蒙河。

淇江源有二：

一出三都屬陽樂，南流入本屬陽安鄉姑羅村；

一出本屬恒豐鄉乾坤村脚，北流逕廷排村入陽安鄉姑羅村會陽樂水，折西流，至項喬村，右納陽安溪（匯陽朝、引雖、定隆、金桃等各村之水），左納弄榜溪（匯弄榜、梅求、高並等各村之水），復西流至雅斗村，右納黎寨溪（源出獨山屬黎寨與羅寨之間，匯黎、羅寨等處之水），入恒豐鄉，折轉南下，至忙庸，右納把老溪（匯把老、把勞、忙庸、甲左等處之水），至板孔納水各溪（匯務條、水各等處之水），又西南流入方村鄉，至董夯右納板卜溪（匯板卜及和勇、姑養等處之水），至上水蒙右納納恒溪（匯納怀、者上等處之水），左納恒豐溪（匯恒豐場之雅都及瑶臺之三甲、甲多等處之水），又南下，納莫萬溪（匯莫萬、唐馬等處之水）至方村，右納把平溪（匯唐入、把平等處之水）至拉街村，會甲良河（源有二：一出獨山屬平静橋頭，逕三洞橋南下至本屬方村鄉堯穹；一出獨山屬漂洞，至堯穹會平静橋頭之水），折南下納龍井溪（源出龍井坡山麓大路側），復西南流入陽鳳之拉寨，稱拉寨河，至抹約左納董外溪（匯董外、董紅各處大山谷之水），右納董平溪（匯董平、堯並等處之水）及陽鳳溪、拉守溪伏流之水。陽鳳溪出獨山屬甲邦，南下入本屬陽鳳，逕老場西南流；拉守溪出獨山屬墨寨，南下入本屬陽鳳，逕新寨、拉往、拉守東南流會甲邦水，復南下至水涯，伏流數里，復出爲董平溪，流於梅桃、更貴之間，東南流經六了村，入拉寨河），折南納小河（源出獨山屬惰寨，逕養寨、勤寨、打董、甲撓入本屬陽鳳之甲奉，東南伏流數里，復出架橋村東南乾坤洞，復東爲小河入拉寨河），復南流入播瑶，至地莪場，稱地莪河，右納納朗溪（匯地脈、納朗等處之水），至覺翚，右納巴竹溪（匯豆村、地腊、班岜等處之水），又南下，右納寨索溪（匯董馬、拉麻等處之水），西折入駕歐，右納堯花溪（匯播瑶之堯花及拉毆、箇印、更撓等處之水），及板談溪（匯拉格腊、王寨各村之水），至板談村南伏流甘穩下洞，又會地街溪（匯拉圭、六林等各村之水），伏流之水經十餘里，出董界之響水巖爲孟塘河，至王蒙場會樟江水爲峩江（一名撈村河、一名打苟河），納堂拔溪，一名響水河（源出翁龍等處大山中，匯翁龍、己定、内廣、拉德莽等處之水，伏流數里，出董界爲堂拔溪，入峩江），至界牌，東折入廣西南丹屬，復南折，入本屬撈村，江中亂石，巉巖林立，高出水面數丈，水由石隙流下者十餘里（名龍湫洞）。城區、朝陽、董界各地船行，僅至王蒙場止。阻黔桂交通，開鑿不易。至撈村納漢村脚，左納尾江（源出納漢村後山麓），至大寨村脚，左納尾溝（源出大寨村後山麓），至平巖村，左納尾澇溪（源出姑類之塘光等處，出平巖入江），右納九畝溪（匯九雨、九畝等處之水），復東南入廣西南丹屬，爲龍江，逕廣東入南海。

二、溶江

溶江源有二：一爲茂蘭河，一爲立化河。

茂蘭河源有三：（1）甲界溪源出茂蘭鄉甲界村東北，向東南流，至比鳩會堯柳溪；（2）堯柳溪源出堯柳村南，折北流會龍洞溪；（3）龍洞溪源出龍洞坪，西流會堯柳溪，復西流至比鳩，會甲界溪。三源合流後，南流至洞英村脚，左納洞英溪（匯洞英、比丘等處之水），經茂蘭壩，稱茂蘭河，至堯垓納立卡溪（源出立卡村後大山麓，東南流入茂蘭河），折南流，入夾石營下巖洞，伏流十餘里會立化河。

按　茂蘭河於春夏之交，山洪暴漲，水勢滔滔，儼然一大河也；入秋後或春夏久旱十餘日，其涸立待，日常飲水，尚成問題。

又按　瑶慶、瑶麓、高岸、洞流等處溪水，流至茂蘭鄉界及永康鄉溪竹溪水流至洞塘鄉界，均伏流入巖洞中。

又按　洞塘場附近各地，於春夏之間，淫雨數日，則水淹屋頂，变爲澤國。秋冬則飲水缺乏。詢之當地故老，僉稱茂蘭河及伏流諸溪，均由地下匯入溶江，度其地勢，語亦近似。但無確證，姑録之以待後考。

立化河源有三：（1）岜歐溪（源出班肯村南，匯班肯、上下洞勿等各處之水）南流繞立化村脚，會岜孔溪。（2）岜孔溪（岜孔、唐馬等處之水），復西南流至十二索，會岜歐溪。（3）應昂溪（源出打油寨脚，匯盧寨、韋寨等處之水），西南流會岜歐、岜孔兩溪入堯所，曲折東南下，右納瑶所溪（源有二，均出瑶所附近，匯瑶所、甲乙、必左等各村之水），左納平吉溪（匯坡恒、肯龍、拉蒿、平吉等處之水），是爲溶江，逕洞腊渡，出大造坡西南，出廣西思恩縣入環江，南下匯龍江，經廣東入南海。

按　各鄉小溪流，除少數親身經歷者外，多半據各鄉圖及到各鄉訪問所得記載。遺漏錯誤，在所不免，惟希閱者補正。至其名稱，除少數著名者外，多以附近村名代之，俾閱者容易明瞭也。

荔波縣水道系統表

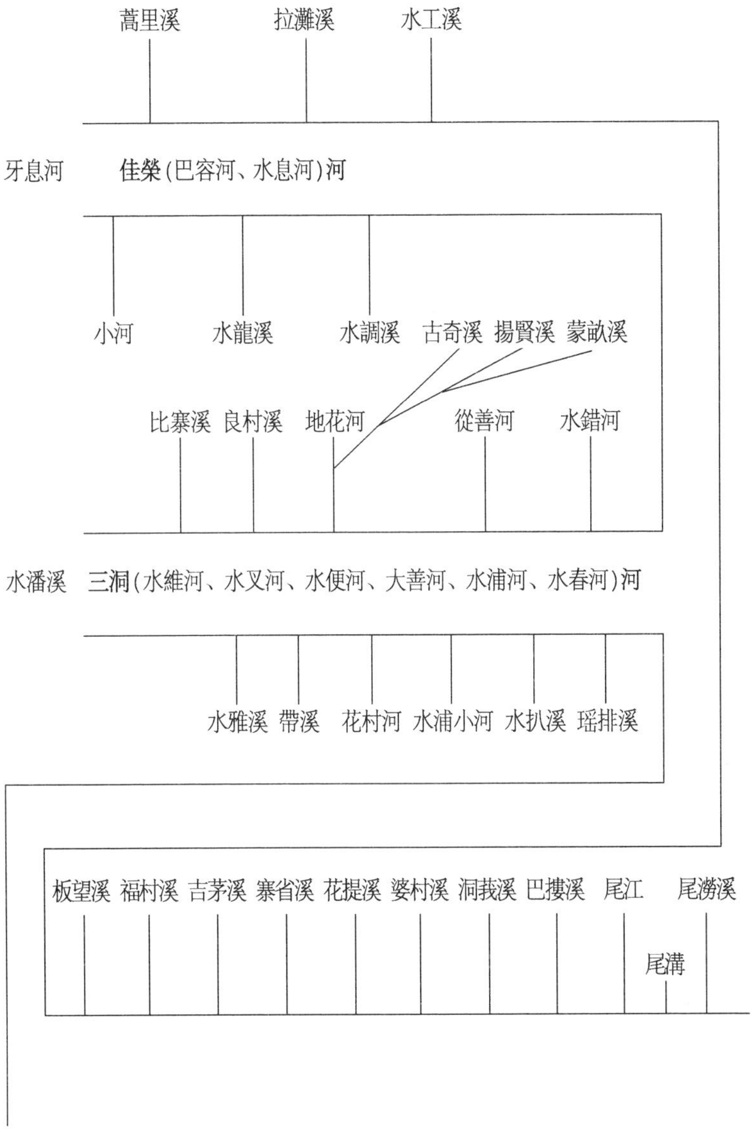
蒿里溪
拉灘溪
水工溪
牙息河
佳榮(巴容河、水息河)河
小河
水龍溪
水調溪
古奇溪
揚賢溪
蒙畝溪
比寨溪
良村溪
地花河
從善河
水錯河
水潘溪
三洞(水維河、水叉河、水便河、大善河、水浦河、水春河)河
水雅溪
帶溪
花村河
水浦小河
水扒溪
瑶排溪
板望溪
福村溪
吉茅溪
寨省溪
花提溪
婆村溪
洞莪溪
巴摟溪
尾江
尾澇溪
尾溝

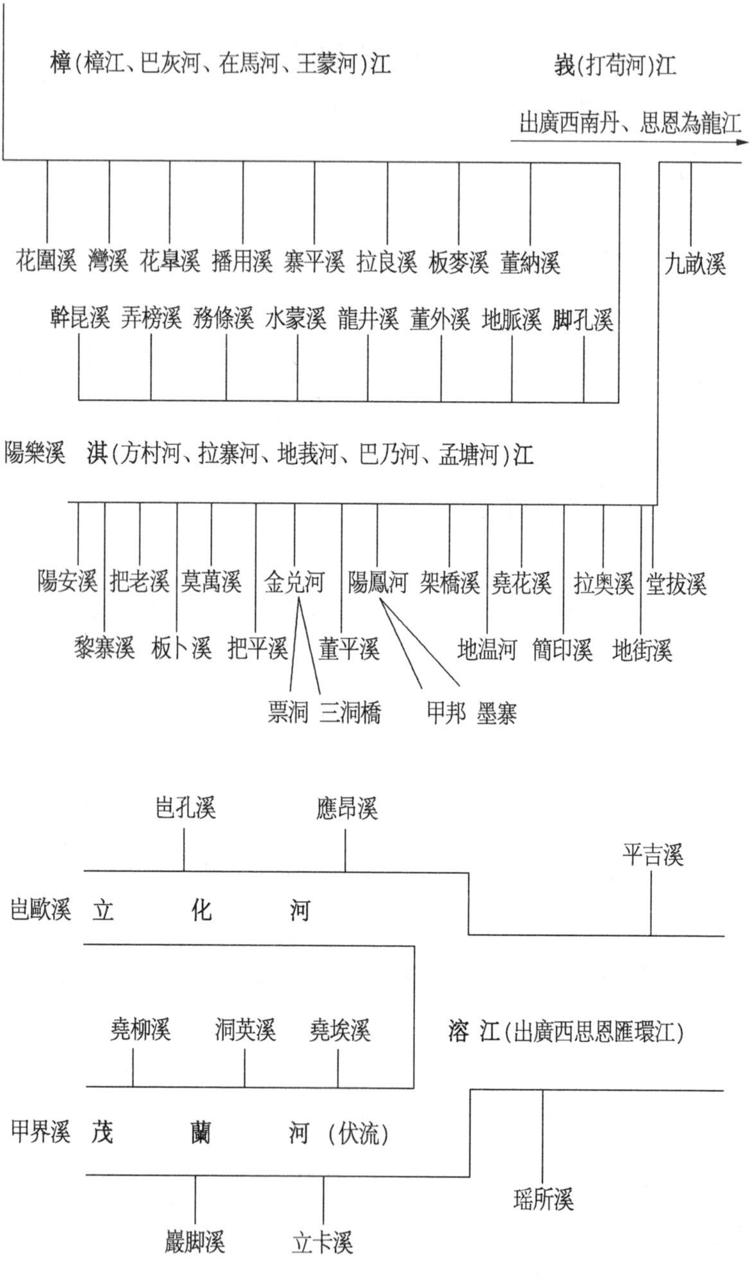
樟(樟江、巴灰河、在馬河、王蒙河)江
峩(打苟河)江
出廣西南丹、思恩為龍江
花圍溪
灣溪
花阜溪
播用溪
寨平溪
拉良溪
板麥溪
董納溪
九畝溪
幹昆溪
弄榜溪
務條溪
水蒙溪
龍井溪
董外溪
地脈溪
脚孔溪
陽樂溪
淇(方村河、拉寨河、地莪河、巴乃河、孟塘河)江
陽安溪
把老溪
莫萬溪
金兑河
陽鳳河
架橋溪
堯花溪
拉奥溪
堂拔溪
黎寨溪
板卜溪
把平溪
董平溪
地温河
簡印溪
地街溪
票洞
三洞橋
甲邦
墨寨
岜孔溪
應昂溪
平吉溪
岜歐溪
立化河
堯柳溪
洞英溪
堯埃溪
溶江(出廣西思恩匯環江)
甲界溪
茂蘭河(伏流)
瑶所溪
巖脚溪
立卡溪

荔波縣津梁表

名稱	所在地	附註
李家渡	玉屏鎮	在城東門外，即樟江渡也，爲赴粵孔道。邑人李國瑾捐田所置。◎採自李稿。附《李國瑾傳》於後。
板莪渡	玉屏鎮	在獅子口下，邑紳覃金錫捐有義渡田。◎附《義渡田記》於後。
高寨渡	玉屏鎮	在城西板妙村脚。◎採自李稿。
新官渡	玉屏鎮	在城南門外下菜園，即前署前舊渡，俗名貶結渡，清光緒十七年知縣梁宗輝捐廉重修。◎採自李稿。
桂子橋	玉屏鎮	城内老東門與新東門之間，東街之水由此出。◎採自李稿。
陞官橋	玉屏鎮	俗名楊家橋，在城外東北一里許。◎採自李稿。
濟美橋	玉屏鎮	在城西板妙村側，清光緒三十三年四月蒙士明等捐修。
三陞橋	玉屏鎮	在城西高寨脚，道光十二年蒙錢等捐修，咸豐十二年蒙將堯等重修，移於渡口。◎採自李稿。
何家橋	玉屏鎮	在城北二里，邑紳何振新捐修。
白巖渡	時來鄉	在白巖村脚。
福村渡	時來鄉	在福村寨脚。

續表

名稱	所在地	附註
一心橋	時來鄉	在迴龍山後，清咸豐十年蒙唐把建。◎採自李稿。
繼善橋	時來鄉	在城西高寨下石廠前三里，跨花圍溪（一名威畝溪）。蒙光朝始以木架，清道光初年蒙講元等改修石橋。◎採自李稿。
萬古橋	時來鄉	在時來鄉上福村河對岸，清嘉慶十年韋村韋元瀛捐修。◎採自李稿。
樂興橋	時來鄉	在時來鄉上花臯村脚，清道光十二年蒙樣銀捐修。◎採自李稿。
花臯橋	時來鄉	在下花臯村脚，一名拉苟橋。
朝陽渡	朝陽鄉	一名巴灰渡，在朝陽場上面半里許，秋冬水涸，在朝陽場脚有石磡過河。
脚拱渡	朝陽鄉	在脚拱村脚。
拉香渡	朝陽鄉	在玖里村脚。◎採自李稿。
裕後橋	朝陽鄉	在交朝村後里許，清道光五年覃文琳捐修。◎採自李稿。一名久豐橋。
巴蘭橋	朝陽鄉	在八爛村脚，覃光榮捐修。清同治中被賊拆毁。光緒元年其子候補經歷繼昌孫景福等重修。◎採自李稿。
羊角橋	朝陽鄉	在寨平村後，原修已毁，無考。民國十八年朝陽鄉伍晉禄一人重修。
拉良橋	朝陽鄉	在拉良村脚。

續表

名稱	所在地	附註
繼善橋	朝陽鄉	在脚拱村脚，三拱，跨昂溪。◎採自李稿。 **按** 此橋已毁。
拉香橋	朝陽鄉	在拉香村脚。
拉妙渡	董界鄉	在拉妙村脚，秋冬水涸，搭板橋過河。
寨馬渡	董界鄉	在寨馬村脚，對岸即洞莪場，秋冬水涸，搭板橋過河。
海利渡	董界鄉	在海利村脚。◎採自李稿。
雙溪橋	董界鄉	跨孟塘河，連綿七拱，俗名大七拱橋。气勢雄壯，爲本邑境内第一大橋。清道光中闔邑紳民捐修。◎採自李稿。附《碑序》於後。
小七拱橋	董界鄉	跨堂拔溪，一名拉香橋。
巴樓橋	董界鄉	在巴樓村脚。◎採自李稿。
三多橋	董界鄉	在拉倫村外，清道光二十九年何把物等捐修，已圮毁。◎採自李稿。
扁靄橋	董界鄉	跨小清河。◎採自李稿。
廟門渡	撈村鄉	在大寨廟門前。◎採自李稿。
馬道橋	撈村鄉	在大寨前。◎採自李稿。

續表

名稱	所在地	附註
拉奥渡	駕歐鄉	在拉奥村脚，係拉奥、簡印兩村捐修。
和合橋	駕歐鄉	在石牌下，清道光十四年莫友金等捐修。◎採自李稿。
加壽橋	駕歐鄉	在界石下，清咸豐九年莫把金捐修。◎採自李稿。
福壽橋	駕歐鄉	在地街村前，清嘉慶二年何應先等捐修。◎採自李稿。
洪　橋	駕歐鄉	在地街村外，清道光二十年何文炳等捐修。◎採自李稿。
板譚橋	駕歐鄉	在板譚村前，平橋七洞。
地莪渡	播堯鄉	在地莪場脚。
拉唐橋	播堯鄉	在拉唐寨脚。
拉寨渡	陽鳳鄉	在拉寨前。◎採自李稿。
拉柳渡	陽鳳鄉	在拉柳村前。◎採自李稿。
拉強渡	陽鳳鄉	在拉強村前。
架　橋	陽鳳鄉	在架橋村前，一拱。
董奎橋	陽鳳鄉	在董奎村前，三拱。

續表

名稱	所在地	附註
方村橋	方村鄉	在方村街左側，三拱，清乾隆四年修。
甲良橋	方村鄉	在堯穹村前，平橋三洞。
水利橋	水利鄉	在水利街前。
水龍橋	水利鄉	在下水龍村脚。
拉連橋	水利鄉	在拉連村前。
弄畝橋	水利鄉	在弄畝村前。
板帽橋	水利鄉	在板帽村側。
楊樓橋	恒豐鄉	在楊樓村脚，有二：（一）三拱，（二）一拱。
廷牌橋	廷牌鄉	在廷牌村前，有二，皆一拱。
繼志橋	三洞鄉	平橋五洞，在水維河上流，三都屬陽欒人楊煌一人捐修，共去銀千兩，人工由水維各村民衆負擔，清光緒二十九年起，宣統二年完成。
引鳳橋	三洞鄉	在轎扛坡脚一里許，清道光庚寅年修。
板旭橋	三洞鄉	在板旭村前半里，平橋三洞。

續表

名稱	所在地	附註
岜顯橋	三洞鄉	在岜顯村側，平橋三洞。
板勞橋	三洞鄉	在板勞村側，平橋三洞。
揚賢橋	三洞鄉	在梅山、板南兩村之間，平橋三洞，民國十五年潘起忠一人捐修。
蓉塘橋	三洞鄉	在梅山、板南兩村之間，平橋三洞。
畝美橋	三洞鄉	在板南村後，平橋三洞。
大善橋	三洞鄉	在大善村後，平橋三洞。
地花橋	三洞鄉	在板龍村後三里，平橋三洞。
繼善橋	周覃鄉	有二：一在水叉河下流，平橋一洞連拱橋一大洞，清乾隆二十九年修；二在夏村右側，三拱，清道光年間修。
播花橋	周覃鄉	平橋九洞，在播花村前。
周豐橋	周覃鄉	平橋二洞，在周覃場東北半里許。
拉浩橋	周覃鄉	在拉浩河。溪水甚急，隨修隨毀，計二十年間已修復五次，故有五復橋之稱。 **按** 此橋原在下面數丈，河面較窄，如於此處用粗鉛綫架練子橋，則事半功倍，且可耐久，望樂善君子注意焉。

續表

名稱	所在地	附註
水息渡	莪蒲鄉	在水息村東南，因無的款，船已早壞，尚未修復。
大善橋	莪蒲鄉	在水各村西北三里許，係在河中栽石礅數十座，名爲跳礅。山洪暴漲時，仍難通過。
拉巖橋	瑶慶鄉	在拉巖村前，一拱。
岜國橋	瑶慶鄉	在岜國村前，一拱。
更坡橋	瑶慶鄉	在更坡村前，一拱。
更葉橋	瑶慶鄉	在更葉村前，三拱。
奈何橋	佳榮鄉	楊姓捐修，在拉灘河上。
威巖橋	佳榮鄉	在威巖村附近。
拉勿橋	佳榮鄉	在拉勿村附近。
坤地橋	佳榮鄉	在坤地村附近。
龍場橋	佳榮鄉	在龍場附近。
拉所橋	佳榮鄉	在拉所村附近。
地牙橋	佳榮鄉	在地牙村附近。

續表

名稱	所在地	附註
洞英橋	茂蘭鄉	在洞英村脚，三拱。
水扒橋	永康鄉	在水扒村東北里許，一拱。
福嗣橋	永康鄉	在水瑶田壩中，一拱。◎採自楊稿。
洞腊渡	洞塘鄉	距雄關二里許，爲荔波、思恩交通要津，船屬私有，春夏水漲，過客頗感不便。

附 李國瑾傳

邑人李西長撰《李國謹公傳》云：「公姓李，名國謹，字伯瑜。營商賈，家稍裕。性孝友，老彌篤。行年七十，蒙前清賜耆老壽頂。當孀母病重，醫藥罔效，曾割股奉親，有愚孝之名。維時城東前横大河，无義渡。荔波雖僻，又爲下兩廣上雲貴必經之路，凡上下之人，行抵河干者，每興望洋之感。公慷慨樂捐附郭田二十餘坵，約出穀二百秤，作渡船田基本。年收穀息，足供僱船伕及造船之費用，迄今尚在，人呼爲「李家渡」。當道光末，殁時，荔波縣知事吴德容贈一輓聯：『割股奉親，今之孝子；嘔心創業，古之勤民。』嗣後高封馬鬣，即以此十六字刻其墓聯。猗歟休哉。此縣樂善好施一般者舊青年，多稱道弗衰，抑亦道德源流之有自來矣。」

附 獅子口義渡田記

邑人覃金錫撰《獅子口義渡田記》云：「舊縣之北有渡焉，曰獅子口，大河前横，涉者病之。先君子籌貲刳木爲舟，往來魚貫，免揭厲而達莊逵。先君棄養後，舟遂闕如。戊戌春，六村醵貲鳩工，舟復設，計費廿金而已，僉曰：『是舟也，三年必須補舊，六年必須更新，集腋維艱，貲將安出？』金錫聞而憮然！因憶遺訓，曾以置義渡爲言，雖棉力無多，不敢不勉。謹將遺業二坵捐作義渡，每年收穀變價，存儲五年，已足充造船之費，仍交六村宗祠首事，輪流經營，永遠推行，成先志也。村翁曰：『作者難，述者不易，今以往，所不潔己以共濟者，有如此河。』其言明且清，且爲後之經理義渡者勸也。記之。查義渡田，一坐落舊縣五穀廟右邊，一坵出穀七十三秤；一坐落五穀廟後，一坵出穀三十秤；共買價銀一百零十兩。」◎採自覃著之《贅贅編》

附： 雙溪橋序

天地之陷缺，待人而補之；前人之陷缺，又待後人而補之。莫爲之前，雖美弗彰；莫爲之後，雖盛弗傳。前人已能彰其美於前，而後人又不能傳其盛於後，將負前人矣。董界有溪曰孟塘，乃由黔入粵之要津，距白蜡坳十餘里。官府羽檄，由驛傳者必經其地；行旅之出於其途者，尤絡繹不絕。其溪爲方水、荔水交匯之區，春夏水漲湍急，涉者常滅頂焉。道光三十年，里人修成石橋七洞，穹窿跨溪，費五千餘金，行路者便之。去歲因暴雨，溪水氾濫，波濤洶涌，橋之第四洞崩其大半，惟餘其半，今已期月矣，石猶懸出而不落，其神明之呵護乎？抑前人之精誠，蟠結不解，以待我人之補乎？此長生斯土而朝夕出入斯橋者之責也，敢煩及遠人哉。無如燹火之餘，村存數家，而家無長物。蓋今於光緒三年二月鳩工，經營數載，計所費不少，既獨立之難支，期衆擎之易舉，惟祈仁人君子，咸樂解囊，助其不給，完此前功。自時厥後，雁齒虹腰，安於盤石，作砥柱於中流，同皇圖而鞏固。要皆成人之力也，則德與此橋永垂不朽矣。是爲序。光緒甲申十年落成，其費五百七十千文。

按 此橋創修於清道光二十七年，落成於三十年，名爲萬善橋。光緒三年補修，十年完工，改名雙溪橋。

荔波縣泉塘表

名稱	所在地	附註
永濟泉	玉屏鎮	在城東門外月城内，清同治五年知縣錢壎所鑿。◎採自李稿。詳《營造志》
荔泉井	玉屏鎮	在城西門外半里許大路側。相傳早年井上有荔枝一株，葉緑水清，互相掩映，荔波之名，因此而得云。
吊　井	玉屏鎮	在城西北角，深丈餘，以竹竿吊桶汲水，故名。
楊公井	玉屏鎮	在城内西南角，縣政府左側，知縣楊以增所鑿。蕭氏三烈婦盡節處，建亭其上，增題「清同古井」四字，俗稱同古井。◎採自李稿。
蘇公井	玉屏鎮	在城東月波亭下，相傳有善士蘇瓊茹素，以諸水不潔，鑿此自給。俗名小井，水甚清冽。◎採自李稿。
油魚井	玉屏鎮	在城西三里許，大河岸側，水從巖脚流出，清涼沁齒。◎採自李稿。
梨　井	玉屏鎮	在時會坳，荔波八景中之「梨井春光」即此地也。詳《名勝古蹟》
董瓦塘	瑤慶鄉	在水慶村附近，寬十餘畝。

續表

名稱	所在地	附註
賽龍塘	朝陽鄉	在龍村側，有大、小塘各一，相傳爲歐官所在地也。
流香井	董界鄉	在板麥村左，自砂磧中流出，泉水清冽，異於他井。
一品泉	董界鄉	在寨馬村後，三井相連，形如品字。
盆撈井	董界鄉	在拉圭場後山上，一石中空，大如盂，深二尺許，清泉注焉，以酒鍾挹取，數擔不竭，不取亦不溢。◎採自李稿。
清水塘	董界鄉	在駕歐鄉下朝陽鄉大路側，寬數畝，水極深，旱歲不涸。相傳爲蒙官神壇地。
坡岜井	播瑶鄉	在坡岜村脚，用石麻條砌成四方形，水甚清冽。
乾　塘	方村鄉	在水拉村附近，寬十餘畝，相傳數十年前有閘可開水入洞，後水洞塞，歷年淤積，三分之二已成乾地，故名乾塘。而三分之一浮泥深數丈，内有大魚重數十斤云。
龍　井	水利鄉	在龍井坡大路側，水自巖穴噴出，清冽沁齒。◎採自李稿。
麒麟井	水利鄉	在董瓦村，周圍數尺，其清若鏡。◎採自李稿。
四方井	水利鄉	有二：一在花村，兩山對峙，巖石奇崛，泉出其中，形如方壁，下流爲拉浩河；一在三洞鄉雜哄村大路側。◎採自李稿。
瀑布泉	水利鄉	有四：一在水利鄉花村；一在三洞鄉水維河上流；一在三洞鄉水叉河；一在朝陽鄉交朝村後。均詳《名勝古蹟》。

續　表

名　稱	所在地	附　　註
犀牛塘	水利鄉	在水利鄉瀑布泉下。
温水泉	陽安鄉	水温，有硫磺氣，洗浴可療瘡疥。
達便塘	三洞鄉	在達便村脚，寬數畝，養魚易長，旱歲亦可灌溉田畝。
楊柳塘	三洞鄉	在楊柳小場側，深數丈，旱歲不涸，亦可灌田畝。
干董塘	三洞鄉	在梅山村附近，寬數畝，水由後山巖石中流出。
姑桃塘	三洞鄉	在筆架山半山上，寬數畝，終歲不涸。
鹽　井	莪蒲鄉	相傳在水息村後，水污穢，無人汲取。村民某夫婦外出工作，其小女就近汲取煮飯，夫婦歸，飯猶未熟，痛打其女，及揭鍋嘗之，鹹甚，詢得其情。後其女因重傷致命，其忿甚，將井封閉。◎採自楊稿。**按** 語近荒唐，惟以鹽井關係民生，姑存以俟後攷。
一盌井	時來鄉	有二：一在駝背樹路側，巖隙流出，其圓如碗，水味清洌，終歲不竭；一在播瑶鄉韋寨下朝陽鄉路側，與上述同。◎採自李稿。
甲埲井	時來鄉	在甲埲街，井數口，均噴泉出石隙中，清洌無比。
紅水井	永康鄉	在水洋村附近幽洞路邊，常流出紅水，味鹹，有硫磺氣，村民取之醫瘡疥頗效。◎採自李稿。
董力塘	永康鄉	在水洋村附近董力深山中，廣十餘畝，深數丈，一年或數年一涸，村民取魚，以千斤計。

市　場

荔波縣市場表

名稱	所在地	趕場日期	趕場人數	貿易情況	備考
蒙石場	城區	巳亥	五六千人	以棉、麻、土布、桐油、葉菸、竹蓆等爲大宗。	原趕城外西北里許老場，後移城中麻園（文廟後），現趕城東門外河街。
舊縣場	時來鄉				距城五華里，已廢。◎採自李稿。
福村場	時來鄉				距城十華里，已廢。◎採自李稿。
朝陽場	朝陽鄉	子午	二三千人	以麻、桐油、葉菸等爲大宗。	俗名巴灰場，距城二十華里。
洞莪場	董界鄉	丑未	二三千人	以桐果爲大宗。	一名寨馬場，距城三十華里。
王蒙場	董界鄉	辰戌	二三千人	以桐果爲大宗。	距城四十華里。
撈村場	撈村鄉	丑未	二三千人	日常用品，無大宗貿易。	距城九十華里，原趕巴昂，因翁昂匪首何妖擾亂，移趕此地。

續表

名稱	所在地	趕場日期	趕場人數	貿易情況	備考
巴昂場	撈村鄉	辰戌	二三千人	日常用品，無大宗貿易。	因翁昂匪首何妖擾亂，移趕撈村大寨。已廢。
拉圭場	駕歐鄉	巳亥	二三千人	日常用品，無大宗貿易。	距城七十華里。
播苑場	駕歐鄉	寅申	一二百人	油、鹽、米、肉等。	距城三十五華里。已廢。
播緩場	播瑶鄉	卯酉	一二千人	以包穀、黄豆、辣子等爲大宗。	距城六十華里。
地莪場	播瑶鄉	丑未	七八百人	日常用品，無大宗貿易。	距城三十五華里。
陽鳳場	陽鳳鄉	巳亥	四五千人	以竹器（笠、簍、籮、籃等）爲大宗。	距城九十華里。
甲良場	方村鄉	丑申	四五千人	以牛、馬、豬、草紙、土布、麻、黄豆、米、麥爲大宗。	距城七十華里。
甲站場	方村鄉	卯戌	四五百人	油、鹽、米、肉等。	距城六十華里。
方村場	方村鄉	巳子	一二百人	油、鹽、米、肉等。	距城五十華里。
河壩場	方村鄉	寅酉	一二百人	油、鹽、米、肉等。	距城五十五華里。

續表

名稱	所在地	趕場日期	趕場人數	貿易情況	備考
水利場	水利鄉	寅酉			距城三十華里。已廢。◎採自李稿。
恒豐場	恒豐鄉	子午	四五千人	以鐵器、草蓆、豆腐乾、石灰等爲大宗。	距城七十華里。
廷牌場	恒豐鄉	巳亥	一二百人	油、鹽、米、肉等外，以穀子爲大宗。	距城八十華里。
陽安場	陽安鄉	卯酉	三四百人	油、鹽、米、肉等。	距城九十華里。
三洞場	三洞鄉	辰戌	四五千人	以牛、馬、豬、棉花、土布、穀米爲大宗。	距城九十華里。
楊柳場	三洞鄉	寅申	二三百人	油、鹽、米、肉等。	
周覃場	周覃鄉	丑未	二三千人	以土布爲大宗。	距城七十華里。
豬　場	從善鄉	亥	二三千人	以棉花、青布、水草等爲大宗。	距城八十華里。
龍　場	從善鄉	辰	一二千人	以棉花、青布、水草等爲大宗。	距城九十華里。
水各場	莪蒲鄉	卯酉	一二百人	油、鹽、米、肉等。	距城六十華里。已廢。

續表

名稱	所在地	趕場日期	趕場人數	貿易情況	備考
水慶場	瑶慶鄉	辰戌	一二百人	油、鹽、米、肉等。	距城五十華里。
威巖場	佳榮鄉	戌	一二千人	以土布、香菌、米等爲大宗。	距城一百華里。
坤地場	佳榮鄉	辰	七八百人	以土布、香菌、米等爲大宗。	距城一百華里。
茂蘭場	茂蘭鄉	子午	四五千人	以土布、牛、水草、花生、陶器等爲大宗。	距城五十華里。
洞塘場	洞塘鄉	卯酉	一二千人	以竹蓆、藍靛、包穀等爲大宗。	距城六十華里。
堯所場	洞塘鄉	子午	一二百人	油、鹽、米、肉等。	距城七十華里。
水洋場	永康鄉	辰戌	千餘人	日常用品，無大宗貿易。	距城三十華里。
拱傘場	永康鄉	寅申	一二百人	油、鹽、米、肉等。	距城二十五華里。

名勝古蹟

荔波僻處遐荒，聲教後訖，歷代古蹟，半多失傳；雖有一二天然形勝，因無文人學士爲之歌詠，亦多淹没不彰，良可慨也。

兹就耳目所及者分别述之，以備將來之一覽。

荔波八景

東郭曉煙　在城東南時來鄉官塘村。夏秋之交，早霧橫亘山腰十餘里，皎若匹練，半空奇峯羅列，儼如海上三山，從天外飛來，洵佳景也。◎採自李稿。

知縣蘇忠廷有詩云：「荔泉城畔乍晴天，無限炊煙接曉煙。匹練橫斜高處起，遥峯隱約半空懸。東來紫氣沖牛斗，北望流雲逐馬鞭。風景依稀隨變換，一輪紅日翠微巔。」

邑先正李國材有詩云：「東風嫋不動春煙，橫亘峯腰匹練牽。緑樹有情低處見，青山无脚半空懸。鳥尋暗壘時迷路，人上高樓欲化仙。朝旭偶銜蔥嶺出，閭閻都傍紫微邊。」

邑先正覃金錫有詩云：「飛仙東抹曉煙稠，太極圖呈一幅幽。省識鵬程行貴早，糢糊雉堞卧曾遊。黛迷萬點山如夢，紅射三邊日出頭。舊縣晴空新縣暖，扶摇人好上譙樓。」

西峯霽雪　城西十數里，一河中界，夾岸皆山，起伏連綿，如濤奔浪滾。值冬雪初晴，萬派晶瑩，光芒奪目。◎採自李稿。

知縣蘇忠廷有詩云：「西峯疊疊玉玲瓏，却爲閭閻預兆豐。瑞靄螺環新月白，詩吟驢背夕陽紅。尋梅峻嶺逢樵子，荷笠寒江有釣翁。那似高僧清夢穩，不妨遊宦印泥鴻。」

邑先正李國材有詩云：「一峯黯淡一峯明，天角微陽送晚晴。松柏滿山開冷翠，雲煙落地化空清。高僧夢鶴門常閉，有客騎驢酒共行。最是寒梅寒已慣，單衣短布動歌聲。」

邑先正覃金錫有詩云：「粉本從西掛半空，雪峯初霽未消融。山都變老頭爭白，日亦韜光色退紅。夢鶴人眠松葉屋，探驪詩滌水晶宮。乘時誰共鴻留爪，萬仞瑤臺御順風。」

北郊落照 在北門外，荒塚纍纍，土阜相望，每當暮鴉往還，夕陽明滅時，登樓四眺，不禁令人生憑弔之感。◎採自李稿。

知縣蘇忠廷有詩云：「峩陽城北小橋東，翠黛蒼茫補化工。短笛横吹芳草地，畫帘高揭杏花中。遥山晚景無邊緑，反照斜陽分外紅。愛惜分陰勤教稼，紀行恰好繪豳風。」

邑先正李國材有詩云：「未落秋陽返照紅，豐碑寂寞古亭空。溪流溪去寒光送，山外山多冷艷烘。此地草深埋白骨，何人酒醉笑西風。松杉晚景分明好，莫記年華唱惱公。」

邑先正覃金錫有詩云：「荒郊秋色冷豐碑，對此茫茫落照知。一片殘陽鴉叫影，數誰終古豹留皮。葵傾得地心原熱，草蔓黏天感易痴。北拜玉屏山啟秀，有人捧日立嶷嶷。」

南堰奔濤 在城南二里，峩江由東北而來，南注於此，性悍疾，邑人築石爲壩，鱗次櫛比，水石相激，雪花一片，雲浪千重，澎湃之聲，震動數里。◎採自李稿。

知縣蘇忠廷有詩云：「一派峩江江水寒，迴環百里似龍蟠。西經高寨煙迷渡，南湧官塘雪作團。介石磷磷成砥柱，銀濤滾滾壯文瀾。詩囊畫稿知多少，筆底灘聲欲繪難。」

邑先正李國材有詩云：「峩江之水東北來，平流至此多石臺。臺石阻水水怒石，水激石聲何壯哉。夾岸風停山色静，萬團雪滾浪花堆。熱腸熱耳偶然洗，笑口爲逢君始開。」

邑先正覃金錫有詩云：「大江東去浩漫漫，拗折奔南堰陡攔。萬點雪尖鑽疊石，四時雷怒吼晴灘。虛舟下水無邊快，砥柱中流自古難。淘盡岷陽多少事，銅絃鐵板我來彈。」

梨井春光　在城北五里時會坳土地祠前。清泉一泓，自石隙流出，其味甘洌。每歲春二三月，井上梨花盛開，樓臺倒影，草木争榮，遊人雲集，稱勝會焉。◎採自李稿。

按　祠樓已毁，牆壁猶存。世變滄桑，不勝今昔之感。

知縣蘇忠廷有詩云：「梨花井上鬥芬芳，遊士争流曲水觴。勝地誰遺棠樹愛，甘泉應帶荔枝香。三春燦爛逢寒食，一勺清涼洗熱腸。重見吾民熙皞象，光天化日正舒長。」

邑先正李國材有詩云：「膩膩風光邈邈春，梨開金井動遊人。山林厚福多香火，士女輕衫拜土神。流水小橋清照影，凌雲高閣淨無塵。登樓不敢拈花笑，儂是華嚴法界身。」

邑先正覃金錫有詩云：「瑩然梨井白如銀，小小繁華上巳辰。水影倒摇沽酒旆，花魂偷引踏青人。風流勝景情生韻，天縱詩才妙在真。無古無今觴詠好，新春哭過永和春。」

樟江夜月　在城東李家渡上。樟樹一株，大數圍，前臨陡岸，皎月當空，樹影婆娑，倒映水中，枝柯掩映，即小李將軍畫，無以過也。兼以漁歌晚唱，野火明村，當其境者，恍若洞庭秋夜云。◎採自李稿。

知縣蘇忠廷有詩云：「一輪明月一扁舟，載酒高歌好唱酬。翠袖分明懸玉鏡，銀濤澄徹滾金球。放開眼界黔州小，感慨眉山赤壁遊。到此纖埃都不染，何須海上問瀛州。」

邑先正李國材有詩云：「良宵皓月滾金球，寫出江天一色秋。眼界分明同白晝，人生難得泛孤舟。寺寒霜落疎鐘外，林静煙凝古渡頭。洗去紅塵三萬斛，先民何處訪巢由。」

邑先正覃金錫有詩云：「不受紅塵半點侵，夜良何止值千金。倒懸玉境江心亮，直射銀濤月色深。霜氣横拖漁父艇，清光争上雅人簪。是誰倚樹吹仙笛，贏得珍珠露滿襟。」

洞天消暑　在城東七里許，俗名龍王洞，一名白巖洞。洞上白石嵯峨，左右懸巖削壁，遊者必操舟二里許，始達洞口。前臨大河，入其中，幽深宏敞，涼氣逼人，盛夏必披裘焉。◎採自李稿。

知縣蘇忠廷有詩云：「溪光雲彩共澄鮮，清鏡超然斷俗緣。避暑客來修竹岸，納涼人放採蓮船。山臨水國宜消夏，地隔塵寰別有天。只惜漁郎尋不到，問津空悵五陵煙。」

邑先正李國材有詩云：「紅塵隔斷水悠悠，熱處人來盪小舟。洞裏有天仍是地，山中無夏不疑秋。巉巖門日濃陰落，老樹呼風瘴氣收。一曲浩歌歸去也，满船明月渡滄洲。」

邑先正覃金錫有詩云：「鑿空盤古未開天，洞口臨江合住仙。一葉扁舟辭熱客，十分清氣落吟肩。人驚赤帝行秋令，我與青山認舊緣。彈指避秦人散盡（丙寅城陷曾在此避亂），茫茫誰與話桑田。」

又　李國材遊白巖洞有詩云：「仙府結詩壇，詩腸此地寬。酒呼雙槳急（酒不足，使人摇船急取），雪坐一堆寒（洞口生石綿如雪）。石齒泉通脈，波心月弄丸。歸舟須緩緩，客有釣魚竿。」**又**云：「兩槳摇開深樹陰，窪然一洞盪胸襟。懸巖立壁撑風雨，怪石成橋渡古今（洞口生石，横空成橋）。響應有聲疑虎嘯，潭寒無底怕龍吟。遊人莫作尋常視，能爲蒼生沛旱霖。」**又**云：「峩陽未老謫仙才，又與羣仙會玉臺。竈近潭旁供水便，風從天上採樵來（待從正覓薪，忽空中風下一枯樹）。生成頑石心能轉（旁小洞前大石，不時自行翻動），睡久兒童夢可回（門人有在石床卧者）。酒興微酣歸思動，半江雨霽夕陽開。」

邑人吴中欽著《白巖遊記》云：「溯樟江而上，舟行二里許，有巖焉，壁立萬仞，聳峙江干。遠望之，如瀑布，如銀河倒瀉；即而仰視之，雲與俱連，渾不知峯之所極，眼花繚亂，亦渾忘帽之落也；俯而思，疑爲斧鑿，則斧痕固未見也，疑爲刀劈鋸剖，則刀鋸之痕，亦未常露也。嗚呼噫嘻！其來何自耶？其果何名耶？豈縣志所載洞天消暑者非此也耶？抑因色以名，所謂白巖者即此也耶？巖之下有洞，寬可十餘丈。當風見日，無塵囂氣；雖溽暑，披襟對之，涼生肘下，故名之曰『洞天消暑』。洞外砌石成卡，乃先民避亂時築以自衛者。蓋洞之前後左右皆大山，巉巖絶壁，無路可通；而江流至此，益深且闊，非乘舟筏，無由利濟，故亂時居民恒視以爲桃源焉。嗟呼！承平久矣，吾人大都忘白巖之益矣。猶憶乙丑匪亂，洞之内外，均被附近居民捷足先佔。遠者扶老攜幼遲來，而不能求一片席地以安厥身者夥矣。而今閱時幾何，巖之風景無殊，天險依然，竟無有一人過而問者。不思防患，預爲修葺，一旦有事，遂倉卒以赴之，誠無怪人之不容我，山靈有知，亦必移以北山之檄矣。故吾願遊斯巖者，不以過客自居，題一韻，揮數字，即便了此遊覽之興，聊記雪泥鴻爪之緣而已；當視其力之所能，各盡修補之責，壞者修之，無者創之。上焉者倡，中焉者和，下焉者盡力而修之，則不惟亭臺樓閣，可增斯巖之勝；即事起倉惶，亦可作碉壘之用，避亂之所。是則斯巖之大幸，抑亦民衆之所深幸也夫。」

沙市圍魚　在城東一里，俗名洗布河。清波蕩漾，細浪瀠洄。小舟織水若飛，密網縱横，錦鱗奮躍，不啻緑楊紅樹風景也。◎採自李稿。

知縣蘇忠廷有詩云：「平沙浩浩隱煙霞，共説生涯在水涯。幾舸輕舟衝荻港，三椽矮屋傍蘆花。攔河結網邀鄰叟，破浪停橈問酒家。捕得尺鱗堪買醉，高歌競唱夕陽斜。」

邑先正李國材有詩云：「鄉村有網號攔河，水淺沙明信手拖。觸繳紅鱗奔浪誤，紛拏赤體有人多。山林氣肅清霜動，盧葦陰深夕照過。夜火誰稱叉手妙，滿江星點唤哥哥。」

邑先正覃金錫有詩云：「洋洋魚水戲難求，張網圍來任去留。人占白鷗沙作市，鳳翻緑鴨浪吞舟。霜鱗丙穴忙摇尾，露體丁男笑掉頭。最是晴霞紅樹晚，漁歌唱破半江秋。」

中山公園

在城内西北角舊遊擊署地址。形勢雄闊，局面高朗，古木葱蘢，蔭翳避日。民國二十四年，建修公園。中築一亭，亭之側，修屋一座，設大衆俱樂部，並廣植花木。風景宜人，誠勝地也。

月波亭

在城東門外樟江岸上。清咸豐九年知縣吴德容建。憑欄四顧，萬頃茫然，令人有飄飄欲仙之慨。吴令題聯云：「月夜花朝，問閭閻可曾歌舞；波平浪静，與賓友再作商量。」同治五年毁。◎採自李稿。民國五年季秋，縣長陳敏章重建。◎採自楊稿。

按　亭上層樓爲風雨所壞，民國二十二年，縣長徐孟堅重修，拆去上層，增修臨江月臺數椽，以供遊覽。

邑先正覃金錫撰《重建月波亭記》云：「蒼蒼然邑東郭樟江上，巋有亭焉。山襟披秀，水帶拖藍，清境也。月點波心，波涵月影，清趣也。溯厥權輿，則歲在咸豐丁巳所建也。當是時，吴公迺菴，爲我邑宰，有政聲，公餘構亭，題曰『月波』。月，閲也；波，即荔波；其寓意雅且切。辛酉赭寇至，燬之，忽忽垂六十年。今邑侯陳公憲周，壬子九月蒞任，政平訟理。乃於丙辰季秋，召匠氏重葺而新之。憑眺間，風飈飈生腋下，欲羽化而俱仙，僉曰樂哉。昨非氏愀然曰：『亞雨歐風，震撼加厲，雖甲第，且恒惴慄其隟而覆也，胡以亭爲？』今是子曰：『君之感撫時而嗟，僕之感藉亭而寓，夫生斯土者，或闇於公理，感而指月明心；或厭彼強權，感而臨波洗耳；宰斯土者，仰觀月滿，則感編氓離散，而思所以生之聚之；俯察頽波，則感末俗淪胥，而思所以懲之勸之。悟道如參禪，當前即是。安往而不寓學術治術之機乎？苟附和言樂，如水母目蝦，盲從而無所觀感。既負賢侯雅意，且自棄賦畀之良知，可嘆也。』昨非子幡然改曰：『拘於墟者跡也；感而通者心也。風雨不動安如山，臣請爲斯亭祝。』因述其問答，而紀其興廢之跡焉。抑尤有感者，自後羣賢，亭外屨滿，把酒問天，可有人高掌遠蹠，吐月吞波，攬轡而澄清天下否！」

縣長徐孟堅撰《月波亭跋》云：「昔賢有司民牧者，每愛建築高臺，非獨厭遊觀之樂，蓋亦有取義焉。斯亭巍然臨江之表，瓦甍鱗比，巒峯簇圍，其足爲斯亭之點綴裝飾者，亦云備矣。顧年久失修，爰鳩工補葺，並添造月臺，以便周旋。余因之有感焉：夫荔邑之民物凋殘，亦猶斯亭之頽廢也。救敝補偏，尚待戮力。惟冀此後地方事業蒸蒸日上，亦如斯亭之焕然一新。是則建亭之微意云。」

浴心亭

在城東里許河岸上。下就樟江之水設游泳池。水勢平緩，深淺合度，適於游泳。登樓東望，舊縣六村，星羅棋列，煙火迷離；而大河前横，沙明水浄。遊此地者，不禁有浴乎淇風乎舞雩之慨。民國二十九年縣長陳世宇建。

玉屏山

在城北二里許，縣之鎮山也。方正莊嚴，闊大富厚，萬山環拱，若畫屏然。

知縣謝人龍撰《培補玉屏山序》云：「嘗讀詩至公劉景迺岡，相陰陽，觀流泉，未嘗不嘆地邑民居，必度形勝以培人傑也。乙巳（道光廿五年——編者註）之春，受篆斯邑，觀環署秀峯，清流旋繞，知地靈之所鍾，猶未識風脈之所自也。公事之暇，溯原主玉屏，見山如屏之端嚴，如玉之朗潤，竊謂名斯山之不苟也。惜山半雨水裂痕兩道，寬深五六丈，長者三十餘丈，短者亦十餘丈，零星溝渠甚夥。猶美玉之不无瑕，深恐爲斯山纍，即爲斯邑之風脈纍。因與少尉劉君字笏亭，湖北漢陽人，商培土脈之法，遂爲補山之愚。第積簣誠難，捐貲不易，先泐函於省垣朱制軍。制軍祖塋亦斯山之發脈，慨然助貲三百餘貫；又復募得紳民三百餘貫。少尉不避暑雨，監督工匠，日三四百人，三閱月而工甫竣。余樂玉屏之無瑕也，與少尉環步山麓，至玉山上，行見夫山陰之山，如憑玉几，過峽之山，如界玉尺；山陽之山，亭亭玉立；山陽之水，曲曲玉環；山間之木，似瓊林，如玉樹；山中之人，疑多璞玉，堪待玉人之雕琢。爾士子負玉姿，抱玉質，謹凜玉絜之節，磨礱玉光之潤，而比德於玉，將登玉堂，列玉笋，佩玉魚，庶不負余與少尉補玉屏，培荔脈，以玉汝於成之心也夫。」◎採自李稿。

邑先正李國材有詩云：「在城不覺城有樹，登高滿城飛緑霧。西北角闢數畝田，始見城中有餘步。一枝文筆建長天，一彎玉帶繞清漣。如此好山如此水，夜哨深吹五百年。」◎採自李著《晴舟詩録》遺稿。

一在方村街東北，形勢突兀，四山環拱，乃方村舊縣治之祖山也。◎採自楊稿。

小玉屏

在玉屏山麓，端整凝秀，縣治之少祖山也。◎採自李稿。

按 小玉屏俗稱黄泥坡。原爲農作地，無風景可言。民國二十年，劃作中山林場後，歷年栽植松柏，成活者多。此地距城不遠，便於遊覽。山不高而秀，緑野平鋪，江城前列，煙水明媚。預卜十年後可佔荔江第一名勝也。

東山

在城東三里，舊縣之鎮山也。一名梅隴山。曉日初出，薄翠浮空，晴嵐掩映，亦奇景也。◎採自李稿。

文筆峯

在城西十里，尖聳若筆，直插雲霄，與羣峯迥異。◎採自李稿。

天馬山

在城南五里，玉屏之對山也，勢如天馬，夭矯騰雲，有萬里横行之勢。◎採自李稿。

迴龍山

在城西南四里，縣治之水口山也。登高遠眺，舊縣、新城宛然在目。上建文昌閣，清同治丙寅春燬於兵。◎採自李稿。

邑先正李國材《詠西峯閣》詩云：「高處脚跟平地起，豪來槊柄半天横。兩城樹木分衰旺，十里巒峯雜暗明。古壁殘詩和蠹滅，深秋江水學人清。險中莫戀烏棲曲，一葉歸舟趁晚晴。」又《登西峯閣古風》有「路出城西西復西，鴻鵠當空鳥不啼。三升橋頭行小憩，蒲溪香色動蘭蕙。一船一槳一帆風，有閣高懸半空中。跨豹攀虬踐幽澗，偶然人立峯萬仞。兩城風景目收羅，潑潑濤聲響長河。壁上古詩剩殘字，古人於今已隔世。誰復更識古人來，相逢莫使眉不開」等句。◎採自李著《晴舟詩録》遺稿。

筆架山

一在城西三里高寨河右側，三峯平列，宛如筆架。◎採自李稿。

一在三洞鄉東南，左右兩峯，高聳入雲；中四峯，高及四分之三，平列一排，形勢工整，儼同雕塑。

半月山

在城西三里之高寨村，形如半月。◎採自李稿。

按 民國初年，建静波樓於其上，以供遊覽，今已燬。

玉几山

在城西五里迴龍山後，圓浄如几。◎採自李稿。

望城坡

在城南二里，登至坡頂，俯視城中，煙樹蒼茫，歷歷在目；而尤以中秋前後，南門及舊縣兩壩，稻穀金黄，緑水中分，劃出太極圖，儼然如繪，真奇觀也。民國八年縣長傅良弼建亭於半山，今已燬，遺址猶存。

拉岜卡

在時來鄉拉岜村後最高峯，石牆環繞，儼若城垣。北瞰治城，紅牆緑樹，一望迷離；西晞朝陽、董界兩鄉，山迴水曲，村落星布，極目蒼茫，令人恍如登泰山，有黄河一綫齊煙九點之概，誠荔邑古蹟之一也。

白虎坡

在城南三里，奇石峥嶸突兀，形如虎踞，故名。

時會坳

在城北五里，爲晉省孔道。原於道旁建土地祠一座。每年三月上巳，士女雲集，流觴曲水，勝極一時，因名時會。後祠燬會停，撫今追昔，徒增蘭亭梓澤之慨而已。

◎邑先正李國材有《時會宴集》詩云：「席地傳觴傍淺溝，性情清曠不登樓。蘭亭故事王家在，溱水韶光鄭國留。春色易澆名士酒，雨花還上老人頭。問年已過強而仕，果否風流落下流。」又《時會坳觀泉》詩云：「此水何其絜，此山之中疑有月；此水何不怠，此山之中疑有海。梨香陣陣古亭虛，都爲此水證清腴。未有水前水何去，既有水後水何來。臨流且酹一杯酒，斜陽獨坐思悠哉。」

獅子口

在城東北三里大路側，尾連峻嶺，首撲大江，有跳躍奔騰之勢。口内寬數丈，往來行人，常憩息於此。◎採自李稿。

碧灘

在白巖洞前，長二里許，深數十丈。兩岸山石，萬仞巉巖，一水中流，蒼茫蕩漾。每於月夜泛舟其間，山高月小，水静波湉，逸興幽情，當不亞蘇東坡赤壁雅致也。

朝山塔

在城西南六里，學宫之對山也。清道光二十三年，知縣蔣時淳議建塔於平岡之上，以培風水，曾築塔基，周圍數丈。咸豐初年，因亂中止，遺址至今尚存。◎採自李稿。

宜園

在城東武廟側，方廣十餘丈，名花百種，曲徑通幽。内有石洞蓮池。徵士董芝茂觴詠處也。今廢。◎採自楊稿。

邑先正李國材《陪宴宜園即席賦五古》有「荔縣東東角，江都小草堂。步堅青石磴，望掩紫微牆。

室不崇雕鏤，亭偏取敞揚。水環人四面，人在水中央。樹木全依路，詩歌欲繞梁。雨花桃李月，風景荇菱鄉。燕翦拖楊柳，蜂鬚掛海棠。打頻憐蝶板，吹老惜鶯簧。芍藥倚欄醉，葡萄壓架涼。桂旗圍菜圃，竹箭鬥蕫場。蘭畹茶烹雪，蕉籬酒窨霜。此間別天地，無事問羲皇。手撥芙蓉霧，衣披薜荔裳。短船摇薄槳，細浪泛輕觴」等句，當時勝地，已可見一斑矣。

且住亭

一名「無不宜亭」。清同治元年知縣吴德容所建，在城東節烈祠後。竹深荷浄，淡雅宜人。五年城陷燬。◎採自楊稿。

峩陽别墅

在城東北五里，俗名「蘿蔔木」，邑處士覃德輝讀書處也。今廢。◎採自楊稿。

邑先正李國材《遊峩陽别墅五言古風》云：「中谷有草堂，故人讀書處。種橘一千頭，種松一萬樹。不許塵飛入，但許鶴來去。仲秋十九日，折柬來邀我。路下獅子巖，雲陰新砦鎖。山水曲十里，清幽消受頗。過坪便夾碁，遇井便彈琴。風添檀板韻，山争懷鼓音。隨意歌一曲，物外得閒心。門樓覆芳草，新書紅紙聯。白雲漲山腰，主人何處邊。路尋松徑入，直到翠微間。山房一何潔，四壁皆圖書。山樹一何老，四圍皆蕭疎。我興復不淺，搜奇遍山隅。蕫君自不凡，王君亦復儁（同遊有蕫香圃、王雲帆二人）。主人導之前，披襟踐幽澗。長嘯清風來，突凌山萬仞。雛桐雛可愛，席地坐其下。葉足庇人多，幹纔盈拱把。共拾小石丸，抛擊卜禄馬。李君彌清狂，牽條上枝枒。桓温於柳樹，感慨曾無涯。我今於此木，何年再見耶。主人復前走，轉過山之坳。中多異草花，黏人如漆膠。滑䍪度凸石，途險氣難驕。我上殊覺易，我下殊覺難。我身恐前墜，我手僮後攀。已到尋常地，心怯有餘汗。客笑傾一堂，酒籌行萬狀。夜來繼以燭，山間肆清放。酒醉踏月歸，不待東方亮。竹作防身劍，木作防身槍。近城猶把握，遇友驚相望。自顧復不類，一笑擲道旁。到家人已倦，幽夢人還多。耳音風觱發，目影樹婆娑。余情類若此，無奈余情何。」

可廳

在城東桂子橋上。

明秀樓

在巴乃里再漂村。

梯雲山館

在董界里内板麥村。

時來書館

在時來里舊縣村。

結茆書屋

在巴灰里結茆村。

東盧山房

在莪陽西三十里。

以上皆貢生李國材棲隱教徒處也，均已廢。◎采自李稿。

按 李國材有《可廳四景詩》其一云：「書聲響琅琅，倚石醉花香。清風送爽月流光。茶半盞，滌詩腸，夢不到黃粱。」其二：「東窻日上紅，幽人睡醒濃。披衣澣面學匆匆。大弱冠，小成童，講解一堂中。」其三：「飯餘課尤多，書童席面羅。鎔經鑄史入文科。稍閒處，睡來魔，偷嬾學頭陀。」其四：「日夕雨風收，藏修此息遊。門前散步快勾留。言相洽，氣相投，情致最綢繆。」又《重到梯雲館》詩云：「梯雲久別卧雲身，再到人如隔世人。庭草已延他徑蔓，山花難比那年春。幾行題墨殘將盡，多半書童認不真。惟有瀠洄一溪水，當門依舊碧粼粼。」又《時來書館書懷》詩云：「卅年名利味艱辛，孤負閒雲流水身。生性自非嵇叔嬾，命書先註范丹貧。常行好事求佳夢，穩把真心印後人，一卷南華一壺酒，清風明月滿江濱。」

鄉先達白朝貴著《東盧山房賦》有云：「論殺賊於遠鄉近土，與君同焉；將酹勞以尺柄寸珪，曰吾老矣……先生不出，吾又怪此多雲多水鄉也。」觀此數語，其地其人，已可概見矣。

去思亭

在城東二里許，浴心亭後面。清光緒己亥爲邑侯白澤芳去思而建。已燬。

邑先正覃金錫有記，詳《職官志·白建鋆列傳》。

悵雲亭

在城西里許棠地村左側。邑貢生覃金錫先塋在此，爲省墓憩息而設。風景清幽，亦足以供遊覽。

◎採自楊稿。

仙人洞

一名「清虛靈洞」。在水利鄉岜嶺村，距城三十里。於平疇曠野中，孤峯挺立，古樹葱蘢。山之半有洞，循石級而上，數百武，紆回曲折，如入山陰道，步步引人入勝。至洞門有屋三間，門上石壁寬平數丈，題「清虛靈洞」四字，蒼老古勁，傳係數百年前黄和尚遺蹟。進洞門内數武，有披髮祖師神像。座前有石魚石蝦、石龜石蛇，奇形怪像，不一而足。西則石柱千條，森森羅列，入内則高深寬敞，有若日月焉，有若雲霞焉，有若屏若帳若棹若椅焉；皆巖漿凝結而成，玲瓏精致，巧奪公輸。巖脚有觀音一座，前有石磬一，巖漿擊之，其聲鏗然，聞之令人塵心頓洗。折而右，有石穴，幽闇深邃。前行數武，至後洞，憑欄俯視，懸巖萬仞，駭人心目。門内有古藤二株，大如栲栳，由洞口盤繞山頂，枒杈奇崛，宛若游龍。相傳爲數千年古物。順治中，樵者偶斷其一，血流如泉，至今不枯不腐。下則松柏蒼翠，禽鳥嚶呦，日影山光，交相掩映。登斯境者，俗念全消，飄飄羽化，瑯環福地，當不過此。◎抄自李稿。

邑先正李國材有詩云：「萬峯聯絡一峯孤，萬峯老峻一峯雛。玲瓏透剔中空虚，仰覆兩朵青芙蕖。飛來石佛貌清臞，倒生古木半榮枯。巖泉落地濺明珠，承泉石盤冷相於。石几石席天然鋪，四圍緑翠摇風疏。人間此地真蓬壺，無怪仙人擇所居。我來不見燒丹爐，仙花仙菓半荒蕪。夕陽在山酒醉餘，閒情倚欄一長吁。村翁向我笑揶揄，促歸聲口但狂呼。高歌一曲臨草廬，秉燭還觀仙子書。」

邑先正董成烈有詩云：「兀立孤峯秀，天開古徑幽。磬聲聞激石，松韻听鳴秋。老木緣山鼠（洞口老柏枝梢常有小鼠往來極捷），寒潭吼夜虬。仙人今已去，猶有遺蹤留。」

邑先正覃金錫有詩云：「仙人一去幾千年，洞口無言嚼晚煙。鬼斧神斤奇點綴，白雲黄葉淡因緣。果然風景清於水，如此虚靈巧奪天。終古巖巖真面在，流傳更不藉神仙。」

邑先正何振新擬《重修清虚靈洞募捐啓》云：「我荔多山，山多洞。洞有高敞者，幽深者，有光怪陸離，玲瓏透剔者。無洞不奇，奇者多，見者慣，故奇亦不奇。邑嶺萬山中有山焉，拔地突起，獨立青蒼，四無倚傍。自足至頂，高不及百丈，半腰劃開一門，軒豁爽朗。入門仰視，有如白雲在空，或舒或卷，或淡或濃，紛披綿渺。足之所履，皆細碎白石，如銀沙布地，四壁石影湧見，有如佛騎獅象者，有如仙伏龜蛇者，其奇獨大奇於諸洞之奇。故昔年諸洞未開而此洞先闢。鄉先輩因其似佛則佛之，因其似仙則仙之，因其似獅象龜蛇則獅象龜蛇之，頗多靈異。於是諸洞之名不傳而此洞之名獨著，近百年於斯矣。及烽煙起，避賊者入宅其中。干戈抵觸，煙火薰蒸，牛馬踐踏，剥蝕漫漶，而洞非復前日之清虚靈矣。兹者，人盡歸村，洞封榛莽，而一峯獨秀，依然玉筍凌空。倘復啟之闢之，則翠柏蒼松，猶是當年景物。況前人作之於前，後人宜述之於後。所願諸君子解囊相助，俾一邑名勝之地，焕然重新。從此山嶽之靈，鍾爲人傑，當有卓然特立，氣象巖巖者應運而生也。」

民國二十年春四月，益智曾旅行至此，登樓憑眺，曲徑尋幽，剔蘚剜苔，雪泥宛在，不禁有鶴去樓空之感。口占云：「仙人何處去，洞口白雲封，憑弔空千古，蒼茫一望中。」

按 此山此洞，風景絶佳，乃不生於通都大邑，與三山五嶽齊名，又不生於荔城附近，與峩陽八景媲美，誠斯山斯洞之不幸也。

樓梯坡

在城北十五里，爲城區遊仙人洞所必經。路險絶而幽静可愛。行人至此，於汗流氣喘中，流攬山光，飽餐翠色，而頓忘其疲憊也。

邑先正覃金錫有詩云：「何物硬横空，一條破萬緑。我疑登蜃樓，雲梯排山嶽。豈知城北來，形勢一變局。離郭十里許，逢山千仞蹙。一彎復一彎，折旋迴風曲。一磴復一磴，雷硠莽雲覆。羊腸勢盤紆，鳥道形攢簇。高豈讓龍門，隘還争鹿角。介然用成路，毋乃力士屬。六甲鑿山巔，五丁開山麓。

不然崛礨險，何以道途熟，來往作虵行，誰敢矜捷足。上者須揚眉，下者頭自伏。列陣蟻穿珠，擁樹猱升木。我欲學王陽，迴車且投宿。爭奈舌代耕，謝屐必往復。未過覺心驚，方過防眩目。口欲嚼紅霞，手無杖綠玉。勃卒攀蔦蘿，抖擻囑僮僕。非幼乎嫛婗，非敬足踖踧。慚遜搏風鵬，笑類走險鹿。陡然發狂痴，風前仰天祝。干將莫邪劍，願假劈巑岏。無煩夸娥移，何事共工觸。偏陂轉瞬無，蕩平屈指卜。塞險不憂秦，道難免唱蜀。膜拜雲中君，庶幾償大欲。彼蒼默不言，搔首空眺矚。懷抱愚公愚，浩歌譜一曲。飄飄風吹衣，長嘯振雲谷。」

猴　坡

距城八十里，爲縣城赴捞村鄉必經之路。坡極高，路極險。由坡頂俯視捞村，儼如釜底，萬山重疊，一水中分，夕照飛霞，梯田漾綠。至此不禁有世外桃源之感。

民國三十一年夏，益智因督導縣政經此，口占二絶云：「行人爭説猴坡險，欲上猴坡嘆路難。之字盤旋三百轉，青天蜀道等閒看。」「絶頂回頭窺釜底，星羅棋布幾村莊。漁郎慢作桃源隱，抗建嵩須賴後方。」

板峭山

在董界鄉寨馬村後。清同治六年知縣鍾毓材宿營於此，被賊圍陣亡。◎採自李稿。

外搆坳

在董界鄉拉個村後二里。清同治六年廣西副將宋福慶敗賊於此。◎採自李稿。

哨樓坡

在董界鄉者巴村對河。清咸豐三年知縣魏承柷設哨樓於此。◎採自李稿。

白蜡坳

在董界鄉，爲荔波、南丹交界地。知縣魏承柷建關於此。◎採自李稿。

十二洞卡

在董界鄉坡小村西。知縣魏承柷設卡於此。◎採自李稿。

十里長灘

距城五十里，在董界鄉孟塘村左側三里，水面空闊，波光若鏡，深不可測，羣魚之所歸宿也。◎採自李稿。

響水河

即翁龍之堂拔河也。水在駕歐鄉邊境入洞，復出於董界鄉境内。由亂石間奔赴𦰡江，聲聞數里。◎採自李稿。

天生橋

有二：一在董界鄉孟塘村左側七里，兩山對峙，一水中流。石橋横亘其上，勢若長虹，不假人力，真奇觀也。◎採自李稿。

一在三洞鄉水維河上流雪花洞下。兩邊巖石，高聳穹隆，水由下注。登橋上，望瀑布四濺，水沫雪飛，風景清幽，不可筆述。

甲凡山

在董界鄉海利村北五里，山石巉巖崎崛，草木紛披，甲於羣山，故名。◎採自李稿。

橙樹卡

在捞村鄉九畝村後。「橙樹卡」三字爲清咸豐五年訓導鄭珍親筆。今已燬。

拉皓坡

在董界、駕歐兩鄉之交。崇山峻嶺，巇巏嶙峋。山麓有田一區，有溪數丈，白石千仞，山鳥時鳴，幽静無比。◎採自李稿。

矗秀峯

在駕歐鄉地街村前。峭拔如筆，端正如圭，昔人所謂「拔地孤峯秀」，此山足以當之。◎採自李稿。

瀑布泉

有四：一在水利鄉花村，源出水利、恒豐兩鄉交界處，流至花村，一瀉數丈，若匹練倒挂。瀑布下有石，陡懸，闊四丈餘，形如蠏介，又名蠏介泉。瀑布經石上下瀉如簾。簾内有洞，地高燥，淹没不及。洞下有潭，俗名犀牛塘。漁人嘗撥水簾以入，垂釣得魚，以泉烹之，味鮮美。有攜酒裹糧游泳數日不出者。

邑先正董成烈有詩云：「萬仞危巖瀉急湍，飛流如練水光寒。濤聲响徹林千叠，浪影横遮路百盤，停磴行人朝冒霧，撥簾漁父夜加餐。我從王事頻來往，也爲清幽把釣竿。」

一在三洞鄉水叉河。源出内水東，流至水叉，從山峽間懸巖瀉下數丈。冬季水涸，瀑布不大。春夏之交，白練高懸，水石相激，聲聞數里。

一在三洞鄉水維河上流，詳下《雪花洞》。

一在朝陽鄉交朝村後，倒瀉數丈，東北流至時來鄉下花臯村脚，南折入㲻江。

羊山

在陽鳳鄉納守村東北，甲按、拉磨等村東南。其形如羊，昂然直立，頭角崢嶸，有躍躍欲跳之勢。◎採自楊稿。

鳳山

在陽鳳鄉把明村東北，勢若飛鳳，與羊山遥遥相望，爲全區名勝。羊鳳里因此得名。◎採自楊稿。

按 「陽鳳」二字，原用「羊奉」，一用「羊鳳」。民國三十一年，縣政會議決定各鄉、鎮名稱，僉以鳳山在陽鳳場之南，兼以鳳鳴朝陽，語有來歷，因改用「陽鳳」。

臺嶺

在方村鄉甲良場西北三里。端正方整若臺，爲荔、獨分界山也。◎採自李稿。

雲　嶺

距城四十里。在水利鄉南七里。山體端正凝厚，秀色可餐。萬峯環抱，森衛嚴整，有鳳翥鸞翔之勢，爲縣治山脈幹龍也。◎採自李稿。

龍　山

在恒豐、水利兩鄉交界。形勢蜿蜒，矯若游龍。爲縣治幹脈所經過也。◎採自李稿。

帽盒山

有二：一在三洞鄉彩從村西南三里。獨立萬山中，周圍圓影，分三層，下層大，以上漸小，爲寶塔式，工整若埏埴然。明參將鄧子龍曾屯兵於此，俗稱古營盤。◎採自李稿。

一在方村鄉玉屏山西面。兩山對峙，約距十餘里，爲該處第一文峯。◎採自楊稿。

霧鹿山

在三洞鄉東北。夭矯横空，有虎踞龍盤之勢。縣屬南幹大山脈由此起。

雪花洞

在三洞鄉水維河上流。河水源出水潘，伏流里許，由洞口奔放，掛流數丈，下激巖石，雪花四濺，真奇觀也。

張中丞營

在周覃鄉東山頂。清乾隆初年，總督張廣泗屯兵於此。◎採自李稿。

金城關

在永康鄉溪竹村南五里，俗名懶板凳。清同治丁卯，廣西提督馮子材破賊於此。◎採自李稿。

穿　洞

在永康鄉水洋村附近，嶢巖横亘，一徑中通。前後緑野平鋪，青山環抱。行人憩此，每流連而不忍去云。

獨秀峯

在永康鄉水洋村。孤峯拔起，緑水縈洄，令人對之肅然起敬。◎採自李稿。

奈何橋

在佳榮鄉拉灘河上。相傳昔人有契好者，送别至此，行者至前面山岡回顧，送者於橋上大慟曰：「君去矣！可奈何！」因以「奈何」名橋，而名行者回顧處爲望鄉臺。迄今追溯遺蹤，猶覺情深若揭。◎採自李稿。

覃虎強墓

在朝陽鄉板樂村前二里，翠岫徜排，清流帶繞，堪輿家謂之飛鵝投江或飛鳳啣書地也。虎強，明時人，世襲荔波土巡檢。永曆間其孫朗富大著武功，誥授掛印將軍總兵，追贈虎強爲「武顯將軍」。其支派遷廣西梧州容縣，科第連綿。清嘉慶中，裔孫翰林學海及舉人拔萃等來展墓，撰文泐石。道光中，裔孫解元武保知荔波縣，解任後親往祭焉。◎採自李稿。

朱家墳

在城北玉屏山西一里，朱射斗、朱光斗之祖墓。射斗官至川北鎮總兵，賜謚勇烈；光斗中武舉，官千總。清嘉慶時人也，其後裔有官至漕運總督者。置墓田交公經管，每年祭掃。墓左有古樹二株，一高聳如傘蓋，一彎曲如虬蟠。咸同間邑城兩陷，城外樹木，鮮有存者，惟此封樹，依舊葱蘢，蓋數百年前古物也。◎採自李稿。

萬義塚

在城西門外十數武，大路左側，係合葬清同治五年城陷殉難文武官紳暨兵民老幼男女之墓也。

清直隸保定府高陽縣子綍齊錫綸撰《重修萬義塚序》云：「竊念罔極恩深，長抱蓼莪之痛；同胞誼重，難禁花萼之悲。嗟歲月之遷流，益哀傷之日甚。先君號午塘緯蔭曾，於同治甲子秋捧檄來佐是邦，並攝三脚屯土州同篆。余偕三弟錫綬、錫縉、錫紳隨任侍奉。祇冀竭菽水之歡，常承色笑；不期告烽煙之警，禍起逆氛。時土匪勾結苗匪數萬擾荔屬，無遺地。值二月十三日合大股撲縣城。先君任滿交卸，欲旋省改組，作歸田計。彭明府號嘯臯諱培垣，以先君諳軍務，稟留辦城防。殊賊匪圍攻四十餘日，先君率百姓同心固守，以待後援。無如糧盡援絶，三月二十五日城陷，房屋灰燼，老幼婦孺均遭慘殺。先君偕彭明府猶督兵拒戰，奈兵寡賊衆，同時陣亡。先母張氏盡節署内，三弟皆死難焉。余於擾攘中從亂軍逃出。四月中旬城復，邑人檢闔城骸骨合葬於斯。及余匍匐至荔，但覓捕署頹垣破瓦，屍骸無存。猶記先君故處，往尋之，僅於泥中掏獲腮骨、齒俱在。先君在時，口内左有獨牙，其根最巨，尚能辨認。撫此號泣哀痛，追悔當日不能從事九泉，苟延性命，子道虧甚。即具備棺裳，扶歸安葬。轉念先母及三弟之片骨未獲，詢之邑人，始悉與先君身骸並收入忠義塚中矣！嗚呼痛哉！哀哀父母，生我劬勞。生不能盡其孝，殁不能盡其哀，是誠抱恨終天矣。惟念三弟俱殁，形單影隻，作客天涯。勉承先君之志，仍在黔就職。壬申春，奉委辦紫泉釐務，至荔省墓祭掃。目擊荒煙蔓草，心如芒刺，搶地呼天。爰鳩石工，重封馬鬣。處此傷心之際，語無倫次。謹勒碑於墓前，聊志其梗概云爾。

時同治壬申孟夏月下浣建。」

莫土司祖墓

在駕歐鄉弄板山，相傳爲莫姓來黔始祖之墓。墓上生一古樹，中分三大枝。一枝生梨樹葉，一枝生楓樹葉，一枝生包鹽葉。亦罕覯也。◎採自楊稿。

蒙土司祖墓

在城西三里許之螺螄山山腹，墓前有碑，書云「明土司蒙公諱敦露之墳」，據《蒙氏族譜》載，即蒙姓明時由粤東來黔始祖嘉吉之子也。墓右前方有古楓一株，幹皮皂白成鱗狀，恍如松幹，枝葉左斜覆墳上，如庇護然。

清贈旌表節烈孺人黎涂氏母女墓

在城西右側桶桶井上，其夫黎仁風題一絶句云：「夫妻原是假，盡節便成真。從此留餘恨，空悲死後身。」其表弟清道光丁酉科舉人前授荔波縣儒學訓導即選知縣鄭珍爲之贊，其詞曰：「賢哉黎母，名播千古。城破家亡，恐遭賊擄。大劫難逃，令人悲苦。母女哀哀，鐫人肺腑。傚韓玖英，投入穢土。生卅四年，死得其所。節烈堪稱，旌表莫補。花誥榮封，恩逢新主。一片冰心，惟天可訴。從兹永逝，能對宗祖。十二韻成，無愧贊語。名播千古，賢哉黎母。」◎採自楊稿。

抗戰烈士墓

在中山公園，民國二十八年建。前立一亭，内豎抗戰陣亡將士及死難同胞紀念碑。

楊將軍墓

在中山公園，民國三十年一月建。抗戰陣亡追贈陸軍少將楊將軍家騮之墓。詳《人物志》本人列傳。

張林氏節孝坊

在城北二里接官坪。邑庠生張國華之妻，貢生張書銘之母。青年矢志，撫孤成名。清道光二十七年撫院賀、學院丁題奏奉旨建坊旌表。丙寅燬於兵。◎採自李稿。

曹邱氏節孝坊

在城北二里接官坪。邑孝廉方正邱樹桐之女，湖南安化縣知縣邱育泉之姊，恩貢生曹之杰之嫂，俊秀曹之楷之妻。年二十四而夫歿，立志守節，孝事翁姑。清光緒十年撫部潘、學院楊題奏奉旨建坊，今尚巋然。◎採自楊稿。

羅周氏節孝坊

在城北二里河岸。邑貢生羅新楷之媳，俊秀羅琪玉之妻，處士周良柱之女。年十九，夫歿，矢志守節，孝事翁姑，翁姑歿，喪葬盡禮。清光緒十一年，撫部潘、學院楊題奏奉旨建坊旌表。坊已塌，遺址尚存。◎採自楊稿。

蕭氏三烈婦盡節亭

一名「清白亭」，在城西南隅，縣政府後側楊公井上。邑宰吴公德容題石表之，曰「清同古井」。◎採自李稿。餘詳《人物志·蕭氏三烈婦列傳》。

卷貳　氏族志

《書》曰：「民爲邦本，本固邦寧。」《孟子》曰：「民爲貴，社稷次之，君爲輕。」國家如此，地方亦然。荔邑遐陬僻壤，文化閉塞，蚩蚩之氓，等於化外，似無足稱。然而瞻榆望杏，同遊熙皞之天，擊壤吹豳，共樂雍和之俗，彼林林總總者，何莫非方趾圓顱也。況自抗戰軍興，歷年兵役之徵集，從未缺額，而西南鐵路工段修築之成績，爲各縣最，上令嘉獎，昭昭可考。所謂民性純良，民情浹洽，即此可見一斑。惟以過去政策，徒事羈縻，德化未施，而視同異類，以致種族之界限未泯，冰炭之争端遂起，壓力愈重而反抗力愈大，有由來矣。

迨我總理民族主義之提倡，合中華民族爲一家，不分畛域，一視同仁。《化書》云：「蛇豕可以友而羣，虎兕可以狎而馴。」況人類乎！將見一道德以同風俗，被潤澤而大豐美，猗歟休哉！

次志氏族。

氏族源流

荔波居民，在昔因其語言、服裝、習尚之不同，而分爲若干種族，即客家、本地、水家、莫家、傜子等（又有稱赧子者，即本地一族；稱山湖廣者，即山居之湖廣人，無庸另列此種名目）；以上各族，除客家稱爲漢族外（以其「後來」故稱爲「客」），其餘統稱苗夷，目爲土著。然考所謂土著各族，究竟在有人類之始，即全部在此地產生？抑或何一部在此地產生？何一部來自外地？均難臆度。即以中國人種論，在原始時，何部在中國境内產生？何部來自西方？或全部在中國境内產生？抑或全部來自西方？經人類學、人種學專家多方考據，尚聚訟紛紜，莫衷一是。與其牽強附會，憑空臆説，指某部分爲土著，某部分爲客籍，或某部分爲苗，某部分爲漢；割裂民族感情，彼此仇視，互相冰炭，實無補於國計民生。既不能考證指出在有人類之始即在此地產生之某部分，則今日之所謂土著者，安知不爲千百年前之客籍；而今日之所謂客籍者，又安知不爲千百年後之土著也。即果爾有在有人類之始即在此地產生之某部分，然以地則同爲地球上一片土，以人則同爲方趾圓顱，固無軒輊也，又何必斤斤較量，徒起無謂糾紛。況漢、苗種族，原無絶對區别。考漢族名稱，係因漢朝之名而得；在未有漢族名稱以前，其生存競爭於中原版圖者，當不止一氏族；是則漢族係經歷若干年代融合若干氏族（即上古若干部落）而成，決非一始祖所繁衍。本縣所稱爲土著之各族姓氏，多有在漢以後始入黔者。惟以代遠年湮，傳聞互異，更難其孰漢孰苗。至語言、服裝、習尚之不同，全因交通關係，住交通便利之地者，富摹倣性；住交通阻塞之地者，富保守性。富摹倣性者逐日更新，富保守性者常時守舊。歷年既久，竟形成種種不同現象。然在若干年前，初無二致也。至種族間之優劣，係以文化爲標準；而文化之是否昌盛，則以交通與教育爲轉移。使交通便利，教育普及，文化水準平衡，漢與苗固無貴賤之別也。清葉海禁初開，常目英人爲英夷矣，常目法人爲法夷矣。及一敗於鴉片之役，再敗於八國聯軍，於是昔日所稱爲夷者，反尊之若神聖，畏之如虎狼。甚至一二洋化者，只恨其膚之不白，眼之不藍，髮之不褐，額之不闊，鼻之不隆。此係滿清狹隘政見，養成自大心理所致，識者鄙之。況苗族亦上古黄河流域各民族之一。考其來源，有稱爲古之三苗、有苗、九黎者，有稱蚩尤爲古代苗族之代表者。《史記》注「吴起」曰：「三苗之國左洞庭而右彭蠡。」《尚書》曰：「竄三苗於三危。」又曰：「有苗來格。」

按 「三危」在今甘肅敦煌縣南；《禮記》鄭注以三苗爲蚩尤，《尚書》孔傳以九黎爲蚩尤，其説不一。總之三苗、九黎均自黄河流域南遷無疑。因數千年來，棲息湘、黔、桂諸省，與中原隔絶，少事往還，致一般學者目爲化外。自抗戰軍興，西南爲後方重地，故對於西南民族中之主要成分——苗夷，始加之以意，又更進一步而追溯史乘，採訪方言，考求習尚，而漢、苗同源之説，見之報章雜志者頗多，在中華民族一爐鎔鑄之中，漢、苗之間，不應以民族區分。兹根據張鐵君氏認爲「漢苗並不是兩個民族，實乃兩個氏族」之意，稱爲氏族。至漢、苗同源論，亦以張鐵君《中華民族原來就是一個民族》一篇，較爲具體，特節録於後，以備參考。

附 節録張鐵君《中華民族原來就是一個民族》：中華民族的構成部分，過去雖大別爲五族，其實據近人（梁啓超等）的研究，實可分爲十一族，即苗蠻族、蜀族、巴氐族、徐淮族、吴越族、閩族、百粤族、百濮族、氐羌族、北狄族、東胡族。其中除已和漢族同化，族界已完全泯滅者外，所謂滿族，即東胡族，蒙、回即北狄族，藏族即氐羌族，此外苗蠻族，現仍棲湘、黔、桂諸省。以上諸族，數千年來，和其他各族，彼此的文化互相交流，到現在究竟是若干分立的民族，抑早已彼此融化成爲了一個中華民族，這是一個根本問題。近來有些研究家，已獲得許多寶貴的論證，他們不但指出國内各族早已同化，而且進一步指出各族原是同源，我們從這些研究中，已尋出中華民族原來是一個民族的科學基礎。翻開中國歷史，首先看到的就是黄帝與蚩尤的戰争。大家都以黄帝代表漢族，蚩尤代表苗族。其實這個戰争究竟是否漢、苗之争，在歷史上尚是疑問。有些歷史學家研究的結果，對蚩尤與炎帝疑爲一人（見吕思勉編的《白話本國史》）。因阪泉涿鹿，古人多以爲兩役，然《史記·五帝本紀》多同《大戴禮記》的《五帝德》、《帝系姓》兩篇。而《大戴禮記》，只有黄帝和炎帝戰於阪泉的文字，並無與蚩尤戰於涿鹿的記載，可疑一；而蚩尤和三苗，昔人都以爲是九黎之君，三苗和炎帝，同是姜姓，可疑二；阪泉與涿鹿兩地，實即一地。據《史記》集解引皇甫謐謂阪泉在上谷，又引張晏謂涿鹿也是上谷，正義引晉《太康地理志》，又謂涿鹿城東一里有阪泉，可見涿鹿、阪泉必定古説都是一地，可疑三。無論如何，這戰争必定是姜姓與姬姓的戰争。大約姬姓居河北，以遊牧爲業。《史記》説黄帝「遷徙往來無常處，以師兵爲營衛」，這好像是遊牧人民；姜姓居河南，以農耕爲業，農耕人非遊牧人之敵，故黄帝將炎帝擊敗了。據王桐齡著《中國史》所載「炎帝榆罔在位，中國大概分爲三部，極北爲蒙古族之葷粥所據，南爲苗族之九黎所居，漢族則介於兩族之間。炎帝孱弱，九黎之君蚩尤北攻漢族，炎帝逃於涿鹿，諸侯黄帝領兵征蚩尤，戰於涿鹿之野，克蚩尤，殺之」，即依舊説，這次戰争是漢、苗兩族的戰争。但漢、苗兩族是兩個氏族，抑是兩個民族，仍應深加研究。現在苗族學家，他們認爲漢、苗并不是兩個民族，乃是兩個氏族，這是由於風土説及語言學來論證的。

中華民族内的滿、蒙、藏諸族，滿族人口極少，且已同化，已不必論。蒙、藏諸族與漢族同源，亦已有研究家證明過了（胡石青《蒙藏民族是否炎黄子孫》，經世月刊一卷八期），玆不復贅。我們要特别提出討論的，就是漢、苗兩族究竟是否同源呢？因漢、苗兩族是一般人從歷史記載上最易認爲是兩個分立的民族。現在且將我在貴州時，苗族方言講習所羅榮宗、吴修勤兩教授研究所得供給我的論證，略述於後：我們以爲苗族與漢族是中國古代的兩個氏族，只是中華民族内的一支族，由名稱來説，已可證實。《書》稱苗族爲有苗，《説文》：「草生於田者穀曰苗。」古代氏族多以其族所能製作之物爲名。苗族至今多業農，其族之名，或即用他們所能製作的東西來稱呼。古代氏族的稱呼大多如此。在古籍上所見可以相比較的，如有巢氏、有鬲氏、有虞氏、有婚氏、有蘇氏、有莘氏等等。在風俗方面，苗族多能墨守祖先的成法，若以他们殺牛祭祖的典禮來看，實同甲骨卜辭上所發現殷商殺牛祭祖的史實。苗家祭祖多在七、八月間，祭時多殺一肥碩牯牛，殺之前，必以鬥。四月八日牽鬥牛來，相與省視，對於祭祖所用犧牲，皆是特别喂養過的。這種習俗，和漢族極相似。《禮·祭義》説：「古者天子諸侯必有養獸之官，及歲時，齋戒沐浴而恭朝之，犧牷祭牲，必於是取之，敬之至也。」又説：「君召牛，納而視之，擇其毛而卜之，吉然後養之。君皮弁，素積，朔月、月半君巡牲，所以致力，孝之至也。」河南安陽殷墟發掘之龜甲文上亦有「王者省牛」之語，足見古人祭祀，特養牲牛。現苗族祭祖的牛，特別早期豢養，實存古意。牽牛的人穿着禮服，以傘遮牛，都是表示愛護的意思。牛到之場所，要鳴三炮來歡迎，這不是示敬又是什麽？退一步説，這種習俗的偶合，尚不足爲強有力的證據，但語言學上的論證，那要算最有力的了。語言的質與量，固隨時代而變遷。即一字的發音，往古和現在也不相同，如「兒」字、「而」字，在詩韻列入四支，用今音來讀便不合；押韻時是讀「倪」或「飴」，恰像粤語的讀音。又如「佳」字、「街」字、「諧」字，同列爲九佳，如用今音來讀便各不相同，但押韻時，「佳」字讀「街」字音；「諧」字讀「骸」字音；此種讀音亦如粤語。因粤語之近古音，故有人説古音當在粤語中去尋求，這是不錯的。如果我們將苗語與粤語比較其讀音，相近的却不少。例如《安順府苗志》語呼「雞」爲「喈」，仲家苗呼「雞」爲「蓋」，《黔書》所録苗語稱「雞」爲「介」，水家苗亦稱「雞」爲「介」，這些音若用粤語讀音恰正相同。又如仲家語讀「氈帽」爲「冒晉」，「冒」顯然爲帽音，但「晉」字音便不可解；若用粤語讀音，「冒晉」即「帽氈」，這是苗語的倒裝句法。此外仲家語稱「糯米」爲「阿那」，「粘米」爲「阿晉」，「那」爲糯，「晉」爲粘，用粤音讀，又極相似。又苗語呼「油燈」爲「當油」，「升斗」爲「倒盛」，都是倒裝句法，且合粤音。至於呼「冷」爲「囊」，呼「舌」爲「利」，呼「細」爲「又」，稱「父」爲「阿巴」，稱「母」爲「阿味」，和粤語更是絶對相同。其他稱「鐮刀」爲「零」，稱「脸盆」爲「論盒」，稱「四」爲「西」，稱「金」爲「扛」或「工」，稱「銀」爲「案」，稱「鉛」爲「無」，稱「煙」爲「應」，皆是粤音。粤音、苗音的相符，可證明苗語尚保存着古音，可見苗語、漢語之同源而異流，亦可證明苗、漢兩族之同源而分支了。現在我們再舉些單音爲證：孤，《唐韻》：古平切。《禮·玉藻》：「凡自稱小國之君曰孤。」野乘稗史，國君輒自稱曰孤家，又子處亦曰孤。今水西花苗稱我曰「孤」，貴陽仲家苗稱我也叫「孤」，羅斛、荔波的仲家稱我亦叫「孤」，下江縣僮家稱我亦叫做「孤」，皆讀若粵音——即國語ㄍㄨ的去聲——是漢語古音古稱。氓，《唐韻》：武庚切。《正韻》：眉庚切，音盲。《説文》：「民也。」今苗夷語第一人稱曰「孤」，第二人稱曰「氓」，下江縣僮族第三人稱亦稱曰「氓」。未，《唐韻》、《正韻》：無沸切，音味。《玉篇》：「未猶不也。」未有即不有。今貴陽仲家稱「不」讀如粵音的「未」。墓，《集韻》：蒙脯切，音摸。《説文》：「丘也。」鄭玄曰：「家塋之地，孝子所思慕之處。」今漢語多讀墳或坟。僮語、硐語均不讀坟，只讀做「墓——ㄇㄜ」，掃墓讀「ㄏㄣㄇㄜ」。按《王制》：「墓地不請。」揚子《方言》：「凡葬，無墳謂之墓，有墳謂之塋。」故《檀弓》云：「古者墓而不墳。」註：土之高者曰墳。棘人夷語言稱「墓」不稱「墳」，蓋古墓不墳之意也。戒，《廣韻》：古拜切，音介。《説文》：「警也。」《書・大禹謨》：「警戒無虞」，「戒之用休。」《聘禮》：「戒上介亦如之。」《註》：「猶命也。」今僮語謂「不要」或「勿」皆讀若粵音之「戒」。例如説「不要去」曰「ㄍㄞㄅㄟ」，「勿説」曰「ㄍㄞㄍㄤ」，皆含警戒與命令之意。䟆，《篇韻》：音卑，行也。今棘人夷語謂「行」曰「ㄅㄞ」或「ㄅㄟ」，皆「䟆」之音轉也。[illegible]，《玉篇》：力登切，音愣，身也。今僮語、仲家語稱「身」曰「ㄌㄤ」，即「愣」之音轉也。旻，是天空之稱呼，如蒼旻、穹旻。《廣韻》：武庚切。《集韻》、《韻會》：眉貧切，音珉。《説文》：「秋天也。」《爾雅》釋天：「旻天爲秋天。」《疏》：「萬物成熟皆有文章，故曰旻天。」《書・大禹謨》曰：「號泣於旻天。」《傳》：「仁覆愍下，故曰旻天。」《詩・小雅》：「旻天疾威。」訓「旻」幽遠之意。冥，亦天空之稱呼，《唐韻》：莫經切。《集韻》、《韻會》：忙經切。《正韻》：眉經切，音銘。《楚辭・九章》：「據青冥而攄虹。」青冥，天也。文天祥《正氣歌》：「沛乎塞蒼冥。」蒼冥，天也。《説文》：「幽也，幽深貌。」旻、冥同音，意義亦大都相同。今貴陽仲家稱「天」爲「ㄇㄣ」，羅斛夷家亦呼「天」做「ㄇㄣ」，天柱硐家語呼「天」亦爲「ㄇㄣ」，皆讀若國音之「門」。西南漢語之「悶」，蓋「旻」、「冥」的轉音。按苗夷社會，以農業爲生活，要滿足其慾望，端要望歲稔豐收。「冥爲秋天，萬物成熟。」這是他們的意識受生活決定的反映，故呼天爲旻。苗夷語之保存 Min 的古音也有古意。濛，《集韻》、《韻會》：謨蓬切，音蒙。《論衡》：「溟涬濛澒。」《春秋命歷序》：「蒙鴻萌兆。」濛澒、蒙鴻，元氣未分貌。今黔、桂邊界僮語呼「天」做 Mong 陽平聲，又另存一古音而其意更古。麗，《唐韻》：即計切。《正韻》：力霽切，音隸。《楚辭・招魂》：「被文織麗而不奇些。」前引《東方朔傳》：「以道德爲麗。」《玉篇》：「好也。」《廣韻》：「美也。」今貴陽仲家讀「好」做 Li（ㄌㄧ），讀如國音「黎」，若西南漢音之「利」，即「麗」字。安南、羅斛、荔波夷家均讀 Lie（ㄌㄟ），若國音之「雷」，恰恰符合粵音讀「麗」字，更近古音。更值得我們注意者，今僮、仲、令族婦女服飾、衣襟、袖緣均繡以  花紋以麗之，此殆僮語之取義乎。晛，《集韻》：民堅切，今做「眠」。貴陽仲家、羅斛夷家、下江僮家、天柱硐家皆稱「睡」爲 Nim（ㄋㄧㄣ），與粵音「晛」同韻。吾，今文「吾」，《唐韻》：五乎切。《集韻》、《韻會》、《正韻》：訛胡切，音梧。《説文》：「我自稱也。」「吾」字見於古典經籍者最多，蓋古之口語也。今倮倮語稱「我」曰 Ng，粵音讀「吾」亦曰 Ng，適與倮倮語相符。特，《集韻》、《韻會》、《正韻》：敝德切，音螣。《玉篇》本作特。特，朴特，牛父也。《玉篇》：「牡牛也。」《書・舜典》：

「格於藝祖用特。」又牡馬亦曰特。《廣韻》：特，雄也。今仲家語、僮家語皆稱牡牛曰「特」（De），稱牡馬曰「馬特」（Ma－De）。㾊：《篇海類編》：音極，病也。粵音讀Get入聲，今梀梀人夷語，患病曰「㾊」，頭痛曰「𢓜㾊」，腹痛曰Duy Get。闍，《唐韻》：當孤切。《集韻》、《韻會》：東徒切，音都，《說文》：「闉闍也，從門者聲。」《廣韻》：城上重門。《玉篇》：「城門臺也。」《詩·鄭風》：「出其闉闍。」今梀人夷語稱「門」曰「闍」（Du）陽平聲，恰與粵音「都」字符合。饜，《廣韻》、《集韻》、《韻會》：於艷切，音厭。《玉篇》：「飽也。」「足也。」今梀人夷語，如仲家、僮家、令家，皆稱飽做「饜」（im），讀陰平，恰與粵語讀「饜」字符合。蜡，助駕切，音乍，年終祭名。《禮運》：「仲尼與于蜡賓。」《註》：「夏曰清祀，殷曰嘉平，周曰蜡，秦曰臘。」《郊特牲》：「蜡也者，索也，歲十二月合聚萬物而索饗之也。」蜡祭之蜡，《廣韻》作䄍。今僮家稱除夕曰HAm ZAm，HAm者昏也，ZAm即蜡字讀粵音，成文爲昏蜡字倒置文法也。蜡祭爲周禮，豈僮族爲有周之遺民乎？語言是一個民族特徵之一，語言相同或近似，自然是一個民族而分支的兩個氏族。最令人易認爲兩個分立民族的漢、苗兩族，我們從各方面研究，均得到同源的結論。

張鐵君氏所舉苗族語言，雖與荔波各種方言不盡符合，然對於漢、苗同源，確爲有力之證據。尚有可以補充者，如水家稱「墳山」爲「ㄇㄨ」上聲，實與「墓」字同音，又「墳」仍讀「ㄈㄣ」入聲，讀「墳墓」爲「ㄈㄣㄇㄨ」，音義俱吻合。又「天」讀「天」去聲，「地」讀「地」上聲，「人」讀「人」去聲，「棉絮」讀「棉」入聲，「陰」讀「陰」去聲，「陽」讀「陽」入聲，亦皆音意相同。

又以服飾論，裙釵婦人飾也。《說文》：「裙，下裳也。」《釋名》：「裙，羣也，連接裙幅也。」《玉篇》：

「釵，婦人岐笄也。」秦嘉《與婦徐淑書》：「今致寶釵一雙可耀首。」曹植《美女篇》：「頭上金爵釵。」又梁鴻妻孟光荊釵布裙。今水家婦女之布裙及銀首飾，其形式是否與古同，雖不可考，然皆古制也。又如我國明朝以前，男子原蓄髮滿頭，至清始剃頭辮髮，太平天國成立，仍下令蓄髮，是蓄髮漢族古制也。本縣傜族蓄髮，始終不改，見者却以爲怪，非傜族怪也，乃見者少見而多怪耳。又如目前城市女子，多已翦髮，而鄉間女子，除在學校讀書者外，即客籍亦多視翦髮爲莫大耻辱。經若干年後，或將認不翦髮之女子爲太古遺民矣。又如國曆年節，經政府提倡，三十餘年，而城市居民尚未更改，鄉村更無論矣。再經若干年後，視鄉村之過廢曆年節者，不又將成爲古董節氣乎！蓋風俗習尚之不同，全因交通與教育關係所致。交通不便，教育不普及，則保守性強，墨守成法。習慣既深，縱有少數人欲移風易俗，亦難於短期内實現。此古人所謂禮在四夷之意也。研究民族來源，當求之歷代史實，不能以目前現象而遽加臆斷。

至本縣水家文字，與古象形文類似者頗多，亦可作研究民族源流之一助。兹略舉於後，以供學者參考：

草字書，與篆文字相似。

水字書，與篆文字相似。

魚字書，與象形文字類似。

日字書、月字書，與象形文、字同。

天字書或，與古文字相似。

殺字書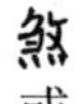或，與古文、籀文字同。
癸字書或，與篆文字同。
牛字書，與篆文字同。
左字書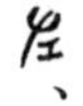、右字書，與篆文、二字同。
窗字書，與古文字相似。
口字書，與古文字相似。
目字書，與古文字相似。
鼻字書，與古文字相似。
爻字書，與篆文字同。
北字書，與篆文字相似。
金字書，與古文字相似。
乙字書，與篆文字相似。
門字書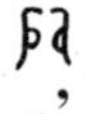，與篆文字相似。
壬字書，與篆文字同。
此外尚有其他文字，另詳後《文字篇》。

按　《三合志略》以「三都屬水龍、水潘、水祥及荔波屬水堯、水婆、水維、水艮、水匾、水葛、水

甫、水錯、水鼕、水慶、水梅、水利、水岔爲十六水，每一水以一大寨而轄數小寨，十六水地帶無長江大河，而獨以『水』名族，其中必自有故」；又引《宋南蠻傳》以「龍漢僥因奏水曲而膺天子之封，榮寵無可倫比，疑以曲名族」；又載萬大章《覆羅香林書》：「疑今水族，即爲撫水遺民，其稱水家，殆以水居得名，猶土家客家之别。」又謂：「觀十六水之有水潘、水龍、水韋等村，皆以姓名地。」各語均屬非是。查「十六水」三字，乃由獨山等處傳説而來，在荔波水家所住境内並無此稱謂，其詳已不可考。況查水家所居之地，每一寨名之上多冠以水字，經此次調查，在荔波境内，已有六十餘村，若連三都屬，恐多至百餘村以上，非僅此十六寨也。又查「水匾」二字，荔波無此村名，經此次調查，僅於從善、三洞兩鄉交界之深山窮谷中，得一地名「水匾」。在若干年前，三洞鄉楊柳一帶居民，到該處種地，築茅屋居住，因有村名，數十年來，已成荒山一片。若謂古時或有村寨，亦祇零落數家，若謂時代變遷，或係古之大寨，然以其地勢偏僻狹隘，絶非古大寨之規模。又查「水岔」或即「水叉」，「水鼕」或即「水東」，「水艮」或即「水更」。查本縣三洞鄉潘氏分爲上三洞下三洞兩大族，韋氏分爲水東、水維兩大族，各近千户，計百户以上者有數村，而水更村乃一庶支，水叉乃水東一部分，各僅數十户，以上二村，均不足以代表一水。至謂以曲名族，查所稱之樂器瓢笙，疑即今之蘆笙，而水家稱蘆笙爲ㄅㄨ（上聲）ㄇㄧㄠ（去聲）」，其譯意「ㄅㄨ」爲管（樂器），「ㄇㄧㄠ」爲苗，即「苗樂」也。至水家之善吹蘆笙者不過一二村，相傳學於三都縣之花苗，非其族原有之樂也。此外水家並無其他樂舞，既非其樂，當不至以曲名族。若謂以水居得名，更屬附會。查水字乃係譯音而非譯義，水家讀其族名「ㄙㄨㄟ」，即水字陽平。至五行之水，雖讀爲「ㄙㄨㄟ」，乃由水字之音譯出，非水字之義也。蓋水家對於五行「金、木、水、火、土」之讀音，皆以字音譯，除金字之外，均與字義無關。至「山水」之「水」，則另有譯音（與「ㄋㄣ」音近），足見其族原名爲「ㄙㄨㄟ」，後譯音爲「水」，非以義譯也。若謂族名「ㄙㄨㄟ」音由水字之音譯來，是則先由水字之義而以水名族，後由水字之音而譯爲「ㄙㄨㄟ」音，然則其族原名爲何，更屬疑問。若謂代遠年湮，其族原名或已遺忘，然則水家一切言語之異於漢族者，尚保存不失，豈其族原名而竟遺忘耶？足見族名乃係由「ㄙㄨㄟ」音譯爲水字耳。既非義譯，當不能以義求之。又謂水潘、水龍、水韋以姓名地，亦非也。查三村之名，「潘、龍、韋」乃由該村之原名譯音，而非以姓得名也。如水潘係數村總名，其原音讀「ㄆㄢ」去聲，故一作「水攀」；而水龍村係有三處，二屬荔波，一屬三都，其原音在「ㄌㄩㄝ（略）」與「ㄌㄨㄥ」之間，而在荔波者，皆非龍姓；水韋亦數村總名，其原音在「ㄌㄟ（雷）」與「ㄨㄟ（韋）」之間，故水韋原係「維」字而非「韋」字；蓋譯音爲「潘、龍、韋」者，適與姓偶同耳。又查《潘氏族譜》，其始祖係於宋南渡後隨軍入桂，棄官溯龍江而上，初至蒙石（即今荔波縣治），繼遷佳榮，又遷三洞，後始繁衍。現三洞、從善兩鄉，潘姓者三千餘户，而水潘乃一支脈，亦不能以水潘代表潘氏；又查村名上一字冠以水字者數十村，下一字均係譯村名原音，更足證明非以姓名地也。況現在住荔波之水家各姓源流，雖代遠年湮，多不可考，惟據其歌謠及族譜所稱，均由外省遷入。又查黔東清江河一帶苗族石匠，在近數十年間，來荔波境内做工，或在某山某地掘取窖銀，據稱其祖先遺物，有暗號可尋；又查水家所住寨名，有稱「ㄅㄢ」「ㄇㄧㄠ」者數村，其譯義「ㄅㄢ」爲寨，「ㄇㄧㄠ」爲苗，即苗寨也。足見在若干年前，該地另有他族居住也。又水家對於種族之别，常稱「ㄍㄚ」陰平，即客家；「ㄅㄨㄧㄞ」陽平，即本地；「ㄙㄨㄟ」陽平，即水家；「ㄇㄧㄠ」去聲，即苗家；四族。其稱「ㄇㄧㄠ」者，即指三都屬之花苗、黑苗及從江屬之生苗、熟苗，是則水與苗又有區別也。然族名「ㄙㄨㄟ」音，究係何所取義，遍詢故老，均不能道，寧闕待考。

又按 本屬除客家及傜子外，其餘本地、水家、莫家三族，其語言習尚，相同者多（詳後《語言表》及《風俗篇》）。又查各氏族間同一「韋」姓，在播堯鄉爲本地，在恒豐、三洞兩鄉爲水家；同一「姚」姓，在瑶慶鄉爲水家，在洞塘鄉爲本地；同一「蒙」姓，在玉屏鎮爲本地，在陽安、永康兩鄉爲水家；同一「吴」姓，在水利、莪蒲兩鄉爲水家，在播堯鄉則語言習俗與莫家同；又同一「莫」姓，在方村、陽鳳兩鄉爲莫家，在駕歐鄉爲本地。又以地域論，則永康、瑶慶、從善、莪蒲、三洞、陽安、恒豐、水利等鄉多水家；方村、陽鳳、播堯等鄉多莫家（按播堯鄉「吴」姓其語言習俗與莫家同，惟以「莫」姓較多，故以莫家代表）；周覃、時來、朝陽、董界、駕歐、撈村、洞塘、茂蘭、佳榮等鄉多本地。雖同一種族，而各鄉之語言多有不同，足見語言與地域大有關係。以地域語言綜合論，則莫家住地，介於水家、本地之間。水家語言多與莫家同，莫家語言又多與本地同；如以單音考查其發音點，則本地與水家同者亦多（詳後《語言對照表》）。由以上各種考察，足見三族絶對同源。惟以地域距離較遠，而語言習俗差異之點亦較大；又因古時交通不便，民性安土重遷，多係老死而不相往來。歷年既久，偶爾接觸，彼此語言習俗，各自不同，遂有種族之别。惟傜子語言與各族相差太遠，或另是一族。又查瑶慶鄉瑶麓數村之傜語與榕江屬計劃一帶（與本屬從善、佳榮兩鄉接壤）之黑苗語類似，或是同族；但其姓氏則有覃、盧、韋、歐、莫、常、吴等（吴姓現已無人），與本屬其他各族姓氏同。至茂蘭鄉堯埃村之傜族皆姓歐，撈村鄉江奔、洞芒等村之傜族有何、謝、王、覃等姓，其語言服飾與瑶麓之傜族又各不同。來源均不可考，姑暫從闕。

茲將各氏族户口及居住情形列表於後，並將採訪所得略述源流。惟各大姓中，有因代遠年湮，詢問不詳者暫從闕；至後來客户，又有因姓氏雖同，而原籍各異，不能全載者；有因姓氏零星，採訪不週者，亦多從略。

荔波縣各氏族户口居住情況一覽表

姓別	原籍	户數	口數		居住情況								備考
			男	女	鄉別	户數	男數	女數	鄉別	户數	男數	女數	
韋	江西	3 295	7 737	8 091	時來	21	32	30	陽安	298	653	688	**按** 播瑤韋姓稱其始祖韓鼎新於宋時由江西遷荔波，改姓韋。三洞韋姓稱其始祖來自江西。住恒豐、三洞、周覃、從善、佳榮、永康、陽安者爲水家，住水利、玉屏者有少數客家，住瑤慶之瑤麓者爲傜子，餘多本地。
					方村	18	42	52	朝陽	8	19	20	
					永康	15	35	36	水利	69	183	132	
					佳榮	51	99	117	洞塘	53	107	114	
					莪蒲	8	17	21	駕歐	44	92	98	
					從善	75	132	117	董界	20	43	37	
					茂蘭	62	114	104	陽鳳	268	535	502	
					周覃	95	216	251	三洞	482	1 340	1 321	
					瑤慶	177	332	338	玉屏	74	127	157	
					恒豐	1 066	2 890	3 081	播瑤	391	774	796	

續表

姓別	原籍	户數	口數		居住情況								備考
			男	女	鄉別	户數	男數	女數	鄉別	户數	男數	女數	
潘	江西	2 900	6 549	6 883	水利	4	8	14	朝陽	3	8	5	潘姓始祖必旺，江西九江府德安縣人，宋時隨韓世忠軍南來，以功授知州，後棄官遊粵桂，至荔家焉。除從善豬場潘家寨爲客家外，餘屬水家。
					時來	6	14	14	周覃	30	67	65	
					從善	848	2 036	1 965	洞塘	5	15	10	
					三洞	815	2 041	2 307	方村	127	208	198	
					佳榮	663	1 340	1 358	董界	24	59	55	
					莪蒲	240	535	582	茂蘭	3	3	5	
					陽安	21	57	55	玉屏	30	51	48	
					瑶慶	15	24	29	永康	46	83	93	
莫	山東 湖北	2 787	6 035	6 042	時來	8	12	12	駕歐	445	897	929	駕歐莫姓始祖偉勳，原籍山東青州府益都縣，北宋時隨狄青討廣西儂智高，以功食采南丹。陽安莫姓始祖布濤由湖北入
					恒豐	4	7	8	水利	59	151	137	
					永康	1	2	2	玉屏	14	20	28	
					朝陽	4	7	4	佳榮	16	34	35	
					方村	669	1 582	1 563	從善	1	1	2	

續表

姓別	原籍	户數	口數 男	口數 女	居住情況 鄉別	户數	男數	女數	鄉別	户數	男數	女數	備考
莫	山東 湖北	2 787	6 035	6 042	播瑤	66	161	162	周覃	1	2	2	黔，住獨山兔場，後鳳紀始遷荔。住陽安者爲水家，住方村、陽鳳、播瑤者爲莫家，餘爲本地。
					撈村	10	15	14	陽鳳	1 143	2 372	2 344	
					陽安	101	202	221	瑤慶	8	14	18	
					茂蘭	161	392	394	董界	76	164	174	
覃	江西	2 457	5 670	5 999	撈村	18	32	33	永康	151	362	381	覃姓始祖由江西從戎至廣西，住思恩。明太和移住荔波，時已繁衍爲四大族，即敦懿、敦誼、敦叁、敦肆也。除撈村之玄穹、瑤慶之摇麓爲傜子外，其餘均爲本地。
					莪蒲	23	68	86	董界	50	90	71	
					方村	209	507	513	瑤慶	62	132	131	
					茂蘭	27	51	45	洞塘	44	88	86	
					水利	174	378	350	佳榮	123	335	345	
					從善	74	169	176	周覃	413	1 098	1 115	
					播瑤	8	13	13	時來	393	808	866	
					朝陽	521	1 188	1 473	駕歐	3	4	7	
					陽鳳	4	8	21	玉屏	114	246	211	
					恒豐	39	93	76					

續表

姓别	原籍	户數	口數 男	口數 女	居住情況 鄉别	户數	男數	女數	鄉别	户數	男數	女數	備考
吴		1 498	3 282	3 324	時來	15	24	30	瑶慶	18	30	28	除玉屏、朝陽有少數客家外，住莪蒲、從善、周覃、恒豐、瑶慶、永康、水利爲水家，餘屬本地。
					茂蘭	3	4	6	永康	43	110	125	
					莪蒲	320	710	767	三洞	2	3	3	
					玉屏	19	41	56	駕歐	26	59	44	
					從善	11	24	20	洞塘	58	101	112	
					周覃	72	165	149	朝陽	20	40	49	
					陽鳳	1	3	3	方村	7	17	12	
					董界	22	43	59	播瑶	378	727	751	
					恒豐	113	377	317	佳榮	71	169	182	
					水利	299	633	611					
蒙		1 469	3 229	3 553	時來	82	195	213	瑶慶	194	394	454	**按** 蒙氏族譜稱蒙氏始祖嘉吉於明洪武年間帶二子從沐將軍南征，由
					朝陽	9	22	21	佳榮	34	83	84	
					莪蒲	12	24	22	駕歐	19	52	49	

續　表

姓別	原籍	户數	口數 男	口數 女	居住情況 鄉別	户數	男數	女數	鄉別	户數	男數	女數	備考
蒙		1 469	3 229	3 553	水利	19	49	51	洞塘	61	135	161	粤東來黔，有功封將軍職，二子襲土司。長登霖爲獨山土司，次登露爲荔波土司。住瑶慶、佳榮、莪蒲、陽安、永康、恒豐、從善者爲水家，餘爲本地。
					陽安	281	597	644	玉屏	155	274	350	
					陽鳳	4	7	10	播瑶	19	44	56	
					永康	440	1 053	1 160	撈村	8	12	13	
					恒豐	6	10	14	董界	39	78	76	
					茂蘭	28	56	54	方村	51	111	111	
					從善	4	5	7	周覃	4	8	3	
何	江西	1 447	2 837	3 081	時來	12	22	22	玉屏	12	18	25	何氏族譜稱其始祖由江西遷至貴州都勻，繼遷獨山拉旺，分支遷居荔波董界。除住撈村之玄穹者爲傜子外，餘屬本地。
					朝陽	18	40	51	陽鳳	1	2	6	
					水利	1	0	1	董界	592	1 096	1 197	
					洞塘	20	36	35	佳榮	22	61	51	
					播瑶	1	2	1	駕歐	179	349	355	
					瑶慶	48	84	92	方村	2	7	8	

續表

姓別	原籍	户數	口數·男	口數·女	居住情況·鄉別	户數	男數	女數	鄉別	户數	男數	女數	備考
何	江西	1 447	2 837	3 081	茂蘭	5	10	8	從善	2	3	4	同右。
					撈村	505	1 039	1 162	永康	27	68	63	
楊		636	1 421	1 519	播瑤	5	14	12	時來	16	24	30	住從善鄉揚拱及陽安、莪蒲等鄉者爲水家，餘屬客家。
					三洞	3	7	9	方村	26	73	68	
					水利	7	23	20	駕歐	8	13	14	
					玉屏	29	52	63	陽鳳	3	5	6	
					朝陽	26	53	60	茂蘭	10	24	18	
					永康	3	5	8	董界	1	2	3	
					佳榮	1	1	2	瑤慶	3	6	4	
					洞塘	25	64	81	莪蒲	44	106	126	
					從善	122	266	251	周覃	3	4	8	
					陽安	301	679	736					

續 表

姓別	原籍	户數	口數		居住情況								備考
			男	女	鄉別	户數	男數	女數	鄉別	户數	男數	女數	
歐		547	1 152	1 242	永康	39	110	137	瑶慶	185	367	374	住茂蘭之瑶垓、瑶慶之瑶麓者爲佲子外，餘屬本地。
					佳榮	49	133	160	董界	1	3	1	
					駕歐	1	2	2	洞塘	7	15	15	
					播瑶	1	2	1	玉屏	5	4	7	
					茂蘭	259	516	546					
姚		516	1 088	1 191	水利	5	11	14	時來	1	5	1	除三洞少數客家及佳榮少數佲子外，住永康、從善、瑶慶者爲水家，餘多屬本地。
					茂蘭	8	16	14	洞塘	290	567	608	
					佳榮	11	22	23	瑶慶	34	82	89	
					朝陽	2	3	1	董界	1	1	1	
					三洞	3	2	8	玉屏	4	5	7	
					從善	2	4	5	永康	155	370	420	
羅		400	935	1 032	陽安	1	2	3	水利	13	25	19	除玉屏、方村、茂蘭、水利等少數客家外，餘屬本地。
					駕歐	9	22	21	玉屏	22	42	50	

續表

姓別	原籍	户數	口數		居住情況								備考
			男	女	鄉別	户數	男數	女數	鄉別	户數	男數	女數	
羅		400	935	1 032	陽鳳	16	45	44	朝陽	8	10	15	同右。
					瑶慶	8	18	19	永康	4	6	13	
					莪蒲	1	1	1	董界	5	10	10	
					時來	139	305	376	佳榮	1	2	3	
					茂蘭	9	18	20	洞塘	17	39	46	
					周覃	1	1	1	方村	74	205	204	
					播瑶	72	183	187					
黎		359	697	735	時來	3	5	8	茂蘭	6	11	14	播瑶黎姓始祖萬同，原籍江西吉安府新谿縣，明洪武間隨軍征雲南，住廣西河池，其後金山分住荔波。除少數客家外，餘屬本地。
					水利	3	6	2	駕歐	10	16	23	
					玉屏	9	18	16	洞塘	3	7	10	
					朝陽	3	5	3	陽安	16	35	41	
					陽鳳	2	1	3	播瑶	291	570	594	
					董界	13	23	21					

續表

姓別	原籍	户數	口數		居住情況								備考
			男	女	鄉別	户數	男數	女數	鄉別	户數	男數	女數	
周		320	750	796	時來	14	36	33	周覃	179	445	460	除少數客家外均屬本地。
					三洞	1	3	1	水利	15	31	58	
					駕歐	2	4	4	陽鳳	7	13	14	
					玉屏	33	67	68	洞塘	29	59	67	
					永康	1	3	2	朝陽	13	20	32	
					茂蘭	1	2	5	從善	7	23	13	
					董界	10	28	23	莪蒲	3	2	4	
					播瑤	5	14	12					
盧		314	614	607	時來	2	4	4	茂蘭	241	467	472	除瑤慶之瑤麓爲傜子外，餘屬本地。
					水利	3	10	6	方村	4	7	7	
					董界	5	10	11	玉屏	1	1	1	
					佳榮	19	36	35	洞塘	2	7	3	
					瑤慶	37	72	68					

姓別	原籍	户數	口數 男	口數 女	居住情況 鄉別	户數	男數	女數	鄉別	户數	男數	女數	備考
陳		241	453	548	水利	3	6	16	從善	5	11	9	屬客家。
					時來	4	11	8	佳榮	77	127	177	
					陽鳳	8	21	27	永康	6	12	13	
					方村	32	67	77	洞塘	18	30	32	
					瑶慶	1	3	2	播瑶	4	7	7	
					朝陽	12	25	24	玉屏	37	65	82	
					茂蘭	7	12	17	董界	9	16	13	
					周覃	18	40	44					
石		221	542	484	時來	3	8	6	洞塘	5	9	16	除少數客家外，餘屬水家。
					莪蒲	1	1	2	玉屏	10	23	23	
					水利	1	2	4	播瑶	1	1	4	
					永康	1	4	5	茂蘭	2	3	4	
					三洞	67	143	160	佳榮	5	9	10	

續表

姓別	原籍	户數	口數 男	口數 女	居住情況 鄉別	户數	男數	女數	鄉別	户數	男數	女數	備考
石		221	542	484	從善	123	333	245	瑤慶	1	4	3	同上。
					董界	1	2	2					
白	河南	194	300	353	方村	136	160	207	周覃	3	6	5	除佳榮鄉高里及玉屏鎮有少數客家外，餘屬本地。
					駕歐	1	2	2	陽鳳	1	5	3	
					莪蒲	1	4	5	佳榮	30	72	73	
					播瑤	8	17	25	永康	1	3	4	
					三洞	1	2	2	恒豐	2	5	4	
					水利	4	15	11	玉屏	5	8	11	
					朝陽	1	1	1					
王	福建	189	350	387	時來	9	10	20	茂蘭	4	13	7	除撈村屬傜子、恒豐屬水家外，餘多屬客家。
					撈村	20	23	22	駕歐	4	5	6	
					陽鳳	6	16	12	朝陽	10	19	18	
					恒豐	24	44	55	方村	2	7	5	

續表

姓別	原籍	户數	口數		居住情況								備考
			男	女	鄉別	户數	男數	女數	鄉別	户數	男數	女數	
王	福建	189	350	387	佳榮	3	4	4	瑶慶	9	20	22	同右。
					三洞	2	4	4	董界	11	12	16	
					玉屏	35	62	87	永康	3	6	8	
					洞塘	9	20	15	莪蒲	6	11	13	
					從善	3	6	5	周覃	1	3	2	
					播瑶	25	55	66					
李		167	327	391	時來	6	11	11	瑶慶	4	9	8	屬客家。
					茂蘭	15	26	22	永康	1	2	2	
					莪蒲	2	4	4	三洞	2	6	5	
					水利	1	2	8	駕歐	7	16	15	
					玉屏	53	93	132	洞塘	19	36	44	
					陽鳳	4	8	8	朝陽	6	12	13	
					方村	12	30	33	董界	1	1	2	
					佳榮	6	17	25	從善	10	26	28	
					播瑶	18	28	31					

續表

姓別	原籍	户數	口數		居住情況								備考
			男	女	鄉別	户數	男數	女數	鄉別	户數	男數	女數	
柏	河南	151	300	313	方村	74	110	118	陽安	2	3	4	屬本地。
					時來	8	18	12	玉屏	10	20	20	
					朝陽	5	9	12	董界	3	5	6	
					播瑶	41	120	123	駕歐	5	9	12	
					陽鳳	3	6	6					
常		136	284	312	佳榮	1	1	1	瑶慶	133	279	307	除少數傜子外，餘屬水家。
					時來	2	4	4					
劉		134	292	315	時來	6	15	12	播瑶	5	6	14	屬客家。
					水利	1	2	5	玉屏	26	49	54	
					方村	4	12	7	朝陽	11	25	20	
					佳榮	6	13	15	瑶慶	1	2	3	
					永康	1	1	3	從善	1	2	2	
					董界	12	28	26	茂蘭	10	17	18	
					洞塘	35	80	88	周覃	1	3	2	

續表

姓別	原籍	户數	口數 男	口數 女	居住情況 鄉別	户數	男數	女數	鄉別	户數	男數	女數	備考
梁	湖南 福建	115	281	286	水利	4	8	5	方村	5	13	12	住播瑶者爲本地，餘屬客家。原籍湖南者於明時隨軍征古州留居焉。嗣支孫移住周覃，再繁衍而分移各地。
					駕歐	2	6	4	周覃	9	18	19	
					陽鳳	2	5	9	佳榮	3	5	4	
					洞塘	6	18	17	播瑶	59	155	156	
					玉屏	21	44	52	時來	2	3	3	
					茂蘭	2	6	5					
玉	江西	107	284	301	水利	2	1	2	茂蘭	19	45	30	玉氏族譜稱始祖於明中葉由江西吉安府廬陵縣行商始至廣西南丹，後移思恩，至玉洪遷荔。全屬本地。
					時來	66	201	226	方村	2	4	4	
					玉屏	4	11	17	洞塘	14	22	22	
陸		101	221	215	時來	2	4	3	方村	3	8	5	除少數客家外，餘多屬水家。
					駕歐	2	2	3	玉屏	18	36	34	
					陽鳳	2	2	2	朝陽	5	14	6	

續表

姓別	原籍	户數	口數		居住情況								備考
			男	女	鄉別	户數	男數	女數	鄉別	户數	男數	女數	
陸		101	221	215	永康	1	1	2	周覃	2	4	6	同右。
					董界	1	2	1	洞塘	3	1	5	
					從善	58	139	136	三洞	1	2	2	
					播瑶	3	6	10					
黄		95	192	212	時來	6	11	12	佳榮	9	22	18	屬客家。
					從善	3	6	9	三洞	1	2	2	
					洞塘	14	24	27	永康	1	6	2	
					方村	2	2	5	朝陽	7	12	17	
					駕歐	12	25	29	水利	2	2	2	
					玉屏	38	80	89					
謝		87	295	296	撈村	25	48	43	時來	1	1	3	除住撈村屬傜子及其他少數客家外，餘多屬水家。
					洞塘	3	5	9	董界	3	6	6	
					佳榮	1	1	1	永康	1	3	1	
					玉屏	2	5	3	水利	1	2	2	
					陽安	50	224	228					

續表

姓別	原籍	户數	口數 男	口數 女	居住情況 鄉別	户數	男數	女數	鄉別	户數	男數	女數	備考
龍		85	185	188	方村	2	7	7	朝陽	16	35	32	屬客家。
					佳榮	15	35	35	瑤慶	1	2	3	
					周覃	2	7	3	董界	19	34	37	
					洞塘	10	17	21	播瑤	4	8	11	
					玉屏	13	31	35	茂蘭	2	5	3	
					三洞	1	4	1					
岑		80	207	190	水利	1	1	1	從善	2	3	4	除少數客家外，餘多屬本地。
					董界	1	2	2	瑤慶	10	25	14	
					周覃	40	107	109	玉屏	5	13	8	
					播瑤	10	30	27	陽鳳	10	24	22	
					朝陽	1	2	3					
張		79	165	183	茂蘭	6	12	14	佳榮	5	13	17	以下均屬客家。
					洞塘	8	13	13	玉屏	18	25	40	

續表

姓別	原籍	戶數	口數 男	口數 女	居住情況 鄉別	戶數	男數	女數	鄉別	戶數	男數	女數	備考
張		79	165	183	董界	9	25	24	時來	8	19	24	同右。
					瑤慶	3	10	6	永康	1	2	1	
					水利	1	1	1	駕歐	2	4	3	
					朝陽	3	8	6	陽鳳	5	9	13	
					方村	9	22	18	播瑤	1	2	3	
唐		76	174	157	水利	1	0	1	駕歐	12	28	29	
					佳榮	6	16	18	方村	2	4	4	
					周覃	1	2	1	陽鳳	1	3	1	
					朝陽	3	9	7	時來	5	16	10	
					董界	6	13	10	瑤慶	1	2	1	
					播瑤	3	7	4	玉屏	14	32	26	
					洞塘	20	39	43	茂蘭	1	2	2	
全		76	197	192	永康	1	3	3	茂蘭	3	8	6	
					洞塘	66	169	168	水利	1	1	1	
					佳榮	2	3	7	玉屏	3	3	7	

續表

姓別	原籍	户數	口數 男	口數 女	居住情況 鄉別	户數	男數	女數	鄉別	户數	男數	女數	備考
胡		47	105	104	水利	10	27	15	洞塘	2	3	4	
					時來	2	1	6	播瑤	3	6	10	
					朝陽	1	3	4	茂蘭	4	8	8	
					方村	14	35	31	玉屏	6	10	15	
					瑤慶	5	12	11					
譚		35	62	65	時來	1	1	1	水利	3	4	3	
					播瑤	1	3	2	玉屏	9	16	15	
					方村	1	1	1	洞塘	2	2	1	
					佳榮	15	30	33	董界	1	2	4	
					駕歐	2	3	5					
朱		31	60	64	茂蘭	9	22	19	佳榮	1	4	3	
					洞塘	13	25	29	玉屏	7	9	12	
					董界	1	0	1					

續表

姓別	原籍	户數	口數 男	口數 女	居住情況 鄉別	户數	男數	女數	鄉別	户數	男數	女數	備考
徐		30	69	78	水利	1	1	1	佳榮	1	1	2	
					時來	4	11	10	董界	2	3	4	
					方村	2	7	10	永康	1	2	3	
					從善	2	7	9	玉屏	14	33	36	
					洞塘	3	4	3					
彭		30	66	70	時來	1	2	1	駕歐	1	2	2	
					玉屏	6	17	13	洞塘	1	2	1	
					永康	2	4	8	朝陽	2	3	6	
					播瑶	1	3	3	董界	12	26	31	
					瑶慶	3	5	3	水利	1	2	2	
金		29	59	62	洞塘	18	34	43	董界	1	2	1	
					三洞	1	4	1	駕歐	2	4	3	
					播瑶	3	8	6	方村	1	3	2	
					玉屏	3	4	6					

續表

姓別	原籍	户數	口數 男	口數 女	居住情況 鄉別	户數	男數	女數	鄉別	户數	男數	女數	備考
伍		27	58	59	洞塘	1	1	0	瑤慶	2	4	3	
					播瑤	2	5	4	朝陽	14	28	33	
					董界	3	5	6	玉屏	1	2	3	
					茂蘭	4	13	10					
向		27	49	43	莪蒲	1	3	1	陽鳳	18	28	26	
					玉屏	4	13	9	洞塘	1	3	3	
					水利	1	0	2	播瑤	2	2	2	
高		27	62	67	水利	1	1	1	茂蘭	1	2	3	
					洞塘	1	3	4	駕歐	1	1	1	
					瑤慶	1	2	4	董界	4	14	12	
					玉屏	14	31	29	時來	4	8	13	
曹		26	65	66	莪蒲	1	3	3	朝陽	1	2	1	
					茂蘭	2	2	2	周覃	2	5	3	

續　表

姓別	原籍	户數	口數		居住情況								備考
			男	女	鄉別	户數	男數	女數	鄉別	户數	男數	女數	
曹		26	65	66	三洞	2	8	7	播摇	5	16	16	
					方村	7	17	20	陽鳳	2	5	3	
					玉屏	4	7	11					
廖		25	48	46	時來	1	1	4	播瑶	3	5	4	
					朝陽	3	7	5	洞塘	12	29	21	
					玉屏	3	2	8	茂蘭	1	1	2	
					永康	1	2	1	董界	1	1	1	
田		25	57	64	時來	1	2	0	茂蘭	3	6	6	
					佳榮	2	6	5	三洞	1	1	1	
					朝陽	2	3	4	洞塘	10	25	28	
					玉屏	5	14	19	水利	1	0	1	
余		22	31	44	茂蘭	6	9	10	播瑶	7	9	16	
					玉屏	7	9	11	洞塘	2	4	7	

續表

姓別	原籍	户數	口數 男	口數 女	居住情況 鄉別	户數	男數	女數	鄉別	户數	男數	女數	備考
安		22	43	58	洞塘	16	36	50	時來	3	3	3	
					茂蘭	3	4	5					
鄧		21	43	47	玉屏	11	26	30	水利	3	3	2	
					朝陽	3	10	8	莪蒲	1	1	1	
					播瑶	3	2	6					
蕭		21	38	49	茂蘭	2	3	3	水利	1	0	1	
					方村	2	5	7	陽鳳	1	1	2	
					朝陽	6	13	14	駕歐	1	2	2	
					玉屏	7	12	15	永康	1	2	5	
江		18	42	37	水利	5	9	6	洞塘	12	30	30	
					三洞	1	3	1					
宋		16	28	45	玉屏	3	2	7	佳榮	3	6	8	
					董界	1	4	3	水利	1	1	1	

續表

姓別	原籍	户數	口數 男	口數 女	居住情況 鄉別	户數	男數	女數	鄉別	户數	男數	女數	備考
宋		16	28	45	時來	1	2	3	播瑤	1	1	3	
					方村	1	3	4	陽鳳	4	8	13	
					洞塘	1	1	3					
舒		16	35	36	洞塘	5	15	12	玉屏	4	8	10	
					佳榮	7	12	14	三洞	1	1	3	
袁		15	44	40	周覃	1	2	1	時來	2	9	7	
					佳榮	4	6	7	朝陽	1	2	2	
					永康	3	12	10	玉屏	3	7	7	
					三洞	1	6	6					
曾		14	21	23	洞塘	6	10	8	水利	1	1	1	
					三洞	1	2	3	玉屏	6	8	11	
尹	湖南	13	28	33	方村	1	3	2	茂蘭	10	21	28	始祖成章，湖南衡陽樟木市人，賣藥來黔。**按**獨山萬大章疑爲尹道真後裔，非也。
					玉屏	2	4	3					

續表

姓別	原籍	戶數	口數 男	口數 女	居住情況 鄉別	戶數	男數	女數	鄉別	戶數	男數	女數	備考
林	福建	13	29	29	玉屏	7	16	17	朝陽	4	8	8	
					水利	1	4	2	洞塘	1	1	2	
蔡		12	34	25	方村	11	33	24	佳榮	1	1	1	
龔		12	24	33	玉屏	3	5	8	茂蘭	3	5	6	
					時來	5	12	18	洞塘	1	2	1	
滕		12	27	28	玉屏	5	15	11	朝陽	1	1	1	
					洞塘	6	11	16					
趙		11	26	26	三洞	1	2	1	朝陽	5	12	10	
					瑤慶	1	5	5	董界	1	1	5	
					駕歐	2	3	4	周覃	1	3	1	
郭		11	25	25	陽安	1	1	2	洞塘	3	10	6	
					茂蘭	1	2	3	播瑤	2	5	7	
					水利	1	0	1	玉屏	3	7	6	

續表

姓別	原籍	户數	口數 男	口數 女	居住情況 鄉別	户數	男數	女數	鄉別	户數	男數	女數	備考
戴		11	36	36	玉屏	1	1	2	朝陽	1	3	3	
					洞塘	7	26	27	茂蘭	2	6	4	
董		11	25	26	佳榮	4	5	7	時來	3	8	6	
					玉屏	3	10	9	播瑤	1	2	4	
傅		11	23	18	玉屏	2	5	4	時來	2	3	3	
					茂蘭	1	4	2	洞塘	5	9	8	
					水利	1	2	1					
喬		11	28	30	洞塘	4	12	10	三洞	4	7	12	
					水利	1	1	1	玉屏	2	8	7	
雷		11	29	32	玉屏	1	3	3	董界	1	3	3	
					朝陽	8	19	23	時來	1	4	3	
陽		10	14	26	朝陽	8	12	26	播瑤	2	2	0	
麻		9	13	29	佳榮	9	13	29					屬苗族。

姓別	原籍	户數	口數 男	口數 女	居住情況 鄉別	户數	男數	女數	鄉別	户數	男數	女數	備考
姜		9	17	23	玉屏	4	6	9	方村	4	10	13	
					佳榮	1	1	1					
陶		9	18	15	玉屏	1	1	3	水利	1	0	1	
					瑤慶	1	4	2	駕歐	3	7	6	
					洞塘	3	6	4					
夏		9	20	16	洞塘	2	4	4	陽鳳	1	2	1	
					玉屏	4	8	9	恒豐	1	3	1	
					方村	1	2	1					
冉		8	22	19	玉屏	2	3	4	董界	1	2	3	
					方村	1	4	2	播瑤	1	1	0	
					朝陽	1	6	3	時來	2	7	7	
巫		8	24	32	玉屏	7	22	30	佳榮	1	2	2	
尚		7	13	10	時來	2	3	2	玉屏	1	2	3	
					永康	4	8	5					

續表

姓別	原籍	戶數	口數 男	口數 女	居住情況 鄉別	戶數	男數	女數	鄉別	戶數	男數	女數	備考
璩		7	27	27	玉屏	1	2	3	洞塘	2	8	9	
					時來	1	2	1	莪蒲	3	15	14	
段		7	9	15	朝陽	1	0	1	玉屏	5	9	13	
					水利	1	0	1					
任		6	10	13	玉屏	2	5	5	朝陽	1	1	2	
					茂蘭	2	3	3	瑤慶	1	1	3	
萬		6	14	10	朝陽	5	12	9	播瑤	1	2	1	
程		6	19	23	玉屏	1	3	4	洞塘	5	16	19	
鄭		6	12	15	茂蘭	2	4	7	時來	1	2	1	
					玉屏	1	2	3	佳榮	2	4	4	
藍		6	10	11	洞塘	3	4	3	播瑤	1	3	3	
					董界	1	2	4	玉屏	1	1	1	
秦		6	10	16	周覃	1	2	6	播瑤	1	2	1	
					水利	1	2	4	玉屏	3	4	5	

續表

姓別	原籍	户數	口數 男	口數 女	居住情況 鄉別	户數	男數	女數	鄉別	户數	男數	女數	備考
蔣		5	8	19	茂蘭	1	4	6	玉屏	2	1	7	
					洞塘	2	3	6					
文		5	10	11	洞塘	3	7	8	玉屏	1	2	1	
					三洞	1	1	2					
魯		5	10	12	洞塘	4	9	10	玉屏	1	1	2	
汪		5	18	18	玉屏	2	2	3	朝陽	2	10	10	
					洞塘	1	6	5					
熊		1	12	13	佳榮	1	6	6	陽鳳	1	3	3	
					玉屏	3	3	4					
費		5	5	8	玉屏	3	3	5	董界	2	2	3	
許		4	10	10	三洞	2	5	4	時來	1	2	2	
					朝陽	1	3	4					
簡		4	7	10	水利	1	0	1	茂蘭	1	1	3	
					播瑤	2	6	6					

續表

姓別	原籍	户數	口數		居住情況								備考
			男	女	鄉別	户數	男數	女數	鄉別	户數	男數	女數	
駱		4	8	8	方村	4	8	8					
孫		4	6	7	玉屏	3	4	4	水利	1	2	3	
成		4	8	8	玉屏	1	2	3	佳榮	2	4	4	
					時來	1	2	1					
湯		4	12	10	時來	1	3	1	玉屏	2	3	5	
					永康	1	6	4					
丁		3	5	5	洞塘	1	2	1	播瑶	2	3	3	
梅		3	8	7	玉屏	3	8	7					
艾		3	4	7	方村	1	1	3	周覃	1	2	3	
					茂蘭	1	1	1					
申		3	8	7	方村	3	8	7					
項		3	6	7	三洞	3	6	7					
嚴		3	10	10	佳榮	2	7	8	洞塘	1	3	2	

續表

姓别	原籍	户數	口數 男	口數 女	居住情况 鄉别	户數	男數	女數	鄉别	户數	男數	女數	備考
馬		3	10	8	三洞	1	4	3	方村	1	3	2	
					玉屏	1	3	3					
賀		3	5	6	玉屏	3	5	6					
饒		3	4	4	玉屏	3	4	4					
鍾		3	8	6	玉屏	1	4	2	洞塘	2	4	4	
魏		3	12	10	洞塘	1	2	1	玉屏	2	10	9	
范		3	3	4	玉屏	3	3	4					
龐		2	2	3	玉屏	2	2	3					
涂		2	0	6	玉屏	2	0	6					
吕		2	5	4	時來	1	3	2	玉屏	1	2	2	
猶		2	3	2	玉屏	2	3	2					
章		2	6	4	朝陽	1	3	2	方村	1	3	2	
聶		2	4	7	播瑶	1	1	3	方村	1	3	4	

續表

姓別	原籍	户數	口數		居住情況								備考
			男	女	鄉別	户數	男數	女數	鄉別	户數	男數	女數	
國		2	10	7	播瑤	1	9	6	方村	1	1	1	
易		2	7	7	水利	2	7	7					
邱		2	2	1	洞塘	1	1	1	茂蘭	1	1	0	
蘇		2	3	2	茂蘭	2	3	2					
葉		2	4	5	瑶慶	2	4	5					
蘭		2	4	2	佳榮	1	3	1	水利	1	1	1	
阮		2	4	2	方村	2	4	2					
欽		2	5	4	三洞	2	5	4					
孟		2	6	3	玉屏	1	1	1	洞塘	1	5	2	
詹		2	3	5	玉屏	2	3	5					
房		2	3	7	玉屏	1	1	5	時來	1	2	2	
莊		2	2	7	玉屏	2	2	7					
毛		1	3	0	陽鳳	1	3	0					

續表

姓別	原籍	户數	口數 男	口數 女	居住情況 鄉別	户數	男數	女數	鄉別	户數	男數	女數	備考
戈		1	3	2	茂蘭	1	3	2					
洪		1	4	5	玉屏	1	4	5					
殷		1	0	1	朝陽	1	0	1					
游		1	6	4	時來	1	6	4					
盤		1	0	1	洞塘	1	0	1					
苗		1	1	1	佳榮	1	1	1					
虞		1	1	2	佳榮	1	1	2					
麥		1	5	5	方村	1	5	5					
左		1	4	2	玉屏	1	4	2					
皮		1	2	1	玉屏	1	2	1					
牟		1	1	3	玉屏	1	1	3					
粟		1	3	3	玉屏	1	3	3					

續 表

姓別	原籍	户數	口數		居住情況								備考
			男	女	鄉別	户數	男數	女數	鄉別	户數	男數	女數	
鄒		1	2	5	玉屏	1	2	5					
杜		1	2	1	玉屏	1	2	1					
康		1	2	3	玉屏	1	2	3					
崔		1	2	3	玉屏	1	2	3					
鄔		1	1	3	玉屏	1	1	3					
奚		1	4	1	佳榮	1	4	1					
史		1	1	1	玉屏	1	1	1					
共計 姓氏：143 户：22 196 男：48 997 女：51 412													

按 上表所列數字，係根據荔波縣政府三十一年十一月編整保甲所得載入。洎三十六年，迭經菑害，户口數字鋭減。

另附 三十六年度保甲户口數字於《地理志·行政區域》編後，以備後考。惟氏族户口異動，非經長時期調查，不得其詳，故暫從略。

荔波縣各氏族户口統計表

族别／户口／姓别	客家			本地			水家			莫家			傜子			備考
	户	男	女	户	男	女	户	男	女	户	男	女	户	男	女	
韋	25	56	62	893	1 942	2 043	2 880	5 563	5 809				97	176	180	傜子全住瑶慶鄉瑶麓。
潘	15	36	38				2 885	6 513	6 845							
莫				804	1 714	1 748	101	202	221	1 878	4 115	4 069	4	4	4	傜子全住瑶麓。
覃				2 409	5 570	5 900							48	100	97	住玄穹傜子户6,男12,女10。餘住瑶麓。
吴	10	28	35	612	842	846	876	2 413	2 443							
蒙				498	1 063	1 168	971	2 166	2 385							
何				1 412	2 766	3 028							35	71	53	傜子全住撈村鄉玄穹。
楊	169	370	406				467	1 051	1 113							
歐				487	1 029	1 123							60	123	119	住瑶麓傜子户120,男63,女69。餘住茂蘭鄉瑶垓。
姚				313	575	645	191	492	514				12	21	23	傜子住佳榮鄉拉灘。

續　表

族別／户口／姓別	客家			本地			水家			莫家			傜子			備考
	户	男	女	户	男	女	户	男	女	户	男	女	户	男	女	
羅	138	314	340	262	621	692										
黎	29	54	65	330	643	670										
周	15	32	37	305	718	759										
盧				281	550	548							33	64	59	傜子全住瑶麓。
石	18	35	37				203	507	447							
白	14	34	33	180	266	320										三洞、佳榮客家。
王	145	283	310				24	44	55				20	23	22	傜子全住玄穹。
柏				151	300	313										
常							132	279	303				4	5	9	傜子全住瑶麓。
梁	56	126	130	59	155	136										
玉				107.	284	301										
陸	78	79	74				63	142	141							
謝							62	247	253				25	48	43	傜子全住玄穹。
岑	5	13	8	75	194	182										
其他	1 770	3 936	4 180													本欄係全屬客家之各姓,詳《氏族表》,不贅。
共計	2 547	5 396	5 755	9 178	19 232	20 450	8 255	19 619	20 529	1 878	4 115	4 069	338	635	609	

註附：此外佳榮鄉之麻姓等屬苗族,爲數甚少。

荔波縣各氏族户數比較圖

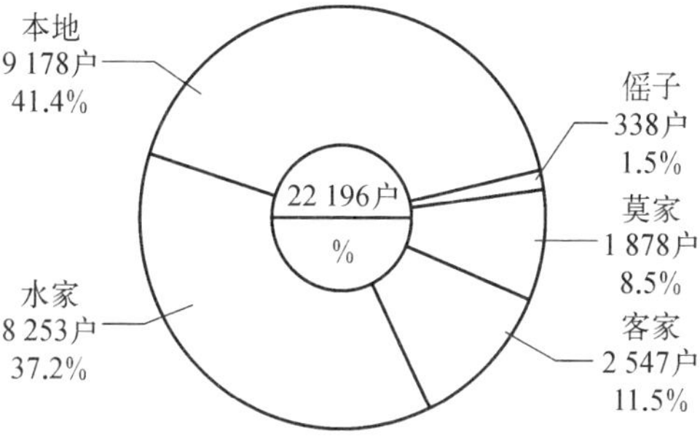

荔波縣氏族分佈圖

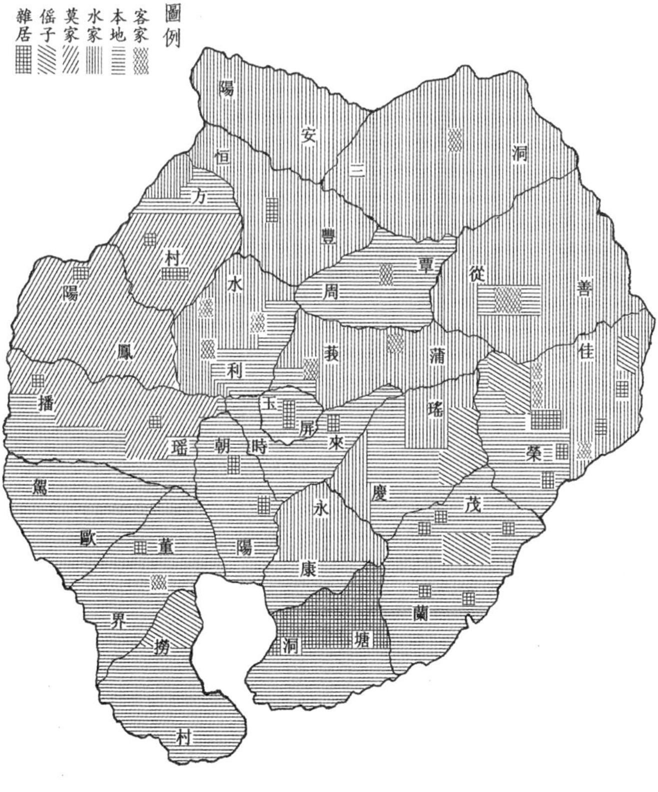

風俗

一般習俗

正月元旦　除夕之夜，雞未報曉，即以茶果、香燭恭祝竈神，名曰「接竈」；事畢，關大門，謂之「關財門」；少頃，陳年糕、米花、清供等物於堂中，焚香秉燭，全家老小，更換新衣，拜叩天地皇王祖先暨家中尊長畢，啟門放炮，謂之「開財門」；並向吉方行迎喜神禮，謂之「出行」；黎明乃赴遠親近鄰慶賀，或用紅名片書己名某某恭賀新禧等字樣遣價報入其家，謂之「拜年」；拜年畢，親友之間，彼此召飲，互相酬酢，正月以内，幾無虚日，謂之「請年酒」。◎李稿、楊稿同採。

按　此係廢曆年節之舊習慣。至國曆年節，雖經政府機關提倡，於是日開會慶祝，或表演新劇，以助娱樂，而民間迄今未改。惟近年來過廢曆年節，亦不過放爆竹、請春酒、湊熱鬧而已，上述禮節，已多不實行。惟舊稿所載，故録之以備一格。

正月初十至十五日　晝則舞獅子，演百戲，夜則舞龍燈，燃花燈；並紮山禽、水族諸盆景，遊行市街，鼓樂喧闐，花爆繽紛，極遊觀之樂，謂之「鬧元宵」。◎採自李稿。

按　舞龍舞獅，近年仍盛行，惟僅表演三晝夜而已。

正月十五日　紳耆庶民，各設祭品於祖墓前致祭，並燃燈一罩，謂之「上燈」。◎採自李稿。

按　此風俗近年仍盛行，惟不燃燈。

立春之日　五省會館各裝春戲，抬春牛芒神，隨地方官迎神春郊。◎採自李稿。

今已廢。

雨水節前後三日　士民多植花木，接果樹，取其易活。◎採自李稿。

春社日　城鄉皆刑牲釃酒祭土地神，謂之「土地會」。◎採自李稿。近年舉行已少。

春社前數日，有新塋在三年内者，採黄花煮水染糯米造飯，連同香燭酒肉以祀新塋，謂之「攔社」。◎採自李稿。

今仍盛行。

清明節前後一個月内　各家拜掃先塋，標紙錢（亦名清錢）於墳上。具牲醴，宴親友，有多至數十席者。暢飲高歌，極一時之盛。或於是日壘土砌石，修補先塋，不必擇吉，蓋以是日土神不用事故也。◎採自李稿。

今仍盛行。

四月初八日　以楓葉揉碎，漬水染糯米造飯，名曰「黑飯」。農家以飯和肉飼牛，俗謂報牛之力，又稱「黑飯節」。◎採自李稿。

今鄉村農家仍盛行。

五月初五日爲端午節　各家懸蒲艾於門，以角黍互相餽送，泛蒲觴，繫長命縷，飲雄黄酒，浴百草湯。◎採自李稿。

近年此風仍盛行。並於是日舉行劃船競賽、游泳競賽、泅水競賽等，以提倡體育運動。

五月十三日爲關帝勝會 前後數日，如有大雨，謂之磨刀水。是日文武官員均公服詣武聖廟行香。◎採自李稿。

行香禮已廢。

五月二十八日爲城隍會 士民有具三牲到廟内慶祝，午間備各種儀仗音樂，奉城隍神像出府，周遊四門，各家門前均設香案向神禮拜。◎採自李稿。

現已廢。惟會首掌有會款，每年僅將款息備礼物祝神宴會而已。

六月六日爲土地生日 各土地祠附近人士，醵金備雞酒致祭。◎採自李稿。

近年此風已少。

七月十四日爲中元節 各家自初十日起，朝夕焚香設饌烹茶以奉祖先。並虔備冥錢包袱，於十三、十四兩夜，設供於門内外焚之。哀慟怛惻，出於至誠。即古人春露秋霜之意也。◎採自李稿。

近年仍舉行，但已不如從前之隆重矣。

八月十五日爲中秋節 各家以月餅及西瓜、石榴等果品互相餽送。待月出即陳設各物供之，名曰「拜月」；有以笙蕭鼓樂，玩月通宵者，俗傳爲「看月華」。◎採自李稿。

近仍盛行。

九月九日爲重陽節 文人學士，或有載酒登高、吟詩爲樂者；富有之家，則以高粱糯米等釀酒，貯之大甕，其味甘香，久而彌佳，名曰「重陽酒」。◎採自李稿。

近年仍有此風。

十月初一日　各家具酒醴雞黍，於祖先墓前致祭，並用藍黑兩色蔴紙剪成衣裳鞋襪等件焚化，謂之「送寒衣」，今鮮有行者。◎採自李稿。

今已全廢。

十二月初八日　名曰「臘八」，宰豬醃肉，謂之「臘肉」。◎採自李稿。

今仍盛行。

十二月二十四日　晝則以帚掃塵垢，夜則以香花茶果餳食等物虔祀竈神，謂之「送竈」。然多於二十三夜行之。俗謂竈神於是夜上天呈奏其家終歲善惡，至除夕回，再祀之。◎採自李稿。

近年已少舉行。

十二月末日　謂之「除夕」。前數日城鄉各户舂餈粑，炸米花、米扁等，以備新年茶點之用。是日以新書門聯門神彩錢等貼於門首，焚香設席，叩拜天地祖先畢，齊集家人食之，謂之吃「團圓飯」。飯畢，家中幼小輩向尊長輩及各親友處敬禮，謂之「辭年」。半夜接竈神，又開財門。火爆雷轟，燈燭達旦。家人徹夜不寐，謂之「守歲」。◎李稿、楊稿均採。

近年仍盛行，惟政府提倡過陽曆年，故春聯多於陽曆除夕或元旦張貼，至於辭年守歲，行者已少。

特殊習俗

四月節　本屬陽鳳鄉莫家，於每年四月初八日，凡喂有水牯牛者，將牛角削尖，灌以酒，牽至茘、獨交界之拉更節地方角戰。是日牛數百頭，任其酣鬥。觀衆數千，喝采之聲，山鳴谷應。午後回家，宴以取樂，亦名「黑飯節」。

六月節　本屬從善、瑶慶、永康、水利等鄉之水家，於每年六月内，除丁卯外，臨時擇一卯日過節，備酒肉，祭祖先，宴賓客，名爲「過卯」。蓋取耕耨事畢，宴飲爲樂，亦古「伏祭」之意也。

又　從善鄉水梅、寨磨數村，每十三年（逢子年）敬神一次；楊拱數村每七年（丑未年）敬神一次。每次均在六月間擇吉日舉行，名爲「做霞」。蓋祈禱風調雨順、人壽年豐，亦古「大雩祭帝」之意也。

九月節　本屬三洞、恒豐等鄉之水家，於每年九月至十月之交，逢亥日過節，名曰「過多」。恒豐鄉及三洞鄉之水東過第一亥；三洞鄉之水維過第二亥；上、下三洞過第三亥；下楊柳過第四亥。在前一日（戌日）即將家中一切用具洗滌潔淨，下午四、五時，陳設鮮魚、果品、衣服、鞋襪等於堂上，恭祭祖先。亥日，青年子弟著鮮服，乘肥馬，到年坡賽跑。觀衆以千萬計，極一時之盛。午後回家，大宴賓客，連日飲酒作樂，並擊銅鼓助興。約四五日，客散盡始止。蓋取農事備收，羔酒自勞，亦古「大饗報賽」之意也。其分前後幾亥者，以彼此親友便於來往也。

十二月節　本屬周覃、永康、從善等鄉之本地，於十二月初一日過節，名曰「過帝」。届時必備餈粑、米花、酒肉等，祭祀祖先。拜年宴客，與廢曆正月年節同。蓋守古時「建丑」及「臘祭」之意也。

婚嫁　關於一般相同之婚禮，另載《政教志·典禮編》。惟有少數特殊之點，既非規定禮制，又非普遍習俗，特分述於後，以備採風者參考焉。

一、養小媳： 有因女家貧苦，不能養女以待嫁，請媒送往婿家撫養，謂之「養小媳」。及男女成人，始行結婚，謂之「圓房」。

二、贅婿： 有因女家殷實而無子嗣，則招婿上門，料理家務，謂之「贅婿」。如以後子女多，則以長子繼女家之後，同女姓。

三、搶白： 有因女家父母去世，從權先行結婚者，謂之「搶白」。

四、頂孝： 有因男家父母去世，向女家説合，接媳來家，謂之「頂孝」。

以上習俗，各族間均有。至本地、水家、莫家等，有因家貧，禮多省略，男不親迎，女家亦無多嫁妝。新婦出閣時，不坐肩輿，送親者十餘人或二、三十人不等，多係青年婦女，持繖步行，送至男家，遂結百年之好。（**按** 新婦步行出嫁，一則省費，二則暗合王荆公人道主義。此種風氣，似應保留。）

此外，尚有傜族婚嫁，不用媒妁，不擇吉日，先由男女雙方同意後，女即先到男家住十餘日，女家始去訪，由男家款待酒肉，繼由男家備禮金三元六角，酒一壺，去女家認親，即成正式夫婦。此後如男子另娶，女子即自由另嫁，絶不同居，而男子亦不能稍事干涉。如男女犯和姦案，即將男女兩造綑綁；如男子犯強姦案，即將男子綑綁；送請首人處理。罰犯者出酒肉供給全族人兩餐。（**按** 傜族男女在結婚前，全由男女雙方同意，結婚後，絶對不許重婚，深合現代法理。勿以其文化落後，而竟一切加以鄙視也。）

喪葬 關於一般相同之喪禮，另載《政教志·典禮編》。兹將其特殊情形而成爲一部分習尚者略述於後，蓋別於禮制也。

一、客家：　喪家在安葬前二、三夜，各親友來弔者頗多，夜半請善歌者擊鼓唱孝歌，或請善京、川調者打圍鼓，以消長夜。　送喪時，親屬婦女，蒙面號泣，以表哀悼；　間有信佛或富有之家，則請道士誦經，超度亡魂。

二、本地及莫家：　喪家在安葬前之數日，先開路念經。　附近各村男女，於每晚天黑時齊集喪家門外，男女分行對立，各執長尺餘之竹刷把一把，互相敲擊。　一人執一木棒擊粑槽作拍子，雖百數十刷把蟬聯，而擊出之聲，有條不紊；　並於柩前懸銅鼓數面，每面用一人敲。　其餘各執四五尺長竹竿一根舂樓板作拍子，節奏亦頗和諧。　蓋因辦喪事時，各親友來弔，借此娛樂，以消永夜耳。　安葬之日，宰牛、馬、豬、羊，以宴賓客，名曰「吃簸墳」。

三、水家：　擇吉安葬，多用反書（文類篆籀，以天干地支五行推算，其詳不可考）。　在安葬之前，全族人素食（以素食別親疏，親支忌葷，遠支則不忌），但魚、蝦等水族可食。　有於柩前懸銅鼓多架，擊之，聲聞數里。　又於安葬之前一夜，在村内設歌堂，請善歌者男一女一，唱孝歌達旦；　次日又在田野間搭布帳數處：　一設祭堂，中供靈位，懸祭帳，爲親友致祭之所；　一設歌堂，爲唱孝歌之所；　一設蘆笙堂，爲吹蘆笙之所；　歌堂、蘆笙堂有各設二處者。　又有搭戲臺唱小調（俗名「唱燈」）者。　是日孝家内親以紙紮旗纖故事及龍燈等列隊送祭前來，多至數百人。　鑼鼓喧天，炮聲震地，極一時之盛。　當日凡來參觀者，縱非親故，孝家均招待酒飯，食者多至數千人，名曰「奏控」。　送葬時，男喪則宰牛、敲馬；　女喪則宰豬；　多至數十頭不等。　分肉贈送親友，孝家忌食。　此風雖限於富有之家，然耗資甚大，無補實際，亟應改良，近已逐漸減少矣。

四、傜族：傜族喪葬，與他族不同。十歲以下死者埋之，十歲以上死者，殮以棺，抬置洞中。三十歲以下者置青年洞；三十歲以上者置老人洞；任其腐爛。富者砍牛致祭，懸銅鼓數架於門外，任意亂擊，近月始撤。

以上所述，係本縣各氏族間習慣之大概情形也。外間有傳本地爲夷族，新婦結婚時，與新郎尚未謀面，即回外家，俟有孕而後歸，故有長子不得居正室之例；又傳水家爲苗族，各村男女，吹笙跳月，私談戀愛，即成夫婦，無須媒妁；娶寡婦則先私通，引之入宅，團聚數月，先夫家始來索身價；又傳傜子大鐔醃蚯蚓等物以待嘉賓；種種無稽之談，全係隔靴搔癢，妄誕已極。

按 蘆笙跳月等歌舞，實非水家所有。偶因開弔而請之蘆笙，多係三都屬之花苗。在水家學吹盧笙者，雖有一二村，然全係男子（三都屬之花苗則有女子參加跳舞），並無女性。且係營業性質，非民間娛樂之舉。從未聞有男女吹笙跳月私談戀愛即成夫婦者。至寡婦再醮，亦須憑媒説合。所謂身價者（蓋收回禮金，非身價也），亦必交清，始能接人。惟有時因其先夫親屬故意爲難，致寡婦忿恨，私行出去，因之興訟，然非普遍如此。又所謂長子不得居正室之語，尤爲荒謬絶倫。按本地習俗，仍以長房爲重，不惟現在不聞此種陋習，即過去長房，名列巍科，身膺顯爵者，亦大有人焉。至男女曖昧之事，即通都大邑，何地無之。或有事出偶然，亦不能認爲一般習尚。若謂傜人鐔醃蚯蚓，則絶無其事。同人中覃文彬、覃福景等，因從事教育，在傜村住數月或數年者，從未見有此飲食。以上各節，係因交通不便，傳聞失真，以訛傳訛，引爲笑談資料。蓋談者信口開河，原出無心，而聞者或信以爲真，付之筆札，遂成史實，有傷風化，故特舉而闢之。

一般迷信

迷信原不足述，惟以舊稿所載，地方習尚，確係如此，姑存之以明時代性之沿革。

正月元旦晴明主歲豐　又於元旦汲取新水與除夕之水較稱輕重，可卜來年豐歉。今已廢除。

正月初九日　名曰「上九」，俗傳爲玉皇生日。謂此日喫素一日，可當一年齋期。又於是日五更陳設素齋祭品虔祀昊天上帝，以祝平安。今已廢除。

正月初旬雞犬日不掃地　可免跳蚤；有祇忌初一與初七者。**按**　近年仍有忌初一不掃也。餘已廢除。

立春鞭春牛時，嚼生蘿蔔　可健齒。今已廢除。

元宵取龍燈餘燭燃之　謂可除邪；剪龍鬚繫小兒手足，謂可保長命；取龍衣布與小兒爲衣，謂之龍皮，可免災疫。今已廢除。

清明日折柳插門　或簪於兒童髻上，俗傳可以延壽命。現仍盛行。

四月初八日爲佛浴日　各家用紅紙兩條書「佛生四月八，家家嫁瓦蜡，瓦蜡一去不回煞」等數句架十字貼於壁上，謂可驅瓦蜡。今仍有少數舉行。

五月五日以五色絲繫小兒手足　謂之長命索；午時食大蒜，謂可明目；浴百草湯，謂可除疥癩；以雄黃酒灑牆壁、地面，謂可袪蛇。今仍盛行。

六月六日家有鮮服者取出晒　諺云：「六月六，晒龍骨。」又晒書籍，謂可除蠹；農夫以酒飯祀田祖，插錢紙於田中，以除螟螣。今仍盛行。

中秋夜占次年元宵晴雨　諺云：「中秋月不明，雨打上元燈。」今已無此諺語。

九月九日飲茱萸酒　謂可除疫癘。近年舉行者少。

立冬後聞雷　諺云：「十月聞雷，黄土成堆。」謂聞雷多病也。近年此諺語已少傳説。

除夕以斧砍果樹，用口嚼飯喂之　預祝次年發實繁多。近年仍有少數舉行。

◎以上均採自李稿。

此外又有數種蒂固根深，牢不可破之迷信，影响人類社會甚鉅，特補載於後。

風水　凡造屋或安葬，必請堪輿家看龍脈，定方向，消砂納水。有因擇吉地而停父母靈柩數年至數十年者。其害處前人已有專論不贅。近年來思想較新者，業已破除。惟一齊衆楚，收效甚微，是又有望於科學教育之普及也。

擇吉　凡婚喪起造，必須擇吉日吉時，甚至出行送禮以及起豬圈、安雞籠亦須擇日，遺害甚大，近年破除者已多。

命卦　算命卜卦，信者甚多。每年正月内，賣卜算命看相者頗盛行。惟近年不信者已逐漸加多。

鬼神　凡遇發生疾病，不求醫藥，祇問巫覡，向鬼神祈禱。備牲畜酒飯請鬼師祈禳。又有求巖神、木神等護佑者。父母逝世，請鬼師開亡路，度亡魂；又有設道場，誦經禮懺，引度父母早升天堂。此種迷信，徒費鉅資，毫無補益。城廂如此，鄉村尤甚。近年來經政府學校多方宣傳，關於念經超度以及求子求財者，已逐漸覺悟。惟本邑交通不便，醫務尚未發達。病人無法調治，故不能不信仰鬼神，以圖僥倖於萬一；而好些人雖明知鬼神之不足信，然爲安慰病人心理計，又不能不作姑妄聽之之想。故欲根本打破此種迷信，除發達醫務外非政令所能禁止，亦非言語所能開導也。近十年來，各學校之搗毀土地祠偶像者，不可勝計。民國三十年，縣長段叔瑜利用城隍廟設地方行政幹部訓練所，乃搗毀廟中神像一空，初猶街談巷議，相驚伯有，後仍相安無事。此亦足爲打破迷信鬼神之一助也。

雷電　凡古木古廟觸電焚燬者，咸相驚異，以爲觸怒天神，將降大禍。又以立春後第一次聞雷，謂之「新雷」，敲鐘擊鼓鳴炮，謂之「接新雷」。有自新雷之日起，以後第三日、第五日、第七日、第九日，名爲忌雷日，是日忌動土；又有自新雷之日起，至開秧門（即栽秧之第一日）止，凡聞雷聲，即忌動土，如在外耕作，聞雷聲必停工回家。此種迷信，妨害農時，影響甚大，近已逐漸破除矣。

巖神木神　邑中敬巖神者甚多。有求子求財，或生病許願者，多於正月十五日還願。殺豬宰雞、送桅杆神帳等，大宴賓客，耗費不少。又有送小兒拜寄木神，取名木生、木保、木壽等者。惟近年已逐漸打破，信者較少矣。

特殊迷信

財神　凡商人、工人，每月初二日及十六日，宰雞敬神一次，名爲「打牙祭」或「敬寶財」。以客家敬奉爲多。

聖母娘娘 各族皆信，而以本地爲甚。無論何人，必敬一次，名爲「做橋」。富者舉行時，殺豬宰牛，大宴賓客，耗費甚鉅。

割蛋 用雞蛋一個，以木炭畫蛋殼，定方位，念咒語畢，煮熟，横截其半，取出蛋黄，視蛋白沿邊之厚薄及内中點綫之大、小方向而判吉凶。

按 《通鑑》胡注引范成大《桂海虞衡志》云：「雞卜，南人占法……亦有用雞卵卜者，握卵以卜，書墨於殼，記其四維。煮熟，横截視當墨處，辨殼中白之厚薄，以定儂人之吉凶。」是在宋以前，已有此迷信矣。此迷信水家最盛行。

蓄髮 本邑傜民，十歲以下者剃髮；十歲以上者，男女全蓄，挽髻於頂。並迷信鬼神，以爲剃髮必遭神譴，多生疾病。故有進校讀書之學生仍不肯剃髮。

按 蓄髮原係我國古制，惟有礙衛生，應予改良。然對於傜民，必先打破迷信心理，始能實現也。

按 此迷信係益智於民國二十四年在董界鄉親問傜胞而得。並舉廣西南丹謝某之子，因出外求學，剃髮回家，不久病故爲例，言時其面色似戚戚然有所戒懼。雖多方解釋不見信，故知其迷信之深也。

此外迷信尚多，不勝枚舉。僅略述其大者，供之社會人士，以期有所改良，則其餘自不難潛移默化也。

民情

荔波一般民性，勤儉純樸，勇敢耐勞。惟交通阻塞，文化落後，故保守性強，而缺乏冒險之精神。民間無正當娛樂設備，每年冬隙，以賭博宴飲爲樂，相習成風。因其賦性勇敢純樸，而又好賭好酒，故一遇刺激，則械鬥仇殺，習以爲常。惟近年來，賭酒之風漸減，而好勇鬥狠之事亦罕見矣。除上述普遍性外，恒豐、陽安民性多佻薄，故多好訟；三洞、從善民性多慓悍，故易流爲盜。然治民如治水，苟因其性而利導之，未始不可納之軌物也。

民國三十一年六月邑令劉仰方先生縣政工作報告對於三洞、九阡有云：「三洞即三洞鄉，九阡即從善鄉，來至荔波之人，一提三洞、九阡，莫不以爲盜賊遍地，視爲盜匪淵藪。仰方此次親赴三洞、從善各鄉督導，詳細考察，所得結果，殊與一般人意料迥異。查三洞、九阡之民衆，綆直之民衆也。三洞、九阡之經濟，可謂田肥美民殷富，當之無愧。三洞屬之下楊柳一帶山水，其明秀不亞於江南。三洞之小學教育，且爲全縣之翹楚。而何以過去果竟有搶殺案件發生？推原其故，實由於距城稍遠，是非曲直，一時未獲辯明，心中之忿，無所發洩，遂不得不鋌而走險，以圖一逞。蓋民性綆直，政令合理則極端服從，不合理則暫時忍受，而思得當以報。對此特殊環境之處置，治本在普及民衆教育，提高全民之知識水準；治標辦法，擬採取地方分權制度，於三洞、九阡適中之地點置一縣府行署，内設主任一人，代表縣長總覽該地區之民、財、建、教、糧、軍、治安諸政務，並對轄境之民衆糾紛案件，在可能範圍內迅作合理之調解，庶因民之欲而利導之，可望漸上軌道矣。」

按　三洞、從善近數十年來匪患，多爲土豪劣紳所造成。蓋其人民受土豪劣紳之壓迫削剥，無處昭雪，醞釀既久，遇機發洩，則奔騰澎湃之勢，不可遏抑。（事實詳《大事志》）此歷年之事實也。劉令之論，蓋深得民隱矣。

此外猺族民性，好打獵，趫捷異常，獵獸時，人可追及狗。並能學鳥音，頗類真，誘鳥前近。而且槍法极精，百發百中。故猺族村寨附近，鳥獸幾絶跡。尤可貴者，其團結力之強及守秘密堅信約，爲現在人類中所僅見。一經然諾，決不失信，族中秘密，雖婦孺亦不洩露於外。出外工作，同去同來，合心一致。其所用武器，全係昔時之火繩槍，而所住之村寨，不過數十家。在民國十四五年，本邑邊匪何老幺、戴老水、舒老六等，人槍數百，武器精利，打村劫寨，肆行無忌，而獨於猺村，不敢睨視，因其團結力堅強之故也。除飲酒外，别無嗜好。兼富自制力，雖不知政府禁令爲何物，而吹賭偷竊事件，絶少發生，且服從長官及地方首人，絶無異志。惟須待之真誠，如一經欺騙，則終難得其信任。此種美德，爲各族所不及，勿以其文化落後而輕視之也。惟不講清潔，不信醫藥，多因急病而死。以瑶麓數村計，在民國十三年，共四百餘户，現僅存二百餘户。十年之間，死亡過半，其死亡率之大，駭人聽聞。加以重男輕女習尚，較一般氏族爲尤甚，故男多女少，無妻之夫，約佔四分之一，其出生率自然減少。將來猺族蕃孳問題，極爲可慮，應如何設法救濟，是在當局者所宜注意也。

生活狀況

荔波山多田少，土地瘠磽，豐年收入稻穀及雜糧，僅堪自給，荒年則仰給外縣；又因交通不便，商業凋零；地下礦産，未經開發，故一般人民生活，大都艱苦。茲將食、衣、住、行分述於後。

食： 民間飯食，以粘米爲大宗，糯米次之，粳米最少。每年青黄不接之際，則全賴包穀、麥子、小米、稗子、蕎子等雜糧接濟。殷實之户，日足三餐，貧者每多食粥。撈村鄉傜民，終歲食雜糧。菜食以青菜最普遍，蘿卜、白菜、黄瓜、南瓜、豆莢等次之。恒豐、陽安、三洞等鄉，則以大葉韭菜爲夏季主要食物。至其他小菜，則僅城區多有，四鄉甚少。肉食以豬、牛、雞、鴨、魚等爲最普遍，屠狗亦盛行。鯉魚多養於田中或塘中。恒豐、陽安等鄉養草魚有大至四、五十斤者，鮥魚亦多。惟一般貧民，除逢年過節及敬神宴客外，肉食甚少；甚至油、鹽亦不常食。烹飪方法，除城廂外，很少講究。惟飲酒爲最普遍。鄉村工作辛苦，每晚必飲酒，肉菜其次也。富裕之家，款待貴客，雖有用及海味，然爲數甚少。

衣： 一般衣服，多用土布。各家婦女，均能紡織染縫。機器布及舶來布，穿者甚少。絲毛織品，尤爲罕覯。穿皮衣者，多係富翁，而且限於老年人。睡眠需料，亦多用土布卧單及棉被，暑天則用蚊帳、竹簟、草蓆等。毡氈之類，用者亦少。鄉村農民，除赴宴作客外，少穿鞋襪。尤可憐者，傜族同胞，不分寒暑，終歲僅單衣一襲，赤足不著履，是民生問題，所急待解決者也。

住： 城鄉房屋，全係舊式，而鄉村則多樓房，上層住人，下爲畜舍，雖知爲妨害衛生，但無力改造，兼以鄉村多係農家，畜舍在外，難防偷竊，環境使然也。至鄉村房屋，除富有之家，修建特殊者外，類皆缺乏光綫與空氣，然亦因治安關係，不得不爾。各鄉居民，極貧者以草蓋屋，餘多用瓦，惟撈村鄉之傜民，全係草屋，故其生活特苦。近數年來，推行新運，城市屋宇一切用具，類多清潔。鄉村則除少數生活優裕者外，一般貧民，或因積習太深，難於更改；或因終日勤勞，不遑整理，故環境衛生尚難推進。

行： 荔波公路正開始修築，尚未通車，遠行者除少數坐轎、乘馬外，大都步行。市街路平坦整潔。鄉路尚未修築完成，雨天泥滑，行人苦之。至崗巒起伏，溪澗縱橫，行路之難，甚於蜀道。

方言

荔波縣除漢語爲普遍通行外，又有本地話、水話、莫話、傜話等。在各種語言中，每一種亦各有差異，然此係因地域遠隔，口音不同，年代既久，竟各成一派耳。至本地話、水話、莫話互通之處甚多，如由單音追溯其發音點，則無甚差異。在若干年前，或同是一種。惟傜語則相差太遠，或另屬一種。茲將最普遍常用九十九字列表對照，以備參考。

荔波縣方言對照表

語言＼族別	本地	水家	莫家	傜子
天	悶	悶，或讀天去聲	悶	
地	頓	底	頓	ㄉㄚ
日	大問	大問	大問	
月	冗墊	ㄋㄢ	ㄋㄢ	
山	岜（或）播	怒入聲	ㄅㄛ	
川	打	ㄇㄚ	云一	
草	哈	亞	亞	
木	梅	梅	梅	ㄉㄛ上聲
水	ㄋㄣ	ㄋㄣ	ㄋㄣ	ㄡ
火	愈	愈	愈	ㄉㄛ上聲
風	然	康上聲	康上聲	金皮
雲	呼	花	花	ㄠ上聲

續表

語言＼族別	本地	水家	莫家	傜子
雨	問	問	問	濃
露	奈	逆	奈	ㄆㄨㄡ
霜	內逢	內ㄅㄤ平聲	內旺	ㄐㄛ
雪	內浩	內ㄏㄚ	內ㄏㄚ	
父	甫	布陰平	布陰平	ㄅㄛ去聲
母	媽（或）米	ㄋㄧ	ㄋㄧ	ㄇㄞ
兄	哥	懷	哥	朵溜
弟	儂	奴	儂	句
祖	ㄅㄡ上聲	ㄍㄥ上聲	ㄍㄥ上聲	ㄍㄨㄡ去聲
孫	爛	漢	爛	云ㄨ
子	ㄌ	ㄌ	ㄌ	戕
女	ㄌㄅㄥ上聲	ㄌㄅㄥ上聲	ㄌㄅㄥ上聲	戕蛙去聲
叔	爺乃	布陰平低	爺	播ㄧㄥ去聲

續表

語言＼族別	本地	水家	莫家	傜子
伯	爺牢	龍入聲	大爺	播ㄌㄛ上聲
姐	姐	或	姐	ㄆㄚ上聲
妹	儂ㄅㄥ上聲	奴ㄅㄥ上聲	儂ㄅㄥ上聲	峩蛙
夫	ㄍㄟ	ㄍㄟ	ㄍㄟ	俁
妻	則雅	ㄋㄧ牙	ㄋㄧ牙	ㄎㄛ上聲 ㄅㄧㄝ去聲
婆	雅	牙	牙	蛙去聲
媳	白	蝦	奚	宜ㄢ
馬	麻	麻	麻	畝
牛	外（水牛） 則（黃牛）	ㄍㄨㄟ入聲（水牛） 波陰平（黃牛）	ㄅㄨ	友
狗	罵	罵	罵	ㄍㄧㄚ去聲
豬	ㄇㄨ去聲	ㄇㄨ上聲	ㄇㄨ上聲	

續表

語言／族別	雞	鴨	鵝	羊	上	下	左	右	耳	目	口	鼻	飯
本地	ㄍㄟ上聲	ㄅㄧ上聲	安上聲	ㄩㄨㄤ	ㄍㄣ	拉	ㄖㄨㄟ	括	ㄖㄜ	ㄋㄚ去聲	ㄅㄚ上聲	ㄋㄥ去聲	巖入聲
水家	ㄍㄞ去聲	ㄅㄢ上聲	安上聲	法	ㄨ去聲	ㄌㄝ	西陰平	化	ㄎㄚ去聲	ㄋㄚ去聲	ㄅㄚ上聲	ㄋㄥ去聲	又陰平
莫家	ㄍㄞ去聲	ㄅㄢ上聲	安上聲	ㄖㄚ去聲	又	拉	ㄌㄞ	ㄈㄞ去聲	兀ㄚ	ㄋㄚ去聲	ㄅㄚ上聲	ㄋㄥ去聲	巖入聲
傜子	ㄍㄚ	又上聲		里力			ㄆㄚ去聲寫	ㄆㄚ去聲鋪		蒙			

續表

語言＼族別	本地	水家	莫家	傜子
酒	ㄌㄡ	ㄏㄠ	ㄌㄠ	架
菜	ㄅㄧㄚ	ㄇㄚ	ㄇㄚ	污
肉	ㄋㄛ	南	南	卡
桌	ㄉㄧㄥ	兮	ㄐㄥ	吊上聲
凳	ㄉㄤ去聲	ㄉㄤ上聲	ㄉㄤ上聲	ㄏㄝ
碗	彎	對陰平	ㄨㄥ	丟
筷	得	主	ㄕㄥ去聲	ㄉㄧㄚ
筆	ㄑㄥ上聲	ㄅㄣ上聲	ㄋㄥ上聲	基巖
墨	麻	莽陰平	麻	巖
紙	炸	苴	沙	羅去聲
書	ㄖㄜ	ㄌㄝ去聲	ㄌㄝ去聲	羅去聲
起	六	正入聲	運	下
坐	ㄉㄤ	ㄏㄨㄟ上聲	鋭	ㄏㄝ

續表

語言＼族別	本地	水家	莫家	傜子
睡	寧	寧	寧	杯
走	ㄅㄟ去聲	ㄅㄞ去聲	ㄅㄞ去聲	猛
人	文入聲	任	印	奴
我	故	欲	念	龔去聲
你	ㄇㄣ入聲	ㄏㄚ入聲	ㄋㄣ入聲	鬼
他	爹去聲	ㄇㄣ去聲	ㄌㄝ去聲	奶上聲
飢	也	也	也	
飽	引	ㄌㄥ上聲	衰上聲	ㄌㄧㄚ入聲
冷	ㄏㄣ上聲	ㄏㄣ上聲	ㄏㄣ上聲	散上聲
暖	ㄌㄧㄡ	ㄌㄨ	ㄌㄧㄡ	休去聲
長	ㄖㄟ	ㄏㄞ	ㄧㄚ	
短	ㄋㄣ	ㄋㄣ	ㄋㄣ	
高	萬ㄤ去聲	萬ㄤ去聲	萬ㄥ去聲	

續表

語言＼族別	本地	水家	莫家	傜子
低	ㄋㄥ上聲	ㄋㄥ上聲	ㄋㄥ上聲	
愛	ㄐㄧㄟ	莽陰平	莽陰平	美
恨	氣	ㄏㄨ入聲	ㄐㄟ去聲	板
好	麗	ㄌㄞ入聲	ㄌㄞ入聲	
醜	ㄖㄨㄛ	ㄏㄡ上聲	收	
甜	萬	ㄌㄣ上聲	萬	甘
苦	ㄏㄥ	ㄍㄥ去聲	ㄍㄥ去聲	哀
貧	荷陰平	荷陰平	荷陰平	休
富	光	富上聲	光	灰
一	ㄌㄧㄠ去聲	奪	ㄌㄧㄠ去聲	居
二	ㄕㄥ上聲	ㄫㄚ入聲	ㄖㄚ去聲	ㄞ
三	散	散	散	巴

續表

語言 族別	四	五	六	七	八	九	十	百	千	萬	多	少
本地	西上聲	沙	ㄕㄛ上聲	ㄕㄣ上聲	ㄅㄢ上聲	ㄐㄧㄨ	ㄑㄧㄡ	ㄅㄝ上聲	現	反	ㄍㄥ入聲	消
水家	兮上聲	莪	ㄌㄥ陰平	ㄕㄣ上聲	ㄅㄢ上聲	ㄐㄧㄨ	ㄑㄧㄡ	ㄅㄝ上聲	現	反	ㄍㄥ入聲	消
莫家	ㄕㄟ上聲	莪	ㄌㄥ陰平	ㄕㄣ上聲	ㄅㄢ上聲	ㄐㄧㄨ	ㄑㄧㄡ	ㄅㄝ上聲	精	反	ㄍㄥ入聲	消
傜子	ㄍㄧㄨ	ㄅㄧㄚ	丢	雄入聲	牙	ㄐㄧㄨ去聲	ㄐㄧㄨ陽平	ㄅㄞ	腮	反		

按　上列九十九字，多以較近之漢字及國音字母等音譯出；其不能譯者從闕。此九十九字，全係任意寫出，並非故意選擇。其中傜語僅有一「萬」音同，至於本地、水家、莫家，除三族相同之音爲三十五字外，本地與水家單獨相同之音又三字，水家與莫家單獨相同之音又二十一字，本地與莫家單獨相同之音又十一字。其完全不同音僅二十九字。足證明本地、水家、莫家等語言係同源而異流也。

又按　我國現時語言學大家李方桂氏於民國三十一年夏，曾到荔波考查月餘，對於荔波各氏族語言，深爲明晰，亦認爲水話、莫話同出一系，而與本地話亦屬同源。關於荔波氏族問題，承賜函指示並惠贈《莫話記略》一本，特採有關者，附録於後。

附　李方桂先生原函：「別後瞬已逾年，忽奉大札，不勝欣慰！貴邑志出版後當以先睹爲快！弟在荔波，爲時甚促，深覺水家之風俗語言，甚爲重要。離荔波後，深有詢問無從之感，他日必當趨貴縣領教。水家、莫家及榕江等處之洞家皆出一系，弟自語言上稱之爲『洞水語系』。此系與荔波之『本地』獨山之『蠻』亦有關係。本地等屬弟所謂「台語系」。此兩系關係甚深，而與漢語之關係亦甚明顯，蓋皆出同源，歷時久而差異遂增。荔波之傜人，實屬苗語系統，與『洞水語』及『台語』皆異。但其與漢語亦有關係。故現所謂傜、苗、水、洞等無不與漢族同出一源，此弟所以敢言者也。拙著《莫話記略》一册特奉上請教，材料少而調查時間亦少，粗疏之處，萬不能免，請足下教正。《人類學集刊》第一期既已售罄，愧無以奉贈，乞宥爲感！水族婚姻制度極可研究，兹有一事請教。據云『同流』（即同宗之義）不能結婚，但何者爲一『流』，弟不甚了了。不知足下暇時可能以水族婚姻制度略爲示知否？又聞『水婆』分内外兩支，其婚姻情形又何如？草此，即頌著安！三十二年十月十四日。」

附 李方桂先生《莫話記略·導論》：「莫話之分佈地點及與其他語言之關係：莫話之所以叫作莫話，就因爲說這種話的人差不多全姓莫。這種人也就叫莫家。分佈的地點主要在貴州荔波縣的西北境方村及陽鳳兩鄉。據發音人說陽安鄉（荔波北境）、播瑶鄉駕歐鄉（皆在荔波西境）、茂蘭鄉（荔波東境），以至廣西的南丹，都有莫家，不過家數不多而已。本篇完全以方村的方言爲研究對象。別處的莫家話方音的差別何如，以及有些地方的莫家是否仍説莫話，都還是問題。莫家的語言與荔波的水家話很相近，同屬於我們叫做『洞水語系』Kam Sui Gyoup的那一支裡。屬於這一支的語言有：（1）貴州的玉屏、天柱、錦屏、黎平、榕江、從江及廣西省内的三江、融縣等地的洞話Kam Language；（2）貴州的三都、榕江、從江及荔波的水話Sui Language；（3）貴州定番縣内的羊黄話Ten Language，（4）莫話Mak Language，及荔波播瑶等鄉的錦話Chan Language（錦話是著者起的名字，當地的客家——即說官話的漢人，並不是廣東、江西的客家——把他叫作本地話。但是當地的仲家系——台語之一——的語言也同叫作本地話。因爲說錦話的人與仲家同化很深，故漢人不去分別他們。但是水家、莫家、本地——即仲家之一——等都叫他作錦Chan）。洞水語系與台語系Tai Ccnouh有密切的關係，但是不屬於台語系（狹義的）。如果我們把洞水語及台語總起來叫洞台語系KamTai Language時（這裡我們不能詳細地討論各系語言的關係，將來專文去討論）就可以用下列的表說明莫話之位置。

- 洞台語系
  - 台語——仲家話、僮家話、擺夷話、暹羅話
  - 洞水語
    - 洞話
    - 水話
    - 羊黃話
    - 莫家話及錦話

莫話雖然跟水話系統上很近，可是荔波的水家似乎並不把莫家當作水家的一支。水家本身也有方言的不同，例如荔波北部恒豐鄉的水婆方言，東北部三洞鄉的方言，及西北水利鄉的水利、水巖方言等。他們方言雖不同，可是都算水家。而莫家則不然。莫家方言固然也與水家的差別大些，但是主要的原因也許因爲莫家跟本地人（即仲家之一）混在一起，風俗習慣也跟本地接近而與水家不同。水家之過年（如過亥、過卯等），水家的年曆，死人時的唱歌開弔等都與莫家不同。莫家甚而至於本身就没有歌，祇會唱本地歌。其所以能唱本地歌主要原因是因爲他們跟本地人通婚。唱歌是談愛情的基本條件，因此莫家男女青年莫不會唱歌，不但與本地人唱本地歌，自家亦唱本地歌。據説從前水家不與本地通婚，而莫家則不然。水、莫反不通婚（通婚不通婚的問題，我们不敢相信是絶對的，也許祇是常見不常見的問題。除非經過民俗上的考證，我們不能就信一面之辭），這也許是莫家與本地同化而與水家疏遠的緣故。語言方面也可以看出莫家與本地接近處（我們在這裡祇能説莫話的音系比水話簡單而近似本地話。如水話的m̥，n̥，ʼj，^{p}m，^{p}n，^{p}ŋ，ɣ，^{p}ɣ，R，q，q等没有了，詞彙也與本地話有許多接近的地方）。」

文字

荔波所有文字，除漢文外，水家另有一種文字；俗謂之「反書」。其筆畫多與古象形文類似，已列舉如前，其不同者，或爲秦以前之另一體文字（**按**　秦以前字體龐雜，秦始皇統一天下之後，始統一文字，以小篆爲國書，別體漸歸淘汰）；抑或因不敷用，爲後人所加入（**按**　反書每句不過一二字，其餘多係讀音而無字。有通漢文者，則注與漢文同音之字，以幫助記憶），已不可考。至其用途，僅爲擇吉卜卦者所秘，故流傳甚少。茲將採訪所得，列表於後，以作考古者之一助。

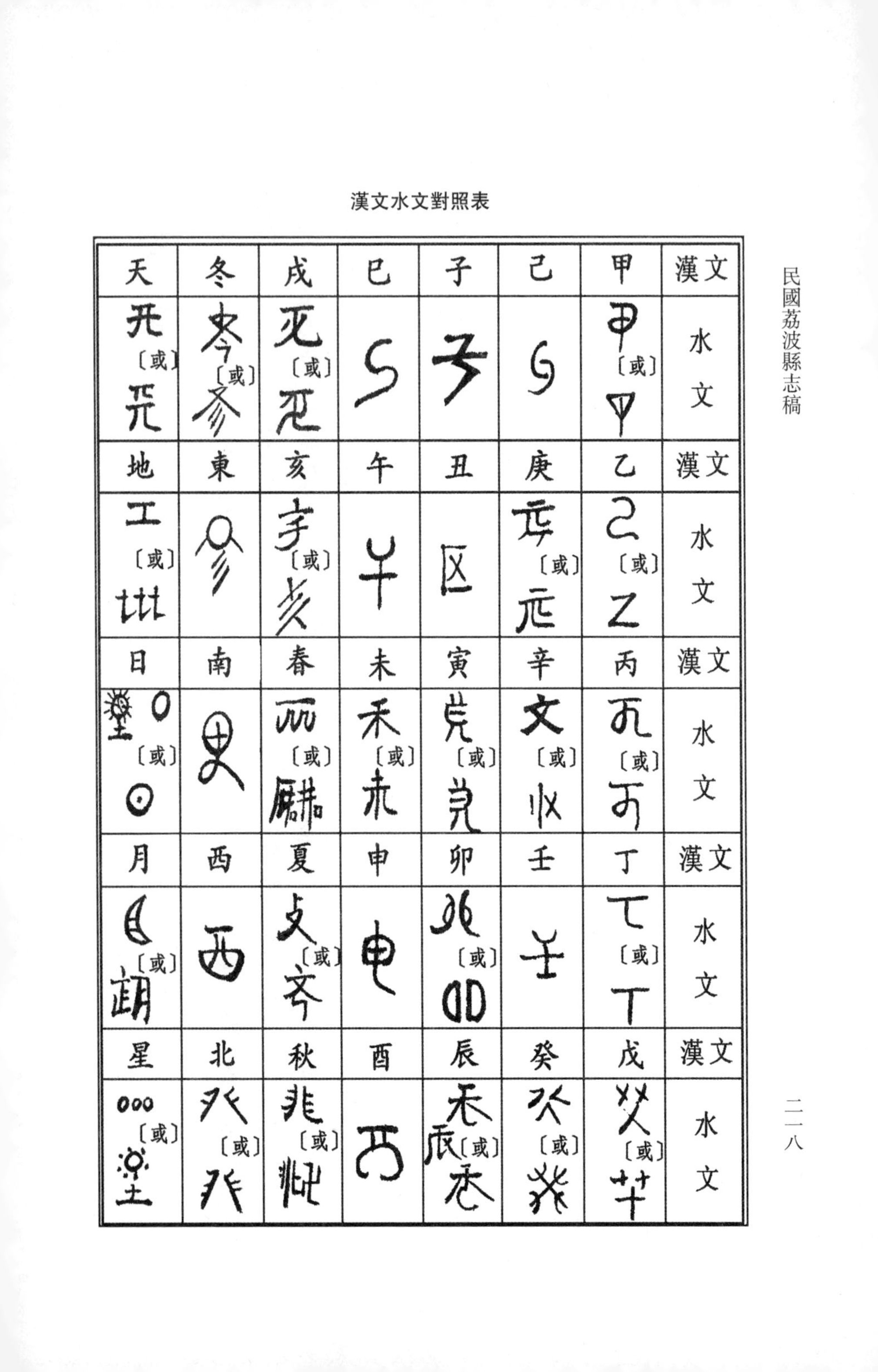

漢文水文對照表

天	冬	戌	巳	子	己	甲	漢文
〔或〕	〔或〕	〔或〕				〔或〕	水文
地	東	亥	午	丑	庚	乙	漢文
〔或〕		〔或〕			〔或〕	〔或〕	水文
日	南	春	未	寅	辛	丙	漢文
〔或〕		〔或〕	〔或〕	〔或〕	〔或〕	〔或〕	水文
月	西	夏	申	卯	壬	丁	漢文
〔或〕		〔或〕		〔或〕		〔或〕	水文
星	北	秋	酉	辰	癸	戊	漢文
〔或〕	〔或〕	〔或〕		〔或〕	〔或〕	〔或〕	水文

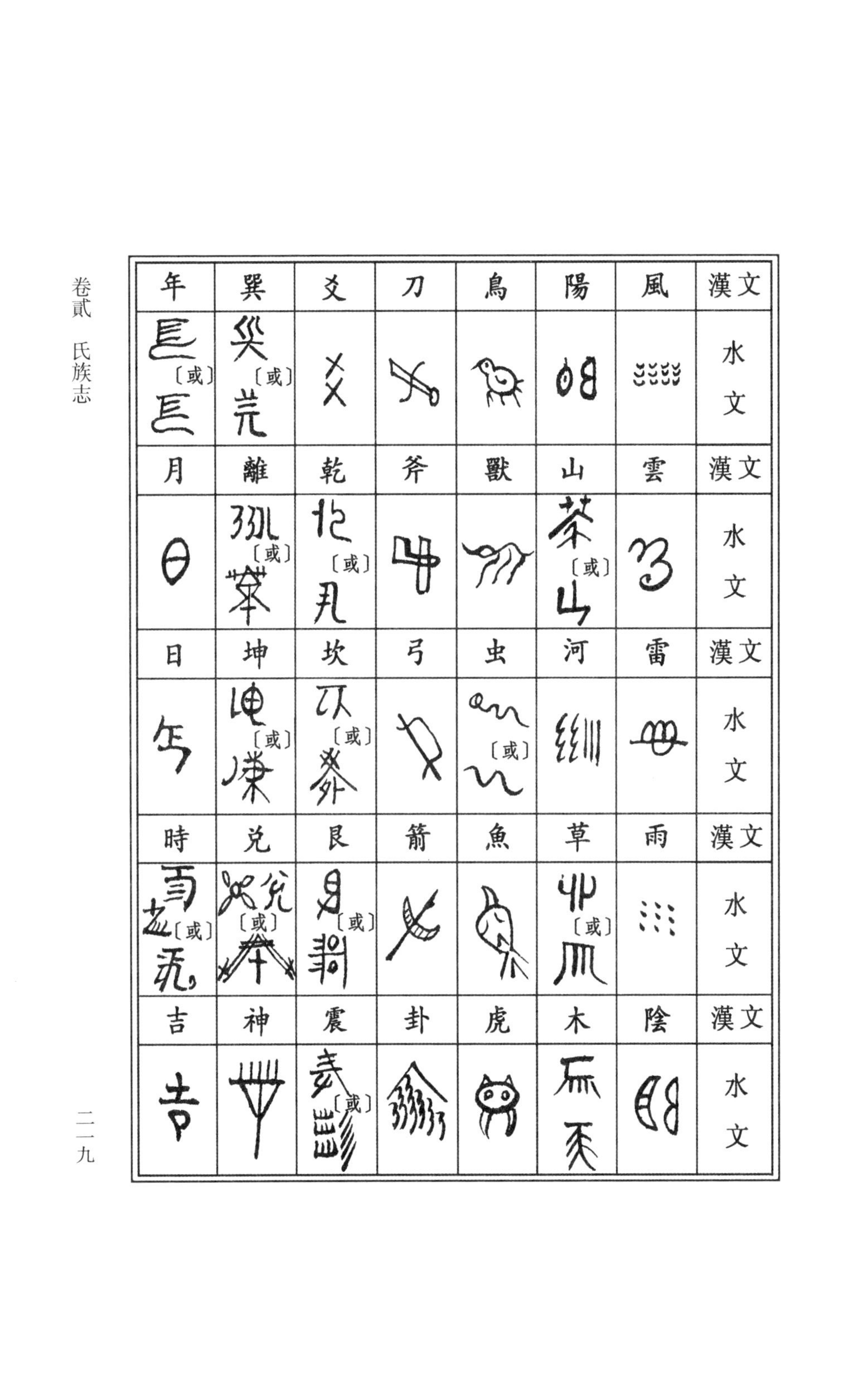

年	巽	爻	刀	鳥	陽	風	漢文
〔或〕	〔或〕						水文
月	離	乾	斧	獸	山	雲	漢文
	〔或〕	〔或〕			〔或〕		水文
日	坤	坎	弓	虫	河	雷	漢文
	〔或〕	〔或〕		〔或〕			水文
時	兑	艮	箭	魚	草	雨	漢文
〔或〕	〔或〕	〔或〕			〔或〕		水文
吉	神	震	卦	虎	木	陰	漢文
		〔或〕					水文

手	妹	夫	子	恒	喪	凶	漢文
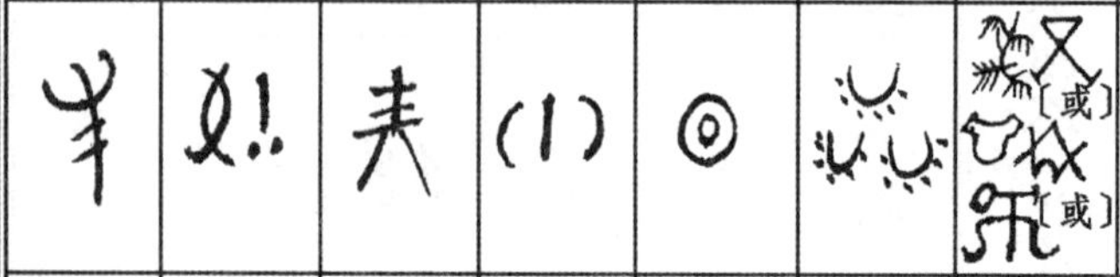							水文
足	姑	婦	母	人	犯	死凶	漢文
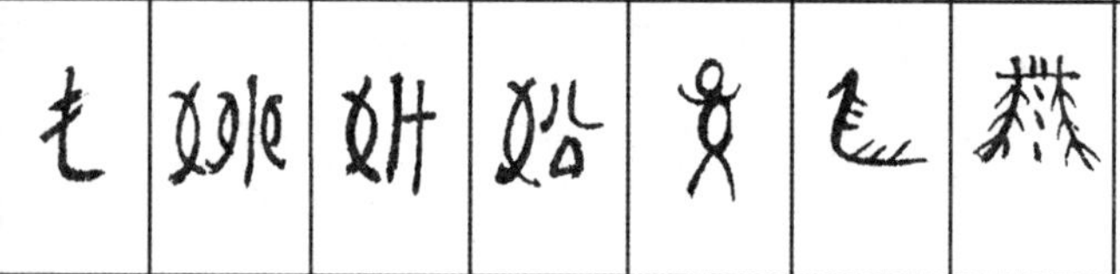							水文
耳	嫂	兄	舅	祖	死	乖	漢文
							水文
目	岳	弟	叔	孫	柩	歹	漢文
							水文
口	婿	姊	伯	父	元	惡	漢文
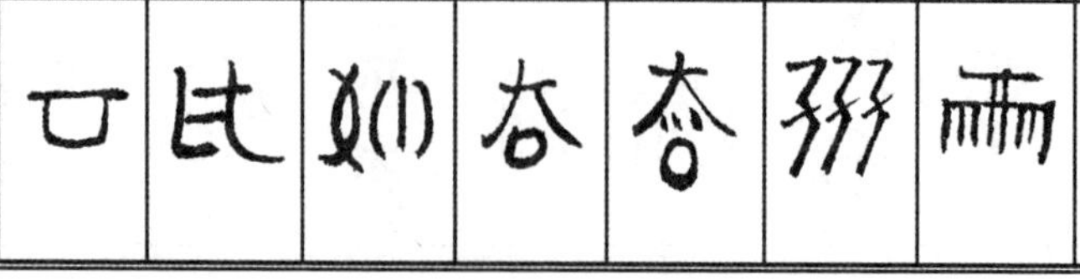							水文

牛	綫	輔	宜	廉	鼻	漢文
						水文
馬	衣	弼	上	貪	頭	漢文
						水文
殺	裳	門	下	古	腰	漢文
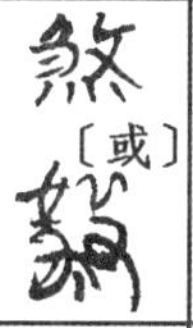 〔或〕		 〔或〕				水文
火	金	窗	倒	今	文	漢文
						水文
土	水	針	破	與	武	漢文
			 〔或〕			水文

按　我國現代社會科學家岑家梧氏於民國三十二年九月曾到荔波考查，謂水家反書字體及文法均與殷代甲骨文相合。關於荔波氏族問題，承賜函指示，並贈《我們的國族》一册及其大作《貴州邊族研究之回顧與前瞻》一篇。特採有關者附録於後。

附　岑家梧先生原函：「月前赴貴處調查，諸承厚注，銘感實深！返校後，以課務兼忙，未即函謝，罪甚！罪甚！近維起居清嘉，著書有得爲頌！關於水家來源問題，胡羽高、羅香林、萬大章諸氏祇追溯至唐宋二代。弟現於反書中，發現若干字體及文法，均與殷代甲骨文相合，足證水家文化淵源甚遠，似可追溯至商代也。刻正探究水家文化與殷人文化之關係。一俟成稿，當即呈政。尊作志稿，想已殺青，前承允抄荔屬各族人口數目及地理分佈見示，敬乞早日寄下，以便參考。兹隨函奉贈《我們的國族》一册，至祈鑒收爲荷！餘不一一，此請著安。三十二年十一月十日。」

按　岑家梧先生《貴州邊族研究之回顧與前瞻》一篇，謂貴州境内所謂苗所謂夷者，大致上可别爲二類：一爲苗羣，一爲仲羣。兹將有關於荔波部分節録於後，以備參考：「……仲羣中包括水家、侗家，即普通所謂『夷人』或『夷家』。人口總數八八二□，仲羣各族，舊説均以之屬苗族，故有仲家苗、水家苗之稱。然仲家自稱 aoyue，水家自稱 fensue，侗家自稱 Sunkamo。其語系顯然與苗語不同而近於撣泰系，即與滇省擺人及海南黎人同一系統。其在黔省之分佈方向亦與苗異。大約由印度支那半島北上而入滇桂。再由桂而入黔。分佈於荔波、都匀者水家也；散佈惠水、長順、羅甸、貞豐、安龍一帶者仲家也；而侗家則於桂省鄰界之黎平、永從下江各屬見之。」

卷叁　大事志

明以上羈縻時代大事記

唐至明代

唐太宗貞觀三年，東謝應州地置婆覽縣，隸江南道黔州都督府。

按　婆覽縣即今荔波縣水婆（即今恒豐）及三都縣爛土地。

唐玄宗開元元年至天寶三年，置勞、莪兩羈縻州，隸黔中道。

按　勞州即在今荔波東南一百二十里之撈村，莪州在荔波縣北之莪蒲。

宋太祖開寶三年，置羈縻荔波州，屬南嶺西路廣西慶遠府。

宋仁宗慶曆四年，荔波峒蠻蒙趕等作亂，稱帝於白巖山（今荔波皇帝洞）。

宋仁宗皇祐元年，荔波屬廣西宜州都督府。

元世祖至元元年，置荔波州，屬慶遠之南丹安撫司。後爲蒙、皮、雷三土司分據。

明太祖洪武元年，滅蒙、皮、雷三土司，荔波併入思恩縣。
明太祖洪武十七年，析置荔波縣，隸廣西慶遠府。
明成祖永樂二年，荔波八十二洞傜民願歸順爲民。
明英宗正統十二年，荔波改隸南丹州。
明憲宗成化十六年，荔波齎果作亂，承蒙爛土長官司張鏞奏請剿。
明孝宗弘治七年以後，荔波改土歸流，易十六埲爲十六里，置方村、蒙村、窮來村三巡檢司，改屬慶遠府之河池州。
明武宗正德元年，荔波改司設縣，仍屬河池州。
明神宗萬曆元年以後，設縣城於時來之喇軫村（即今時來鄉舊縣地），建土城及東、西兩門，割隸貴州都勻司。
明神宗萬曆三十五年，重定荔波、南丹縣界（原碑在董界鄉之界牌村）。

清代大事記

清順治元年，荔波屬貴州布政司，仍設縣知事一、典史一，縣治在今時來鄉之舊縣。
清順治十三年，九阡土司後裔雷天寶攻克縣城。清知縣王家珍請廣西清軍援救，進克九阡，雷天寶被害。

清順治十六年，荔波復改隸慶遠府。遷縣治於方村之襖村。

清順治十七年，修襖村縣城，建南北兩門，築土城一百二十丈。

清康熙二年，清署理知縣事胡蒼睿被殺於偏巖。

清雍正十年，荔波改隸貴州省都勻府。

清雍正十二年，廣西軍經荔波三洞進攻都江。

清雍正十三年，清貴州總督張廣泗檄調廣西柳慶清軍進駐荔波防範，屯於三洞、九阡、莪蒲等里。

清乾隆元年，總督張廣泗因荔波起事，乃檄委清官吏知府孫紹武、都司林煥奎等駐荔，大事「剿洗」，繳弓弩槍械各萬餘件。

清乾隆二年，移縣治於蒙石里全亨村（即今縣城）。增設儒學訓導一員。同年設荔波營，駐兵八百，置遊擊、守備二員、千總二員、把總四員統轄之。

清乾隆三年，建修石城。同年又建立祠壇、廟宇、衙署、營房等。

按 荔波縣城周圍五百二十六丈，約三點五里，高一丈八尺五寸，原設東旭、西城、南熏、北拱等四門。後於清同治九年添東門月城，增設二門。民國十五年於東北隅開新東門，三十年又於東南隅開東作門。

清嘉慶十七年，天地會黨人林疤頸到荔波密謀起事，事洩被害。

清道光元年，方村楊蓮美起事，旋被擒。

清道光二十三年，清營兵内鬨互相殘殺。

清道光二十五年，培補玉屏山，徵民工三四萬人。朱射斗認爲玉屏山屬其祖墳後山。

清道光三十年，修築黔桂邊境要隘碉卡。

清咸豐元年，巴容吴三王等起事，邱樹桐率清練進攻，吴被擒。

清咸豐二年二月，邱樹桐督清練會攻南丹張其學等起事，平之。同年九月，荔波人覃大慶聯合廣西人朱亞狗等起事，旋被擒。

清咸豐四年三月，獨山人杨元保、余光裕等起事，進荔境，陷陽鳳。四月，邱樹桐統練會攻楊元保等，楊衆寡不敵撤退。七月，都江廳會黨羅天明起事，進兵三洞。

清咸豐五年三月，都匀苗民起事，清知府鹿丕宗檄調邱樹桐統荔波清練數百人赴匀援救。七月，九阡、莪蒲兩里之潘新簡、吴邦吉、覃朝綱等起事。清知縣蔣嘉穀率隊防堵。九月，潘新簡等三次攻城幾破，以糧缺退回九阡。十月，蔣嘉穀率隊攻九阡潘新簡等，師潰殉職。十一月，劉山部殘練歸南丹，荔波城中空虚。十二月，荔波清典史宣德代理縣事，檄委蒙慶湘設局於平寨。以蒙石、時來、巴灰、董界、巴乃等里編團練，死守孤城。

清咸豐六年正月，瑶慶蒙阿林聯合潘新簡率隊攻城，至舊縣與清軍激戰，各死亡百餘人，遂撤退。同年四月，清軍攻瑶慶，蒙阿林被殺。九月，清軍攻九阡不勝。十月，邱樹桐攻克水婆。十一月，清軍攻九阡水庇，清把總鄧廷贊被殺於水庇，梟其首去。

清咸豐七年二月，邱樹桐被殺於獨山爛土司。五月，清軍攻三洞，千總雷新霆被殺，團首蒙慶湘潰退周覃。十月，清軍功莫芝茂攻三洞，三脚屯余老科、羅光明進據羊安畝窪。十一月，苗衆攻城，德容同育泉等刦之。十二月二日，余老科、羅光明撤出畝窪，焚燬村落。

清咸豐八年正月，上江徐多福降清，六月解省，斬於市。九月，太平軍黄金亮據水功，繼攻城不克。軍功黄坤泰、黄玉龍等被擒，臠之。十月，知縣吴德容調各里壯丁，令千總王化龍等統之，分三路進攻水功，寨棚被燬，金亮退據瑶麓。十二月，清軍進攻瑶麓，大小三十餘戰，黄金亮退走九阡。

清咸豐九年二月，黄金亮復攻城不克，退走下江。三月，千總莫之茂、外委曹運先等攻九阡，曹被銃傷右股，莫退屯水昔。九月，下河黄起鳳統兵萬人攻荔城，不破。十二月，清團練覃大士、蒙培暗約駐九阡之羅光明等攻城，機失逃走九阡。

清咸豐十年正月，覃大士引羅光明等屢犯荔波城至楊家橋，知縣吴德容飭參將范定邦等刦之。四月，覃大士復進據羅布木，知縣吴德容飭千總王化龍、莫芝茂等刦之。八月，攻九阡水泰，把總汪逢春中傷死。十月，蒙培殺覃大士降清，知縣吴德容誅之於城東。

清咸豐十一年正月，太平軍余誠義由定番下南丹，進縣境，二十一日陷城，守備曾玉麟、千總王化龍等被殺害。三月，太平軍由九阡、三洞下古州，知縣吴德容回城。

清同治三年三月，太平軍李文彩進三洞被拒，走三脚匯羅光明屯八寨境。

清同治四年，太平軍陳尚傑陷獨山屬牛場，逼近三洞，清粤西副將楊廷桂拒之。

清同治五年二月十三日，九阡潘新簡、吴邦吉及下河高九王、潘老帽等舉大軍四萬人，由方村分五路進攻荔波城。三月十九日，清知縣吴德容之子吴江率兵援荔，戰死於黄泥坡。三月二十五日，荔波城被攻破。清知縣彭培垣投泮池死，遊擊范定邦、守備劉學武、訓導趙旭等均被殺害，軍民死亡者數千人。四月十六日，潘新簡等以城内空虚，放棄縣城，退屯舊縣。清署縣事胡永春進城。八月二十三日，瑶慶、水工蒙老蝶等聯合九阡潘新簡復陷城。覃端模等率殘練入白巖洞據險以守。十月，九阡吴邦吉、潘成章等佔據瑶臺。十一月，清知縣王子林遣兵攻水扛，潰退羊奉。十二月，吴邦吉攻甲梁，被截之退九阡。

清同治六年二月，知縣鍾毓材督練復荔波，至董界戰敗被殺害。三月，廣西提督馮子材率師攻荔波，破黎明关，潘新簡調兵退守金城關。馮子材遣副將何元鳳躬率前鋒，以花筒火炮猛擊，進入瑶古、水扛及縣之東北等處。同月，潘老帽、潘新簡、吴邦吉等自翁昂退據巴灰交朝村，樹立寨棚欲以拒。子材遣汪大燮爲前鋒，戰於平橋，潘新簡等退回九阡。十四日未刻，馮子材等晉縣城。四月，廣西副將何元鳳由瑶臺進攻方村。清候補道吴德容、知縣谷彦賢率兵至荔波，屯營於城之西北。五月，潘新簡等以同治五年城陷後，城毁之尚未徹底，終留禍根，遂率衆數千人盡毁之，挖掘城根，退回水浦。八月，吴德容復援荔，屯兵舊縣，解固守白巖洞之鄒玉林、董用威、覃端模等之圍。九月，督辦獨、荔軍務候補道吴德容憂憤病死。十月，副將何元鳳敗輔德王潘新簡於茂蘭。

清同治七年二月，李泉源攻羊奉里板抹失利。三月，知縣高荃馳赴各里招撫，賊圍城，守備董用威被害於巴灰。

清同治八年四月，水洞賊被火攻投降。六月，知縣高荃、遊擊鄒玉林攻水扒，破之。八月，廣西總兵孔憲隆、副將潘其泰率師攻九阡，潘新簡、吴邦吉被擒。九阡里改名從善里。

清同治九年，知縣錢壎鳩工重修荔波縣城，閱四月而竣工。同年重修荔波縣署，原設城東，同治五年城陷被燬，知縣錢壎詳請改移於城西原考棚舊址。始於夏，落成於冬。

清同治十年，因賊匪連續陷城，商民相率逃散，城復修而居民甚少。知縣錢壎爲鞏固基地計，招集農民入城居住。二月，修東門大井及月城，費錢二百五十萬之多，命名「永濟泉」。

清同治十二年，下江賊進巴容境，總兵鄧千勝率隊至荔防堵。十二月，廣西南丹莫榮熙起事，逼近荔境，黔、粤軍合圍莫於巴乃里夾馬關，莫潰敗被擒。

清光緒十年，思恩人莫夢弼，因與葛士相訟官引起沖突，莫受屈嘯聚數千人，以抑強扶弱、劫富濟貧爲事，以抑葛黨，勢日大，稱順德王，延及荔邊民。廣西臬司李秉衡帶省防軍並調湘軍會剿，不久事平。

清光緒二十七年，廣西遊勇以打富濟貧爲口號，漏夜遠馳百里至拉歐劫莫蘭垓大富之家，拉生掠貨而去。時蒙曉東者聞警，率村衆截其歸路，遇於里湖，擊敗之，奪回人物甚多。

清光緒三十二年三月，都匀内外兩套吴朝俊以滅教爲名，揭竿而起，聲勢浩大。荔波董毛、水涯等處附和者衆。知縣謝錫銘、管帶黄吉祥率清兵團練合擊，其首領柏樹人、覃老小等被殺，餘遺散。

民國時代大事記

民國前一年，武昌起義，黔省光復，繼而黄復卿等組織「興漢公口」於貴陽，荔波哥老會同時響應，策劃驅逐清知縣石作楝、遊擊鄧家鑾等。但其派别甚多，互相傾軋，秩序紊亂。而駐荔清軍，以爲亂機已伏，密謀劫城，邑人巫楝臣得知，密告清管帶包興和制止，事乃寢。

民國元年，廢府制，省設民政司長，荔波直隸貴州民政司。十二月，三洞里潘光森截清知縣石作楝於方村之龍井坡。誤期後到，石倖免。

民國二年，民政司長改爲巡按使。荔波直隸貴州巡按使司。

民國三年，省之下設道，置道尹。荔波隸黔中道，仍屬貴州巡按使司。同年改爲縣制，並劃行政區域爲大區。知縣署改爲「縣知事公署」，旋又改爲「縣行政公署」，並劃行政區域爲六個區，區設區長，每區轄若干里，里設團總，團總之下設保董、甲長、牌長等。

同年，韋五、韋六係從善里姑怡村人，糾衆數十，據險自固，時出劫掠，附近各里遭其蹂躪，不可勝計。復至榕江縣屬之定旦、都江縣屬之壩街一帶，搶劫商船，直至民國十六年，韋五被其黨徒潘老關殺斃，始告結束。

民國六年，廢道制，省設省長公署，荔波直隸貴州省長公署。同年，有何方貴者，翁昂之松人，乘機煽動，人附和者衆，任行搶殺，附近小村落亦多被害。洞塘板寨姚子卿，詭與之合，陰囑其侄姚寶齋、姚竹山二人，故與親密，乘方貴不備，殺之，衆乃散。

民國八年，翁昂何巖林、何楊林等受該地士紳蹂躪忿甚，勾結思恩木論二墟韋福祥等打抱不平，焚士紳何寶臣全村數十家，寶臣飛調何玉龍率隊合擊，巖林中炮死。楊林率餘黨匿深箐中，晝夜伏路旁，謀暗殺計，並隨時攔劫行人，邑之一、二、五等區邊民多受其害。寶臣亦懼，許之投誠，始告一段落。

民國九年，翁昂何光星繼起，大事劫掠，擾害縣境。

何光星（小名何老么）翁昂拉類村人，軀幹短小，機警異常，初爲竊盜，頗兇悍。後被南丹莫樹臣擒去，駐峕昂場之防軍連長魏英臣，扣以竹枷，拘留連部，擬於場期槍決。因衛兵疏虞，光星毀枷脫逃，遁入何楊林黨。遇事屛剖，矯捷如飛，衆咸服之，推爲首。初僅數十人，繼而附和者衆，勢焰益張，任意搶劫，邑之巴灰、董界、瑶慶等百姓亦相率歸附，爲其内應。一、二、五區居民被害者指不勝屈。又常越荔境至獨山、三合邊地劫掠，鄉人不得安寧。

民國十年七月，何光星應巴灰里覃學高（忠）邀請至周覃走親，時荔波知事楊健佯與修好，故敢率隊由城邊通過。回時，楊設伏北門外，殊光星機警，至獅子口，下馬步行，其黨某乘其馬，至北門外，伏兵指騎馬者射擊。光星急竄，由稻田中遁走。學忠及其黨徒十餘人被擊斃。

民國十一年，正月二十二日，何光星親率黨徒二百餘人，分頭劫掠巴灰里之交朝、田洞、八爛、扳樂、結茅、寨龍、寨省等七個村。燒寨龍四、五十家，交朝十五家，男女被拉去數十人，搶去牛馬貨物無數。對被拉生者百般侮辱，勒贖多金，無錢者槍斃。

時廣東軍閥陳炯明叛變，雲南省軍閥張開儒奉令討逆至獨山，分道荔波、榕江經桂赴粤。大軍過境，糧秣伕役供應不易，本縣徵去、拉去民伕以萬計，病死餓死、拋屍道旁者，不知凡幾。至財物損耗，更難以數計。此荔波之一浩劫也。

民國十二年，時何光星勢焰甚張，縣知事劉焜以翁昂不靖，累及邊陲，言剿則無兵，言防則無械，且有省界關係，諸多掣肘，乃派方村縣丞車鳴驥至瑶蘭與光星接洽，言歸於好，互相往來，並約光星至城面晤。光星終不相信，至巴灰止，遣代表姚範規、林八等晉城謁劉，偵察内容。劉禮以上賓，備筵款待，光星終劉任不再擾亂荔境。

九月，縣知事劉烺卸任後，何光星仍劫掠荔邑邊地，縣知事龍焕章調集時來、巴灰、董界、巴乃等里壯丁進攻翁昂。該地關險村錮，攻二日不克，敗回。時來壯丁隊長覃朝陽、玉振賡等深入内地，被何光星營長何老銀率隊圍之，生擒被殺。

民國十三年春，滇軍指揮王潔修追逼黔軍旅長吴傳心，戰於荔波、都江交界之河東溝。三洞、陽安、恒豐等里百姓損失甚鉅。

蒙華堂係陽安甲乃村人，素聚衆搶劫，號蒙八萬。唐繼虞派李嘉勛爲獨山守備司令，蒙受編歸李部，當時滇軍在黔，視黔爲征服地，以鄰爲壑，無惡不作。李之在獨，當不例外。蒙遂狐假虎威，尋仇報復，借端磕詐，肆行無忌，莫敢誰何。至是，公然搶劫水汽、塘隴等村，貨物掠空，復捆人勒索，爲禍之烈，無以復加。

楊幹廷系從善里人，鄉兵隊長，駐三洞。時有廖樹培者自稱黔軍南路司令，以王義副之，陷榕江，附和者衆，楊幹廷遂聚衆響應，糾合從善韋五、潘國良、潘恒武等出水慶、水堯進屯舊縣。三洞欽賓谷等率隊至水浦一帶，逼縣城。適獨山李嘉勛派營長姚占清率兵到荔防堵，一戰而敗，姚負重傷。荔波團防局長何同海等夜遁，至二區董界里，請其叔父(二區區長)何峻峯率隊增援，再戰於河對岸。楊幹廷等潰退，回駐水各，五日其同黨殺死楊而散。

民國十四年，獨山滇軍守備司令李嘉勛之侄李盤團長，因楊幹廷之亂，率曹、姚兩營及歐陽春大隊來荔，約千人，日食由地方供給，咨意勒索。奉令赴桂時，又索開拔費五千餘元，沿街苛斂，受害者不知凡幾。

滇軍閥唐繼堯自稱靖國軍總司令，命唐繼虞爲督辦，率領在黔滇軍吴學顯、張汝驥等假道三合、榕江入桂。李嘉勛則經陽安、三洞出壩街，沿途拉伕綁役，擄家劫寨，無惡不作。時三洞居民，遷避巖洞，李部有攻板閟不克，反被擊斃一卒，遂報復焚板閟村數十家及三洞場數十家。

三月，李嘉勛部營長曹子良、姚占清在滇軍赴桂時抗不遵令，率隊入城，姚部連長羅九、白樹清亦繼至，曹暎代理縣知事藍繼武閉城拒之。羅、白怒，曹出，約次日假文廟開會商討。羅信之。曹伏兵以待。屆時，羅九暨邑人覃虎臣、劉鋌等果至。伏發，悉殄之。白知幾先遁。曹駐荔大遂所欲。全營伙食月需六百元，全由地方籌給，並開花會，收攤捐，借端勒索，民不聊生。後黔軍團長車鳴冀調防獨山，散其衆，梟其首，民心爲之一快。

歐陽春係李部大隊長，嘉勛赴桂時駐從善，捆綁勒索，民恨之入骨，遂齊團圍擊，全部覆没，歐陽春亦被殺。

唐繼虞赴桂，被桂軍閥李宗仁、白崇禧、黄紹竑等擊潰，竄經巴容、瑶慶、巴灰、巴乃等里退回。黔軍營長尤國才拒之於巴灰，衆寡不敵，退守城中。適旱災嚴重，大軍沿途除搜刮米糧貨物及宰殺牲畜外，地上未成熟之包穀，亦被全部搶光。

是年，自春徂夏數月無雨，全縣各里一片焦土，溪水斷流，不能栽插。即素稱富於水源之田，其收成亦僅十之一二。

同年，巴容人戴老水、張雲安、陳玉山及瑶慶人舒老六等先後起事，擾亂縣境東南。

民國十五年，省長公署改爲省政府，荔波直隸貴州省政府。

同年改革縣制，縣行政公署改爲縣政府，縣知事改爲縣長。縣政府之下設公安局、財政局、教育局、建設局及農業試驗場等。又倣川省制，各縣省款年收在萬元以上者設徵收局，局長由省政府派委，經徵國、省各税。

同年大饑，米價每斗（老秤二十斤）已漲到廣洋一百四五十毫（平時賣六毫，最貴十毫），加以鄰縣亦同受災，無米可買。因之，草根、樹皮葉等祇要能入口者，掘剥殆盡，甚至有以白泥（俗稱觀音米）雜糠秕果腹者，道殣相望，目不忍睹。雖得華洋義賑會賑款施救，然杯水車薪，無濟於事。統計全縣人口，死亡、逃走者幾佔四分之一。據父老言，爲數百年來未有之慘災。

同年，桂省軍閥沈鴻英部因内鬨失敗，殘部竄擾巴容，旋又返桂。

民國十六年，黔軍旅長曹天權駐防獨山，以何光星屢爲邊患，勢在必除，乃率所部督同荔波縣團隊大舉進剿。計兵團千人，復備機槍、大炮，以爲可操必勝。殊施炮者技術欠精，發多炮不中。且光星搶劫多年，擁資巨萬，修碉建卡，星羅棋佈，槍彈亦復不少，負嵎抗拒，勝負未分。而荔波團防局長姚志儒負傷，從善鄉兵隊長潘慶傳陣亡，兵心動摇。正擬增援，適桂省軍閥沈鴻英出亡，道經翁昂，恐發生誤會，乃撤退。

民國十七年，潘富文（少章）、潘富豐（少恒）兩兄弟，因父攻翁昂陣殁，富文欲繼父職，區長潘崧彦（子俊）阻撓不遂，又以其父撫恤金爲崧彦侵蝕，乃恨之入骨，嗾其族兄潘富華糾衆行劫。富文則運籌帷幄，又遣其弟富豐勾結巴容戴老水、瑶慶舒老六等入據從善，勢益猖獗。

同年荔波徵出五萬民工助修黔桂公路，原測經荔波，後士紳黄自明、何同海等阻撓，改由麻尾、六寨、南丹出河池。因山大路險，費工費財，造成大損失，難以數計。

民國十八年春，軍團會剿三洞潘汪，燒掠四百餘家，百姓損失慘重。

同年二十五軍連長吴文淵乘李燊争黔，周西成陣亡，羣龍無首，秩序騷然時，自稱南防司令，招收潰軍約三團之衆踞獨山，姦淫擄掠，民怨沸騰。復分兵駐荔，擴大地盤。荔人聞其殘暴，拒之，堅壁清野以待。吴怒，率部全力攻荔城，屯黄泥坡，掃射城中，彈如雨下，復進河街，圍城一晝夜。居民合力抵禦，吴不得逞。時青黄不接，野無所掠，卒以糧絶撤退，團隊追擊大敗之。

同年秋，潘富文、戴老水等率隊攻水各畝亨村，焚燬六家，擄去牛數百頭。

民國十九年三月，紅軍首領李明瑞、張雲逸、陳豪人等率隊由廣西宜北、思恩進縣屬洞塘，宿茅蘭，發散富户倉穀救濟貧民。殺税吏羅上羣於比鳩寨脚。捉去團總蕭首卿。繼經巴容出榕江，仍回廣西，殺蕭於廣西富禄。

同年，黔軍團長楊昭焯、龍青雲會剿從善，龍團士兵毫無紀律，强姦婦女，詐搕民衆，百姓羣起襲擊，楊團得知，先撤退。龍團大潰，被殺死官兵二百餘人，奪去槍百餘枝。殘部狼狽向周覃、三洞退下榕江。

同年，潘富豐投誠楊昭焯部，但不從約束，其黨在西門外高寨河邊闕羊。知罪，馳回從善。

民國二十年二月，荔波奉令籌辦自治，仍設六個區，區下設鄉、閭、鄰，全縣劃爲二鎮五十二鄉。

同年九月，何崧齡（一名俊峯）密遣其妻弟何逢春（翁昂人）親密光星，日侍左右，同卧起者數年。光星以逢春係翁昂人，兼足跛，信之不備。然無機可乘，仍密之。一日，光星心腹侍衛出劫，留者甚少。逢春給光星出博消遣。正熱鬧時，逢春出其不意，手槍擊之。光星洞腹立斃。而逢春及其妻亦被光星餘黨殺死。時其黨龍玉華、姚崇周等互相争長，入室操戈。適黔桂兩軍繼進，一鼓而潰。何光星十年雄長一隅，至是結束。

同年十一月，黔桂兩軍會剿翁昂事竣，移師從善，以機槍掃射，大炮轟擊，大破之。惟富文兄弟二人，仍漏網逃出，兵去復回，與崧彦互相仇殺。燒崧彦寨報復，從善至此，更加糜爛。而三合、都江、榕江之間，上下商船，亦時遭搶劫，幾至路斷行人。

民國二十二年，粤人陳洪標，聚其同鄉流氓兵痞等數十人，假編軍名義來荔。荔波人士以爲彼等突如其來，無據恐不測，指定彼等駐河街，拒絶進城，一面調團壯嚴守城防，遣人密視之。果非善類，乃決意解決之。佈置妥當，夜半破門入，首從皆就擒。檢查行李，得僞師、旅、團、營關防印若干顆。鞫之，無詞可對。殺陳，餘黨遣散。未幾，附陳之龍玉華，率大隊至荔波邊境，聞陳耗，引退，荔城倖免於禍。

民國二十四年，軍閥混戰結束，中央勢力達到貴州，遂劃貴州爲「剿匪」區域，設行政督察區，貴州省第十一區行政督察專員公署設在獨山，荔波屬焉。二十五年，行政督察區併爲第八區。二十六年十一月，又縮併，改爲第二區，均住獨山。同年中央劃貴州爲「剿匪」區，改用聯保制。縣政府裁局併科，全縣劃爲三十三個聯保。又以從善宗派對立，互相仇殺，連年多事，勢難消除，乃采劃整爲零，分其勢力，以便控制。遂劃第五區屬一、四、六區。全縣共設五個區三十三個聯保。區公所設區長，聯保辦事處設聯保主任，下設保長、甲長，實行聯保聯坐。

同年潘田文任第五區鄉兵大隊長，時攻富文不克，勢不兩立。偵知富文將同其繼室歸寧，乃密囑板南村潘老金探確日期，設伏姑檀村脚道旁。届時富文至，伏起殺之。

民國二十六年元月，因富文被田文所殺，富文弟富豐又殺死田文，潘崧彦避居縣城，與縣長汪漢接近，遂決計除富豐。假慶祝元旦大會爲名，誘富豐來城擒殺之。歷十年，富文兄弟與崧彦之間互相殘殺遂告結束。

同年七月一日，成立國民黨縣黨部。荔波縣民國二十四年九月十六日設國民黨黨義宣傳員辦事處。

民國二十八年，從善石老福、石登五等嘯衆數十人，肆行搶劫，經政府派隊洗剿，擊斃登五，復擒殺老福，事乃平。

民國二十九年，因荔波丁糧按里攤派，有田無糧，有糧無田，富者有丁，貧者納税，百姓深受痛苦，將近百年，至是辦理土地陳報，清查田畝，規定等則，按田納賦，以百年賦税不均問題，得到具體解決，殊百弊叢生，其害有加無已。

民國三十年，從善姑農村潘子美、潘子雲兄弟二人，於民國十二、三年糾衆編軍，失敗回，各樹一幟，互相對立，兄團則弟匪，弟團則兄匪，擾亂荔、都、榕邊境。民國二十九年子雲聚衆數十人搶劫榕江河船商，縣長段叔瑜密遣保警分隊長兼板南聯保主任覃樹源虚與委蛇，暗聯子美計殺子雲。三十一年子美復被刺，亂事結束。

同年十二月，貴州省訓練委員會督導員鞏思文由省到荔。同月二十四日，由縣城出發，夜宿周覃，二十五日由周覃行經三洞，前往三都縣都江區署督導三都縣地方行政職官訓練（所在地都江）。鞏在周覃起身之前，周覃聯保辦事處電請三洞自衛隊長潘國猷派隊接送，殊國猷派隊接到三洞街，不予護送前往。是夜，鞏宿於距三洞街數里許之板嶺村。次晨行經荔波、三都交界之河溝，遂被劫殺。縣長段叔瑜嚴飭國猷破案，國猷抓板嶺村潘老愛、潘玉昆、潘桂生、潘老博等四人解縣槍決，地方亦受累不小。實則此案全係潘國猷所謀，經省派田東屏到該地調查。國猷自知罪惡暴露，避不出面，田去後又重賂縣政府當局，事遂寢。

民國三十一年，實行新縣制。中央規定貴州全省新縣制分爲三期實行，荔波縣屬第二期，民國三十年八月成立訓練所，訓練鄉鎮保甲人員。三十一年元月，縣政府增設科室，劃全縣爲一鎮二十鄉，並設二區署。

民國三十二年，徵工修築黔桂鐵路土方工程，自三十一年六月至三十二年六月底結束，共計十三個月。原省政府規定每日出工人數爲五千一百零九人，而實際出工人數爲一萬零五百三十六人，超出定額一倍以上，以十三個月計，共去四千一百六十一萬七千二百個工。在三十一年八、九月間，工地霍亂流行，病工數計佔出工數百分之五十以上，死亡數至二百一十七人之多，有整班民工全部病倒者，有一班中同日死亡至七八人者。在此恐怖環境中，每日仍有數千民工拼命工作，甚至黑夜以火炬趕工。卒以百姓的血肉博得總成績第一，計獲獎總錦標一面及各種獎旗一百七十六面。事後發給民工伙食津貼費亦爲縣長劉仰方及經手人吞没。

同年二月，三都縣慶陽鄉發生民變，襲擊三都縣城。二十五日下午十時，本縣聞警，縣長劉仰方連夜調動壯丁一千餘人，次日開赴三洞鄉佈防。

同年三月十八日，独、荔公路開工，迄四月底止，修築甲良至方村水利一段土方，計去工七萬餘，全段十九公里，粗具土坯。

十二月十二日，美國飛機一架，由桂林飛昆明，至荔、獨交界高黑地方，機件損壞降落。内有炸彈爆發，機身粉碎。美籍航空員十一人，坐降落傘降落於方村、甲良及獨山屬基長一帶，微傷一人。

同年十二月從善鄉潘發生等偷種大煙，鄉長潘梧仙等暗與種煙百姓提成分潤。適縣長劉仰方從此地經過，鏟去大路兩旁一部分，而未鏟部分梧仙等前去分成，百姓以爲煙已被鏟，得收無幾，抗不肯繳。潘梧仙懷恨，遂以抗兵、抗糧報，報政府派兵逮捕，百姓反抗，遂燒本亭村，毁發生淺葬父屍。發生痛恨，揭竿而起，附和者數百人。發生率領三百餘人進駐從善鄉姑農、大水葉等村，以不當兵、不納糧口號相號召，響應者更多。是月二十九日，縣長陳企崇親率保警隊及團壯千餘人進剿，激戰數日。三十三年元月一日，燒大水葉村，發生等撤退，不久全部解散。

廣西省政府派兵進剿翁昂鄉。本縣亦奉令防堵截擊。縣長陳企崇率團隊前往佈防。二十二日，桂軍攻三松，破之。前後擊斃何文魁、何其偉等，何文炳逃脱。雙方傷亡數百人，翁昂事平。

民國三十三年元月，佳榮潘明珍起事，勾結廣西宜北縣黄自強，率隊數百人盤踞佳榮，並竄擾茂蘭鄉一帶，與翁昂何文炳等聯繫，砍倒電杆數十根，企圖大舉。二月下旬，荔、宜派隊會同圍剿，激戰兩日，雙方傷亡數十人，並擊斃明珍，餘潰散。

同年三月，復派民工二千餘人續修獨荔公路荔波段。不數日，又因黔桂鐵路崩壞，奉令派工搶修，乃以全部民工移修鐵路，縣道工程遂告中斷。

同年六月一日，縣成立臨時參議會。參議員由縣政府徵求縣黨部同意，照額定人數加倍提出，呈請省政府委員會決定。

六月三十日，莪蒲鄉吴文華、從善鄉潘文高等襲擊莪蒲、從善兩鄉鄉公所，殺死新任鄉長覃丕業等七人。

七月一日，文高又率隊六七百人，佔據從善鄉李家寨、潘家寨及姑流村等處。四日上午三時，圍攻區署及鄉公所。因區署駐有保警隊一分隊，攻不進，文高退據水董卡，自稱農民區聯大隊長，又稱青年軍黔桂邊區總司令，以吴文華等爲中隊長，與政府對抗。

同年七月三十日，美機一架失事，降落於荔、榕交界之榕屬水委地方。美籍飛行員六人，降落佳榮鄉，一人降落從善鄉，陸續來城。八月六日，縣政府將這批飛行員送赴獨山。

同年八月五日，荔波與廣西南丹縣劃翁昂歸屬荔波。在民國三十二年，中央内務部會同黔、桂兩省政府派員勘查，民國三十三年八月五日，奉中央内務部令將南丹屬之翁昂全鄉及里湖鄉之甲牌、更坐兩屯撥歸荔波，將荔波屬撈村鄉之尚索、八拱、翁堂、大高教、小高教等十五屯撥歸南丹。荔波縣政府期於九月十五日起互換管轄。後接南丹縣政府函復，以交接手續尚未準備就緒，致案懸未辦。

同年九月十八日，召開軍糧緊急會議。日寇南犯，桂局緊張，國軍調至獨山、南丹、河池一帶，需糧孔急，飭荔波縣趕運軍糧五十萬斤交獨山接濟軍食。縣政府乃電令各鄉、鎮長來城開緊急會議，預借三十三年度軍糧，限期收運。

同年十月二日，復修水利至城區一段獨荔公路之土方工程，徵民工四千名，石工二三百名，工作五十日，擬於本年内通車。殊開工不數日，又奉令將所有民工移修獨山飛機場，縣道工作又中斷。而修飛機場民工直至敵寇竄入時始遣散回籍。

同年十一月十五日，荔波、榕江、三都團隊圍攻盤據水董卡、水息、水迭、系大等村的潘文高。三縣團隊攻克系大，雙方互有傷亡。旋三都、榕江團隊被困於楊拱，遂撤退。荔波團隊亦退守姑賞。

同年十一月，日寇侵犯桂北，黔南局勢緊張。國軍第九十七軍五百八十七團團長周國仲率帶全團官兵一千八百餘人，佈防縣屬黎明關。十一月二十五日，國軍第九戰區司令長官張發奎由桂撤退入黔。張率第三十七軍暨七十九軍一百八十八師經南丹入黔。副司令長官兼二十七集團軍總司令楊森率第二十軍暨二十六軍由思恩來荔，扺洞塘扼守大哨坡。二十六日，日寇進犯黎明關，周團戰敗，二十七日，敵進闖竄板寨，是夜，楊森派隊增援，旋克復。

十一月二十七日，敵寇萬餘人由宜北進犯佳榮，經從善、水迭時與潘文高等接觸，激戰數小時，敵射燒夷彈，文高等以火力不支撤退，水迭村被燬。敵至三洞，攻板黎洞，居民死三十餘人，貨物牲畜損失無數。

十一月三十日，楊森率第二十軍軍長楊漢域、副軍長夏炯等退抵縣城。十二月一日楊森由縣城撤退。縣長陳企崇棄城隨逃，並席捲修築獨山飛機場民工公款千餘萬元及保警隊槍械，隨楊森逃亡。

十二月二日，國軍二十六軍退守永康鄉之穿洞。敵分由董罕出朝陽及拉交出時來鄉包圍。楊森離城後二十六軍抵縣城。

十二月三日，上午國軍由縣城撤退，燒縣城。楊森經三洞出壩街，與敵遭遇戰。

敵分兩路圍攻縣城，下午敵竹部市川第五中隊進城。駐一夜，時居民早已疏散，所有剩餘物資全被抄擄，並竄出城郊附近山地，強姦疏散婦女。四日又縱火燒縣城三百餘家。退駐永康、洞塘等鄉，捉住疏散居民十餘人拉作挑伕。

時由都勻茅草坪退回之敵，復經三洞、從善、佳榮等鄉退回廣西，所過村寨任意燒殺。沿途居民痛恨入骨，截其去路，殺死不少敵人，也奪得一些槍械，尤其以九阡百姓截堵要隘，出奇襲擊，奪獲敵寇步槍百餘枝、機槍數挺，騾馬、輜重、旗幟等物頗多，敵傷亡百餘人。

十二月六日，二十六軍軍長丁治盤退至周覃鄉，以縣長陳企崇已逃亡，行政中斷，乃派該鄉周繼武爲荔波縣臨時政府縣長，組織荔波縣臨時政府。八日，周在周覃鄉板光村宣佈就職。

十二月七日，荔波人士會議組織自衛委員會，維持目前治安。約定次日開會具體討論。美機以荔波淪陷，狂炸甲良場及朝陽兩場，炸毁民房一百餘家。十二月八、九兩日，美機繼續狂炸荔波縣城。八日上午十時許，美機飛至，向城西北隅狂炸。九日下午後三時又炸。計城中被炸毁三百餘家，又被燒夷彈燒燬一百餘家，炸死男女七人。僅中山公園内落彈三十五枚，公園周圍樹枝樹葉全部炸爛。

十三日，國軍第九十八軍由廣西宜北經茂蘭鄉抵縣城，陸續赴南丹，十九日全部離城。

周繼武奉派爲臨時政府縣長後，在周覃宣佈就職，十二月十六日始來城。

敵寇由縣城撤退後，仍駐洞塘以下一帶，十二月十八日，始全部退出縣境，駐廣西牛洞，拉去居民數十人。

縣長陳企崇逃至榕江，聞敵已退，率保警隊三十餘人繞道經三都，十二月二十三日，返回縣城。

敵寇退後二十餘日，國軍第二十九軍預備十一師三十一團第三營，於二十六日抵縣城。二十八日團長史振廷率第二營續到。三十一日，分駐黎明關及大哨坡一帶。

十二月二十七日，自稱別動軍指揮官汪漢到城，繼駐茂蘭鄉。三十四年元月三十日被收編，人槍交國軍二十九軍預備十一師三十一團接收。

民國三十四年一月一日，縣長陳企崇復任，臨時政府縣長周繼武畏難而退。元月八日新任縣長劉琦到任。二十三日，國軍第九十三軍由宜北經縣城開赴南丹。二十五日，卸任縣長陳企崇因虛報損失，激起公憤，恐移交困難，乃於天未明時私行逃走。

敵退後月餘，黔桂邊區副司令兼前敵總司令及二十九軍軍長孫元良於元月二十五日，蒞縣視察防務，二十六日赴洞塘，二十八日離荔回獨山。

二月六日，第二十九軍預備十一師師長趙麟又蒞荔波縣視察防務，二十八日離荔回獨山。

原修築獨山飛機場民工，因敵寇竄擾遣散。至是，復派工趕修，限期迫促，而民衆疏散，居卡居洞未回。當經會議決定，先派民工三分之二，籌派伙食米菜金等費。時邑人高炯任縣政府建設科長，赴獨監工，得知民工有給養費，而當時鐵道工人疏散，流落在獨山者頗多，亦願承包。高乃將本縣工程全部包出，既省民力、民財，又收工作迅速完成之效，誠兩得其便。乃縣長劉琦以工程包出，所派工款當即停止，無從中飽，初大震怒，去電制止，殊高已成議，又受輿論制裁，只得隱忍接受。

同年三月十日，因日寇竄擾後，行政中斷，秩序紊亂，從善鄉潘文高又自稱青年軍黔桂邊區總司令，附和者衆，但毫無紀律，因之無法約束，四處搶劫。十二月二十四日劫周覃鄉水便村，二十六日劫永康鄉馬鞍洞，三十四年元月二日燒劫水利鄉水巖村，此其大略也，至攔途劫掠、拉生勒贖者，指不勝屈。而三洞鄉水更村潘廷球（府珍）之子潘作卿（國猶）、潘禹如（國謨）等原與良村韋金品（麗軒）之子韋廷基（定初）互争鄉長，鈎心鬥角，早已結成不解之仇。至是潘作卿、潘禹如乘機報復，於元月十一日糾衆搶劫良村，燒全村五六十家，以洩一時之忿。事後又擴大人馬以圖自固，乃威脅三洞鄉百姓編組壯丁，逼買槍枝彈藥，勒派糧款。後遣派黨羽分散三都、獨山邊鄉各市場大肆宣揚，又搶劫本縣恒豐鄉板奇村及周覃鄉板料村，還越縣搶劫獨山中安及三都中寨、務朝、都江河商船、難民等。同時潘文高黨徒又於元月二十七日焚搶從善鄉水董，二月一日燒劫佳榮鄉威巖等村。時被燒劫各寨及被搶難民等紛紛控告。縣長陳企崇電報荔波全反，新任縣長劉琦報荔波匪勢甚張，本縣無力清剿。又因楊森經過荔波縣時，已知潘文高等有所組織，認爲事體嚴重，乃商同國防軍派第二十九軍預備十一師副師長鄒麟兼剿匪總指揮，及貴州省第三區督察專員周希濂兼剿匪副指揮，帶第九軍二十四師七十一團一營全營、第二十九軍五百七十八團全團及五百七十七團二營全營、第二十九軍預備十一師三十團一營全營、第二十一軍一百三十三師一個營，暨荔波、三都、榕江等三縣保警隊，集中三洞，大舉清剿。燒殺數十天，三百餘家被焚，時爲首者已化整爲零，無目標可剿，大軍撤退，副師長鄒麟率軍回獨山。四月十日周希濂亦回署，設專員行轅於三洞辦理善後事宜。

國軍大舉會剿三洞時，潘文高亦繳送一部分槍械應付。迨專員周希濂返回獨山後，縣長劉琦由區長歐夢伯計引文高於五月二十一日來城開會，始就擒，二十二日殺之。

自日寇退出縣境後，仍盤據廣西思恩一帶。國軍第二百七十一團及二百六十三團陸續蒞縣駐防。繼而敵寇退出柳慶，國軍向桂境推進，至六月十八日，始全部離荔。

同年十一月二十六日，荔波縣第一屆參議會成立。參議員二十六人，候補參議員二十一人，選覃冠卿（楚材）爲正議長，覃福景（以介）爲副議長。

同年十二月十八日，第二區行政督察專員兼保安司令公署派保安副司令萬邦貞率帶武裝蒞縣查鏟煙毒。結果，槍斃永康鄉保長蒙煦、陽鳳鄉保長莫慶林、董界鄉保長何開雲及種煙百姓多人。

民國三十五年期間，三月一日，續修獨荔縣道。獨荔路荔波段土方工程，在民國三十一年，由甲良修至水利一段後，三十二、三兩年，正繼續復工時，因奉命移調全部民工修築黔桂鐵路及獨山飛機場，兩次中斷，迄未完成。三十五年復徵集民工四千五百一十人，續修水利至縣城一段土方部分。自三月一日起，至四月底止，共計工作日數爲二十七萬零六百個工。因農忙暫停，至石方部分，則籌派特工款國幣四千三百三十萬元，由大漢建築公司王克恒承包修築，全綫已初具形式。

六月十五日半夜，大雨傾盆，直至十六日上午十時，山洪暴發，水勢洶湧，吊井及大坪子兩處，水已入城，沿河兩岸，田地房屋，悉被淹没，損失慘重。爲荔波歷來所未有之水災。

當時組織水災救濟委員會，呼籲求救。計自民國三十三年敵、匪、軍、旱、澇、蟲各災起，至此次水災止，雖先後經省政府發給賑款幣國幣六百二十萬元，但不惟杯水車薪，無濟於事，而各級克扣，百姓得沾實惠不到百之一二。

民國三十五年，因縣城牆年久失修，坍塌傾圮者十餘處，乃向百姓派款補修。十月三十一日起工，歷時五個月，至民國三十六年二月七日工竣，共計去國幣一百二十八萬八千五百六十元。

民國三十五年，本縣體育設備，於日寇竄擾時全部損壞。現派各鄉、鎮籌款徵工修復，共計去國幣一百三十餘萬元。木料、石灰則由陽安、佳榮、瑶慶、方村、水利等五鄉徵購。石塊、沙土則由玉屏鎮及時來鄉派工挑運。歷時數月告成。及於民國三十六年四月四日舉行荔波縣第五届運動大會。

民國三十六年四月，培修荔獨縣道。全綫已於民國三十五年修築溝通，但獨山段由藍寨坡頭至本縣界十餘里尚未銜接及省方承認特工補助費亦未領獲，故未加工整理。而去年六月十六日山洪暴漲，沖毁甚多，及派每鄉鎮各徵民工二十名，將大水沖壞之小部分培修。

民國三十七年三月二十九日，在南京擬召開行憲國民代表大會。指定本縣選出國大代表一人，結果覃冠卿當選。殊國民黨省黨部又指定荔波要選出青年黨一人。荔波無此黨員，乃以曾在荔波縣政府任過秘書而已調離荔波多年的青年黨員石雨蒼作荔波縣代表，飭令荔波改選。結果石雨蒼多得幾票當選。但第二次選舉結束，文電往來時間已過，石不得參加。而覃則於第一次當選後，私自晉京出席，殊到南京後，覃未得承認而没份，於是祇得參加在會場門外大鬧的代表鬧一陣回來。

卷肆　營建志

古者孟春之月，修封疆，審端徑術；仲春之月，修闔扇，寢廟畢備；季春之月，修利隄防，道達溝瀆，開通道路；孟秋之月，完隄防，謹壅塞，修宮室，坯垣牆，補城郭；仲秋之月，築城郭，建都邑，穿竇窖，修囷倉；孟冬之月，坯城郭，戒門閭，固封疆，備邊境，完要塞，謹關梁，皆所以爲民興利或防患於未然也。荔邑縣治三遷，始建城於樟江之上。清咸豐乙卯，陷於賊，公署、壇廟、寺觀、園亭、坊表之類，多遭焚燬；繼而歷年興廢，隨時變更；兼以機關學校，漸次增加；碉堡倉廒，重新建立；至交通之進步，由驛遞而郵電，早已完成；由輿馬而汽車、火車，則更有望於異日。前人之遺蹟不可忘，後世之增修尤足録。志營建。

城池

明萬曆間知縣劉邦徵詳請設縣治於時來里之喇軫村（今之時來鄉舊縣村），建東西兩門。清順治十六年知縣王家珍詳請移縣治於方村里之褉村（今之方村街），建南北兩門，築土城一百二十丈。乾隆二年貴州撫部院憲張廣泗奏請移縣治於蒙石里全亨村（即今縣城），建石城，三年八月由知縣呂瑛創始，經知縣金明基繼事，迄五年三月知縣趙世綸落成。周圍五百二十六丈，約三里二分，高一丈八尺五寸，闢四門：曰東旭、曰西成、曰南薰、曰北拱。城基田畝房屋，給價值遷居費計帑銀柒佰玖拾餘兩，建築費計帑銀貳萬壹千兩（詳知縣趙世綸《在城塘紀事碑》及守戎萬安《修築荔波縣城述略》）。同治五年燬於兵，九年知縣錢壎重修（詳知縣錢薰《重修荔波縣城記》），掘永濟泉於東旭門外，因添設東門月城，以資保障。城周圍五十餘丈，高一丈六尺，設門二，一向東南，一向西北。民國十五年，縣長李煒新以東北之交，地近場市，別開一新東門以利往來。民國三十年縣長段叔瑜欲引城中水灌溉南郊，掘渠出城，因於東南隅又闢一東作門。各門上均設城樓。

附 知縣趙世綸《在城塘紀事碑》（詳《地理志·建置沿革》）

附 守戎萬安《修築荔波縣城述略》：

「荔波舊屬粵西，於漢唐無所考。宋時置土州羈縻。元季明初爲蒙、皮、雷三土司佔據。正統間，改土爲流，萬曆間建縣城於時來里之喇軫村，明末廢焉。我朝順治十六年，改建縣治於方村。雍正十年，改歸黔省。乾隆元年，經貴州總督部院張諱廣泗題設協營，駐兵八百。增縣佐、遊、守、千、把等官。乾隆二年，改建縣治於蒙石里全亨寨。城中田畝房屋，共給價銀七百九十餘兩。三年八月興工修城，至乾隆四年十一月告竣，周圍五百四十六丈。計費帑銀二萬一千兩。前後督造則八寨司馬陳諱于中，知縣事呂諱瑛、金諱明基、趙諱世綸，縣佐方諱時寶，協辦則遊戎林諱焕奎、李諱勳、守戎萬諱安及縣尉部司等官。其全邑始末，已敘於碑記中，僅將大略泐於城壁，以便記覽云。乾隆四年孟冬月勒石於北門外右側。」◎抄自楊稿。

附　知縣錢壎《重修荔波縣城記》：「天下無難事，有志者竟成，今始信之矣。同治七年戊辰，余奉檄護都勻府篆兼權獨山州事。荔波縣爲部屬，問其地已陷於賊，籍其民已死於亂。余按部及之，不禁喟然而歎，以爲政難莫難於此也。是年，廣西蘇中丞奏派孔協戎階平帶兵入援，破九阡里賊巢，生擒逆首潘新簡。邑地雖復，而邑民存者無幾，人力既無可憑，城郭先遭賊毁。宰斯土者，與難民爲羣，穴居野處。凡我同寮，咸知其難治也，而視爲畏途焉。同治八年九月，余卸獨山篆，又奉各憲檄委來權縣事。自思以涼德渺躬，膺凋殘巖邑，四鄰竊盜充斥，出没無常，心惴惴焉，恐治内難而捍外尤難也。十一月來任，親歷各鄉，百里之内，片瓦無存，人煙稀絶，田土荒蕪；間有瘡痍殘民，皆依草附木，居無定處，目擊心傷，更憂撫字之難。及到城，閲其外，則城垣坍塌，亂石犖確。入其内，則樹木蓊翳，荆棘縱横，欲求棲身之所且難。其時鄒參戎崑山權荔波營篆，許守戎子貞權中軍篆，張貳尹星階權方村分縣篆，許少尉瑞生權典史篆，凡在會議，羣以城垣久破、根本不立爲憂；及詢謀以修築之法，則僉曰難。邑紳何刺史銘三、覃明府範堂、玉參軍子厚、覃少尉裕菴及庠生何長盛、覃繼新、蒙毓銑等來謁，備陳年來刀兵疫癘饑饉流離之慘，及請兵募練供億輓運之艱，娓娓千言，無非民亡財竭。余聞之，亦以爲城之難修矣。且流寇一竄周覃，再竄瑶臺，久據巴容，烽煙滿野，警報頻仍。殘喘之民，復無鬥志，於此而欲興大工，動大役，不益難乎？余仰而思之，夜以繼日者幾旬月焉。復集同寅，召衆紳議曰：今國帑空虚，經費不能請領，修城之資，必借民力。地方當殘破之後，亦共知其難也。然值内亂初平，外患未靖，而此三里之城，既未堅壁，安能清野。無惑乎甫聞賊風，官民羣爲驚駭，先逃山洞，豕突狼奔，蹂躪不已。自同治五年城破以來，迄今六載，時時驚擾，無日獲安，則畏難苟安者之終於不安也。凡事獨力則難支，衆擎則易舉，合一縣之衆，修一片之城，如督事之官、董事之紳，皆推心置腹，潔己奉公，量其人，均其役，民孰無良，將踴躍而赴義矣，其何難之有？諸同寅皆曰：願襄乃事。衆紳亦曰：敬聽公命。因於同治九年正月，集民鳩工，通勘舊城基址，共五百四十六丈。按閤邑十六里分爲長短十六段。夫丁經費，各完所得，一縣之民，忻然樂從。甫及四月，石城告竣。又議於石城之上，加修木栅，亦閱數月而成。至是羣言難者之果不難也。但城中舊户，死亡逃散，十無一存。城郭如故，人民已非，其誰與守。屢招集城外之民，入城居住，但來者寥寥無幾。以城中基址，經奏請給帑銀七百九十餘兩，有碑記在城之北，彰彰可考。是則城中基址，實屬公地，並非私業，故決議招人進城，以資填實。又據實稟明各憲，均批如稟辦理。兹者千家煙火，街市喧闐，士讀農耕，各安其業，此皆我官紳士民，不畏其難，乃有今日之一勞永逸也。惟城中無水，賊臨城下，無從出汲。前次破城，以此之由。是宜鑒於已往而未雨綢繆也。余遍觀城内外，惟近東門河岸，有水涓涓然自石中出，因掘尋其源，深至七丈，果及泉焉。然而此水尚距城門數武，若無以護其汲道，仍屬無濟。復於同治十年二月，量地鳩工，加修外郭五十餘丈。斯時更無有言其難，而庶民子來矣。是役也，鄒參戎、許守戎勞於堵剿，以安各工；張貳尹勞於勸捐，以資經費；許少尉勞於監修，以致速成；何刺史銘三、覃明府範堂諸紳則又分堵剿、勸捐、監修之勞也。厥後張貳尹、許少尉去，而陳貳尹蓬洲、李少尉湘泉來，亦與有力焉。余則觀其成功而已。是則難在諸君而余則何難之有。荔波漢唐以前無考，宋元置土目，自有明正統間改蒙、皮、雷三土司之地，爲縣治於喇軫村，隸廣西慶遠府，而狉獉一變。乾隆二年，又改築今城於全亭寨而教化漸臻。今百三十餘年，又重修焉，而禮義翔洽，民知急公奉上，衆志成城。由是觀之，城郭一新，民風一振。所願後之守斯城者，繼長增高，俾崇墉仡仡，與峨山而並峙，用報我國家，固我疆宇，而保我庶民焉。是爲記。同治十年辛未四月。」◎抄自楊稿。

附 知縣錢壎《永濟泉記》：「古者李廣利拔佩刀刺山而泉飛，耿恭具衣冠拜井而泉湧，予讀書竊疑之。謂至誠動物，惟能動有知，不能動無知。泉無知也，李、耿雖至誠，未必如是之有感斯應者。而今始信其言之非虛焉。荔波縣城於溪岸，治平之日，民取汲於溪，不憂無水。同治五年正月，丹江、青江苗賊數萬圍城，不能出汲。城中又無井，居民渴甚。羣就污窪者掘之，亦無水。二月仰給於雨，得免於渴。三月旱，街巷斷炊，有笮牛馬糞漉溷廁而飲者。於是坐困，城以陷。九年，余莅任之始，即議修壞城，堅守之。詢於士民。僉曰：修易守難。詢其難之由，曰：無水。予聞言亦憂焉。謀引溪入城，而溪隔城一坪，坪高溪數丈，無可引也。惟坪之下有石，石有泉，涓涓然流入於溪。意其或由坪之內而外也。爰命土工掘尋其源。掘之時，有難之者曰：此水之流，渺乎小矣，其源未必大。且掘之處，安知即其源之處乎？不易尋也。今尋而獲，欲挹一杯之水，以注千家之炊，烏乎濟？即濟焉，惟濟於春夏，將涸於秋冬，烏乎永濟？余聽其言，幾中止。惟念舍此不掘，更無可掘之所。日虔誠拜禱，爲民請命，掘之不輟。初及泉，縷縷知絲。見者笑曰，果無濟。余再禱再掘，深數丈，有泉涌出，汩汩其來，非昔日之涓涓也。其色澄清，其味甘洌，亦異於入溪之水焉。城之人聞之，奔而觀，驚爲異，謂李廣利、耿恭之盛事，再見於今日。樂爲捐貲，甃以石，環以郭，計費錢二百五十萬之多，亦不吝。今厥功告成矣。井之水，惟見其流而不見其涸，向恐其不濟，或濟而不永，至是共信其可以永濟矣。此民之福也。若比之刺山泉飛，拜井泉湧，則吾豈敢。」◎抄自楊稿。

碉　樓

四門炮樓　四門炮樓於乾隆五年造，同治五年燬，後又修復。

附城碉樓　清光緒二十七年，遊匪擾亂黔桂邊境，知縣陳介白爲防患未然計，於吊井、馬道兩處扼要處築碉樓一座，委邑紳魏正順監修。民二十三年冬，紅軍蕭克部進入黔東一帶。縣長韓知重於附城各築碉樓七座：平寨一，新東門一，北門左右側各一，因吊井炮臺加修一，馬道順城二。委玉屏鎮長陳捷三、黄鳳書，安濤鎮長張世英、蒙炯奎等董其事；城區女子小學校長覃文彬、戒煙所長黄自新、電話所長石成銘、城紳覃義祥等監修，閱六月而工竣。

護城碉　民國三年，北伐軍興，邑中治安，稍受影響，縣長陳敏章及貴州南防第二營管帶王鴻魁於楊家橋、大墳山、大井坎三處，各築護城碉一座，以資保障。民國十八年僞旅長吴文淵攻城，我方以大井坎一座不利城防，恐反資敵，自動搗毁。

按　民國二十三年冬，紅軍入黔，奉令預防，於各區關隘修築碉堡五十餘座。惟屬臨時工事，均係土牆。十年來，坍塌殆盡，無足紀載。

經武碉　民國三十五年五月，縣長張曜於縣府後左側修建碉樓一所。三十六年三月完成。樓三層，六方形，工作精巧，形勢雄偉。顔曰「經武碉」。中下兩層爲碉堡設備，射界廣闊。上層則窗櫺軒朗，用作鐘樓。既可警衛，復可報時，誠一舉兩得也。

公廨

知縣署 前清知縣署原設城東大坪子，同治五年，苗變被燬。九年知縣錢壎詳請改移於文廟左側考棚舊址，創建上房五間，過廳三間，廂房三間，書房一間，二堂五間，廂房四間，大堂五間，書辦房六間，儀門三間，土地祠一間，監獄三間，頭門三間，東西轅門二座，甬壁一座。光緒二十三年知縣白建鋆又新建照壁一座。◎抄自李稿。

附 知縣錢壎《改建荔波縣治記》：「荔波有城有署，自明正統間改土歸流始。國朝乾隆初改治今城。同治五年，苗匪夷城，並燬署。八年，余來任，棲破廟內。先完城工，次營及署。履署舊址，在城之東，樹木已拱，荆棘高倍於人。敗瓦殘甎，積成邱壟。欲攘之剔之，非數百人不爲功。余以民方勞於城，又勞於署，必困。困吾民以安吾居，不忍爲也。有頃，鄒遊戎及許少尉來告余曰：得署地矣，在城之西，較舊址事半功倍。余偕觀之，則先年考棚也。蘆荻叢中餘數楹，乃大門儀門，有椽無瓦，槎枒欲傾。惟審其形勢，則果易於舊址焉。立招各工，面爲規畫，所需費尚無多。誠便於事而便於民也。第以官署，故重改易，乃具情牒大府。亦曰：就便民者爲之。由是相其地之廣狹長短，刱爲大堂二堂三堂，折左爲内宅。堂之兩旁皆爲廳爲廂。宅之對爲軒。宅之偏爲廚。廚之下爲倉爲厩。四周以垣。共屋若干間，費錢若干緡。經始於九年夏，落成於冬。余由廟徙署之日，士民歡舞入賀，若忘其勞也。余心恧焉。慰之且辭之。羣拜手曰：自無城署以來，屈官之尊，入民之洞。衣冠雜蓑笠，印符擱巖龕。威損而令不行，地褻則人易侮。諸不逞無所畏，恣睢搏擊，被吞噬者不少。不圖今日復睹舊官儀。何幸如之！抑更有説焉：當改署之日，老役某白公曰：此地不利。問以故，則曰：舊署大門外聚水，故聚財。官役居之多利，不可改。公詰之曰：汝以修衙爲鬧市乎？夫官役多利，則民無利。署而聚財，此吾所以亟亟於改也。由是觀之，公改署乃以利吾民。則今日非賀公，實自賀耳。噫！余當日與役言，亦偶然耳：且對一人言耳，而士咸志之不忘。余自今以往，果克踐其言否乎！退而泐其書於石以時警目焉！」◎採自楊稿。

縣政府 **按**前清知縣署至民國元年改爲縣知事公署，旋改爲縣行政公署，十八年國民政府成立，通令改稱政府，又易爲荔波縣政府。舊有房舍，頹廢傾斜，歷任培修，已多改革。二十二年縣長徐孟堅改修三堂三間爲縣長室。二十四年縣長雲輧撤去頭門（原向馬道），補修東西二轅門，另闢頭門向西大街，建牌坊一座。二十五年縣長宋植枬改修大堂五間爲大禮堂，又改舊馬房三間爲電話所。二十六年縣長汪漢繼修大禮堂落成，復於儀門建牌坊一座，新修檔案室一間，並將前上房改爲司法處法庭。二十八年縣長陳世宇塞東、西二轅門。三十年縣長段叔瑜加修縣長室二間共五間，又將司法處法庭改爲大辦公廳，移司法處於右側前典史署。三十一年劉縣長仰方於大辦公廳右側，新建五間爲縣政府職員寢室。三十二年縣長陳企崇又於縣長室前左側，修職員寢室三間。現共計爲上房五間，廂房六間，廚房三間，二堂三間，廂房四間，大禮堂五間，保安警察大隊部三間，民事看守所三間，二門三間，法警室三間，保安警察隊兵房三間，刑事看守所三間，大辦公廳五間，職員寢室五間，電話室三間，檔案室一間，頭、二門牌坊各一座，照壁二座。

訓導署 前清乾隆五年，訓導戎輔建修訓導署於城西街文昌宮右側，道光二年訓導張明星補修明倫堂三間，同治五年苗變被燬，迄未修復。◎採自李稿。

典史署 典史署原在東門舊縣署右側，同治五年苗變被燬。十二年典史梁秉鈞改建於文廟左側荔泉書院舊址，新修上房三間，大堂三間，儀門三間，差房三間，廚房兩間，頭門三間，甬壁一座。◎以上採自李稿。

民國十年設電報局，二十六年改設郵政局，三十年改設司法處。現房舍僅存後面三進而已。

遊擊署 遊擊署在城西大街右側，乾隆五年遊擊李勛請帑建修。同治五年苗變被燬，旋復建。後荔波營奉裁，屋宇年久失修，傾斜倒塌，竟拆卸一空。民國二十三年改建中山公園。◎以上採自李稿。

守備署 守備署在城南大街右側，乾隆五年守備萬安請帑建造，同治五年苗變被燬，尚未修復。◎採自李稿。

民國後，該地改爲桑區，繼改爲棉作試驗區。現分一半爲縣立中學體育場，一半爲縣苗圃。

千總署 千總署在文廟右側，乾隆五年千總李正吉監修，同治五年苗變被燬，尚未修復。後爲居民佔住。◎採自李稿。

把總署 把總署有三，一在舊典史署對面，一在校場左側楊公井前斜坎上，一在演武廳左側坎上（即今縣政府轅門甬壁一帶地也），乾隆五年把總李正魁、張少卿、張奇傑等監修，同治五年燬於苗變，尚未修復。後爲居民佔住。◎採自李稿。

演武廳　演武廳在城西校場内，同治五年燬於苗亂，九年遊擊羅雲陞重修瓦屋三間。◎採自李稿。

後朽壞拆卸。現設縣苗圃。

官廳　官廳設在舊蒙石場内，瓦屋三間，乃文武官鎮場之所。同治五年，燬於兵燹。◎採自李稿。

接官亭　接官亭在城北二里接官坪，知縣吴德容監修。中涉太平軍辛酉陷城始末詩四首，嵌石於壁。同治五年屋瓦被燬，四圍牆壁猶存。◎採自李稿。

詩已軼。

火藥局　火藥局在城西北炮臺下，瓦屋三間，外有圍牆，同治五年燬於兵。◎採自李稿。

軍裝局　軍裝局在守備署内，同治五年燬。◎採自李稿。

兵馬司卡房　兵馬司卡房有五，東西南北及中央十字街各一，同治五年燬於兵。◎採自李稿。

養濟院　養濟院在文廟左側，乾隆五年知縣趙世綸請帑建修，同治五年苗亂被燬。◎採自李稿。

棲流所　棲流所在城東大坪子右側典史署外，矮屋七八間，同治五年燬於兵。至今爲居民佔住。◎採自李稿。

方村縣丞署　方村縣丞署距縣城五十里，前清順治十六年知縣王家珍創修，乾隆六年縣丞方時實補修，同治五年苗變被壞。旋修復。◎採自李稿。

民國成立，改設分縣署，二十五年，分縣裁廢，舊有屋宇，改修方村小學校舍，即今方村鄉中心學校也。

分防方村汛把總署　分防方村汛把總署在方村縣丞署下首，把總吴得瑗監修，同治五年苗變被燬。◎採自李稿。

分防三洞汛千總署　分防三洞汛千總署距城九十里，乾隆六年千總陳照先監修，道光二十八年千總段兆錫補修，同治五年苗變被燬。◎採自李稿。

按　以上官廨，係縣志原稿所載，除少數已變更名稱，重新培補外，餘均付之兵燹劫灰，姑存之以備歷史沿革參考之一助耳。

方村區署　方村區署即前第三區公所，民國二十六年區長韋學霖於方村街關帝廟前建屋三間，作辦公室及職員宿舍。

從善區署　民國三十一年實行新縣制，設從善區署，暫借天主教經堂爲臨時辦公地。繼新建區署房舍七大間於古檀村前，區長潘梧仙監修。經費由所屬七鄉負擔，民工由從善鄉負擔，材料、地址向民間購買。

鄉鎮公所　各鄉鎮公所多附設於寺廟、祠堂、學校、積穀倉及租借民房等，亦有從前另建築之聯保辦公處及新起之鄉公所者，兹分述於後：

(1) 玉屏鎮公所　原設在過去之第一區公所，該所在城十字街北，係民國二十六年將以前之團防局改修。三十二年以該地適中，設警察所，移鎮公所於忠烈宫。後因警佐兼鎮長，鎮公所仍附設警察所内。**(2) 時來鄉公所**　在羅家寨，租借民房。**(3) 朝陽鄉公所**　在朝陽場，設於過去朝陽聯保辦事處。民國二十七年聯保辦事處附設於朝陽小學校。因雙方均感不便，校長潘益智及聯保主任陳繼先會同設法以學生及民衆力量另建屋三間作聯保辦事處。**(4) 董界鄉公所**　在洞莪場，附設何氏宗祠。**(5) 撈村鄉公所**　在撈村場，附設於學校。**(6) 駕歐鄉公所**　在拉奥村，租借民房。**(7) 播瑶鄉公所**　在播緩場，設於過去播瑶聯保辦事處。民國二十六年聯保主任梁國烇監修。**(8) 陽鳳鄉公所**　在陽鳳場，設於過去陽鳳聯保辦事處。民國二十五年聯保主任莫玉軒監修。**(9) 方村鄉公所**　在甲良場，租借民房。民國三十二年正籌款建設新屋，尚未落成。**(10) 水利鄉公所**　在水利街，民國三十二年鄉長吴文清籌措新建，繼任鄉長蒙志斌繼事落成。**(11) 恒豐鄉公所**　在恒豐場，民國三十二年鄉長韋元輝就積穀倉及舊有房舍培修，並新起三小間，已落成。**(12) 陽安鄉公所**　在陽安場，設於過去陽安聯保辦事處。民國二十五年聯保主任莫如才監修。**(13) 三洞鄉公所**　在三洞場，民國三十二年鄉長韋廷基監修。**(14) 周覃鄉公所**　在周覃場，附設於積穀倉下。**(15) 莪蒲鄉公所**　原在水各大寨，租借民房。民國三十一年縣行政會議決定移於水浦，取其地居該鄉中心及赴獨山孔道之石牌坡花缽一帶，治安有關係也。現仍租借民房。**(16) 從善鄉公所**　在姑賞村，附設於積穀倉下。**(17) 瑶慶鄉公所**　在洞流村。附設於瑶慶鄉中心學校右側。**(18) 佳榮鄉公所**　在威巖老場。租借民房。**(19) 茂蘭鄉公所**　在茂蘭場。附設於學校。**(20) 洞塘鄉公所**　在洞塘場。設於過去洞塘聯保辦事處。民國三十二年因洞塘中心學校房舍不敷，雙方對調。該所現住房舍，起造於民國十五年。**(21) 永康鄉公所**　在溪竹村，租借民房。民國三十一年縣行政會議決定新建鄉公所於水洋，取該處爲市場且較適中。現尚未修建。

學舍

學宮

清乾隆二年黔督撫大憲題請設縣學，奉旨依議，令建學宮。檄委知縣吕瑛、儒學戎輔，度地卜基，得城之西街左側，鳩工創建，規模略備。乾隆四十六年頹圮，知縣吴基龍重修，札貢生吴璠、廩生傅國斌董其事。嘉慶中知縣蔡元陵、武占熊相繼培修。道光中又圮，知縣蔣時淳重修，札貢生董芝茂、邱樹桐、李國材，庠生林春芳、覃德輝、高鳳翔等董其事。興工於道光二十二年，告竣於咸豐元年。規模宏敞，頗壯觀瞻。同治五年城陷，半燬於兵。九年知縣錢壎補修。◎採自李稿。

附 知縣吴基龍《重修荔波學宫記》："荔波之有學宫也，始自今上登極之二年。時因新建城於荔江之南，以苗民薰陶聖化者久，漸知詩書，習文墨，准督撫奏，奉旨令建學宫，定學額，誠千載一時之盛事也。距今不過四十年，聖天子壽考作人，振興文教，有加無已。乃學宫竟頹壞特甚，此何以故？蓋由建學之初，苗民能與考試者尚少。每學使歲科案臨，半爲别屬童生冒入。生徒散處，學師董率維艱，而縣宰之來涖斯土者，率多署事，不久任。是以日致蹉跎，不暇爲修葺計。惟陽曲李君在任二年，曾糾集生童，勸輸助修，立有樂輸簿。未幾，以運鉛去，不果。余捧檄署篆來荔，目擊心懒，刻不能安。因就李君之勸修簿生童寫有樂助者，隨其多寡而催收之。並合文、武同寅，各捐薄俸，共襄厥成。即命鳩工庀材，整舊更新。而以貢生巫璠、廩生傅國斌董其事。各生童等皆以爲此舉是培植地方，先其所當先也，亦踴躍從事焉。爰卜吉興工於乾隆四十六年冬月，告竣於乾隆四十七年五月。雖不敢言規模宏大，廟貌輝煌，而垣牆完固，殿廡齊全，頗足以妥先聖先賢之靈，亦聊以成李君未竟之事云爾。是爲記。」◎抄自李稿。

附　知縣錢壎《修孔子廟記》：「國家定鼎，將及百年，始建荔城。有城後乃立學。其有學，較諸縣爲最後；其有孔子廟，又在建城立學之後。歷吴、蔡、楊、馮諸大令，接踵創修，規模略備。至蔣君復更而張之，棟宇之巍峨，垣墉之宏敞，穆穆皇皇，誠足以妥聖靈矣。咸豐十年流寇至，城陷毁之。同治五年苗賊至，城再陷，再毁之。九年，余涖任，恭謁之日，樹木蕭森，荆榛充塞，非惟拜跪無地，且舉足莫由。乃命執斧斤者十人，伐之數日，始獲由門及坊，歷階升殿，上下四旁，周詳觀之。瓦礫堆中，惟餘兩楹。久剥蝕於風雨，枝梧杈枒，勢將傾圮。心竊傷焉。爰集諸紳耆，議捐貲修補。九年孟冬，鳩工庀材，自東西廡及禮門義路，惟牆垣依舊，高而榱題棟樑，外而窗櫺門扇，内而木主座龕，皆一一樸斵而丹雘之。自大成殿上及啟聖宫，則木之朽腐者易之，瓦之穿漏者覆之，壁之漫漶者杇之，石之缺裂者補之，有昔日所無而今日所有者，非任意增加，皆遵制擘畫。高以崇隆，深以邃遠，廣以閑閎，用表彰我夫子數仞之牆，宗廟之美，以仰副我國家之立學，而成吴、蔡、楊、馮、蔣諸君之志也。十年季冬，各工告成。自時厥後，有采芹采藻者，來摩其鼎鐘，觀其俎豆，撫其琴瑟，徘徊不忍去。必有思所以升斯堂而入斯室者矣。而余更有説焉：上古之學宫，皆祀先賢於西學，是也，但不知所祀之人耳。唐武德間，始立孔子廟於胄監，亦以有學立廟也。今則廟中無學，仍以學宫名之，問所謂講堂、横舍、射圃者，皆無有焉，則亦孔子廟而已。余之重修，亦修孔子廟而已。邑之入士，如因立廟之意，以追立學之意，則余之所厚望焉。」◎抄自楊稿。

附 邑先正李國材《詠壬寅修聖宫蔣星坪邑侯親入山市木，市主感之價，外送連抱樹四株，恭紀簡諸同事詩》：「敬聖如敬君，求木如求賢。壬寅臘月朔，步雪入遥山。山寒石确犖，去去不辭艱。夫豈無董事，親來致敬焉。格乃及椎魯，報効在當前。我輩觀民化，少疏殊赧然。我輩念公勞，事敢不當先。」

書院

一、荔泉書院 原在西街聖宫之左（後改爲典史署，即今司法處也，詳後蔡序及錢記），清嘉慶十九年，知縣蔡元陵創修，題其額曰「荔泉書院」。二十四年，知縣武占熊繼修。道光八年，知縣楊以增復增修魁星閣五間，講堂五間，齋房九間。同治五年燬於兵。十年，知縣錢壎改建於城東縣署舊基，新修上房五間，廂房十間，正中三間爲文昌閣，前門三間。光緒元年，知縣蘇忠廷爲書「荔泉書院」四字。◎採自李稿。

現設玉屏鎮中心學校高級部。

二、桂花書院 原爲學署，在聖宫之右（詳後蔡序），後改設書院，因門前有桂樹兩株，故名。民國後設小學校，現屬荔波初級中學。

附 知縣蔡元陵《修荔泉書院序》：「聖宫爲先務，楊博學□（碑上剥蝕不明者，下同）邀集邑中紳者，白以余志，並告其爲工甚巨而酌費之多寡。紳者等欣然樂從之，且並以興書院、遷學署同舉爲請。余於是歎地之靈，神之爲德盛，斯地之人之可與爲善，而民情之□□□□。爰遷學署於至聖廟之右，而以其地爲聖宫地，並於聖宫之左得書院地。擬構講堂學舍，俾諸生得以肄業，而顔之曰『荔泉書院』。蓋一舉而三善備焉。陳副戎又與同城諸校尉議，以書院之局少隘，割營地以益之。即今定中揆日之初，規模已宏遠矣。帝君之靈爽，應馨於此。人文之秀發，庶基於此也。爲籌其費，計白金一千有奇，可以蕆事。荔邑雖僻壤，由他省寄籍世傳者不乏，土著者亦蔚然興起，何患志之難成，役之難興哉。然而千金之裘，非一狐之腋。萬頃之淵，非一溪之水。使邑中人果能協紳者等共勷斯舉，將見吾道可南，人文炳蔚。鈞天廣樂，定有奇麗之觀；桂府蘭宫，必蓄非常之寶。況夫精淑之氣，鬱久必昌，瑰異之花，寒極而發。斯地以鬱久寒極之區，得神靈之呵護，將來發越之盛，定甲於黔中也。遂樂而序之。時嘉慶十有九年夏五月望後五日，署縣事知都匀縣知縣定棻蔡元陵撰。」

附 知縣楊以增《募修荔泉書院小引》：「夫事莫難於創始，而物尤貴於成終。荔邑向無書院，自前任蔡君倡議興修，至武君乃庀材鳩工，而書院之規模略備。第講堂、魁星閣尚未畢工，而齋房更屬闕如。若不急爲添葺，不惟後效難收，抑且前功盡棄，爲可惜也。爰與諸同人商榷，赴各里募化。凡我邑之人，皆當量力施助。庶幾衆擎易舉，不致半途而廢。覩乎人文以成化，亦將蒸蒸日上矣。」

◎抄自李稿。

附 知縣崇俊新《設荔泉書院生童月課膏火序》：「書院之設，原以課士子而培文風，當籌膏火以資鼓勵。經前署縣劉與各紳會商，易米市賣米皆爲斗，按數抽收，作爲膏火之費。無如相沿日久，未克遽臻成效。余蒞任踰月，奉文彙考。適有文童等互攻職員黃玉墀等之子，不准與考。後伊等願捐公項，請收考試。復有通事楊時清等援例捐助，呈請存案。更加武童申用章呈繳前届府試承認入籍銀兩。當即如數彈收。並將錢文移學，由齋長交商生息。此膏火有所出，而課試因以行焉。竊書院爲人文薈萃之地，課試即生童砥礪之期。幸勿以考試爲具文，徒拘守數篇黃卷，謂膏火爲無幾，不足資半盞青燈。爾生童等當知自奮，各盡所長。庶幾廣廈一十數間，不致虛設，捐貲二百餘貫，有所實歸也。是爲序。

附 「課試章程：一、每年以十課爲定，自二月初一日開課，至十二月初一日封課。一、膏火照取等第，按課發給。一、課卷每本給紙張工資錢十文。一、每課給書辦造册、寫榜紙張錢二百文。一、每年開課應試生童各級書辦報名費一百文。

「捐助公項姓名、數目：一、職員黃玉墀捐錢四十千文。一、通事楊萬清、蒙學清、朱樹琪、楊時清、蒙連升，武童申用章，營兵居興貴等各捐錢二十千文。一、職員劉詠芝、營兵陳錦雲等各捐錢一十千文。

「以上捐錢二百千文，發交齋長覃瑞模交商生息，每月認利錢三千文。按月繳清，作發膏火。嗣後由齋長輪流經營，勿得擅動，以期久遠。但爲數無幾，不過甫立始基，仍望後有作者，繼長增高，以勷厥事，是所深幸。時光緒九年八月也。」◎抄自楊稿。

附 知縣錢壎《改修荔泉書院記》：「天下府、州、縣皆有學，學各有師。然學之師，師而官也，尊而不親，與諸弟子不能朝稽夕考。於是州、府、縣又立書院，院亦各有師。院之師，官而師也，責有專司，與諸弟子能口講指畫。當今人才由於學，實成於書院也。荔波大亂初平，正風俗，興教化，當務爲急。則書院之設，豈容或緩。舊有荔泉書院，在西街，燬於烽火，今典史署也。茲改修於斯，前後屋，東西廂，共二十間，地則縣署舊址也。余豈好變更哉。自城爲賊毀，荒廢數年。余入城時，樹木成林，殘甎敗瓦，集如山邱，街巷東西，不能復辨。興工之日，先官衙，次孔子廟，次城隍廟，次書院義學，皆伐叢木，薙雜草，平大壟，剗小堆，以開基址，而逐次修造。有因地勢之宜，有就人力之便，於是有仍舊址者，有易新址者，然非有意矯揉，亦非信堪輿言也。或曰：地靈人傑，君易官衙爲書院，其有取於斯乎？余曰：非也。人傑則地靈耳。魯之闕里陋巷，特生大聖賢，有聖賢而里巷傳焉。若謂闕里陋巷爲生聖賢之地，何以聖賢之後不復有聖賢也？人傑地靈乎？唐魏徵曰：『大亂初平，易於教化，如饑者易食，渴者易飲。』荔波大亂之後也，余愧涼德，無以教之化之，所望爲斯院之師者，皆如嶽麓，如鹿洞。以上追闕里陋巷，則昌平曲阜之風，復建於斯世斯地矣。」◎抄自楊稿。

試院

荔波試院，清同治元年知縣吴德容創修。大堂、內堂各三間，賓從、廳廊、巡捕、公廳、號舍、頭儀、轅門、鼓房、牆壁咸備。五年燬於燹。八年知縣錢壎因其址改設縣署。即今之縣政府也。

附　知縣吴德容《創建試院敘》：「粤稽一方文物之盛衰，有氣數焉。其盛也，每由人開；其衰也，可由人挽，要皆守土責也。都勻舊爲黔中名郡，人文耆彦，翹然與各郡争衡。逮丙辰苗教各匪跳梁，郡治暨東北各屬，類皆陷爲賊窟。惟南面獨山、荔波兩屬僅存。然土寇蜂屯，都非完壁。歲丁巳，余承乏荔邑，莅任之頃，即以安輯良善、殄誅頑梗爲急務，募練編團，心力俱殫，全疆始靖。辛酉捧檄署理匀守，仍攝荔篆。值獨、荔遭苗匪之變，奔馳堵剿，轉危爲安。嗣大憲命督辦軍務，節次克復郡境各要隘，賊鋒稍斂。壬戌六月，以溽暑伏師旋荔。蓋兹七、八年間，日夜枕戈磨盾，幾若爲馬上治。都人士從余履戎行，建膚功者，殊不乏人。惟是地經風鶴，弦歌久廢。方欲承軍旋餘暇，興學敷教，爲移易風俗，漸摩仁義之地，非敢謂以文章飾吏治也。適是秋，奉提督催考之檄，實我心所欲爲。亟轉行獨山，並示荔邑生童，爰於今春彙試兩屬童場，歲科六届兼行。選其秀者，俾業學院，延師訓課，士氣條暢，彬彬乎有由衰而盛之勢。但學使按臨，例憑府治，而荔邑向無試棚。即擬創建，擇基維艱。荔營范參戎協堂爲余言：營有廢地，介學宫書院之左，勢頗寬敞。因偕余相度，左右文峯特聳，前朝岡阜，環繞舒秀。范君慨然捐出。即日鳩工庀材，口授指畫，昕夕並督，幾百日而聿觀厥成。暨大堂、内堂各三間，賓從、廳廊、巡捕、公廳咸備，悉全捐廉爲之；其號舍、頭儀、轅門暨鼓房、牆壁，爲荔人紳耆等捐資勷造。計爲屋數十間，拓地縱横百餘步，其規模之宏且壯，工程之浩且繁，而余不敢辭厥勞費者，亦念斯邦向日文物之盛，冀於今日起其衰，竭余守土之責已耳。工甫竣，學使澹吾陸公按試於兹，得文、武生百二十人，選拔即序貢成均者十有餘人。十年中磨勵以須，而濡滯不振者，一旦得脱穎而出。泮壁生輝，風雲壯采，可不謂極一時之盛矣乎。雖邇者郡治猶未克復，東北各屬尚隔聲教，以此先導，格苗民而歸雅化，不難操券焉。是舉也，范參戎協力經營，勤勞稱最，署尉余丞魯斯亦時相助爲理，以致雲蒸霞蔚，輪奂速成。而斯地又據荔城山水之盛，爲靈秀所種，闤闠市廛間，殆豐城劍氣，今始焕發。行見菁莪輩出，榜花疊開，文彦之興，駸駸日盛，則余今日創造，謂爲盡守土之責也可，即謂爲氣數之將轉也亦可。荔人士庶有以慰余望乎？余拭目俟之矣。至於有基勿壞，計垂遠久，以補余所未逮，則於繼踵高賢，深有仰賴焉。爰泐其事於石，以誌余之惓惓云。」◎抄自楊稿。

校舍

荔波中小學校舍，有因舊有廟宇培修者，有新建造者，有租借民房者。茲除租借民房者不載外，特將各培修及建造情形分述於後：

一、縣立初級中學　民國二十九年培修文廟及桂花書院爲中學校舍，禮堂一，教室四，辦公室、教員憩息室、圖書室、閱報室、儲藏室等各一，職教員寢室、學生寢室各若干，體育場，勞作場、學校園各一幅。至桂花書院原爲城區小學校址。民國二十七年曾建牌坊門一座。

二、玉屏鎮中心學校　係將荔泉書院培修爲校本部。武廟及昭忠祠、節烈祠、萬壽宫右側之觀音堂等培修爲分校。校本部原爲城區男小學，創修於清宣統二年。分校原爲城區女小學，創修於民國十七年。共計禮堂一，教室十二，圖書室、閱報室各一，寢室等若干，體育場二、牌坊門二，俱於民國二十七年補修。

三、朝陽鄉中心學校　民國二十四年，第一區區長覃冠卿呈請縣長雲騈核准創修。先由朝陽、花堤兩聯保籌款一千二百元，推當地紳耆覃庶哉、覃名臣、覃集哉、覃哲之等組織校董會辦理。計畫起前後兩進各七大間。殊僅立前進，款已罄。適雲縣長瓜代，宋縣長植枬蒞任數月，未暇顧及。後進柱料，幾至朽壞。幸汪縣長漢繼任，另飭當地籌款二千四百元。除三百元修花堤聯保初級小學外，餘二千一百元繼續完成該校工程。校董會推覃卓超負收支責任。繼因民工無人監視,計費工近萬而成績甚差。乃由校長潘益智,教員董朝斌、石懷德、覃卓超等每日課外率帶學生搬泥運瓦,挖土築牆,入山砍木,涉水挑沙;並遷原有之龍王廟六間,補修兩邊廂房各三間。又由歷年職員捐俸,並向鄉外各熱心教育人士化募,共計收入肆百捌拾陸元補助。學生勞力約占總工程三分之二,至二十八年夏季始告大體落成。計禮堂一,辦公室一,教室八,會客室、儲藏室及圖書閱報室等各一,職教員及學生寢室各若干。

四、董界鄉中心學校 民國三十二年成立,培修何氏宗祠及積穀倉作校舍。

五、陽鳳鄉中心學校 民國三十二年成立。鄉長玉炯勳、校長柏幹崇積極籌備新建校舍十一間,尚未落成。

六、方村鄉中心學校 民國二十一年楊家駿、莫伯丹等呈准抽紙塘捐創立校舍五間。二十五年校長覃福景將分縣廢署舊屋改作校舍,並建牌坊門。計禮堂一,教室六,接待室、辦公室、膳堂各一,職教員及學生寢室等各若干,體育場一幅。

附 邑人楊家鑫《方村分縣長徐笑漁興學紀念碑記》:「古者爲政立教尚矣,家有序,黨有庠,鄉有校,國有學。故治民莫先於化民,化民莫先於立教。立教無他,在得人而已。吾黔地處邊隅,文化落伍;而吾方鳥道蠶叢,開化尤難。在昔科舉取士,雖有一二先達,崛起棘闈,論者謂山環水抱、靈氣所鍾。改革以還,政治未入軌道,文風中墜,識者咸隱憂焉。雖邦人君子,一再提倡,惜乎得其道而未得其人也。時辛未,孫前分縣長去任,以地方罰款三百餘元作學校基金。又得地方熱心人士樂捐千元,斯校遂能開始創辦。然在王分縣長若公任內,新修校舍,功未半而經費告竭,若公又復於斯時升調他去。斯校命運，幾於不可希望。所幸今分縣長笑漁徐公下車伊始，即以興學爲急務，於是繼續努力，慘淡經營，於萬難中擘畫精詳，卒使斯校得有今日，謂非得人之道歟！迺絃誦繁興，菁莪蔚起，成績之熳然，固如是矣。其如經費問題，根本未固，設一旦風雨飄搖，而笑公又榮升以去，吾人借寇無術，感想之忱，寧有涯耶！鑫地方分子，曩雖謬膺發起，然于役日多，未克與斯校之百折艱難於終始，良足愧矣。今樂觀斯校之成，又顧慮將來，則艱難締造，可無述耶！爰不揣謭陋，略舉梗概，用誌笑公之嘉惠吾民，並以風來者。」

七、恒豐鄉中心學校　民國二十二年第四區區長韋學霖呈准創修校舍，計正房五大間，樓下中三間設禮堂，左右兩間爲辦公室、圖書室。樓上爲寢室。兩邊廂房各六間，上下共設教室八，牌坊門一座，體育場、學校園各一幅。爲本縣鄉間兩級小學成立之嚆矢。其規模之大，亦甲於全縣各校。

八、陽安鄉中心學校　民國三十二年成立，附設於積穀倉下。

九、三洞鄉中心學校　民國二十六年校長韋廷楠及地方熱心教育人士潘世忠、潘毓明、韋榮任、韋廷盛等創修。又得欽順寅樂捐校址。先將天后宮及黑神廟、關帝廟等遷作校舍，繼又新建七大間。計禮堂一，教室六，圖書室、辦公室各一，職教員及學生寢室各若干。

十、周覃鄉中心學校　民國三十二年成立，校舍由原有之初級小學校舍培修。

十一、從善鄉中心學校　校舍六間，民國二十五年修。

十二、瑶慶鄉第一中心學校　民國二十五年校長歐樹培、區長蒙學鈞創修校舍，由第五區捐款四千餘元，計四進，前爲校門，二三進爲圖書室、閱報室、辦公室及寢室等，第四進爲禮堂，左右爲教室，共計二十間。此外又有食堂、廚房等。地址寬闊，屋宇佈置頗適教學，惟高大宏敞則遜於恒豐校舍。

十三、瑶慶鄉第二中心學校 該校原爲「省立荔波小學」。民國二十七年三月，縣長汪漢領得胡文虎、胡文豹兩先生捐款三千五百元，組織校舍建築委員會，推覃質成、覃以介、白正邦等董其事。四月經始，八月落成。計禮堂三間，辦公室、接待室各一間，教室十二間，教員寢室二間，圖書室三間，樓上爲學生寢室，廚房二間，牌坊門一座，體育場、學校園各一幅。

十四、洞塘鄉第二中心學校 校舍三間兩廈，民國三十年修造，原爲聯保辦事處。三十二年成立中心學校，遂將原有之初級小學校舍與鄉公所對調。

十五、永康鄉中心學校 校舍五間，民國三十年新建，尚未落成。

十六、時來國民學校 將覃氏宗祠培修。

十七、福村國民學校 校舍三間，民國二十七年新建，未落成，已燬。

十八、花堤國民學校 校舍三間，係於民國二十五年撥朝陽小學建築費三百元培修。

十九、撈村國民學校 校舍三間，民國二十四年别動隊策動地方人士創修，工款由全鄉擔負。

二十、拿圭國民學校 校舍三間，民國十五年團總莫汝明創修，工款由六林一村擔負。

按 莫汝明對於教育頗具熱忱。二十四年創辦兩級小學，黎希賢任校長。是爲荔波第四兩級小學。正籌劃新建校舍於拉圭場，後因該鄉人士意見不和，以爲該地不適中，遷至拉奥村，即今之駕歐鄉中心學校也。校址遷後，提倡無人，校舍迄今未建。以駕歐鄉富户，甲於各鄉，而學校爲一鄉文化所關，竟無急公好義者起而謀之，殊爲憾事。春秋責備賢者，該鄉知識分子應難辭其責焉。

二十一、播緩鄉國民學校　校舍三間，在播緩場，係將過去鄉公所舊屋培修。

二十二、地維國民學校　校舍三間，在地莪場，係將過去鄉公所舊屋培修。

二十三、甲良國民學校　校舍三間，民國二十五年修造。

二十四、甲站國民學校　利用積穀倉培修。

二十五、茂蘭國民學校　校舍七大間，民國二十四年，別動隊策動地方人士修造，後改爲第五區公所。規模頗大，可辦中心學校。

二十六、水洋國民學校　校舍五間，民國二十五年新建。

倉廒

本縣倉廒，除縣倉爲舊義穀倉，在縣政府左側，清時由天駟宮地址改建外，其餘積穀倉均於民國二十六年奉令修建，軍糧倉均於民國三十二年奉令修建。茲分別列表於後。

荔波縣倉廒一覽表

鄉鎮別	倉別	所在地	容量	備考
玉屏鎮	縣積穀倉	縣政府左側	2 500石	
玉屏鎮	區積穀倉	三民路	2 000石	

續表

鄉鎮別	倉別	所在地	容量	備考
玉屏鎮	軍糧倉	湖廣廟	5 000石	
時來鄉	鄉積穀倉	舊縣	1 000石	
朝陽鄉	鄉積穀倉	田洞村一花堤村一	1 000石	
董界鄉	區積穀倉	洞莪場	3 000石	
董界鄉	軍糧倉	洞莪場	5 000石	
撈村鄉	鄉積穀倉	撈村場	1 000石	
駕歐鄉	鄉積穀倉	拉奥村	1 000石	
播瑶鄉	鄉積穀倉	播緩場一脚拱村一	1 000石	
陽鳳鄉	鄉積穀倉	陽鳳場一堯並村一	1 000石	
方村鄉	區積穀倉	方村街	2 000石	
方村鄉	鄉積穀倉	甲站場	1 000石	
方村鄉	軍糧倉	方村街	5 000石	

續　表

鄉鎮別	倉　別	所在地	容　量	備　考
恒豐鄉	區積穀倉	恒豐場	2 000 石	
恒豐鄉	軍糧倉	恒豐場	5 000 石	
陽安鄉	鄉積穀倉	陽安場	1 000 石	
周覃鄉	鄉積穀倉	周覃場	1 000 石	
周覃鄉	軍糧倉	周覃場	5 000 石	
莪蒲鄉	鄉積穀倉	水各村	1 000 石	
從善鄉	鄉積穀倉	姑賞村	1 000 石	
從善鄉	軍糧倉	古檀村	5 000 石	
瑤慶鄉	鄉積穀倉	洞流村	1 000 石	
佳榮鄉	鄉積穀倉	威巖村	1 000 石	
茂蘭鄉	區積穀倉	茂蘭場	2 000 石	
茂蘭鄉	軍糧倉	茂蘭場	5 000 石	
洞塘鄉	鄉積穀倉	洞塘場	1 000 石	
永康鄉	鄉積穀倉	水洋場	1 000 石	

按 水利鄉積穀倉未修。三洞鄉積穀倉因當時三洞係分爲上維下東兩聯保，由兩聯保籌款建倉於三洞場。當時聯保主任韋有倫、韋萬福已將建倉款收齊，尚未修建。繼而主任交卸，經潘少克、周承武、周兹臣等新舊交接，手續不清，互相推委，致由人民血汗捐出之建倉化爲烏有。而三洞積穀散在各保，究竟實有若干，不惟政府無法考查，即負責保管人潘作卿亦糢糊含混。再遷延時日，人事變更，難保不無損失。影響救荒要政，經手人難辭其責也。近聞縣政府分别款穀，嚴厲追究，以重儲政，而昭炯戒。

交通

道路

一、陸路

高寨渡官道 前後九百三十九丈，自西門外荔泉井上起至稗子坪止。清道光二十七年邑增生姜鳳翱、居民李國安、蒙定元、陶仲春、梁孝生倡首捐修。每丈價錢一百零十文。◎採自李稿。

水浪路 舊由董猛村後，清道光十七年邑貢生鄧而亨、董芝茂倡首募捐，改修至維寨前。◎採自李稿。

方便路　在巴乃里拉皓坡，清道光二十二年何安獻等捐修。◎採自李稿。

望城坡官道　距南門官渡場數武。清光緒十七年知縣梁宗輝捐廉重修。◎採自李稿。

縣城至方村官道　清光緒三十三年知縣黄鳳祥發起捐修。計程六十里。邑紳魏焕章董其事。◎邑先正覃金錫《修路記》云：「粤稽合方氏掌達津梁，野廬氏掌達國路，至於四畿。竊嘗讀經而羨之。歐美塗軌，整潔絶倫。我國輸入歐風，凡熱心公益，咸以建鐵軌、築馬路爲亟務，不禁延頸而仰之。夫豈不憚煩哉？蓋自治始於道路，能平其道，即徵能平其政，古今中外无異也。我邑林岑紆譎，嵬壘馮隆，自城至方村，爲往來孔道，雖克抖擻，未免行路難之歎。而熙熙攘攘，咸懷希望者久之。丁未夏五，邑侯黄公釆九，下車伊始，緣督以爲經。公餘，款段巡於路，慨然有化險爲夷之志。乃捐若廉，鳩若工，命魏君焕章司其事。是役也，起點東郭，蕆事方村，計程六十里，平窪跨也。丁未孟冬始，戊申季春止，計時閲六月，乘農隙也。或分鶴俸，或助蠅頭，計費六百金有奇，且沏以石，昭樂施也。書云：王道平年，邑侯有焉。僉曰：是不可不記。金錫息厂面牆，辭無詮次。而紀事徵實，俾後之君子，或乘車，或戴笠，一舉踵，一曳履，毋忘所自。且藉以興起公益之心，而擴張公益之事。蒙尤馨香而祝之。」◎採自覃著之《贅贅編》。

按　本縣各鄉所有石板路頗多。惟以創修年代及樂施人士多已失考，無從詳載。兹將各幹路近狀略述於後：

西北路　由縣城經本屬水利、方村、甲良，出獨山之漂洞至獨山。兩縣相距一百五十華里，至荔、獨交界之甲良卡八十華里。縣城至方村，原係石板路。民國二十六年以後，因計劃改修公路，故由花缽至方村段，多已撤壞。

東南路 由縣城經本屬時來鄉、永康鄉、洞塘鄉出廣西之大造坡至思恩。兩縣相距二百四十華里。至荔、思交界之雄關一百華里。路雖崎嶇，惟全砌石板，行人甚便。

正東路 由縣城經本屬時來、瑶慶、佳榮，出廣西之馴樂鄉至廣西宜北。兩縣相距一百九十華里。至荔、宜交界之坤地卡一百二十華里，均砌石板路。

正北路 由縣城經本屬莪蒲、周覃、三洞，出三都屬之己乃場至三都縣。兩縣相距一百七十華里。至荔、三交界之己乃場一百華里，坡坎不多，泥路及石板路參半；惟鄉路尚未修好，久雨時頗苦濘滑。又由三洞出河東溝至三都屬之垻街，沿河下至榕江。兩縣相距三百二十華里。至荔、三交界之箐口坡脚一百二十華里。箐口坡脚有溪，溪東南屬荔波，溪東北屬舊三合，東下至河西屬舊都江。路沿溪而下，俗所謂「九十九道脚不乾」是也。原屬獨、榕孔道。後因該地爲荔波、三合、都江三縣交界，崇山峻嶺，數十里無人煙（東南越重山二十餘里至荔波屬之古桃村，東北亦越重山十餘里至三都屬之水等、的生等村，東越河西數里至三都屬之燕寨、瑶平等村，西越箐口坡十餘里至荔波屬之板嶺、定成等村），隨時發生搶劫，現已荆棘滿途矣。

西南路 由縣城經本屬時來、朝陽、董界出白蠟坳至廣西南丹，兩縣相距一百四十華里。至荔、南交界之白蠟坳六十五華里。過去亦砌石板路。近年改修鄉道，多未鋪沙，行人每苦濘滑。惟道路平坦，往來便利。由董界鄉之王蒙場分走撈村鄉亦出南丹。路雖砌石，惟山勢崎嶇岁崱，跋履維艱。由縣城至交界地一百華里。

二、水路

縣屬之峩江，有小船由城至董界鄉之王蒙場，載重二千觔左右。此水係通廣西柳州，因在董界、撈村間伏流巖隙十餘里；撈村以下，又多急灘，致成死河，殊可惜也。

三、公路

按 總理《建國方略·第十六圖》載由貴陽至柳州公路，係經獨山至思恩，當以荔波爲必經之路。民國十七年，貴州前省主席周西成氏創修黔桂公路。採路者未經博訪，竟以由獨山經荔波至思恩之原路石山巉巖，興工不易，乃改道河池、南丹。蓋不知經荔波可以改道，且遠不過二三十里；而經河池、南丹，則繞道一百餘里。黔桂鐵路修築，因運輸關係，又不能不沿着公路，損耗人力、物力，難以數計。一錯鑄成，影響甚鉅，殊深浩歎。自公路通後，荔波人士，極力倡修支路。民國二十四年，馬路基金，業已籌派。因剿共軍興，黔局改變，遂中止。後雖屢次提倡，無如抗戰以來，人力財力，均感困難，未能寔現。民國三十一年劉縣長仰方到任，努力建設，請獨山西南公路工程處朱主任蒞縣踏勘，繼又請工程師吴海清、曾焕生蒞縣測量，曾於是年冬及三十二年春修築水利至甲良段。因抗戰期間民力有限，故不得不分期分段舉辦，以求兩得其全也。繼雖於三十三年兩次興工，又因奉令派工搶修黔桂鐵道及獨山飛機場，工致中斷。洎三十五年，於兵匪水旱災害頻仍之餘，忍痛籌款派工，修至縣城，全綫業已溝通，又因農忙暫停。三十六年，原擬整理完竣，而獨山應負責修築由藍寨坡至本縣界十餘華里段尚未銜接；省方承認補助之特工費亦未領獲，致功虧一簣。而自荔波至思恩之荔波段，特工更多，經費難籌，深望上級政府予以補助，能早日完成。則黔桂公路交通，縮短一百餘里，建國大業，有利賴焉。

本縣各鄉橋梁，修建頗多，已詳地理志，兹不贅。

驛遞

塘汛程途及兵額（無驛設塘）

在城塘北至花鉢塘二十里，額兵四名；花鉢塘至水利塘十五里，額兵四名；水利塘西至方村汛塘二十里、方村汛塘至扁家梁塘二十里、水利塘北至瑶埲塘十五里，額兵四名；瑶埲塘至甲站塘二十里，額兵四名；甲站塘至高黑塘二十里，額兵二名；出獨山。

在城塘東至瑶排塘二十里，額兵四名；瑶排塘至水堡塘十五里，額兵四名，馬兵一名；水堡塘至水錯塘二十里，額兵四名；水錯塘至拉宛塘十五里，額兵四名，馬兵一名；拉宛塘至水叉塘十五里，額兵四名；水叉塘至三洞汛塘十五里，額兵四名；三洞汛塘至坎牛塘二十里，額兵四名；坎牛塘至河東塘二十里，額兵四名；河東塘至小河塘，額兵四名；距二十里出上江。

在城塘南至水瑶塘二十里，額兵二名；水瑶塘至毛蘭塘三十里，額兵二名；毛蘭塘至中索塘二十里，額兵二名；中索塘至坡洞塘三十里，額兵二名；坡洞塘至布禄塘二十里，額兵二名；出廣西思恩。

在城塘西至巴灰塘三十里，額兵二名；巴灰塘至白蠟坳塘四十里，額兵二名；出廣西南丹。以上塘兵連馬兵共六十四名。◎採自李稿。

無驛設舖，歸知縣管理。縣前舖，喇皆舖，水巖舖，水浪舖，巴灰舖，董界舖。◎採自楊稿。

郵政

荔波郵政代辦所成立於宣統年間，辦理人楊敬三。民國十年設局，局長李心之、羅□□、傅□□。十六年又改設代辦所，辦理人黄斗元、楊樹屏。二十三年八月，郵電合併，屬電局，局長杜天禄。二十六年升三等局，附設郵政代辦處，局長陳静先、孫毓寬、彭雲龍、傅伯釗、李世仁等。方村街設代辦所，水洋場、洞塘場設信箱。郵局除辦郵政業務外，兼辦匯兑儲蓄、儲金、簡易人壽保險及代售特種有獎儲蓄暨甲種節約蓄卷等業務。

按 本縣郵局省内匯款，匯率爲百分之六點三。十五年經縣參議會電請省管理局准核減爲百分之二。

電訊

電報 荔波電報局成立於民國十年，局長丁一鶴、盧□□、杜天禄。二十六年併郵局，設報話代辦處。

電話 民國二十年縣長王公威飭財務局將十六年至十八年各區鄉兵捐尾欠名册交石成銘往各

區催收，作辦理電話基金。迄二十年底共收得三千九百餘元。二十一年縣長何幹羣召開縣政會議，推石成銘、徐泉舫赴粤採辦電料，計買獲十門總機一部，瑞典掛機五部及電綫、珠釘等回茘。二十二年元月縣長徐孟堅委石成銘任電話所長，開始架設各區電綫。四月，方村、董界、茂蘭、恒豐等四區通話。二十四年、二十五年石成銘又兩次赴粤，代各聯保買獲電機四部，增設從善、三洞、陽鳳、朝陽等區處。二十七年石成銘、黄品鑠又赴粤港，買獲電機五部，又代各聯保買獲電機十二部及電綫等回茘，始增架各鄉電綫。截三十二年止，茘波電話網共計十門總機一部、五門總機四部、分機二十七部，路綫共長四百五十六公里。各區鄉普遍設置，並可與獨山及廣西之思恩、宜北通話。民國二十七年縣長汪漢買獲收音電機一架，後因損壞，無人修理，存電話室。三十三年冬，敵寇陷城，全縣電訊設備破壞無餘，收音機亦被人盜賣。三十四年縣長張曜復積極籌購電綫電機及收音机。並令各鄉鎮準備電杆，自燒瓷珠，以縣城爲樞紐，分五大幹綫架設；並於方村、莪蒲、董界等處置五門總機，其餘鄉鎮均設分機。三十五年三月架設完成。外縣則可與獨山通話，脈絡貫通，通訊靈敏。

水　利

茘波河流，大底都低下，水低田高，少能利用，往往演成嚴重旱災。所有水利，除民間利用形勢，築塘開渠及修水車外（詳《食貨志・農事編》），尚無大規模建設。民國三十一年縣長劉仰方呈請省農田水利委員會派員蒞縣勘測，經測定縣城南郊及舊縣、朝陽、董界、茂蘭等五壩堰堤，預計可受益田畝一萬五千畝。惟須待珠江水利局第五測量隊到縣復勘，始可動工。此項建設，爲本縣所急切需要而渴望實現者也。

壇廟（專祠附）

社稷壇　有二：一在城北在城塘右，今祀之。一在城東河對面五穀廟左，係舊縣老社稷。方整端好，四旁土阜環列，若生成焉。前人砌以石脚，今猶存。◎抄自李稿。

先農壇　在城北二里，每歲仲春，莅斯土者，率士民敬祀先農，躬耕於此，示崇本也。◎抄自李稿。

厲壇　在北門外右手空地，俗名「祭孤壇」。祭時迎城隍行像於壇上，用紙書無祀鬼神等衆牌位列於壇下兩旁。◎抄自李稿。

文廟　在城西捕署右側，同治十年補修。◎抄自李稿（詳前《學宫》編）。

慶祝宫　積年未建，每遇慶祝等事，悉於文昌宫舉行。◎抄自李稿。

文昌宫　在城西文廟右側，同治五年苗變被燬，只存後殿三間，至今未建。光緒初年，改移於城東，建奎閣於其上。◎抄自李稿（詳前《荔泉書院》編）。

魁星閣　向在荔泉書院内屋樓上，後移於文昌宫内桂香樓之上層，同治五年燬。◎抄自李稿。

武廟　有三：一在東北城内隅，乾隆五年遊擊李勳捐廉重修。嘉慶十年遊擊慶喜補修。咸豐辛酉燬於兵，知縣吴德容重修，增立天子臺、四配、兩廡、泮池、黌牆等制，與孔廟同。始改像設主。同治丙寅苗變復燬，今已建。一在舊縣舊街，明萬曆知縣劉邦徵捐廉創建，今猶存，然已有坍頽待葺處矣。一在方村縣署左側，順治十六年知縣王家珍捐廉創修，燬於同治初年之亂。◎抄自李稿。

按 三洞場原有關帝廟一座，起自何時失考。民國十五年滇軍過境被燬。二十六年三洞小學成立，由廟款修屋三間假作校舍。

又按 方村武廟已建，今之區署後進，即關帝廟也。惟修復情形未詳。

城隍廟 有三：一在城内北隅，乾隆六十年士民捐修。咸豐辛酉燬。知縣吴德容葺爲課士之處，分俸延師，時復親臨面試。同治五年燬於兵，九年知縣錢壎重修。一在舊縣，明萬曆間知縣劉邦徵創建，同治中燬。一在方村，順治間知縣王家珍捐修，燬於同治初年之亂。◎抄自李稿。

按 城北城隍廟戲臺早已坍塌，兩廡亦朽爛不堪。民國三十年縣長段叔瑜改設地方行政幹部訓練所。

附 知縣錢壎《重修城隍廟記》：「嘗考之禮，天子大蜡八，水庸居七。水則隍，庸則城也。三代以上，城隍之祀，已與城池並立，由來久矣。同治五年，縣城燬於苗賊，城隍廟亦燬。九年，余來任，甫下車，以城池爲一邑根本，汲汲謀修之。九年夏舉工，甎瓦石木，皆余倡議勸募以足之；棟宇之長短廣狹，皆余口講指畫以成之。雖非崇閎，亦免湫隘矣。神於吴赤烏時，禱者免水旱災；南北朝慕容儼及武陵王之祭，皆大著威靈。唐以來，羣縣皆立城隍，宋入祀典。至我朝靈異尤盛焉。故荔波以巖疆亦存廟貌。而今而後，城池鞏固，黎庶恬熙，則永沐神庥於無暨矣。」◎抄自楊稿。

附　邑先正覃金錫《城隍廟碑記》：「洋洋丕昭感應，使古今天下貴賤賢愚，聽晨鐘，聆暮鼓，猛省求其放心，而不敢泄沓自肆者，其鬼神乎！欲正心，須敬神，而敬神須自城隍始，敬城隍須自葺廟始。考廟在邑城北，歷有年所。前之修葺，實繁有徒。惟無存儲，無歲修，物换星移，坍圮不一。欲葺廟須自捐貲始。光緒庚子，邑侯黄公錦章，廉而慎，乃葺斯廟。屬金錫倡之，並劉君梅亭、魏君焕章經理之。我邑紳若民，咸解囊有差。廟内向有頹牆也，因之則革其故；廟後向無兩廂也，創之則鼎而新。泥者墁之，黝者堊之，缺者完之，狹者展之。醵數百金以爲費，閱十一月以爲工。而咸仰黄公爲更始。雖然，後之視今，亦猶今之視昔。嗣而葺之，終之始之，始之終之，循環無間。是所望於隨時猛省之君子。」◎抄自楊稿。

龍王廟　有二：一在東門外樟江岸上，附郭臨江。同治五年燬於兵，後已復建。一在巴灰里砦龍岸上，亦燬於同治初年，皆未詳其建始。◎抄自李稿。

按　巴灰里龍王廟兩進，前進五間，後進三間，兩邊廂房各三間。在河岸荒坡上，距村寨里許，每爲匪類藏身之窟。民國二十五年，益智創辦朝陽小學。因校舍新建之初，材料頗感缺乏，乃商之地方紳耆，並呈准政府，以學生力量，遷至對岸培補校舍，所得磚瓦木石頗多。現該地僅遺荒址耳。

五穀廟　有二：一在舊縣田壩。一在巴乃里棣瑎村前。◎採自李稿。

按　朝陽鄉花堤村有五穀廟一座，今尚存。

天駟宫　俗名「馬王廟」，今其地改作縣置糧倉。◎抄自李稿。

名宦祠　在學宫内，知縣楊以增有惠政，人思慕之，作長生禄位祀於其中。苗變燬之，迄今未設祭主。◎抄自李稿。

鄉賢祠　在學宫内，向未設祭主。按荔波之有鄉賢祠，由來久矣。而未聞詳題奉祀者，豈斯鄉之無賢哉？賢不自賢，人又不知其賢，而賢遂湮没不彰耳。夫前代之不可考者無論也，第以晚近言之，亦自有生平事實膾炙人口而不愧鄉賢之目，如孝廉方正邱君樹桐者，非其人歟？邑人士心嚮往之，然顯揚題達，是所望上於上官。姑志之以待合詞請命焉。◎抄自李稿。

昭忠祠　咸豐八年，知縣吴德容始建於城隍廟左側，十一年燬。同治二年吴又改建於武廟牆外，五年城陷又燬。◎抄自李稿。

光緒二十五年，知縣張濟輝捐修。題聯云：「當年兩次陷城，百戰健兒飛刃血；此日重新祠宇，一龕香火慰忠魂。」◎抄自楊稿。

節烈祠　在東北炮臺内，昭忠祠後數十步。祀失城死節婦女一千有奇。同治二年，知縣吴德容捐修。題聯：「節殉危城，垂名不朽；烈昭彤管，視死如歸。」又云：「城市山林，一塵不染；鬚眉巾幗，萬古猶香。」額云：「女中丈夫。」五年苗變燬。◎抄自李稿。

光緒十三年，知縣宋澤春捐修。題聯云：「於干戈擾攘城郭淪亡時，尚能罵賊捐軀，奇男子未若一朝慷慨；從士女流離老幼轉徙後，想見清風古井，惟淑人庶幾永世馨香。」◎抄自楊稿。

蔣公祠　在城隍廟後，同治元年知縣吴德容捐修，五年城陷被燬。◎抄自李稿。

光緒二十五年八月知縣張濟輝改建於桂花書院後進。並書上諭一道懸於龕上。其文曰：　禮部爲移咨事：　祠祭司案呈内閣抄出光緒十五年十二月十五日奉上諭：「都察院奏貴州京官修撰趙以炯等呈稱：知縣守城陣亡，請捐建專祠，並宣付史舘一摺。已故署貴州荔波知縣蔣嘉穀，因於咸豐年間，賊匪竄境時，該員力保危城，陣亡慘烈，業經追贈知府銜給予世職。茲據該修撰等臚陳戰功政績，著照所請於該故員死地方及原籍捐建專祠，並宣付國史舘立傳，以彰忠藎。該衙門知道，欽此，領遵到部。相應移咨貴州巡撫轉行原籍，一體遵照辦理可也。」

並題堂聯云：「是名將乎，是名儒乎，特地振孤軍難忘碧血丹心苦；真大才也，真大節也，崇祠環古木恍聽金戈鐵馬聲。」「忠義重莪山，當年馬革言旋，公爲生靈拼血戰；勛名垂竹帛，今日豹皮無恙，我來憑弔爇心香。」又題祠外一聯云：「問令尹之賢曰忠，看懔懔如生，自古艱難惟一死；有大勛於國則祀，歎滔滔皆是，幾人夢想到千秋。」側門一聯云：「與百姓有緣，已死都教門近市；衹一牆之隔，先生何幸聖爲鄰。」（祠後爲市場，祠左鄰聖宮）並在學署空地築一客廳，爲邑人士聚會之所。中懸一聯云：「四座酒香拼客醉，半樓山色耐人看。」◎採自楊稿。

寺觀

西峯閣　在迴龍山上，祀文昌帝君，同治初年燬。◎抄自李稿。

觀音閣　有三：一在城中北門右，高聳三丈餘；一在董界里下廟村後；一在巴乃里棣堦村，俱燬於同治初年。◎抄自李稿。

按　董界板麥村後有觀音寺一座，今猶存，惟何修建已失考。

壽佛寺　在東大街，即兩湖會館也，同治五年燬。◎採自李稿。

按　後已修復。現設軍糧倉於前進樓上。

萬壽宫　在城北大街，即江西廟，祀許真君，同治五年燬。◎採自李稿。

按　後已修復。現設縣党部。三洞場下街有萬壽宫一座，係欽語揚創修。民國二十六年遷至場垻起三洞小學校舍。

玉虚宫　在城東大坪子，即兩廣會館也。同治五年燬於兵。◎抄自李稿。

按　後已修復，現設衛生院。

附　邑先正楊樹荃《培修玉虚宫序》：竊聞莫爲之前，雖美弗彰；莫爲之後，雖盛弗傳。如我兩廣會館玉虚宫，始建於乾隆十三年。棟宇輝煌，規模壯麗。自兩次城陷被燬，瓦礫成堆。行者過之，不勝今昔之感。光緒乙酉，署荔波縣事廉泉劉公，管帶上江協營軍榮軒王公，管帶荔波營練軍文山邱公，各捐鶴俸，併力鳩工。惜規模牊定，三公相繼卸篆。自時厥後，鄉人屢欲繼起，咸以力小任重中止焉。因陋就簡，乏術補苴，繼長增高，功虧一簣，都人士太息久之。今幸統領南路各營練軍采山李公者，吾粤之梅縣人也，保障邊城，辱臨敝邑，嘆桑梓之明神，差同冷社，撫宫室爲禾黍，未免傷懷，慨然樂助多金，創議培修前後。爰屬余董成其事。但一木難支大廈，而人樂先賴神安。所望同鄉諸君子，隨緣結善，集腋成裘。祖師在天之靈爽，其式憑焉。廢興墜舉，將於我統帥聿觀厥成也。夫何美之弗彰，盛之弗傳哉。是爲序。◎抄自楊稿。

天后宫　在城西大街，即福建會館。軍興以來，各廟皆被燬。惟此廟及聖后規模尚存。◎抄自李稿。

按　現設徵兵事務所。

忠烈宫　在城北大街，祀唐將軍南霽雲，俗呼黑神廟。同治五年燬。◎抄自李稿。光緒二十三年，知縣白建鋆修復。民國初年前進戲樓又失慎被燬，僅存正殿與後殿。三十年改爲忠烈祠，正殿設抗戰陣亡將士牌位，移南將軍等牌位於後殿。現設鎮公所。

按　三洞場有黑神廟一座，建始已失考。民國二十六年移設三洞小學校舍。

附　邑先正覃金錫《重修忠烈宫記》：大觀在上，巋然於城北之衢者，新忠烈宫也。邑人僮僮然眴轉以遊，傴僂以敬。僉曰：自丙寅苗叛，宫火於賊，僅存白棵一株，蕭然在目。而重修爲任，聞其無人，不圖後勝於前，得睹輪奐爲快。是役也，權輿丁酉，訪落戊戌，殆匪夷所思乎？抑别有道以致之乎？曰：有。初庀材，楹缺其一，溪漲，浮大木，其堅多心。工度之，若合符節，蓋承天寵也。邑城鄉捐二千金有奇，制度數，不傷財。蓋民忘其勞也。獨是民之渙也互觀望，天之高也迄無言。果何以上棟下宇而徵大壯哉。邑侯白公，上感天心而下孚民志也。督工則乾之健，收功則咸之速。既驗鼎之心新，允卜恒之久。微邑侯自強不息，孰能與於斯。官紳士庶樂捐，芳名刊於後。時魏、巫、粱、劉諸君，分任重修，貞固足以幹事，是亦昌黎所云，得牽連書者。◎抄自楊稿。

火神廟　在忠烈宫内，已燬。◎抄自李稿。

三界廟　在遊擊署址箭道中，同治十一年知縣錢壎創建。◎抄自李稿。

按　光緒十年知縣劉樹培、統領王恩貴捐廉勸募重修。年久剥落坍圮，民國二十七年縣長汪漢遷前樓於公園，建大衆俱樂部，又將正殿改向東（原向西），現設民衆教育館。

附 邑先正覃金錫《重修三界廟記》： 三界神之爲靈昭昭也，楚、粵、黔咸敬之。邑向未有廟，有之自刺史公銘三先師始。惟創之之艱，奠兩楹，妥廟貌而已。光緒甲申劉邑侯廉泉、王統帶榮軒，粵籍也，爰咨爰諏，捐廉勸募，改湫隘而增爽塏。燦然而聳峙者爲門，巍然而宏敞者爲樓，翼然而左右者爲廂。維時族叔范堂裕菴，親家何君少白，鳩其功而司其事。派何逵九、蒙紹楨、覃曉册、蒙冰臣等承領捐簿，往捐各里，金錫分捐瑶慶、巴容。向使告厥成功，有始有終，豈不懿歟！乃輪奂甫彰，而劉若王相繼瓜代。自時厥後，或以仕而北上，或以訟而赴郡，或以疾而物化。工未竣而各里分捐者均未繳薄，收數多寡，無從核算，歲修款尤未遑議及，而廟亦陊剥屢矣。雖然，樂捐者不可泯也，收捐者不可忽也。各里經手，猶可説也；金錫經手不可説也。謹將瑶慶、巴容捐數，紀之貞珉，俾有所考云。

◎抄自覃著《贅贅編》。

惠民宫 即四川會館，在城東北隅。

蕭曹祠 在縣署内。◎抄自李稿。

會神祠 在縣署内。◎抄自李稿。

花婆廟 在城隍廟内，同治九年邑宰錢壎建修。◎抄自李稿。

土地祠 城中有五： 中央一，四門各一，燬於亂，重修未齊。◎抄自李稿。

按 各鄉原有土地祠頗多，近年破除迷信，隨被拆燬，現存者無幾矣。

其他

字藏

字藏有二：一在城東大坪子，清光緒十九年修；一在三洞場，建修年月未詳。

附 邑先正梁占魁《捐修字藏序》：字藏，一名字庫，以惜字名，實非名也。邑城自咸同兩陷後，字藏無名久矣。往予有勸修字藏序名。時以捐簽不多，且經始乏貲，名卒不立。頃偶爲同學覃君二如談及。二如年未四十，家僅中貲，因素有輕財好義名者，遽慨承焉。即日召匠庀材，合需砂灰、磚石、工資，悉先墊發。他人捐貲後，獲多寡，一切不問，予滋愧矣。或曰：二如現以乏嗣而好名，固應爾爾。予曰：不然。二如日者曾有捐田施棺獨修南門衢路諸善舉，名類也。語云：三代下惟恐不好名。世不乏乏嗣，而好名者何僅見也。物以好聚，名不虛立。且二如自昔誕降，尊君年垂六十，今猶健在。蚌珠有種，何難於二如，拭目視之。至衆捐後獲若干，序應泐石鈫藏，尚難懸擬，惟此藏得名一旦，有志竟成，故序以志予愧；並以風世之殖財而不好名者。光緒十九年三月 日◎抄自楊稿。

培補玉屏山

山半爲雨水沖裂兩道，寬深五六丈，長者三十餘丈，短者十餘丈。清道光二十五年知縣謝人龍勸捐培補。

附　邑先正邱樹桐《培補玉屏山記》：「捧莪皆山也，挺然特出一玉屏，方正闊大。前朝天馬，後峽石龍。左列將軍，右環武庫。巖巖氣象，令人肅然有敬焉。溯自乾隆初年，經略張公來定此邦，因喜此山之毓秀鍾靈，包孕萬有，旋請設治於其間。相其陰陽，則一河玉帶，劈分新、舊兩城，渾如太極圖也。觀其形勢，則万頃良田，鎖住龍、獅二口，宛如殽函關也。其他兒孫羅列，波水瀠洄，成形成文，固不待言。以故合境人民，享太平無事之福者數十載。未幾，玉屏崩裂，山嶽不靈，是以有嘉慶十七年之變。善堪輿者，不曰文廟宜修，即曰玉屏宜補。慨然有補玉屏之願。道光十三年，邑侯長沙魯公，惜事未舉，以解組去。若修文廟，嘉慶末年，則有若邑侯蔡、武二公；道光初年，則有若楊、蔣二公；且添建文昌，創書院，立義學，宜乎人文蔚起，禍亂不生。何以道光二十三年合城又爲之一變。此皆未補修玉屏之故也。天心仁愛，復起巖疆。特簡漢陽劉公來篆峩山縣尉。下車伊始，覽山川，商富教，汲汲以辦考費補玉屏爲急務。適逢漕帥朱公省墓遊止，更適邑宰謝公捧檄來兹，情深桑梓，望切菁莪，爰捐廉俸，出告示以爲一邑倡。俾縣尉公得成己志，以成魯公志。歷巡四境，化功德不惜齒牙；勸諭四民，捐貲財以運土壤。躬督挑雲擔月，出入披星；手數玉粒青蚨，單寒沾露。子來濟濟，公至紛紛。約費四百餘金，補完千古缺憾。是舉也，起於端午，成於中秋。僉曰：非縣尉之力不至此，縣尉功不肯居，而歸之邑侯謝公；謝公不受，歸之漕帥朱公；朱公屢來函不自任。山既傾於數十年以前，山忽成於數十年以後，殆有天意存乎其中，則亦歸之天而已矣。桐不敏，贊襄厥事。爰計其顛末於右，以俟後之應運輿者，知所由來歟！是爲記。」◎抄自楊稿。

卷伍　政教志

孔子曰「道之以政，齊之以刑」，政也；「道之以德，齊之以禮」，教也。蓋政者爲治之具，刑者輔治之法，德禮則所以出治之本，而德又禮之本，此其相爲終始而不可偏廢也。孔子相魯會夾谷，齊侯以孔子知禮而無勇，使萊人以兵劫魯侯。孔子以公退，曰：士兵之。孔子又曰：「善人教民七年，亦可以即戎矣。」蓋有文事必有武備，是武備又爲德禮政刑之輔也。

荔波古稱荒服蠻夷，視爲化外。宋置羈縻州以後，恩德未施，禮教未及，政刑有所不逮，則繼之以師旅，是以干戈擾攘，歷年不息。清中葉以還，讀書明禮者，雖不乏人，然而鳳毛麟角，寥若晨星。民國肇造，政教兼施。三十年來，雖以才財兩乏，政績未徵咸熙，然而綱舉目張，已納民於軌物；教育未能普及，然而識字者已佔百分七八以上。此後仁漸義摩，禮陶樂淑，將見大化成而禮讓興，德教治而民氣樂，徵保合於太和，發馨香於郅治也，豈不懿歟！

志政教。

縣制沿革

荔波在元季、明初，爲皮、蒙、雷三土司割據。其建立原起，分域世次，改革緣由，組織系統，已無可考。明正統間改土歸流。嘉靖間設縣，屬廣西慶遠府。設知縣一，典史一，住時來。清順治十六年，移縣治於方村。乾隆二年移今治，增設儒學訓導一員。方村縣署改爲桂花分縣，設縣丞一人；雍正間改爲理苗縣，同治間改爲理民縣，光緒間改爲方村縣丞，民國初年改爲方村分縣，設縣佐，俱承知縣之命，掌理當地巡徼、彈壓、勘災、催科等事務，二十五年裁。至正縣除典史掌巡捕，訓導掌訓迪，另設署外，縣署内設刑名師爺一員，管理財政出納事項；吏、户、禮、兵、刑、工六房等各設經承一人或二人及辦事員若干人。至地方組織，分十六里。里設鄉正，鄉正之下設保正、團長、牌長等。又每里設通事一人，俗名管里，負通譯語言及催收丁糧等事項。

民國成立，縣署改爲縣公署，設縣知事一員。縣知事以下設科長，綜核前之吏、户、禮、兵、刑、工六房文稿；設承審員，秉承縣知事之命審訊民刑案件；設管獄員，管理監獄及民刑看守所人犯；設經徵員，徵收地丁錢糧。其隸屬者有經費局，後改爲財務局，管理地方經費；勸學所辦理全縣學務；勸業所桑區管理員，主辦實業。至於地方組織，設團防總局輔助縣官辦理全縣政務；下設六區，區設區長，每區轄若干里；里設團總，團總之下，設保董、甲長、牌長等。

民國十五年，縣公署改爲縣政府，縣知事改爲縣長。縣政府之下設公安局，管理縣城及附郭盜匪防衛事宜；財政局管理地方經費；教育局管理教育行政及教育經費；建設局管理實業及建設事項。此外又設農業試驗場，研究改良農業事項。又倣川省制，各縣省款年收在一萬元以上者，設徵收局，局長由省政府派委，經徵國、省各稅。

民國二十年二月籌辦自治，區之下設鄉鎮閭鄰。民國二十四年，裁局併科，徵收局及公安、財政、教育、建設等四局職務均統一於縣政府。縣長之下設秘書一員，一、二、三科各設科長一員。各科設科員二員，事務員一員至二員及録事等若干員。第一科職掌内務、典禮、警團、户籍、衛生；第二科職掌税款、經費收支；第三科職掌教育、建設。又分設督學視察教育，技士辦理建設；設會計主任辦理經費審核；設兵役主任辦理兵役事務；設區務督導員辦理保甲事務；設肅清煙土辦事處辦理禁煙；設合作室辦理農村合作事業。至地方組織，因貴州劃爲「剿匪區」，改聯保制，區之下設聯保主任、保長、甲長等。又有附設於縣政府内，或不設於縣政府而以縣長爲主官者，如司法處以縣長兼理司法行政及檢查事務；國民自衛總隊部設總隊長一人，以縣長兼任，另設督練員二人，書記事務員、司書各一人，辦理隊部事務，又設訓練員若干人，派赴各區訓練壯丁；保安警察大隊設大隊長一人，以縣長兼任，另設大隊附、分隊長等，率領隊兵分駐城鄉，負緝捕匪類保衛治安之責；地方財務委員會，以委員九人組織之，設主任委員及出納股、稽核股主任各一人，由委員中選任，管理地方經費出入事宜；教育委員會，由縣政府聘任委員七人組織之，規劃促進全縣教育爲宗旨；義務教育委員會，縣長兼主任委員，聘任委員十人組織之，辦理改進義務教育事項；動員委員會，以縣長、黨部書記長、軍訓教官、駐軍長官等爲委員，縣長兼主任委員，辦理精神總動員事宜；國民經濟建設運動委員會支會，縣長兼會長，聘任設計委員、專門委員若干人，辦理各種經濟建設事務；優待出征家屬委員會，以縣長、黨部書記長、縣政府主管科長、地方財務委員會、縣商會、慈善團體、法定團體等負責人組織之，辦理優待出征軍人家屬事宜；農田水利整理委員會，縣長兼主席委員，另聘委員八人組織之，辦理水利事項；教育經費稽核委員會，以委員九人組織之，稽核教育經費收支是否確實、預算已否遵行；禁煙委員會，設委員五人，除縣長及第一科長爲當然委員外，餘由縣政府聘任，辦理禁煙事務；振濟會，由縣政府聘任委員五人或七人組織之，辦理災害救濟事項。

民國三十一年元月，實施新縣制，縣政府設縣長一員，縣長以下分民政、財政、教育、建設、軍事、社會、糧政等七科，各設科長一員。又分設秘書、會計、統計、警佐、合作等五室及徵收處，除秘書室設主任秘書一員助理秘書二員、警佐室設警佐及督察、訓練員、辦事員、書記等各一員外，餘均設主任一員；關於軍法及司法、檢查事務，另設軍法承審員一員處理。至三十二年二月，裁社會科，業務分由民政、教育兩科辦理；裁糧政科，業務併田賦管理處辦理；并取消統計、警佐、合作三室名義，統計業務併秘書室辦理，警佐業務仍設警佐兼城區警務所長一員辦理，合作業務仍設合作股主任一員辦理。此外又設縣指導員五、督學三、技士二、科員二十六、軍法書記員一、合作指導員四、督察訓諫員一、事務員十八、録事十四。此外設衛生院辦理衛生，設保安警察隊及警察所維持治安，設地方財務委員會及縣金庫經理地方財務，電話室辦理城鄉電話。至司法處仍照舊組织。國民自衛總隊部於民國二十九年改爲國民兵團，縣長兼團長，另設副團長一員，團附一員及督練員、書記事務員、司書等。三十年秋，國民兵團裁撤，併軍事科辦理，三十一年五月又恢復國民兵團名義，以軍事科長兼副團長。又於民國二十九年設土地陳報處，縣長兼處長，另設副處長一員及編查員等若干員，辦理土地陳報，結束後，改設田賦征收處，繼又改爲田賦管理處，仍以縣長兼處長，另設副處長一、科長二，糧政股長一、會計二、技士一、科員七、辦事員三、雇員五，此外設徵收處七，各設主任及收儲股長各一、稽征員二，倉庫十四，各設管理員、助理員各一，辦理田賦及軍糧等事項。至衛生行政，原屬縣政府民政科辦理，民國三十年成立衛生所，設所長、醫佐、事務員等各一；三十一年改設衛生院，設院長、護士、助産士各一，護産助理員四、事務員一，辦理衛生業務。此外又設動員會議、兵役協會、教育委員會、文獻委員會、振濟會、戰時教育推行委員會等，推進各項業務。縣以下各級組織，區署設區長一員，指導員、雇員各五員，輔助縣政府推行政令；鄉鎮公所設鄉鎮長一員，民政、經濟、警衛、户籍、文化等幹事及書記各一員；保辦公處設保長、副保長各一員；甲長辦公處設甲長一員。規定縣爲自治單位，區爲縣政府輔助機關，鄉（鎮）爲縣以下基本單位，保甲爲鄉（鎮）以内構成分子。三十五年春，奉令試行民選鄉鎮長。

黨務

荔波縣黨部成立沿革

民國二十四年九月十六日成立「中國國民黨貴州省荔波縣黨義宣傳員辦事處」，由省黨部委宣傳員舒明永蒞縣辦理，設辦事處於城北街萬壽宮。二十六年七月一日，奉令改爲「中國國民黨貴州省荔波縣黨部」，同年十月十六日，縣黨部負責人改爲特派員制，仍委舒明永爲特派員。二十七年二月底舒離職，由省黨部調派葉光明繼任。二十八年一月，縣黨部負責人改爲書記長制，仍委葉光明爲書記長。荔波縣黨務，在葉任頗有進展。二十九年二月，黨政不調，省黨部調派周開運繼任，黨務無形停頓。三十年四月周開運辭職，吴德塏繼任。三十一年十月，吴又辭職，周繼光繼任。三十三年九月，選舉執監委員。周繼光、覃福景、周源泉、覃思永、陳企崇當選執行委員，楊文書、王惠堯當選候補執行委員，周繼光爲執行委員會書記長；潘益智、黄興華、韋廷澤當選監察委員，石懷德當選候補監察委員。潘益智爲監察委員會常務監察。至是黨務始恢復舊狀。是年冬，敵寇陷城後，周調任獨山縣黨部書記長，潘辭職外出。三十四年春，委本籍人黄印壽繼任書記長，黄興華繼任常務監察。

此其沿革大概情形也。

荔波黨務推進情形

荔波在黨義宣傳員辦事處未成立以前，黨員寥寥無幾。在二十七、八年時期，雖有黨員數十人，然多屬預備黨員。三十年以後，策動各級公務員入黨，截止三十二年九月止，計全縣黨員爲七百一十八，區黨部一，區分部十四，直屬區分部十，小組七十四。

司法

荔波司法事務，原由縣長一人總理。清代設刑名師爺一員，輔助知縣辦理刑事案件。民國成立以後，設承審員秉承縣知事之命，審訊民刑案件；設管獄員管理監獄及民刑看守所人犯。二十五年司法獨立，成立司法處，專設審判官一員審理民刑案件，下設書記官及録事等。縣長仍兼軍法審理及司法行政檢察事務。歷任審判官爲夏域春、夏念祖、張衍傑、唐頌堯等，而夏域春在職七年，案積如山，有訟纍三五年不決者。三十二年，夏念祖到職，始清理積案。三十四年，張衍傑到職，不數月奉調。三十五年，唐頌堯繼任，司法業務，始漸上軌道云。

武備

兵制

緑營　荔波縣營，原係廣西河池營分防舊治汛地。乾隆二年建城，增設在城遊擊一員，月薪六十兩；存城守備一員，月薪三十二兩；千總二員，一存城，一分防三洞汛，各月薪二十四兩；把總四員，一分防方村汛，餘存城，後又分一員駐九阡，各月薪一十八兩；外委六員，一分防三洞汛，餘存城，各月薪八兩；額外三員，俱存城，各月薪五兩；馬、步兵丁原額八百名，隨後遞有增減，分防三洞汛一百二十名，方村汛六十六名，餘存城，各月餉一兩九錢九分，每月加米折五錢。

以上員額，如係署理者，只領半俸。

練營　荔波練營設管帶一，月薪五十兩；中、左、右哨官各一，各月薪一十八兩；副哨官三，各月薪八兩；練兵三百名，由緑營兵額撥充，各月餉一兩九錢二分，清光緒三十一年，加至二兩四錢。

兵役

民國二十二年，中央政府廢除募兵制度，改行徵兵。公佈兵役法二十一條，自二十五年三月一日起實施。二十六年六月，貴州成立軍管區籌備處，設貴興、鎮遵二師管區，下設團管區六。荔波屬鎮遵師管區獨山團管區，承其命令指揮、辦理全縣兵役事務。按荔波縣政府三十一年工作報告，全縣壯丁爲一萬五千零五十五人，内計甲級壯丁（二十歲至三十歲）爲八千八百九十三人，乙級壯丁（三十歲至四十歲）爲六千一百六十二人；其中應免役者爲五千八百二十六人，内計甲級壯丁爲二千五百五十八人，乙級壯丁爲三千二百六十八人；應緩役者爲五千七百八十人，内計甲級壯丁爲二千二百三十四人，乙級壯丁爲三千五百四十六人。至三十二年十月截止，共徵去新兵爲四千二百九十六人，内計二十七年徵去二百四十人，二十八年徵去四百八十人，二十九年徵去六百六十人，三十年徵去八百四十人，三十一年徵去一千二百人，三十二年十月以前徵去八百七十六名。

按　本縣兵役，原來配額過重；復以連年災害頻仍，人口由十萬減至八萬，擔負原額，更感困難。三十五年縣長張曜及參議會議長覃冠卿一再電懇層峯，三十六年春奉軍管區令准予核減。

保安警察隊及警察所　民國初年，綠營、練營撤裁後，維持地方治安者，除各區團兵外，縣城有警備隊之設置。十八年改設公安局。二十四年又改設保安隊，不久，又代以警佐辦事處。二十七年又更名爲保安警察隊，縣長兼大隊長，另設大隊附一員，四分隊、一特務隊各設分隊長一員，各分隊每隊士兵三十七名，特務隊二十名。三十一年又設警察所三，城區及從善、方村兩區署各一。除城區警察所長由警佐兼外，餘各設所長、所員、巡官等各一員，警士三十名，維持市街警務事項。三十四年，保安警察大隊長由省保安處委派專任。城區警察所改設局。縣長張曜又舉辦一保一槍運動，計得精良步槍百餘枝，由縣府烙印登記，配發各鄉鎮領用，自衛武力，頗形健全。

教　育

荔波設學，始於乾隆二年。第規模草創，因陋就簡。一切制度典章，闕如也。迨後賢明府次第蒞任，改建學宫以培文風，創立書院以陶士類，一時人文蔚起。雖未能巍科，登俊選，而經明行修，代不乏人。自歐風東漸，我國之百日維新，而教育亦因之易轍，廢科舉，興學校，科學提倡，風靡一時。民國肇造，追歐步美，擇善而從，學制隨時改革。茲將本縣歷年教育情形及各學校沿革概況分述於後：

一、學額

乾隆二年，題設荔波縣學額，進八名，廩生四名，三年一貢。令止廩生二名，生員四名。不知何時裁減，姑存之以俟考。◎抄自李稿。

乾隆二年，黔大吏題請設荔波縣學，歲試取進文生八名，武生八名；科試文生八名，廩生四名，三年一貢。後只取進歲、科試文生各四名，武生四名，廩生二名，四年一貢。不知何時減裁，姑存之以俟考。◎抄自楊稿。

按 李稿、楊稿所載學額稍有出入，並抄之以俟考。

二、義學

養正義學 在西門大街。清道光中邑貢生鄧而亨、鄧蓮峯、董之茂，耆民邱崇光、唐文光等十八家捐修，延師教城中貧家子弟。同治庚午年復城後，學舘被燬。◎採自李稿。

荔營義學 在遊擊署頭門右側，系遊擊捐廉延師教營中兵丁子弟。◎採自李稿。

養正義塾 在城中十字北街。

移風義塾 在從善里楊拱村。

崇儒義塾 在莪蒲里水調村。

扶文義塾 在周覃里周奉村。

尊經義塾　在瑤慶里板寨村。

以上義塾五所，乃光緒元年知縣蘇忠廷建設。◎採自李稿。

同仁義塾　在本城東街荔泉書院左廂。

揚清義塾　在巴乃里播遠場。

善成義塾　在瑤慶里水扛村。

以上義塾三所，俱知縣蘇忠廷增建。◎採自李稿。詳《食貨志・公產編》。

三、教育機關之沿革

清光緒三十一年，教育制度變更，奉令成立荔波縣勸學所。設所長，視學員一，勸學員八，主持各小學政權，并徵收屠斗等捐。宣統間，又改所長稱勸學員長。至原有之學款（文廟田穀、釁儀款、義塾田穀等），仍舊屬於齋長。及經費局、財務局、財政局等成立，屠斗捐及學款併歸經費局、財務局、財政局等統一收支。民國十五年，改勸學所爲教育局，設局長、督學、事務員、書記等各一。當時學款又獨立，故學政學款悉歸教育局統制。二十四年裁局併科，教育行政併入縣政府第三科辦理；教育經費又併入地方財務委員會負責收支。卅一年，設教育科。

四、師資之培成

學制變更，新章驟改，辦學教學者均茫無頭緒，師資培植，極感需要。清光緒三十一年，詔各縣派員留學國外。知縣陳介白乃撥存款（款存玉崑山宅）五百兩，選送附生高煌留學日本宏文學校。宣統元年，都匀府設師範研究所，札仰各縣送學員入所肄業。知縣石作棟提款選送邑附生覃建中、潘廷儒、覃文彬、胡含章等赴都匀入所研究管理、教授各科。是年冬畢業旋里。乃委覃文彬假文廟爲師範講習所，招各里教員入所講習，以儲師資，此爲教員受訓之始也。洎民國五、六年以後，進中學者，陸續畢業回梓，委充各校職教員。至各鄉初級小學教員仍感缺乏，則隨時舉辦簡易師範或師資訓練班等以資補充。三十五年春，縣長張曜感小學師資缺乏，在經費萬分困難中，竭力籌措，於縣立中學附設簡易師範一班，名額四十，選拔本籍小學畢業之優秀青年，施以三年師範教育，造就小學師資。在學期間，所有膳宿書籍費用，由政府津貼，規定畢業後須在本縣教育界服務三年，中途不得改業。以後如能每年繼續增設一班，則各鄉鎮小學師資，當不致缺乏云。

五、城鄉學校之沿革

自歐風東漸，我國教育缺點暴露無遺。清光緒二十四年，詔令各省籌設學堂，自是教育制度逐漸更張。三十一年，又詔停科舉，裁學官，設學堂。知縣陳介白委王國駿爲勸學所長，覃金錫爲堂長，在城中籌辦兩等學堂。三十二年，清廷正以興學爲要務，迭令籌款推廣教育。惟以邑中原有文廟田釁儀穀息，僅足供城校之用，乃加委勸學員蒙式穀、何同海、梁自成、蒙玉衡、何丙齡、莫培元、李家盛、蒙紹先等八人，分行十六里開收屠斗捐，並議每里坐扣半數作開辦各里小學經費。由是甲良、播緩、拉圭、巴灰、洞塘、毛蘭、從善、董界八處，各成立初等小學一所。此爲城鄉各學校成立之始也。厥後城鄉學校，歷年更變。

茲就目前所有者，縷列於後，並追溯沿革，以備考查。

一、**荔波縣立初級中學**

荔波交通阻塞，出外升學，諸多不便；中産之家，其子弟在小學畢業後，每多失學。故中學之成立，早爲邑中關心教育者所切望。惟以地方經費支絀，各種設備，頗感困難，尚未實現。民國二十九年，縣長陳世宇假文廟及桂花書院爲中學校址，撥款培修。三十年，縣長段叔瑜繼續籌措，卒於九月一日正式開學。惟以基金尚未確定，基礎不無動摇。三十二年，縣長陳企崇每以爲念，極力籌措基金。是年十月四日，縣政會議，覃思永、潘益智、李伯純、梁一民、何同海、韋金品等三十餘人提議，以三十年度清理所得之公産收穀九佰餘挑爲中學基金；並將以後繼續清查所得之公産全部劃作中學基金。後經決議：「以三十年度清理所得公産三分之二及以後繼續清得公産全部爲中學基金。」此後基金鞏固，我邑中等教育之發展，可望與日俱增也。

二、**玉屏鎮中心學校**

玉屏鎮中心學校，係於民國三十一年實施新縣制時由縣立城區小學校改設，而縣立城區小學校又於民國三十年秋季合併縣立城區女子小學而成，其歷史較長。茲爲便於追述起見，特分爲縣立城區小學（即三十春季以前之城區小學）及縣立城區女子小學兩部分詳叙於後：

（一）縣立城區小學　清光緒三十一年奉令設立學堂，知縣陳介白委覃金錫爲堂長，黄自明爲教員兼管理員，又聘武備學堂畢業軍官馮乃斌爲體操教員，成立學生一班於桂花書院（又名雙桂堂，一名老書院，一名荔泉書院），名爲「荔波公立兩等小學堂」，以修身、國文、講經、歷史、地理、天文、格致爲科目，此荔波設立學校之權輿也。自學校成立至宣統元年，歷時三載。雖高煌已由日本回籍，從事教育，無如辦學人員多係守舊宿儒，兼以地處偏隅，交通阻塞，教科書及標本儀器等，皆付闕如，問修身則學《中庸》《論語》也，問歷史則《鑑略妥註》也，問地理則《幼學瓊林》也。卒之上峯有敷衍之斥，學生無畢業之望。邑增生蒙式穀、貢生李家盛、附生覃文彬、簡師生高樹楠等聯名呈請縣署另設學堂於文昌宫。知縣石作棟乃委覃金錫爲名譽堂長，蒙式穀爲管理員兼教員，李家盛、覃文彬、高樹楠爲教員，亦名爲「荔波公立兩等小學堂」。照章購置部定圖書完備，按期教授。自是學生始得依限畢業升學，而各鄉小學亦有所矜式矣。自是老書院一堂，無形解散。民國元年改稱「模範兩等小學校」。三年，班數增加，移高級部於老書院。四年，初級部改稱「國民學校」。十二年改稱「荔波縣立第一初高兩級小學校」。十三年，文昌宫爲滇軍佔據。十四年春，移初級部與高級部合一，假文廟爲教室。二十四年，復移初級部於文昌宫。二十五年，改稱「荔波縣立安濤小學」，二十六年，改爲「荔波縣立城區小學」，三十一年改爲「玉屏鎮中心學校」。

（二）縣立城區女子小學　民國四年時，男校已相當發達。邑附生蒙紹先假劉氏宅創設女學，授以修身、國文、算術、音樂各科。邑中女子，一時奮然向化。次年春，邑貢生覃金錫捐廉爲開辦費。又得知事傅良弼之提倡，委覃金錫爲校長，華有恒、蒙玉衡爲教員，成立初級兩班於城北街之萬壽宫，名曰「以德女學」。八年，擬擴充班級，移於遊擊廢署。十年，軍事旁午，移於梁氏宅。十二年，奉令改稱「荔波縣立第一初級女子小學校」。十五年，移回萬壽宫。十七年，成立高級一班，班數增加，校舍湫隘難容，乃移於關岳廟。二十五年，改稱「荔波縣立玉屏兩級女子小學」。二十六年，又改稱「荔波縣立城區女子小學」。二十七年，修牌坊門及體育場，又將附近之昭志祠、節烈祠及萬壽宮右側之觀音堂培修作教室。三十年秋季，男女合校，併入「荔波縣立城區小學」。三十一年，改爲「玉屏鎮中心學校」。畢業學生前後共計八百五十餘人。

三、恒豐鄉中心學校

恒豐學校，民國初年開設，僅有初級兩班。民國二十二年，區長韋學霖、校長高炯等，極力擴充，添招高級一班，名爲「荔波縣立第二兩級小學」。一面呈請縣府撥款補助，一面勸本區捐款千餘元新建校舍，是爲各鄉兩級小學校之嚆矢。二十五年，改名「荔波縣立恒豐小學」。三十一年，改名「恒豐鄉中心學校」。畢業學生共計九十餘人。

四、方村鄉中心學校

方村學校，在清宣統年間成立初級一班於壽福寺。民國二十一年楊家駿、莫伯丹等爲擴充計，呈請縣政府核准，徵收紙塘捐，創立校舍五間。二十二年，分縣長徐笑漁招收初級學生四班。二十三年，地方紳耆呈請徐分縣長轉咨荔波教育局增設高級一班，名爲「荔波第三兩級小學」。二十四年，又增設高級一班，改名「荔波縣立方村小學」。在草創之初，全得校長覃福景極力籌劃，根基已克鞏固。二十五年，又將分縣廢署改爲教室，設備始臻完善。三十一年，改爲「方村鄉中心學校」。

五、駕歐鄉中心學校

駕歐學校在民國初年，原設有一班於拉圭場，後已停辦。十五年，團首莫汝明極力提倡，新起校舍於六林村，成立私塾。潘益智到校地視學，將各情呈報縣政府。十六年，仍改爲初級小學，設拉圭場。二十四年，莫汝明及校長黎希賢悉心籌劃，呈請縣政府准收第二區各場攤捐作開辦費，增設初級二班、高級一班，名爲「荔波第四兩級小學校」。莫汝明正籌措新建校舍，殊當地人士，意見紛歧，以爲拉圭場不適中，二十六年移於拉奥村，借民房爲教室，又增設高級一班，改名「荔波縣立駕歐小學」。莫汝明以創辦苦心，極端反對，纏訟不休。後經政府解決，另成立短期小學於拉圭。然莫汝明心終不甘，放棄責任。該鄉人士，多係自私自利，不顧公益，致富甲全縣之駕歐鄉，校舍迄今未建。而隨後成立之育英、朝陽、三洞各小學校舍，早已建築完成，可勝浩歎。急起直追，後來居上，是所厚望於駕歐鄉之知識階級者。三十一年，又更名爲「駕歐鄉中心學校」，畢業學生共計七十六人。

六、瑶慶鄉中心學校

瑶慶學校，民國二十年校長歐樹培創辦，成立初級一班，名「縣立第一初級小學」，旋增設初級一班，二十四年改名「茂蘭初級小學」。二十五年，又增設初、高級各一班，是年又得區長蒙平山協助，由第五區籌款四千餘元經營新校舍，又改名爲「荔波縣立育英小學」。二十六年，又增設高級一班。三十一年，改名「瑶慶鄉中心學校」，畢業學生共計九十餘人。

七、朝陽鄉中心學校

朝陽鄉原名巴灰里，清末假三聖宫（俗名龍王廟）設立初級兩班。民國二十四年，第一區區長覃冠卿極力改進，呈准暫抽城區、巴灰兩場貨攤捐作購置圖書、校具基金。又鼓吹當地人士捐款三仟元作建築費，新建校舍。二十五年春成立高級一班、初級兩班，共計學生一百二十餘人，名爲「荔波縣立朝陽小學」。二十六年春季增設初級兩班，秋季增設高級一班，學生已達三百餘人。三十一年改名「朝陽鄉中心學校」，三十二年秋季又增設初級兩班。畢業學生共計一百四十餘人。

八、三洞鄉中心學校

清宣統年間成立初等小學一所，僅設初級一班。直至民國二十六年，籌建新校舍。民國二十七年，分設初級一二年級。民國二十九年設高級一班，名爲「荔波縣立三洞小學」。民國三十一年，又改爲「三洞鄉中心學校」。

九、瑶慶鄉第二中心學校

自中央政治統一之後，注重邊疆教育。民國二十五年，省政府委校長吴光華來荔，設學校於水慶之拉豆村，成立初級一班，借民房爲教室，名爲「苗民學校」。是年冬，省督學到此視察，以該地非傜民適中地點，另勘定校址於瑶麓大寨，將大寨原有之短期小學改設，更名「省立荔波水慶鄉初級小學」，以該村公共之茅屋爲教室。二十七年春，新任校長白正邦乃收羅短期小學學生並添招新生共計七十名，成立複式制初級一班。又改名爲「省立荔波初級小學」。並呈准保留水慶村原有之初級一班，名爲分校。是年得胡文虎、胡文豹兩先生捐款三千五百元新建校舍。二十八年，增設成初級四班。二十九年校長韋德峻繼任，又成立高級一班，改稱「省立荔波小學」。自二十五年至三十一年，經費完全由省開支，三十二年由縣接辦，改爲「瑶慶鄉第二中心學校」，經費由縣政府統籌。畢業學生一班計十九人。

按 以上多採自覃文彬《質成紀事》大作。

十、永康鄉中心學校

永康鄉中心學校，係覃進安一人創辦。民國二十四年由私塾改爲區立初級小學；二十五年改爲縣立初級小學，各項校具，全由覃進安私人購置，迄三十年，由初級一班擴充至四班；三十二年，增設高級一班，改爲「永康鄉中心學校」。

十一、洞塘鄉中心學校

洞塘鄉中心學校，係姚顯忠創辦。民國二十一年，成立初級小學一班，隨後陸續增加成立初級三班，三十一年增設高級一班，改爲「洞塘鄉中心學校」。

十二、董界鄉中心學校

董界學校，清末成立一所於寨馬村。民國十四年，又成立初級一所於寨峩村，後均停辦。三十一年春，董界鄉鄉長何烈及地方紳耆何同海等，自動成立國民學校一所於何氏宗祠，計初級三班。三十二年增設高級一班，改爲「董界鄉中心學校」。

十三、陽鳳鄉中心學校

陽鳳學校，民國初年成立初級小學一所，十六年停辦。二十四年成立短期小學。二十七年移短期小學於堯並陽鳳場，仍設縣立初級小學。三十一年改爲國民學校，成立初級三班。三十二年，增設高級一班，改爲「陽鳳鄉中心學校」。

十四、周覃鄉中心學校

周覃學校，民國初年成立初級一班。三十一年，增設初級四班，名爲「周覃國民學校」。三十二年，又增設高級一班，名爲「周覃鄉中心學校」。

十五、陽安鄉中心學校

陽安初級小學成立於民國二十六年，三十一年改爲「陽安國民學校」，設初級三班。三十二年增設高級一班，改爲「陽安鄉中心學校」。

十六、洞塘鄉第二中心學校

洞塘場原於清末成立初級小學一班，不久停辦。繼於民國六年又轉成立。三十一年改爲國民學校，成立初級二班。三十二年，增設高級一班，改爲「洞塘鄉第二中心學校」。

十七、從善鄉中心學校

從善初等小學原成立於清光緒三十二年，不久停辦。民國初年又轉成立，十七年以後，匪勢猖獗，又停辦數年。二十四年成立短期小學，繼又改爲縣立初級小學。三十一年改爲「從善國民學校」，成立初級兩班。三十二年增設初級、高級各一班，改爲「從善鄉中心學校」。

十八、佳榮鄉中心學校

佳榮威巖初級小學成立於民國二十七年秋。創辦人歐正榮。三十一年，改爲「威巖國民學校」。設初級三班，三十二年增設高級一班，改爲「佳榮鄉中心學校」。

十九、時來國民學校

成立於民國初年，原名初級小學。二十四年改爲短期小學，後又改爲初級小學。三十一年，改爲國民學校。

二十、水春國民學校

成立於民國二十五年,原名短期小學。三十一年,改爲國民學校。

二十一、福村國民學校

成立於民國初年,原名初級小學。三十一年,改爲國民學校。

二十二、甲埲國民學校

成立於民國十八年,原爲初級小學。三十一年,改爲國民學校。

二十三、花堤國民學校

成立於民國初年,原爲初級小學。三十一年,改爲國民學校。

二十四、玄穹國民學校

民國二十六年,第二區區長覃冠卿及聯保主任彭明韜等,爲開化傜胞子弟而設,原在傜保玄穹村,名初級小學,後移海利村。三十一年,改爲國民學校。傜民子弟,進者甚少。

二十五、撈村國民學校

民國二十五年何金鏞、何慶熙等創辦,原名初級小學。三十一年改爲國民學校。

二十六、巴弓國民學校

民國三十二年鄉長蒙達尊、副鄉長何應熙等創辦。

二十七、拉圭國民學校

拉圭初級小學原成立於清光緒末年,後停辦。民國十六年始恢復。二十四年又成立「荔波縣立第四兩級小學」。二十六年移於拉奧村，乃於該處成立短期小學，繼又改爲初級小學。三十一年又改爲國民學校。

二十八、播堯國民學校

民國二十五年成立初級小學，設初級一班。三十一年增設初級一班，改爲國民學校。

二十九、堯花國民學校

民國十七年黎希賢創辦，名爲初級小學。三十一年改爲國民學校。

三十、地維國民學校

民國二十五年別動隊江邦國策動地方人士，創立中山民衆學校。二十七年改爲短期小學。三十年改爲初級小學。三十一年改爲國民學校。

按　地莪場地勢適中，附近村落，人煙稠密，該鄉國民學校四所，經成立有年，亟應於當地設立中心學校。深望該鄉人士，意志集中，積極籌備。文化啟迪，實利賴之。

三十一、播緩國民學校

播緩初級小學，原成立於光緒末年，後停辦。至民國三十二年始成立國民學校。

三十二、堯並國民學校

民國二十七年，由陽鳳短期小學移設。三十年，短期小學又移於拉強，始成立國民學校。

三十三、拉強國民學校

民國三十年，由堯並短期小學移設，三十一年改爲國民學校。

三十四、甲良國民學校

甲良學校原成立於清光緒末年，後停辦。至民國二十四年，又成立初級小學，三十一年改爲國民學校。

三十五、瑶臺國民學校

民國二十五年成立短期小學，三十一年改爲國民學校。

三十六、甲站國民學校

民國二十五年成立短期小學，三十一年改爲國民學校。

三十七、金兑國民學校

民國三十一年成立。

三十八、交界國民學校

民國三十二年成立。

三十九、水利國民學校

民國二十五年成立初級小學，三十一年改爲國民學校。

四十、水豐國民學校

民國二十八年成立短期小學，三十一年改爲國民學校。

四十一、廷牌國民學校

民國三十一年成立。

四十二、水器國民學校

民國三十一年成立。

四十三、板料國民學校

民國三十一年成立。

四十四、塘黨國民學校

原爲恒豐小學分設之初級一班，民國三十二年改爲國民學校。

四十五、含養國民學校

民國三十二年成立，創辦人韋德基。

四十六、楊柳國民學校

民國二十四年成立短期小學，三十一年改爲國民學校。

四十七、水東國民學校

民國三十二年成立。

四十八、安旭國民學校

民國三十二年成立。

四十九、彩崇國民學校

民國三十二年成立。

五十、板告國民學校

民國三十二年成立。

五十一、水調國民學校

民國初年成立初級小學於水各村，三十一年改爲國民學校。

五十二、水息國民學校

民國三十一年成立。

五十三、水董國民學校

民國二十七年成立初級小學，三十一年改爲國民學校。

五十四、水昂國民學校

民國二十五年成立短期小學，二十六年改爲初級小學，三十一年改爲國民學校。

五十五、鸞董國民學校

民國二十四年成立初級小學，三十一年改爲國民學校。

五十六、坤地國民學校

民國二十四年覃樹榮創辦，名爲初級小學，三十一年改爲國民學校。

五十七、拉祥國民學校

民國二十九年盧光華創辦，成立初級小學，三十一年改爲國民學校。

五十八、拉茅國民學校

民國三十二年潘銀發創辦。

五十九、拉先國民學校

民國三十二年潘玉光創辦。

六十、茂蘭國民學校

清光緒末年成立初等小學一班於茂蘭場。民國初年移於常寨。二十四年改修短期小學於茂蘭場，而以歐樹培創辦於坡等村之縣立第一初級小學改名「茂蘭初級小學」。二十五年坡等村之學校新建校舍於洞流村，改名「育英小學」。而茂蘭場又成立初級小學。三十一年改爲國民學校。

按 茂蘭場地勢開闊，附近村落，人煙稠密，早應成立兩級小學，乃以坐失時機，殊堪惋惜。現各鄉中心學校，已成立過半矣。茂蘭鄉應如何積極籌備，是所深望於該鄉之知識階級者。

六十一、洞英國民學校

民國三十二年成立。

六十二、寄才國民學校

民國二十七年成立初級小學，三十一年改爲國民學校。

六十三、水洋國民學校

民國八年成立初級小學，三十一年改爲國民學校。

按 水洋場與逑堯、拉交等國民學校區域毗連，學童尚多。如水洋國民學校負責人熱心籌劃，積極進行，則中心學校可望成立也。

六十四、述堯國民學校

民國十年成立初級小學，三十一年改爲國民學校。

六十五、拉交國民學校

民國二十六年成立初級小學，三十一年改爲國民學校。

六、縣立民衆教育館

本縣民衆教育館於民國二十六年十一月將本縣過去通俗講演所及書報閲覽所、大衆俱樂部等經費合併籌設。以三界廟培修爲館址，中山公園爲民衆體育場。二十七年十月正式成立，内設館長及教導主任、生計主任、藝術主任等各一。

附　荔波縣三十二年度各級學校一覽表

校名	所在地	校長姓名	教職員數	班數	學生數	月支經費數
縣立初級中學	城區	覃思永	11	4	155	2 345
玉屏鎮中心學校	城區	蒙明成	18	12	575	1 217
朝陽鄉中心學校	朝陽場	石懷德	12	8	278	802
董界鄉中心學校	洞莪場	何同海	6	4	132	399

續表

校名	所在地	校長姓名	教職員數	班數	學生數	月支經費數
駕歐鄉中心學校	拉奥村	莫紹祥	9	6	110	593
陽鳳鄉中心學校	陽鳳場	柏幹崇	6	4	80	399
方村鄉中心學校	方村街	莫淑文	9	6	168	593
恒豐鄉中心學校	恒豐場	韋國衡	9	6	177	593
陽安鄉中心學校	陽安場	楊秀英	6	4	129	399
三洞鄉中心學校	三洞場	韋廷楠	9	6	214	593
周覃鄉中心學校	周覃場	周興和	8	5	114	526
從善鄉中心學校	姑賞村	潘家壽	6	4	122	399
瑶慶鄉中心學校	洞流村	歐崇龍	9	6	116	593
瑶慶鄉第二中心學校	瑶麓村	蒙紹熙	9	6	233	593
佳榮鄉中心學校	威巖村	歐正榮	6	4	85	399
洞塘鄉中心學校	久安村	姚顯忠	6	4	138	399
洞塘鄉第二中心學校	洞塘場	彭玉麟	5	3	127	338
永康鄉中心學校	溪竹村	覃福景	8	5	132	526

續表

校名	所在地	校長姓名	教職員數	班數	學生數	月支經費數
時來國民學校	時來鄉舊縣村	覃冠羣	1	1	35	61
水春國民學校	時來鄉水春村	覃運淮	1	1	31	61
福村國民學校	時來鄉福村村	覃慶連	1	1	52	61
甲俸國民學校	時來鄉甲奉村	羅與貞	1	1	32	61
花堤國民學校	朝陽鄉花堤村	覃有能	1	1	45	61
玄穹國民學校	董界鄉海利場	韋　克	1	1	34	61
撈村國民學校	撈村鄉撈村場	何則榮	1	1	116	61
巴弓國民學校	撈村鄉巴弓村	蒙育櫟	1	1	32	61
拿圭國民學校	駕歐鄉拉圭村	莫仁甫	1	1	41	61
播瑤國民學校	播瑤鄉板邑村	王雪龍	2	2	113	119
堯花國民學校	播瑤鄉堯花村	黎世楨	1	1	41	61
地維國民學校	播瑤鄉地莪場	吴家修	1	1	42	61
播緩國民學校	播瑤鄉播緩場	吴造剛	1	1	42	61
拉強國民學校	陽鳳鄉拉強村	莫心友	1	1	56	61

續表

校名	所在地	校長姓名	教職員數	班數	學生數	月支經費數
堯並國民學校	陽鳳鄉堯並村	莫如仁	1	1	50	61
甲良國民學校	方村鄉甲良場	曹培英	1	1	39	61
瑤臺國民學校	方村鄉平寨	覃炳祥	1	1	60	61
金兑國民學校	方村鄉金兑村	莫芝倫	1	1	46	61
甲站國民學校	方村鄉甲站村	覃漢光	1	1	45	61
交界國民學校	方村鄉交界村	蒙聖忠	1	1	60	61
水利國民學校	水利鄉水利街	吴學樟	1	1	27	61
水豐國民學校	水利鄉水豐村	吴德恩	1	1	31	61
廷牌國民學校	恒豐鄉廷牌街	韋鑑輝	1	1	40	61
水器國民學校	恒豐鄉水器村	吴廷科	1	1	38	61
板料國民學校	恒豐鄉板料村	韋邦傑	1	1	42	61
塘黨國民學校	恒豐鄉塘黨村	韋阜山	1	1	41	61
含養國民學校	陽安鄉梅仰村	楊秀超	1	1	34	61
楊柳國民學校	三洞鄉板楠村	潘時傑	1	1	31	61

續表

校名	所在地	校長姓名	教職員數	班數	學生數	月支經費數
水東國民學校	三洞鄉水東村	韋玉華	1	1	40	61
安旭國民學校	三洞鄉安旭村		1	1	34	61
彩崇國民學校	三洞鄉彩崇村		1	1	42	61
板告國民學校	三洞鄉板告村	韋治英	1	1	40	61
水調國民學校	莪蒲鄉水各村	潘炳高	1	1	38	61
水息國民學校	莪蒲鄉水息村	潘家齊	1	1	46	61
水董國民學校	從善鄉水董村	潘運鴻	1	1	31	61
水昂國民學校	從善鄉楊拱村	石昌元	1	1	21	61
鸞董國民學校	從善鄉鸞董村	潘永康	1	1	39	61
拉茅國民學校	佳榮鄉拉茅村	歐志新	1	1	40	61
拉先國民學校	佳榮鄉拉先村	潘玉光	1	1	60	61
坤地國民學校	佳榮鄉坤地村	陳榮輝	1	1	46	61
拉祥國民學校	佳榮鄉拉祥村	陳樹新	1	1	46	61
茂蘭國民學校	茂蘭鄉茂蘭場	莫茂春	1	1	52	61

續表

校名	所在地	校長姓名	教職員數	班數	學生數	月支經費數
洞英國民學校	茂蘭鄉洞英村	歐　烈	1	1	38	61
寄才國民學校	洞塘鄉寄才村	姚源修	1	1	71	61
水洋國民學校	永康鄉水洋場	蒙　俊	2	2	129	119
述堯國民學校	永康鄉水堯村	姚恩鳳	1	1	73	61
拉交國民學校	永康鄉拉交村	黃珍銘	1	1	32	61
備考	生活津貼及實物補助係隨時变更不列入經費內。					

按　民國三十二年以後，敵匪蹂躪，水旱頻仍。教育概況各年不同，兹查三十六年全縣教育概況爲：縣立初級中學一所，附設簡師一班共計七班，學生總數一百七十五人，每月經費總數五萬六千零八百八十元；中心國民學校二十六所（每鄉鎮一所，玉屏、洞塘、瑶慶、播摇、永康各增設一所），共一百零五班，學生總數三千二百六十二人，每月經費總數三百一十五萬五千四百四十元；國民學校四十一所，共四十四班，學生總數一千八百零三人，每月經費總數一百三十四萬零四百八十元；民衆教育館一所，每月經費總數三十八萬八千一百六十元。附録以見一斑。

典禮

古者歷代制禮，各有損益，蓋因時制宜也。勝清所定會典諸禮，民國成立，已先後改革，悉與維新。至婚嫁喪祭，立法院尚未規定，民間多半新舊參用。茲將本縣過去及現在所通行之各項重大典禮，撮要列述如次。其有新舊制頒各項禮節，而本邑未經舉行者，坊刻有專書，一概從略，以省篇幅。

祀禮

祀孔聖典禮

我邑聖廟，在勝清時遵照奉頒祀典，每歲春、秋二仲月上丁日祭（君主時代，春秋祀典，逢甲祭天，乙祭地，丙祭宗廟，丁祭文廟，戊祭武廟，故祀孔曰丁祭）。祭之日，以德高望重者爲糾儀官，如與祭各官有失儀時，即當場指摘。祭畢，失儀者自行檢舉，請長官罰俸。禮儀極爲隆重。惟樂器樂舞，向未設備，祭時只歌樂章。各陪祭官、與祭官及執事人等均由各官紳及學中文武生分任。在祭之前二日，由縣官派定，將姓名列榜，由陳設官恭捧祝版及榜陳列一大棹上。先升三炮，用鼓吹送至聖廟，奉安於祝案正中。即詣先師孔子神位前上香，行一跪三叩禮畢，將榜懸於亭內，謂之迎榜。派定執事人等即於次日齊集聖廟演習。是日宰牛一頭，羊、豕各八頭，並備各種祭品。日晡時，縣官偕陳設官詣聖廟省牲及祭品畢，即陳設於各神位前。至四鼓時，各官齊集廟外，俱朝服步行由櫺星門左右入（文左武右），分次序坐。用茶一巡畢，糾儀官及唱贊者先入就位，各執事生以次俱入，序坐於階下。少頃通唱：「行（春、秋）祭禮，執事生各司其事。起鼓，初嚴金，初鼛鼓，再嚴金，再鼛鼓，三嚴金，三鼛鼓，金鼓齊鳴。奏大樂，鳴炮。樂止奏清音。啟門，瘞毛血，迎神。主祭官就位，陪祭官就位，與祭官各就位。樂奏昭平之章。行迎神禮，跪（衆官皆跪，行三跪九叩禮，民國初年改行三鞠躬禮），興。引禮者引主祭官、陪祭官（民國初年稱承祭官、分獻官）詣盥洗所。」引唱（引主祭官、陪祭官詣盥洗所）：「詣盥洗所濯水進巾，復位。」通唱：「引主祭官行上香禮。」引唱（引主祭官由東階升進殿左門詣香案前）：「詣至聖先師孔子之香案前（行三上香一跪三叩禮），興，復位。」通唱：「引陪祭官行上香禮。」（各引禮生引各陪祭官分向東西配東西廡鄉賢名宦等各香案前行禮如上）復位。通唱：「樂奏宣平之章，行初獻禮。」引唱（各引禮生引唱如前）：「詣酒尊所，司尊者舉皿酌酒，詣至聖先師孔子神位前，獻爵，獻饌，獻帛（行一跪三叩禮），復位。」（各引禮生引各陪祭官分祭行禮如上）通唱：「詣讀祝文位，跪（衆官皆跪），讀祝生跪，樂止，宣讀祝文（行一跪三叩禮）。興，復位。行分獻禮（如前），復位。樂奏秩平之章。行亞獻禮、分獻禮（俱如前），復位，樂奏敘平之章。行三獻禮、分獻禮（俱如前），復位。徹饌。樂奏懿平之章。引禮者引主祭官詣飲福受胙位，跪，衆官皆跪，飲福酒，受福胙，謝福酒，謝福胙，跪（行一跪三叩禮），興，復位。樂奏德平之章。行送神禮。跪（三跪九叩），送神，讀祝者捧祝，司帛者捧帛，恭詣燎所，焚祝帛，望燎。回向。禮畢，樂止，鳴炮，徹班。」祭畢後，將牛羊豕肉分送名頒胙，受之者以爲榮。

附　祝文：

乾隆元年頒◎維某年　月　日，某官，謹以大牢、剛鬣、柔毛、肴饌、香帛不腆之儀，致祭於至聖先師孔子前，曰：惟先師德隆千古，道冠百王。揭日月以常昭，自生民所未有。屬文教昌明之會，正禮節樂和之時，辟雍鐘鼓，咸恪薦以馨香；泮水膠庠，益致嚴於籩豆。當兹仲春（秋），祗率彝章，肅展微忱，聿修祀典。以復聖顔子、宗聖曾子、述聖子思子、亞聖孟子配。尚饗。

祀崇聖祠儀節

以訓導爲主祭官，丁祭日四鼓前，主祭官及分獻官先至崇聖祠，引贊生引入崇聖祠階下。通唱：「行春（秋）祭禮，執事者各司其事；起鼓，鳴金，奏樂，鳴炮，樂止奏清音。瘞毛血，迎神。主祭官就位，跪（行三跪九叩禮），引禮者引主祭官詣盥洗所（禮如祀孔），行上香禮。」引唱：「詣五聖王神位前，跪（行三上香一跪三叩禮），復位。」通唱：「行初獻禮（禮如祀孔），詣讀祝文位（禮如祀孔），行分獻禮。」引唱：「詣先賢顔氏神位前，跪，上香，獻爵、獻帛（行一跪三叩禮），興。詣先賢曾氏神位，詣先賢孔氏神位，詣先賢孟氏神位（俱如前儀）。」復位。通唱：「行亞獻禮，行三獻禮（俱如前儀）。」復位。通唱：「徹饌，行送神禮，跪（行三跪九叩禮），興。讀祝者捧祝，司帛者捧帛，恭詣燎所，焚祝帛，望燎，回向，禮畢，樂止，鳴炮，徹班。」

附　祝文：

維某年　月　日，某官，謹以羊一、豕一、肴饌、香帛不腆之儀，致祭於肇聖王、裕聖王、詒聖王、昌聖王、啟聖王神位前，曰：惟王奕葉鍾祥，光開聖緒，盛德之後，積久彌昌。凡教澤所覃敷，悉尋源而溯本。宜肅明禋之典，用申守土之忱。茲届仲春（秋），聿修祀事。配以先賢顔氏、先賢曾氏、先賢孔氏、先賢孟氏。尚饗。

祭器

爵、鉶、籩、豆、簠、簋、罇、篚、毛血楪、香爐、燭臺、盤、祝版、冪、杓、高燈、提燈、庭燎、盥盆、盥巾。清乾隆二年開學，原置竹版一、竹籩二百二十、木豆二百二十、錫爵二百二十、錫燈一、錫鉶十二、錫簠六十、鐵燎二，盛木櫃藏於學署。咸豐十二年城陷盡燬。

祭品

牛一、羊八、豕八、太羹、和羹、黍、稷、稻、粱、形鹽、槁魚、芹、蕨、白餅、黑餅、榛、菱、芡、棗、脾析、豚胉。樂器、樂舞積年未設。

樂章

迎神奏昭平之章 大哉孔子，先覺先知。與天地參，萬世之師。祥徵麟紱，韻答金絲。日月既揭，乾坤清夷。

初獻奏宣平之章 予懷明德，玉振金聲。生民未有，展也大成。俎豆千古，春秋上丁。清酒既載，其香始升。

亞獻奏秩平之章 式禮莫愆，升堂再獻。響協鼖鏞，誠孚罍甗。肅肅雍雍，譽髦斯彥。禮陶樂淑，相觀而善。

終獻奏敘平之章 自古在昔，先民有作。皮弁祭菜，於論思樂。惟天牖民，惟聖時若，彝倫攸敘，自今木鐸。

徹饌奏懿平之章 先師有言，祭則受福。四海黌宫，疇敢不肅。禮成告徹，毋疎毋瀆。樂所自生，中原有菽。

送神奏德平之章 凫嶧峩峩，洙泗洋洋。景行行止，流澤無疆。聿昭祀事，祀事孔明。化我蒸民，育我膠庠。

四配

東配： 復聖顏子、宗聖曾子。**西配：** 述聖子思子、亞聖孟子。

十二哲

東序： 閔子損、冉子雍、端木子賜、仲子由、卜子商、有子若。

西序： 冉子耕、宰子予、冉子求、言子偃、顓孫子師、朱子熹。

先賢

東廡：蘧瑗、澹臺滅明、原憲、南宮适、商瞿、漆雕開、司馬耕、梁鱣、冉孺、伯虔、冉季、漆雕徒文、漆雕哆、公西赤、任不齊、公良孺、公肩定、鄡單、罕文里、榮旂、左人郢、鄭國、原亢、廉潔、叔仲會、公西輿如、邽巽、陳元、琴牢、步叔乘、秦非、顔噲、顔何、縣亶、樂正克、萬章、周敦頤、程顥、邵雍。

西廡：林放、密不齊、公冶長、公皙哀、高柴、樊須、商澤、巫馬施、顔辛、曹卹、公孫龍、秦商、顔高、壤駟赤、石作蜀、公夏首、后處、奚容蒧、句井疆、秦祖、縣成、公祖句兹、顔祖、燕伋、樂欬、狄黑、孔忠、公西蒧、顔之僕、施之常、申振、左邱明、秦冉、牧皮、公都子、公孫丑、張載、程頤。

先儒

東廡：公羊高、伏勝、董仲舒、后蒼、杜子春、諸葛亮、王通、陸贄、范仲淹、歐陽修、游酢、楊時、羅從彦、李侗、吕祖謙、蔡沈、陳澔、魏了翁、王柏、趙復、許謙、吴澄、明居仁、王守仁、羅欽順、黄道周、湯斌、陸秀夫、輔廣、韓琦、文天祥、方孝孺、吕枏、李綱、謝良佐、周輔成、程珦、蔡元定。

西廡：穀梁赤、高堂生、孔安國、毛萇、鄭元、范寧、韓愈、胡瑗、司馬光、王安石、尹焞、胡安國、張栻、陸九淵、黄榦、真德秀、何基、陳澔、金履祥、許衡、薛瑄、陳獻章、蔡清、吕坤、劉宗周、孫奇逢，陸隴其、張迪、朱松、毛亨、許慎、張伯行、劉德、袁燮、曹端、黄道周、陸世儀。

崇聖祠

五王： 肇聖王、裕聖王、詒聖王、昌聖王、啟聖王。

東位配先賢顏氏、先賢孔氏；西位配先賢曾氏、先賢孟氏。

◎以上李稿、楊稿均採。

孔子誕辰

勝清及民國初年除丁祭外，每年以八月二十七日爲聖誕節，書院及學校亦以太牢致祭。民國二十年廢丁祭，乃於聖誕日在文廟舉行紀念會。以縣長爲主席，各公務員及紳耆、父老、學生、軍警等均應參加，並由官紳講述孔子遺教，依紀念會儀式舉行。亦有時新舊參用，惟跪叩禮改行鞠躬禮。二十八年，國府通令以孔子誕辰爲教師節。於是孔子誕辰紀念會及教師節同時在文廟舉行。

祀關聖典禮

清順治元年，定每年五月十三日祭關聖廟。九年敕封忠義神武關聖大帝。雍正三年封關帝三代公爵，造神牌，供奉後殿。除五月致祭外，定於春、秋二仲月上戊日致祭。五年頒行武廟祀典。乾隆三十三年加封靈祐二字，嘉慶二十年加封仁勇二字，復加封宣德二字。春、秋二祭期，陳設帛一、爵三、鐙一、鉶二、簠二、簋二、籩十、豆十，牛一、羊一、豕一，俎二、鑪一、尊一、香盤一。行禮儀注與祀孔同。民國三年，兼祀岳飛。并以張飛、王璿、韓擒虎、李靖、蘇定方、郭子儀、李光弼、曹彬、韓世忠、旭烈兀、徐達、馮勝、戚繼光、趙雲、謝玄、賀若弼、尉遲敬德、王彥章、狄青、劉錡、郭侃、常遇春、藍玉、周遇吉等配享。

民國二十年與丁祭同廢。

附　祀關聖祝文：

維某年　月　日，主祭官某、陪祭官某，謹以牛一、羊一、豕一、肴饌、香帛不腆之儀，致祭於忠義神武靈祐仁勇關聖大帝神位前，曰：　惟帝浩氣凌霄，忠心貫日；扶正統而彰信義，威鎮九州；完大節以篤忠貞，名高三國。神明如在，徧祠宇於寰區；靈應丕昭，薦馨香於歷代。屢徵異績，顯祐羣生。恭值佳辰，遵行祀典。衹陳籩豆，致奠牲醪。尚饗。

附　大總統祭關岳廟祝文：

維某年　月　日，主祭官某、陪祭官某，謹致祭於關壯繆侯、岳忠武王，曰：　惟神河嶽英靈，乾坤正氣，忠誠出於金石，武烈炳於旂常，高誼薄雲，動寰區之景慕，精忠報國，垂後進之楷模。信大節之相符，宜有功而必祀。奠千秋之俎豆，廟貌長留。靖八表之戈鋌，民生受福。震今鑠古，元精爭日月之光，異代同符，壯采肅風雲之氣。永虔肸蠁，勿替明禋。尚饗。

關岳合祀樂章

迎神奏建和之章　尚武兮新邦，景前徽兮烈光，緬翊漢兮神武，啟精忠兮靖康。明祀事兮惟誠，庶居歆兮苾芳。

初獻奏安和之章　颯爽兮英姿，肅靈風兮兩旗。椒馨兮始升，薦嘉幣兮明粢。來格兮洋洋，神憑依兮在茲。

亞獻奏靖和之章　振萬舞兮宮縣，申式觴兮告虔。赫濯兮聲靈，仰神功兮億年。

終獻奏康和之章　河嶽兮降神，佑啟我兮後人。清酒兮三申，通精誠兮明禋。

徹饌奏蹈和之章　備物兮吉蠲，將告徹兮瓊筵。神享兮克誠，垂英靈兮後先。

送神奏揚和之章　瞻祠廟兮神歸，翩雲駕兮驂騑。靈盼兮昭回，承嘉休兮德威。

附　各地方祭關岳廟祝文：

維某年　月　日，某地方官某，敬祭於關壯繆侯、岳忠武王，曰：惟神武功彪炳，偉烈照垂，建大節於千秋，振英風於六合，忠誠正直，麗河嶽而長留，智仁勇功，與日星而並耀。潔馨香而合祀，德量同符，肅俎豆以明禋，心源如接。惟祈歆享，克鑒精誠。尚饗。

關岳合祀樂章

迎神奏建和之章　神來兮格思，風馬下兮靈旆。量備兮初陳，薦芳馨兮玉卮。仰瞻兮明威，儼如在兮軒墀。

亞獻奏靖和之章　萬舞兮洋洋，禮再舉兮陳觴。靈昭昭兮既留，庶鑒誠兮降康。

終獻奏康和之章　名世兮鍾靈，炳河嶽兮日星。祀事兮三成，肅駿奔兮廟庭。

徹饌奏蹈和之章　告徹兮禮成，神其受兮苾芬，明德兮惟馨，播聲威兮八紘。

送神奏揚和之章　雲駕兮高翔，神將歸兮九閶。受福兮蒸民，導我武兮維揚。

◎採自楊稿。

祝文昌廟儀節

清嘉慶六年，奉諭旨致祭於文昌帝君，照關帝例辦理。後殿祀文昌先代。七年，頒行祀典。神牌書「文昌帝君神位」。每歲以二月初三日誕辰爲祭期。秋祭由欽天監選吉預知。致祭禮節與武廟同。

清末已不舉行。

附　祭文昌廟祝文：

維某年　月　日，主祭官某、陪祭官某，致祭於文昌帝君神位前，曰：　惟神績著西垣，樞環北極。六匡麗曜，協昌運之光華。纍代垂靈，爲文人之主宰。扶正久昭夫感召，薦馨宜致其尊崇。兹屆仲春（秋），周昭特祀。尚其歆格，鑒此精虔。尚饗。◎採自楊稿。

祀社稷壇典禮

清順治初定府、州、縣社稷，每年以春、秋二仲月上戊日祭。雍正二年議准建社稷壇，府稱府社神、府稷神，州稱州社神、州稷神，縣稱縣社神、縣稷神。其壇制東西二丈五尺，南北如之；高三尺，一成，四圍出陛，各三尺。繚以周垣，四門朱色。神牌二，以木爲之，硃漆青字，高二尺四寸，廣六寸，座高五寸，廣九寸五分。臨祭設於壇上。陳設共一祝版，各位前帛一（黑色），爵三、鉶一（和羹）、簠（黍稷）、簋二（稻粱）、籩四（形鹽藁魚棗栗）、豆四（韭菹醢菁菹醢）、羊一、豕一（同俎）、鐙一、罇一（有勺疎布冪）。行禮儀注同前。

民國初年廢。

附 祭社稷壇祝文：

維某年　月　日，主祭官某、陪祭官某，致祭於社神、稷神位前，曰：惟神奠安九土，粒食萬方，分五色以表封圻，育三農而蕃稼穡。恭膺守土，肅展明禋，兹届仲春（秋），敬修祀事。丸丸松柏，鞏盤石於無疆。翼翼黍苗，佐神食於不匱。尚饗。◎採自楊稿。

祀先農壇典禮

雍正四年准令直、省、府、廳、州、縣各擇潔淨之處，照九卿所耕籍田畝數爲田四畝九分，設立先農壇。每歲季春亥日，各官率屬員、耆老、農夫恭祭先農之神。照九卿推之禮。壇制高二尺一寸，寬二丈五寸。後建正房三間，左右配各二間，正房中間供神牌，東間祭器農具，西間收貯籍田穀，右配房東間置辦祭品，西間看守農夫居住。壇之外，周圍築土爲大門一座。其神號曰先農之神（用木牌，高二尺四寸，寬五寸，座高五寸，寬九寸五分，紅地金字，臨祭迎設，祭畢貯廟）。每年以季春亥日致祭。儀注與社稷壇同，祭畢，即日行耕籍禮（行禮以朝服，祭畢，耕籍改換蟒袍）。

耕籍儀

祭先農畢，各官易蟒袍，司旗八人分東西負牆立，司鼓八人載田鼓分東西立，與司旗相間；司鈕八人引銅鈕分東西立於旗鼓之前；樂工八人立於東區之中，盡南（耕則隨推往耒樂爲節），唱贊及引贊生二人，立東西二區之中，盡北。唱贊生唱：「行耕籍禮（引贊生前引正印官以下等官各就耕籍所），行九推禮，進鞭，秉耒，初推（司鈕者鳴鈕一聲，司旗者揚旗，司鼓者擂鼓。不疾不徐，均節爲禮。樂工歌詩，農官、牧夫以中行，播種官執青箱隨後播種，各官如之。一進一及爲一推。司鈕者鳴鈕一聲）。初推竟（二推至九推唱如前）。九推禮畢，停犁，釋鞭，升觀臺（序立臺下，庶人終畝畢），謝恩（引贊生引各官就位，望闕序立），跪（行三跪九叩禮），興，禮畢。」

民國初年廢。

附 祭先農壇祝文：

維某年　月　日，主祭官某致祭於先農之神位前，曰：惟神肇興稼穡，粒我蒸民。頌思文之德，克配彼天；念率育之功，陳嘗時夏。當茲東作，咸服先疇。恭維九五之尊，定舉三推之典。忝膺守土，敢忘勞民。謹奉彝章，聿修祀事。惟願五風十雨，嘉祥咸沐夫神庥；庶幾九穗雙歧，上瑞頻書於大有。尚饗。◎採自楊稿。

祀城隍廟典禮

城隍廟於春、秋仲月上戊日祭，祭用祝版一、帛一（白色）、爵一、三羹、五器、羊一、豕一、鐙一、鑪一、香盤一；另設無祀鬼神牌位，置向西，祭用爵一、三菜、三器、羊一、豕一（無羊、豕即作肴一席），鐙一、鑪一，飯米紙果等隨用。

民國初年廢。

附 祭城隍廟祝文：

維某年月日，主祭官某、陪祭官某，致祭於縣城隍暨闔境無祀鬼神等衆，曰：幽冥異路，治理惟均，名位殊途，職權自別。惟神聰明正直，有以作之鑑觀；而君蒿悽愴，無不極其情狀。爰遵定制，聿舉明禋。凡斯无嗣之魂，俱爲有生之類。爲男爲女，性莫舉於宫商；是故是新，代可稽於子丑。號風嘯雨，斷子姓而疇依；附草棲煙，絶姻親以何託。謹設壇於城北，仰主祭於尊神。兹届仲春（秋）及上（中下）元之節，敬備牲醴，肅具羹飯。統境内之幽魂，率羣靈而大享。鬼言歸也，庶幾離壇壝以知歸；神之格思，尚其薦馨香以來格。尚饗。◎採自楊稿。

祭龍王廟典禮

清乾隆二十四年，議准致祭龍王，用春、秋二仲月辰日祭。祭品悉照城隍廟。主祭官先期齋戒一日，不理刑名。祭之日遵照祀典行三跪九叩禮，亦有行三跪六叩者。

民國初年廢。

附　祭龍王廟祝文：

維某年　月　日，主祭官某致祭於龍王之神，曰：　惟神德揚寰海，澤潤蒼生。允襄水土之平，經流順軌；廣濟泉源之用，膏雨及時。績著安瀾，占大川之利涉；功資育物，欣庶類之蕃昌。仰藉神庥，宜隆報享。謹遵祀典，用協良辰。敬布几筵，肅陳牲帛。尚饗。◎採自楊稿。

清時除以上各祀典外，若遇旱潦天災，祈雨祈晴，或閉南北門，或禁屠設醮，地方官有時親臨祈禱。又有朔望赴各廟上香，立春行迎春禮等。民國成立均廢。

慶賀禮

清時遇萬壽節，文武大小各官，俱遵會典，設香案，朝服望闕行三跪九叩禮。荔波向無皇殿，每逢慶賀，俱在文昌宮或萬壽宮内行禮。◎採自李稿。

開讀禮

清時凡遇頒到詔書，地方官員遵照會典，具龍亭綵輿儀仗鼓樂，出郊迎接，至文昌宮開讀。◎採自李稿。

迎春禮

清時每歲立春日，有司遵依會典，迎春東郊，出土牛。◎採自李稿。

救護禮

清時凡遇日、月食，文武各官遵照會典，依部頒欽天監推算時刻，在本衙救護。◎採自李稿。

宣講禮

清時每逢朔望日，文武教職各官，咸集明倫堂，遵照會典，宣讀聖諭十六條曉諭士民。◎採自李稿。

鄉飲酒禮

清時每歲正月十五日、十月初一日，遵照會典，擇鄉里之年高德劭者在學署舉觶獻酬，謂之鄉飲酒禮。◎採自李稿。

賓興禮

清時凡遇鄉試，縣官於諸生赴考之前七日，延集赴科貢、監生員行賓興禮。◎採自李稿。

送學禮

清時凡督學、歲科兩試取進文、武新生，於黌案發到之日，縣官送新生入學肄業，行送學禮。◎採自李稿。

按　提學取定新生之後，將謄案送達縣署，縣官乃擇定日期，懸牌招集文武新生（共十二名）。各新生於未迎學前共製備銀杯十二個、銀盤一個及酒肴一席，於迎學日送縣知事致敬。時近午，新生各戴緯帽，著藍衫（月藍色加青緑邊，亦有無藍衫而著長袍大掛者），赴署，由禮房司儀，合向縣官行謁見禮（一跪四叩），縣官親爲各新生簪花掛紅。禮畢，縣官乘四轎，新生騎馬，同入孔聖廟，由東階升大成殿，行謁聖禮（三跪九叩），旋由西階降。至泮池，旋繞三次，名曰遊泮。畢，縣官送新生交學師（即訓導），至學正堂（學師衙門），堂上設孔子牌位與聖諭牌位。縣官與新生列左，學師在右，縣官率新生行送學交代禮（一跪四叩）。禮畢，新生行過右方，與學師排爲一列，學師復率新生回向縣官行接管禮（一跪四叩）。禮畢，縣官回署。廩保二在側，宣讀聖諭廣訓一段，講四書一章，乃退出解散。此後各生名學士弟子員，歸學師管教。◎覃文彬補述。

上任禮

清時新官到任，本衙門預備儀仗先期出城迎接。至之日，新官具公服，首領官率各房吏典並合屬官人等導引新官先至城隍廟，陳牲醴，行香致告。行一跪三叩禮。獻爵讀祝畢，又行一跪三叩。禮畢，導引至縣署儀門前祭告。行禮畢，又導引至大堂，設香案，朝服望闕，行三跪九叩禮。易服拜印，行一跪三叩禮。然後坐公座啓印。皂隸排衙，吏房呈押。公座畢，參見吏役屬官。三日内行上香、講書。

附 行香儀：

前一日定期，至日穿禮服視各廟，至跪叩儀節，須分別舉行。如文、武廟三跪九叩，城隍土地祠一跪三叩等。

附 講書儀：

先於明倫堂設公座及講案，文、武諸生拱候於儒學門。新官至，一揖，導引至明倫堂公座，諸生行參見禮，新官拱答。如儒學官同座，敘話畢講書。值講生向上三揖，端立抗聲講説書義。畢，三揖而退。又輪值講知前儀。講畢，新官申訓詞，分給紙筆獎值講者。新官起別，諸生仍趨儒學門，拱候揖送。

附 開、封印信禮：

每年正月開印，十二月封印，皆遵照部行欽天監擇定日時行禮。儀注：開印儀與上任禮同；封印跪拜與開印同。惟標記卦印不呈押公座。

開會儀式

民國成立，禮制時有更改。各種集會，有規定舉行者，有臨時奉令舉行者。其儀式或遵上級機關命令辦理，或臨時規定。茲列舉各紀念日及舉行「國父紀念週」、「國民月會」等儀式於後：

紀念日

一月一日：中華民國開國紀念。

三月八日：國際婦女節。
三月十二日：植樹節。
三月二十九日：革命先烈紀念。
四月四日：兒童節。
四月十二日：清黨紀念。
五月一日：國際勞動節。
五月四日：青年節。
五月五日：革命政府紀念。
六月十六日：總理廣州蒙難紀念。
七月七日：抗戰建國紀念（並於是日公祭抗敵殉難烈士）。
七月九日：國民革命軍誓師紀念。
八月十三日：航空節。
八月二十七日：孔子誕辰。
九月九日：總理第一次起義紀念。
十月十日：國慶紀念。
十一月四日：貴州光復紀念。
十一月十二日：國父誕辰。

十二月五日：肇和兵艦舉義紀念。
十二月二十五日：雲南起義紀念。

國父紀念週儀式

縣屬各機關、學校、團體於每週星期一上午九時，舉行紀念週。在擴大紀念週則以某所在地最高長官爲主席；如分別舉行，則以其主管長官爲主席。其儀式秩序爲：一、紀念週開始。二、主席就位。三、全體肅立。四、唱國歌。五、向黨、國旗及國父遺像行三鞠躬禮。六、主席恭讀國父遺囑，全體同時循聲宣讀。七、向國父遺像俯首默念三分鐘。八、講讀國父遺教或工作報告。九、宣讀黨員守則（由主席先讀前文，然後領導全體循聲宣讀守則十二條）。十、禮成。

附　國歌

三民主義，吾黨所宗。以建民國，以進大同。咨爾多士，爲民前鋒。夙夜匪懈，主義是從。矢勤矢勇，必信必忠。一心一意，貫徹始終。

附　國父遺囑

余致力國民革命，凡四十年，其目的在求中國之自由平等。積四十年之經驗，深知欲達到此目的，必須喚起民衆，及聯合世界上以平等待我之民族，共同奮鬥。現在革命尚未成功，凡我同志，務須依照余所著建國方略、建國大綱、三民主義及第一次全國代表大會宣言，繼續努力，以求貫徹。最近主張開國民會議，及廢除不平等條約，尤須於最短期間促其實現。是所至囑。

附　中國國民黨黨員守則及前文（民國二十四年十一月十八日第五次全國代表大會通過）

總理立承先啟後救國救民之大志，創造三民主義五權憲法之宏規，領導國民革命，興中華，建民國。於今全國同胞，皆能一德一心，共承遺教者，斯乃我總理大智大仁大勇之所化；亦即中國列祖列宗所遺天下爲公大道大德之所感。今革命基礎大立，革命主義大行，而內憂外患與革命之進展，同時加重。凡我同志，應知吾黨上對億萬世之祖宗，下對億萬世之後代，中對全國國民與世界人類所負之責任，更千百倍於往昔。我總理深知國者人之積，人者心之器，國家之治亂，繫於社會之隆污，社會之隆污，繫於人心之振靡；又知往古聖人誠正修齊治平之一貫大道，與修身爲本之唯一至德，爲救國救民救濟全世界人類之無上要義，故不憚於遺教中，再四諄諄告誡。本大會懍於遺教之偉大深切，與國難之嚴重；更鑒於世界人類禍患之方興未已，確信自立爲立人之基，自救爲救人之始，特製爲全黨黨員守則十二條，通令全黨同志，一致遵行。務期父以教子，師以教弟，長官以教屬僚，將帥以教士兵，共信共行，互切互磋，親愛精誠。人人能爲世界上頂天立地之人，使中華民國成爲世界上富強康樂之國。然後三民主義能實行於全國，弘揚於世界，千年萬世，永垂無疆之休。惟我負革命建國大責重任之全黨同志共守之。

一、忠勇爲愛國之本；二、孝順爲齊家之本；三、仁愛爲接物之本；四、信義爲立業之本；五、和平爲處世之本；六、禮節爲治事之本；七、服從爲負責之本；八、勤儉爲服務之本；九、整潔爲強身之本；十、助人爲快樂之本；十一、學問爲濟世之本；十二、有恒爲成功之本。

國民月會儀式

民國二十七年動員委員會規定自是年五月一日起，各地每月一日或十五日舉行月會一次。其儀式秩序爲：一、大會開始。二、主席就位。三、全體肅立。四、唱黨歌。五、向黨、國旗及國父遺像行三鞠躬禮。六、主席恭讀國父遺囑。七、主席報告。八、講解精神總動員綱領之第五章綱目及國民公約。九、報告時事及其他有關本地生産消費風俗等。十、主席宣讀誓詞及國民公約，全體循聲宣讀。十一、禮成。

附 誓詞

我們各本良心宣誓，遵守國民公約，絶對擁護國民政府，服從蔣委員長的領導，盡心竭力，報効國家。倘有背誓行爲，願受政府的處分。謹誓。

附 國民公約：

一、不違背三民主義。二、不違背政府法令。三、不違背國家民族的利益。四、不做漢奸和敵國的順民。五、不參加漢奸組織。六、不做敵人和漢奸的官兵。七、不替敵人和漢奸帶路。八、不替敵人和漢奸探聽消息。九、不替敵人和漢奸做工。十、不用敵人和漢奸銀行的鈔票。十一、不買敵人的貨物。十二、不賣糧食和一切物品給敵人和漢奸。

附 共同目標：

（甲）國家至上，民族至上。（乙）軍事第一，勝利第一。（丙）意志集中，力量集中。

附 精神改造（即第五章綱目）：

（甲）醉生夢死之生活必須改正。（乙）奮發蓬勃之朝氣必須養成。（丙）苟且偷生之習慣必須革除。（丁）自私自利之企圖必須打破。（戊）紛歧錯雜之思想必須糾正。

升（降）旗儀式

各機關、各學校每日應舉行升降旗禮。其儀式秩序爲：一、全體肅立。二、主席就位。三、唱國歌。四、升（降）旗（敬禮、禮畢）。五、呼口號（口號隨時更改，由上級政府製定頒行）。

祭抗敵殉難烈士儀式

民國三十年奉令修忠烈祠，安抗敵殉難烈士牌位（本縣以忠烈宮改修），每年七月七日以縣長爲主祭官率各機關團體暨民衆公祭。其儀式秩序爲：一、主祭官就位。二、各機關團體暨民衆就位。三、奏哀樂。四、向抗敵殉難烈士靈位行三鞠躬禮。五、默哀三分鐘。六、獻花。七、恭讀祭文。八、奏哀樂。九、禮成。鳴炮。

附　公祭祭文：

維中華民國某年七月七日，荔波縣縣長某率各機關暨團體民衆代表等謹以香花、鮮果致祭於抗敵殉難烈士之靈位前，而奠曰：　惟靈抗敵効命，爲國捐軀，武功彪炳，麗河嶽而常新；大節昭垂，與日星而並耀。宜肅歲時之祀，用申崇報之誠。嗚呼！黄封三錫，厲六師忠義之心；碧血千年，立百世懦頑之志。載陳尊簋，來格几筵！尚饗。

附 安位祭文：

詞曰：國步多艱，蠻夷滑夏。衛我山河，實爲健者。風雲慘淡，龍戰玄黃，殺敵致果，允爲國殤。日月焜耀，天地寥廓，設位招魂，靈兮是託，報功崇德，生榮死哀，馨香俎豆，萬古昭回。

按 未入祠烈士，須先行安位禮，儀式與公祭同。

婚禮

荔波婚禮，在清季及民初，多採用古六禮制。男家訪知某家有相當女子，先請親戚中之年長者向女家求婚。即古之「納采」也。（**按** 《儀禮·士昏禮》納采，注：「使人納其採擇之禮。」疏：「納采言納者，以其始相采擇，恐女家不許，故言納。」）得女家許婚後，男家擇吉日請媒人宴飲，開列男造年庚送往女家，並問取女造年庚。富裕之家，有送金戒指、耳環等。俗稱「吃開口飯」。（**按** 以前男女年庚，原於此時互送，俾得推算男女兩造八字是否相生，以定婚事之進行。後因要八字，以便擇吉親迎，遂改於走媒之後。）即古之「問名」也。（**按** 《儀禮·士昏禮》問名，注：「問名者，將歸卜其吉凶。」疏：「問名者，問女之姓氏。」）既而男家準備衣面、金戒指、手鐲、糕粑等，擇吉請媒人送女家。女家則報之以針黹等件，婚姻之事始定，俗名「走媒」，即古之「納吉」也。（**按** 《儀禮·士昏禮》納吉，注：「歸卜於廟，得吉兆，復使使者往告，昏姻之事於是定矣。」）走媒之後，又由男家擇吉備酒一壺，肉一方，五色緞各二尺，絲綫一二兩等，並開列男造年庚，請媒人送女家。女家則報以鞋襪針黹之類，並開送女造年庚。因年庚係用干支八字開列，故俗名「要八字」。婚姻至此乃成，即古之「納徵」也。（**按** 《儀禮・士昏禮》納徵，注：「徵，成也，使使納幣以成昏禮也。」）俟婚期擇定，男家仍備酒一壺，肉一方，請媒人送女家報親迎之期。謂之「送報書」，又稱「報日子」。即古之「請期」也。（**按**《儀禮・士昏禮》請期，疏：「婿之父使使納徵訖，乃卜婚日。得吉日，又使使往女家告日，是期由男家來。今以男家執謙，故遣使者請女家，若云期由女氏，故云請期。」）至期又由男家備雞、酒、茶果、衣服（富家則添豬、羊、鵝等成雙）等送女家，女家又報以被蓋、蚊帳、皮箱、瓷器等，俗謂之「過禮」。即日男家備花轎一乘（爲新婦乘坐），紅綵轎一乘（爲新郎乘坐，如新郎騎馬，則省一乘），小轎五乘（爲媒人二、送親二、小舅一乘坐。如小舅騎馬，則省一乘），鼓吹四人，綵旗四面及綵燈全紅帖等，送至女家親迎。行奠雁禮，禮畢，女家簪花披紅後，新郎先歸，俟於門外。新婦至，導之入。先拜天地（面向門外朝天行三拜禮），次拜祖宗（向神龕行三拜），夫妻交拜，遂入洞房。新郎立席左，新婦立席右，夫婦交拜四拜成禮，坐床片刻，禮畢，新郎出。次晨行廟見禮。至此夫婦成矣。

民國二年，頒行脱帽鞠躬禮，改從新制。近年來以文明結婚之儀節較古禮爲簡，故多從時尚。六禮舊習，已漸爲陳跡矣。

附　婚禮紅帖款式：

納采帖式（男家用）

敬求

臺命

忝姻眷弟某某某偕荆某氏頓首端肅拜

復男家納采帖式（女家用）

忝姻愚弟某某某偕室某氏頓首端肅拜

敬遵

臺命

以上二帖，用紅紙摺作五篇，計十頁。內分四開，名爲全帖。帖外面當中略上書一「正」字。外用紅封套，貼紅箋一條，書「全福」二字。◎以後紅帖及封套式均同。此帖早已不用。

年庚帖式

乾造　年　月　日　時大吉

坤造　年　月　日　時大吉

帖外面書「天作之合」四字。帖内坤造下留空，俟女家填寫女造年庚。封套紅箋書「鸞書」二字。

報書帖式（男家用）

謹詹　年　月　日　時親迎

大吉

姻愚弟某某某偕室某氏頓首端肅拜

復男家報書帖式（女家用）

敬迓

綵輿

姻愚弟某某某偕室某氏頓首端肅拜

帖外面書一「正」字。封套紅箋書「全福」二字。

親迎拜書式（男家用）

正（書於帖之外面）

右啟（二字書於浮箋之旁）

上

德望　公閣

大　尊親　下恕修（用浮箋書，粘於帖內第一開陽面正中）

懿範　奶蓮（書於第一開陰面之末）

姻晚某某某偕室某氏頓首正容拜

右啟（書於第二開，書式同上）

上

時望　爺足

大　尊親　下恕修

閫範　媽妝

姻弟某某某偕室某氏頓首襝衽拜

右啟（書於第三開，書式同上）

上

英畏　兄足下

大　某舅　恕修

淑媛　嫂粧次

姻侍生某某某偕室某氏頓首端肅拜

復男家合卺帖式（女家用）

敬侍

花燭

姻愚弟某某某偕室某氏頓首端肅拜

帖外面畫一「正」字，封套紅箋書「全福」二字。此外男家於親迎時備紅封套若干個，上貼紅箋，分書：請親公、親奶一、請某舅二，請送親二、掌判二、啟盒、祝神、梳妝、扶鸞、司箋、司廚、司煙、司茶、司酒、團書、乳金等各一，送往女家。其餘從宜從俗，略有增減，不及備載。

附　文明結婚儀式：

文明結婚禮場圖

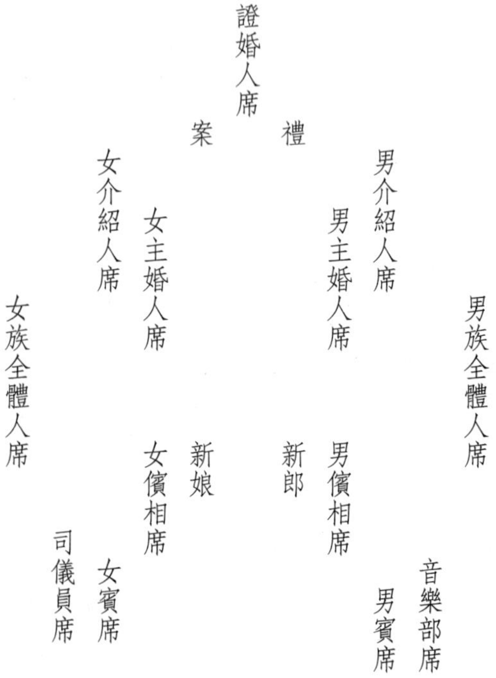

儀式秩序

一、奏樂。二、男賓入席。三、女賓入席。四、證婚人入席（外向立）。五、介紹人入席（東、西兩面對立）。六、主婚人入席（外向立）。七、新郎、新娘入席（男右、女左内向並立）。八、行結婚禮（新郎、新娘相向三鞠躬）。九、證婚人爲新郎、新娘交换飾品（戒指等）並宣讀證婚書。十、新郎、新娘署印。十一、證婚人署印。十二、介紹人署印。十三、兩姓主婚人署印。十四、證婚人致訓詞。十五、來賓頌詞。十六、新郎、新娘答詞。十七、新郎、新娘謝證婚人、介紹人（一鞠躬）。十八、證婚人、介紹人退席。十九、行見尊長禮（三鞠躬）。二十、行平輩相見禮（一鞠躬）。二十一、行小輩相見禮（答一鞠躬）。二十二、來賓致賀（一鞠躬）。二十三、主婚人答謝來賓（一鞠躬）。二十四、奏樂。二十五、禮畢。

此外證書、頌詞、訓詞、謝詞等，散見各交際文字及禮書類中，兹不復贅。至荔波之本地、水家、莫家各族多係同姓聯婚。蓋因各該族聚族而居，欲與異姓聯婚，必出數十里以外。家計貧苦者，限於經濟力，故不能不與同姓中之遠支者聯婚。但其通婚支派界限甚嚴，與現行民法旁系血親親等之規定並無抵觸，尚無關係。惟關於法律禁婚之外親姻親親等以内者，仍依舊習慣聯婚，以及早婚、重婚等陋習，無論客籍、土籍，往往有之。是有改革之必要。

喪　禮

荔波舉行喪禮，仍沿守舊法。惟近年物價高漲，昔時之繁重禮節，已多從略，亦即孔子所謂「喪與其易也，寧戚」及喪具稱家之有無之意也。兹略述於後。

一、小斂：人臨終時，家中男女，哭泣盡哀。即以香水（用艾葉湯等）沐浴靈身，具冠服衣履，安座中堂，扶靈正坐，各孝子女，依次奠酒畢，旋設靈床於堂中，移上正寢，以衾覆斂，奠以香茗。

二、大斂：小斂之後，升棺於堂中（棺中先用潔淨柴灰篩末，鋪指厚一層，或用七星板；再用布單或綢單一大幅長七尺寬五尺鋪棺内。幅四邊垂於棺外四旁），奉靈入棺（將幅單四垂提起，再將上下兩頭牽覆於棺内靈胸及足股間訖，又將左右邊幅對合卷至棺内。用灰包或綢帛卷子於靈肩項際及腰股間傍棺牆插下支穩實。須兩旁對稱，方無偏側左右之虞。支畢，將幅單打開，用綫牽直於棺上下較定端正。再將幅單四方各向外卷至棺内四旁牆處，順棺交界際插下。復綫較端正，斂以衾，覆胸齊足）。子孫審視畢，始蓋棺，設靈於堂上。

三、成服：大斂畢設奠，子孫宗族内外各以尊卑遠近之親，按制成服。

四、家祭：成服之後，擇定葬期。於出喪之前夕設祭。祭前一二日，先請親友中之知禮者派定執事：通贊、引贊、執獻、司樽、讀哀章、歌詩、講書、扶孝子等各一人。祭之夕，喪家備祭一桌陳於靈前，門外分左羊右豕，中設香案爲讀哀章及講書之位，并設盥洗、薰沐、酒樽三所，有銘旌者於對面設銘旌所。陳設畢，通贊者通唱云：「孝堂肅静，行家奠禮，執事者各司其事，起鼓，鳴金，奏樂，鳴炮，奏清音，引禮者引領孝士執杖出幃，詣東階，西向立，整蔴冠，束蔴帶，納草履（引禮者引孝子出幃至香案前，孝子依通贊所唱，動作畢），就位，行迎靈禮，跪（行三跪九伏禮），興，跪，詩歌迎靈之章，興，引孝士行上香禮。」引云：「詣盥洗所漱水淨巾，詣薰香所三薰三沐，上香於（照靈牌上字唱）之靈位前，就位，跪（行三上香三伏禮），興。」通唱：「詣銘旌所行上香禮（無銘旌者省）。」引云：「詣（照銘旌上字唱）銘旌位前就位，跪（行三上香三伏禮），興。」通唱：「復位。行初獻禮。」引云：「詣酒樽所，司樽者舉皿酌酒，致祭於（同上）之靈位前，就位，跪。」通唱：「詩歌蓼莪之首章，書講養生章。」引云：「初獻爵（行三伏禮），興。」通唱：「詣銘旌所，初祭銘旌。」引云：「（同上）獻爵（行三伏禮），興。」通唱：「復位。行亞獻禮。」引云（同上）。通唱：「詩歌蓼莪之次章，書講喪致章。」引云（同上）。通唱：「再祭銘旌。」引云（同上）。通唱：「復位。行三獻禮。」引云（同上）。通唱：「詩歌蓼莪之三章，書講喪親章。」引云：「三獻爵，獻帛，獻饌，獻食，獻冥錢，撤饌（行三伏禮），興。」通唱：「三祭銘旌。」引云（同上）。通唱：「引孝士詣讀哀章位，跪，俯伏，宣讀哀章（行三伏禮），興。復位，跪，詩歌送靈之章（行三伏禮），興，行辭靈禮，跪（行三跪九伏禮），興，禮畢。引孝士執杖入幃，舉哀，哀止，奏樂，鳴炮。」家祭終止後，移時，各親戚致祭。

附　歌詩及講書篇什：

蓼莪詩：蓼蓼者莪，匪莪伊蒿；哀哀我父（母），生我劬勞。蓼蓼者莪，匪莪伊蔚；哀哀我父（母），生我勞瘁。父（母）兮生我，父（母）兮鞠我；拊我畜我，長我育我；顧我復我，出入腹我。欲報之德，昊天罔極。

迎靈詩：痛念我父（母），奄棄世塵；神之格思，陟降在庭；清酒既載，其香始升；嘉肴畢具，來格來歆。

送靈詩：哀念我父（母），捨我仙遊；奈何生死兮，風慘雲愁；禮成告撤兮，神明莫留；而今而後兮，再見無由。

養生章：孟子曰：養生者，不足以當大事，惟送死可以當大事。（孟子示事親者當知所重也。曰：人子事親，養生送死，固當無所不用其力。然養生者人道之常，從容暇豫，子職可以自盡。即有不盡，猶或可追也，不足以當大事。惟是送死，則人道之大變。孝子之事親，舍是無以用其力矣。況時當倉卒，易於不及。一有不及，將爲無窮之悔。此可以當大事也。知其爲大事，則爲人子者，當知所以自盡矣。）

喪致章：子游曰：喪致乎哀而止。（子游崇本，意曰世人多趨於末。以吾觀之，於居喪者，但於其哀痛之心，推之以至其極而止，何以文飾爲哉。不然，哀有未至，吾恐其餘不足觀矣。爲人子者，其知所重乎。）

喪親章：孔子曰：孝子之喪親也，哭不偯，禮無容，言不文，服美不安，聞樂不樂，食旨不甘，此哀戚之情也。三日而食，教民無以死傷生，毁不滅性，此聖人之政也。喪不過三年，示民有終也。爲之棺槨衣衾而舉之；陳其簠簋而哀戚之；擗踊哭泣，哀以送之；卜其宅兆而安厝之；爲之宗廟，以鬼享之；春秋祭祀，以時思之；生事愛敬，死事哀戚，生民之本盡矣，死生之義備矣，孝子之事親終矣。

五、題主：

按 文公《家禮》，題主係在山上安葬之日，下壙壘土之後，在墳前左右空地行之。禮畢，孝子捧主而歸，行虞祭禮以安其神。

又按 《吾學録》以清《通禮》題主仍儀禮《家禮》之舊，於墓前題主。近日官紳喪禮，皆於出殯前一二日行題主禮於喪次。蓋以墓地偪仄，難以迎賓，或道里稍遠，供張不易之故。荔波題主，多於安葬之前一二日舉行。在題主前一二日，由孝家請親友中之知禮者分配執事，列榜於孝家門前。並備木主一具（木主分爲前後兩片，合而爲一），先請書主大賓於前一日或是日早晨書主（書主時設位於靈前，孝子在位前跪伏，待書畢始興。木主之「主」字上一點及「神」字一直不寫，留俟題主大賓、陪賓點題）。又先一日具柬恭請鄉中負有聲望者爲大賓、陪賓（並預備上席二，於宴賓時陳設，點主畢，席送大賓、陪賓，由大賓、陪賓分請各執事人員）。届時備肩輿儀仗先接陪賓，次接大賓，孝子外出迎接，行一跪四叩禮。引禮者引大賓、陪賓入客廳休息，進茶點。諸務設置停當，即開始舉行宴賓禮。通唱：「孝堂肅静，行宴賓禮。執事者各司其事。起鼓，鳴金，奏樂，鳴炮，奏清音。引禮者引領孝士執杖出幃，詣大賓、陪賓座前叩請大賓、陪賓（行一跪四叩禮）。引禮者引領孝士執杖入幃，請大賓、陪賓出閣，安大賓、陪賓席，請大賓、陪賓升座，請大賓、陪賓敘話，詩歌鹿鳴之首章。請大賓、陪賓舉杯，舉箸，動肴。請大賓、陪賓答詩，詩歌既醉之首、次章。詩歌鹿鳴之次章。請大賓、陪賓舉杯，舉箸，動肴。請大賓、陪賓答詩，詩歌既醉之三、四章。詩歌鹿鳴之卒章。請大賓，陪賓暢飲，舉箸，徧肴。請大賓、陪賓答詩，詩歌既醉之五、六、七、八章。宴賓已畢，請大賓、陪賓入閣更衣（宴用行裝，點主用禮服）。禮成，撤席，奏樂，鳴炮。」宴賓禮畢，即行題主禮。通唱：「孝堂肅静，行題主禮，執事者各司其事。起鼓，鳴金，奏樂，鳴炮，奏清音。引禮者引領孝士執杖出幃，詣大賓、陪賓座前叩請大賓、陪賓（行一跪四叩禮）。引領孝士入幃，請大賓、陪賓出閣，請大賓、陪賓升座。引領孝士捧主出幃，恭詣大賓座前，跪，升主於座（正面向大賓），撤主，啟主出櫝，分主（分外主送陪賓位），進主，卧主，刺血，研硃，進硃筆，呵筆凝神，請大賓點内主，請陪賓題外神；請陪賓點外主，請大賓題内神。點天堂。」引唱：「天寬。」通唱：「點地庫。」引唱：「地闊。」通唱：「貫左耳。」引唱：「左輔。」通唱：「貫右耳。」引唱：「右弼。」通唱：「點主前。」引唱：「前程遠大。」通唱：「點主後。」引唱：「後裔昌隆。」通唱：「點主已畢，擲筆向後。」引唱：「必發後人。」通唱：「合主，請主入櫝。豎主（正面向大賓），請大賓讚主，孝士叩謝大賓（四叩），興。引禮者引領孝士捧主恭詣陪賓座前，跪，升主於座（正面向陪賓），請陪賓讚主。孝士叩謝陪賓（四叩），興。引孝士捧主詣安神所，跪，宣讀祝文（行四伏禮）。引孝士執杖出幃，恭詣大賓、陪賓座前叩請大賓、陪賓安神，跪（四叩），興，引領孝士執杖入幃。請大賓、陪賓安神。」引唱：「詣安神所，就位，行安神禮（行三上香三鞠躬禮）。」通唱：「請大賓、陪賓復位。引領孝士捧帖出幃，詣大賓座前叩請大賓書全福，孝子叩謝大賓（一跪四叩），引領孝士捧帖詣陪賓書全福，孝子叩謝陪賓（一跪四叩），引孝士捧帖入幃。點主已畢，請大賓、陪賓入閣。禮成，撤堂，奏樂，鳴炮。」

附　書外主粉面式：

考　公諱某某　府君

故顯　某　鄉評某某　祖王

妣　母某氏　老太君

背面書大賓、陪賓讚詞

書内主陷中式：

生

於某年某月某日某時享壽若干歲

卒

官　公諱某某字某某　府君

中華民國新故某　某　鄉評某某　祖王

封　母某氏　老孺人

某年某月某日某時葬於某山某向

附　請大
陪賓帖式：

謹詹某日肅治菲酌仰攀

台從藉重

鴻題

（襄）

榮光宗祏仗冀

賁臨曷勝哀感

右　　啟

上

大

尊

賓某翁某某老先生閣下

陪

從吉

棘人某某泣血稽顙叩

從吉

某宅司書某某某謹代告

附　安神祝文：

維

某年　月　日（孝子）某某等敢昭告於

考　公諱某某　大人

故顯　某　老　神主位前祝曰：　昊天不弔，降此鞠凶，存者且偷生，死者長已矣！既乏鑄金之

妣　母某氏　太君

力，難覩音容，爰興刻木之思，永棲魂魄。今者，行將發殯，神留室堂。

神主既成。伏維

尊靈，舍舊從新。是憑是依，敢告，尚享。

附　詩章

鹿鳴之首章　（孝士用）

呦呦鹿鳴，食野之苹。我有嘉賓，鼓瑟吹笙。吹笙鼓簧，承筐是將。人之好我，示我周行。

鹿鳴之次章　呦呦鹿鳴，食野之蒿。我有嘉賓，德音孔昭。視民不恌，君子是則是傚。我有旨酒，嘉賓式燕以敖。

鹿鳴之卒章　呦呦鹿鳴，食野之芩。我有嘉賓，鼓瑟鼓琴。鼓瑟鼓琴，和樂且耽。我有旨酒，以宴樂嘉賓之心。

既醉之首章　（大賓用）

既醉以酒，既飽以德。君子萬年，介爾景福。

既醉之三章　昭明有融，高朗令終。令終有俶，公尸嘉告。

既醉之　五　章　威儀孔時，君子有孝子。孝子不匱，永錫爾類。

既醉之　六　章　其類維何，室家之壼。君子萬年，永錫祚胤。

既醉之次章（陪賓用）

既醉以酒，爾肴既將。君子萬年，介爾昭明。

既醉之四章　其告維何，籩豆静嘉。朋友攸攝，攝以威儀。

既醉之　七　章　其胤維何，天被爾禄。君子萬年，景命有僕。

既醉之　八　章　其僕維何，釐爾女士，釐爾女士，從以孫子。

六　安葬

喪家出柩時，各親友皆來送喪。孝子哭泣扶櫬至葬所。開壙，窆棺。審視端正後，築土平棺，壘土封墓，中略高，成脊形。葬畢，家堂設祭於靈座以妥親心，朝夕上食如生時。

次日親眷墳祭，謂之「復山」。

七　守制

父母之喪，應守「三年喪」之制度。自臨終之日起，閲十二個月至忌辰爲小祥，小祥後又十二個月至忌辰爲大祥，大祥後又閲兩個月爲禫，凡二十七個月，服闋。

宗　教

本縣信奉宗教者甚少，兹就佛教、道教、基督教及同善社等分述於次：

佛　教

本縣信奉宗教者，以女性較多，男性甚少。惟城北街三教堂爲供佛之地。至女性之信佛者，並不削髮，亦不入寺庵，僅於家間設一佛堂，唸經禮拜而已。

道　教

本縣信奉道教者更少，只有以誦經祈禱爲業之道士宗之。女冠則尚未之見。

基督教

本縣無耶穌教，惟清末民初信奉天主教者較多。尤以清末教勢日張，有時恃其權威，干涉行政。故一般狡黠者，爲虎作倀，借勢凌人。從善鄉板南村右側建築教堂一大院，頗爲壯麗。城中北街則購獲民房若干間，尚未改造。民國以後，逐漸衰歇。司鐸亦少到，經常僅一二人照管而已。

同善社

本縣同善社創始於民國十一年，惟信奉者亦寥寥無幾。城北街忠烈宫正殿右側一小屋爲社友集會場所。十八年經中央政府明令查禁，早已停閉矣。

卷陸　食貨志

清代

地丁

按　地丁即地賦與丁賦之總名稱。以前封建時，分地賦與丁賦兩種。地賦爲夏税秋糧等，丁賦爲富民、佃民、客民、市民、鄉民等。明、清時，攤併丁賦於地賦，又叫「攤丁入畝」，總稱「地丁」。

荔波地丁正額　**按**　清乾隆年間開辦，每兩徵收紋銀一兩外有平餘（平餘謂平色之羨餘也。清制，各省凡解京餉、協餉及本省動支正額，皆每千兩扣報平餘銀十二兩五錢，由耗羨内劃出，存藩庫備用），火耗（火耗銀：舊時以碎銀納税者，于正税之外，每兩例須加徵二三分，以補鎔鑄時之耗損，謂之火耗銀）加收二錢三。自咸、同年間民軍攻克縣城，焚去廒册，嗣後地丁按里攤派，不隨田。既派之後，由人民指定某田爲上地丁之田，取名糧田，其餘均屬私田，故買田者契上必書明「並無丁糧在内」等語，而糧田多係安佃耕種，收租納糧，設糧頭管理。兵燹之後，有逃亡者，有故絶者，有因天災流行而荒蕪未墾者。年代既久，人事變遷，坵號無從查考，而狡黠糧頭，逐將糧田作爲私田變賣，私相授受無從追究，遂演成有田無糧、有糧無田、富者有丁、貧者納税種種怪現象。至徵税，則由歷任知縣任意增加，籍圖中飽。每兩正丁，歷年遞增，由一兩二錢至五兩四錢，而各里通事（**按**　一里設通事一人，原任語言翻譯，後兼催丁糧，俗稱「管里」，作威作福，魚肉鄉里，人民畏之如虎）有向人民增收至八兩八錢不等，人民不勝其苦，怒不敢言。清光緒二十八年，巴乃里人民聯合各里人民晉省控告，竟無結果。清宣統年間，通省調查局飭令各縣將賦制切實呈報，清知縣石作楝，以爲荔波丁糧歷年上納已成慣例，不顧人民死活，竟以己意規定每兩正實徵收三兩八錢，另加規費七錢，共四兩五錢呈覆，人民痛苦，無法呼籲。

又按　荔波舊志稿載荔波地丁銀兩散數表所載總額爲一千五百三十六兩一錢九分七釐。附録備考。

荔波縣地丁銀兩散數表（以兩爲單位）

里別	銀兩		備考
蒙石	64	740	
董界	63	796	
巴乃	226	666	内無耗銀七兩一錢
巴容	26	000	

續表

里別	銀兩		備考
三洞	95	000	
從善	42	500	
羊安	31	000	
巴灰	74	700	
時來	17	000	内無耗銀四兩
瑶慶	202	540	
瑶臺	176	470	内無耗銀九兩九錢
莪蒲	21	000	
恒豐	61	000	
方村	125	395	
周覃	113	800	内無耗銀十兩零八錢
羊奉	194	590	
共計	1 536	197	

契稅

清初規定，凡買田地、房屋，增用契尾，每兩輸銀三分。（清《通志·食貨考》：「順治四年規定凡買田地、房屋，增契尾，每兩輸銀三分。」） 契尾由布政司印頒，通飭各州、縣官粘貼。荔波多未實行，係依照地方習慣，於原契上加蓋縣印於年服價目之上，稱紅契，否稱白契。凡價銀百兩以上者爲大契，收印紅銀三兩； 百兩以下者小契，收二兩或一兩。每值知縣交卸時，契價減少，每兩僅收銀一分或數釐不等，故人民亦多於此時投稅。相傳當時官吏對於此項收入，並不解省，官署内司役婢僕，均霑利潤。清宣統三年，曾擬定貴州稅章，買契稅徵百分之九，典契稅徵收百分三，嗣因革命，尚未實行。

雜捐

斗息捐　清時縣典吏所收之陋規，以巴灰里場斗息補助津貼，年收市平銀五十兩。其詳已不可考。

土產捐　清時縣署規定，各里每年呈繳各該里的土産，供給縣署使用。其詳已多失考。

屠行捐　清官吏於每一屠案，每日收其油、肉若干，謂之「打肉案」。清光緒末年，改名屠行捐，爲官吏所私有。

義穀

清代義穀，倡捐於道光年間，計存倉穀三千七百餘石。後因戰事發生，此穀概爲清政府提充軍糧。清同治五年，倉亦燬於兵燹。清光緒十三年又捐第二次，全縣共計稻穀九千三百二十八挑，多爲經手人及貪官污吏勾結侵蝕。

民國時期

國省税

田　賦　本縣田糧賦，在民國初年，仍照清代上納，每年科徵銀元數爲七千五百六十三元四角四分九釐。二十年，貴州省政府舉辦清查田畝，荔波土地，丈量幾半，繼因黔局政變中止。二十二、三年黔政日非，干戈擾攘，庫藏支絀，勒令百姓抬墊丁糧。至是正課收入，多爲墨吏中飽。員役下鄉，墨揮收糧，隱匿不報。督催員及財政科員，由此致富者大有人焉。二十七、八年，縣長汪漢辦理問田查糧，改收新糧，結果新糧收入不足原額，又收舊糧抵補。新舊兩項，令併徵收，於是國庫收入驟爾增多，汪老爺得到嘉獎，而人民負擔更不堪聞問矣。二十九年辦理土地陳報，縣成立土地陳報分處，編查全縣田畝，計得耕地總面積爲二十一萬六千二百三十市畝（水田面積五萬四千三百市畝，旱田面積一十三萬八千三百六十市畝，旱地面積二萬三千六百七十市畝），照三等九則定賦，每年共計賦額爲三萬二千八百七十七元二角一分，以十分之四解省，十分之六留縣。設田賦徵收處徵收。三十年，改爲田賦管理處，後又改爲田賦糧食管理處。

在辦理土地陳報之初，莫不以爲百餘年來田賦不均問題，可得到相當解決，殊一般貪官污吏土豪劣紳上下其手狼狽爲奸，百弊叢生，其害有加無已。在辦理土地陳報時，貧者既無情面，又無賄賂，不惟按實計賦，而且畝份增大，等則提高，無處申訴；富者情能枉法，錢可通神，既可少更改，或借災荒而免賦，或借分居而降率，買田不撥册，仍是有田無糧。而貧者賣田，無賄不撥册，仍是田賣糧存，有糧無田，不數年間其負擔不平，較前尤甚。況全縣賦額較清代增加四倍以上，惟因貨幣貶值，折收實物，斗秤作弊，成色刁難，各年情況紊亂不堪。災荒歉收，仍勒令先行完納，以呈報核准後再退爲詞，繼而報或不准，准亦不退，致貧者終歲勤勞，不夠納賦，一年生計，更不遑顧恤矣。

附 荔波縣田賦管理處各糧區鄉鎮字段賦額一覽表。

民國三十二年荔波縣田賦管理處各糧區鄉鎮字段賦額一覽表

項別／區別	鄉（鎮）	字段數	賦額數（元）	備考
城區糧區	玉屏	四	735.81	
	時來	七	1 056.80	

續表

區別＼項別	鄉（鎮）	字段數	賦額數（元）	備考
城區糧區	朝陽	九	1 166.62	
	永康	二	2 483.45	
方村糧區	方村	一二	2 159.02	
	水利	六	1 231.09	
	陽鳳	一二	2 167.39	
周覃糧區	周覃	六	1 332.17	
	恒豐	一零	2 227.59	
	陽安	六	1 271.37	
	三洞	一五	2 765.74	
從善糧區	從善	一三	3 038.12	
	莪蒲	七	1 622.84	
茂蘭糧區	洞塘	八	857.88	
	茂蘭	九	943.37	
	瑤慶	八	858.40	
	佳榮	十一	1 759.28	

續表

區別＼項別	鄉（鎮）	字段數	賦額數（元）	備考
洞莪糧區	撈村	五	510.11	
	董界	一二	1 737.37	
	駕歐	七	746.88	
	播堯	十一	2 245.21	
共計		一八九	32 877.21	

契税　民國二年，貴州省國税廳籌備處改定契税章程，凡契約粘有清布政司契尾者免税，蓋有縣印之紅契曰已税契，須補税，其價百元者，買契二角，典契一角。其無印之白契曰未税契，其税率價值百元者，買契五角，典契二角。粘貴州省財政司契尾，另徵紙費，每張買契一角，典契五分。三年，財政部呈准頒行契税條例，在該條例公佈前成立者曰舊契，後成立者曰新契，舊契收呈驗費一元，註册費一角；價不及三十元者，只收註册費。其新契買者繳百分之九，典者徵百分之六。貴州地瘠民貧，情況特殊，經貴州省財政廳呈准減徵爲買六典二，銀兩則一五折合銀圓。七年七月通令停止驗契，惟未税契仍須投税。

屠宰税　民國元年以後，規定爲正供收入。三年省署通令，每宰一隻豬，徵收四百文解省。四年財政部制定屠宰税章程，宰豬一隻，徵洋三角，牛一頭，徵洋一元，於四年七月實行。六年復改定豬一隻徵四角，不久，又加至六角。三十一年新縣制實施，屠宰税撥歸地方經費，税率從價百分之五。三十二年九月，每豬一隻徵一百元，牛一頭徵一百五十元。嗣後，貨幣貶值，以實物計徵至百分之十五者。

印花税 印花税在民國初年舉辦，惟收數甚微。十六年徵收局成立，主辦人爲求得提成起見，按區向百姓攤派，按月繳款。而印花税票，多不發給百姓，經手者折價轉售以牟利。二十六年，改由郵局經售。

所得税 所得税自民國二十六年舉辦。惟僅向月薪在三十元以上之公務員照章徵收，此係薪俸酬報所得之課税。至證券存款利息所得，爲本縣所無。而營利事業所得，因本縣商業蕭條，所得額未達課税標準，尚未實行。

菸酒税 煙酒税自民國五年舉辦。因本縣煙類僅出葉菸一種，不敷内銷。至酒之出産雖有黏米酒、糯米酒、包穀酒、高粱酒數種，然僅供内銷，並係零沽，無正式槽坊經營。招標困難，乃仍與印花税同向百姓攤派。嗣分爲公賣費及營業牌照税二種。公賣費照舊攤派，牌照税招商承包。至二十七年停止攤派。照章改由商人照額投標承包。三十年三月，財政部貴州區税務局獨山分局荔波辦事處成立後，此項税收由該處直接辦理。

普通營業税 普通營業税自民國二十六年七月舉辦，分季徵收，先由商店照章申報後，派員往查。惟以地方偏僻，交通阻塞，商業凋敝，收入甚微。

地方捐

屠宰附加捐　屠宰一項，除省税外，又加收附加捐作地方經費。至民國三十一年實施新縣制，全數撥歸地方開支。

牲牙捐　牲牙捐即市場買賣之牲畜捐及牙税兩項。民國三十二年時，税率從價百分之五。

公秤捐　公秤捐系在各市場徵收糖、蔴、清油、桐油、棉花等項捐款。民國三十二年税率：糖六十斤收二十元，蔴十斤收三元，清油六十斤收十五元，桐油六十斤收六元，籽花十斤收三元，皮花十斤收十二元。嗣後貨幣貶值，又按當時物價比例增加税率。

斗息捐　本縣斗息捐，民國三年由地方提出，解繳廳庫，後又撥歸地方經費。十五年教育經費独立，各地斗息捐純爲教育經費，税率白米一斗（老秤）二十斤收二合，稻穀一挑（老秤六十四斤）收一斤半。

水碾捐　水碾捐原收貨幣，分甲、乙、丙三等。民國三十二年，改徵實物。荔波縣徵收處標徵全縣水碾捐實物爲白米九十斗一升，按水碾三等分攤徵收。

油榨捐　油榨捐亦按甲、乙、丙三等徵收。原收貨幣，嗣因貨幣貶值，又按當時物價比例增加。

場棚捐　場棚捐亦按甲、乙、丙三等徵收，後無棚亦徵收，竟成一種落地税；並無一定税率，徵收手續非常紊亂。

户捐 户捐係民國二十五年起開始徵收。除赤貧者外，每户每月捐洋一角五分，作區、保、甲經費，故又名「區保經費」。二十六年民政廳改訂徵收辦法，分爲特、甲、乙、丙、丁五等徵收。計三十一年全縣户捐數爲九千三百八十八元。三十二年，加倍徵收，按各鄉鎮情況攤派，至是年七月份停徵。

房捐 房捐自民國三十一年舉辦，惟因調查登記尚未完竣，迄未實施。按當時縣政府預算數爲五萬元。

公產

公產係包括學田及糧田在内。

按 學田即清代之義塾田及饗儀田兩種。共計稻穀一千三百九十七挑（每挑重老秤六十斤淨穀），均係半花。糧田即清代各里人士指定爲上丁之田。民國二十九年，辦理土地陳報後，田賦按照田畝徵收，此項糧田竟爲經手人隱匿侵占。三十一年六月，縣長劉仰方組織清理公產委員會，并設清理公産工作隊，赴各重點鄉清查，共計清穫每年收益稻穀九百零六挑，尚有一部分鄉未經清理。劉仰方卸任後，遂全部擱置。

附 民國三十一年度荔波縣地方經費概算提要：

按 荔波縣政府民國三十一年度歲入概算經臨時總計數爲六十五萬一千三百八十四元，除中央補助款爲十四萬元外，其餘五十一萬一千三百八十四元，係由地方税課規費財産等項收入，如附

圖一。

至歲出概算，經臨時總計數與歲入平衡，分行政、教育、建設、保育、公安、財務、其他預備金等項支出，如附圖二。

圖一

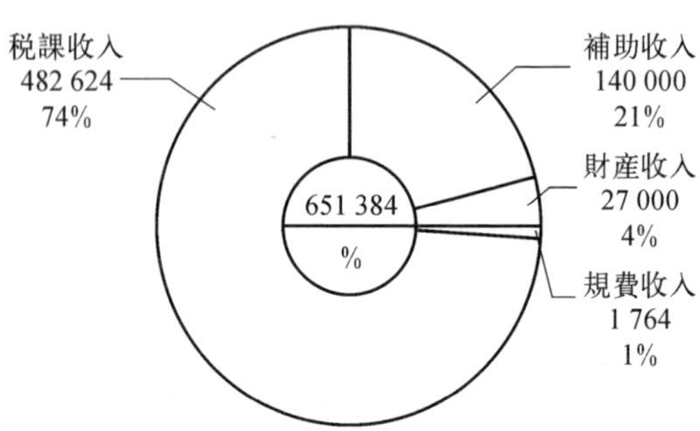

圖二

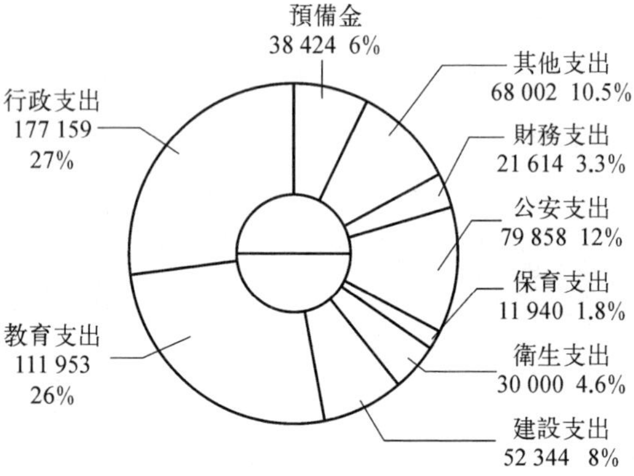

右圖係民國三十一年歲入、歲出概算數，而自三十一年以後貨幣逐日貶值，地方預算數也就逐年增加。三十六年歲入、歲出總預算數爲三萬萬五千一百九十七萬二千四百三十元，已近百萬倍。以後貨弊日益低落，更無計算矣。

積　穀

荔波積穀倡於民國二十五年，規定每年積稻穀二千五百五十二石，共積五年，稻穀一萬二千七百六十石。按荔波縣政府歷年儲積數計，二十五年積二千五百六十石零九斗，二十六年積二千五百七十四石八斗，二十七年積二千三百九十一石九斗三升，二十八年積二千三百四十九石五斗，二十九年積二百四十三石五斗，五年共計已積數爲一萬零一百二十石零六斗三升，尚欠積二千六百三十九石三斗七升。惟歷年推陳出新時，經手人每多侵蝕，或放棄責任，留穀陳腐或假公濟私，貸出後摧收不足，而貸出之穀多係囤積居奇。據三十二年荔波縣田賦管理處案存已收積穀數僅爲七千二百五十石零七斗四升一合，已耗失去二千八百五十九石八斗八升九合矣。三十二年以後，日寇竄擾，大半損失於兵燹，即有存者，經手人亦假報損失，迄未清理。

捐　派

民國時代，除以上税捐外又有臨時捐派，名目繁多，指不勝屈，略舉其較大者如下：

禁煙罰金　禁煙罰金，是貴州省長（後改省主席）周西成於民國十七年創辦的，原取寓禁於徵的意思。但表面上是説誰種鴉片，就要科以罰金，而實際上則按貧富等級攤派，種也罰，不種也罰，無一倖免。這一筆數目是很大的。

抬墊丁糧　抬墊丁糧，是本年度上清本年度丁糧之外，又預先抬墊下年度一年或兩年以上的丁糧。在民國二十九年辦理土地陳報以前，歷年都有丁糧抬墊，並已抬墊到民國三十五年。

馬路基金　馬路基金，是本縣籌修獨荔和荔思公路的基金。民國二十三年冬攤派。二十四年春已收一部分，後因中央軍入黔，公路停修，此款也就停收。而已收之一部分，當然就爲貪官們設法報銷了事。

築路民工食米菜金　荔波縣關於修築公路、鐵路及獨山飛機場等，除派民工外，無一次不向民間攤派食米菜金。計民國十七、八年修黔桂公路，三十二、三、四年修黔桂鐵路及獨山飛機場，二十四年、三十一年、三十五年、三十六年、三十七年幾次興修獨荔公路，所派民工及食米菜金，不計其數。

開拔費　軍閥部隊，無論駐省境内或縣境内各地，每次調往他處，即向百姓派要開拔費，不計其數。

軍　米　凡部隊過境，均向百姓攤派軍米供應。除供應軍隊外，各級經手人亦大發其財。

各項建修費　各項建修費，如區、鄉公所、聯保辦事處、學校校舍、糧倉、積穀倉、碉堡、道路、橋、船以及縣政府各機關房舍等等修建，無一不向百姓攤派。

電桿費　凡電報、電話所需之電桿，均徵發自民間。所需經費，亦向百姓攤派。

電話費　民國二十年，荔波籌辦電話，先將民國十六年至十八年各區的鄉兵捐尾欠款三千九百餘元作基金，隨後凡關於電話架設以及各種電料器材所需的各項經費，均由百姓負擔。

鄉兵捐　各區成立鄉兵隊，所有槍彈、伙食、服裝等一切費用，均出自各鄉百姓。

保警公糧　縣政府保警隊經費不敷，另向百姓攤派保警官兵的食米。

教師食米　貨幣貶值，教師所得薪資幾等於無。至於教師所需食米，另向百姓攤派。

自衛班食米　各區鄉成立自衛班，所需食米菜金，均由百姓負擔。

槍彈費　保警隊及各區鄉自衛班槍彈，均由民間籌款購買。

緩役金和免役金　辦理兵役時，中籤壯丁，如繳納緩役金或免役金，即可以緩期徵集或免其應役義務。這是政府規定對應緩或免徵者公開收的緩役金或免役金。至區、鄉、保以及各級辦理兵役人員另外受賄而緩免者，不在此例。

清鄉費　凡遇有清匪、剿匪等事件發生，即事先向當地民衆籌繳清鄉費若干，始派隊清剿。成事補攤派，繳清然後撤走。

招安費、投誠費、自新費、賠償子彈及醫藥、燒埋撫恤等費　凡清鄉剿匪後，認爲是匪者，准其自新，除由其本人繳納自新費外，所有當地居民，須籌繳招安費或投誠或賠償子彈費，否則以窩匪通匪論，全村或若干村一概焚毁。如有傷亡，又派醫藥、燒埋、撫恤等費。

伕馬伙食費　凡政府人員因公下鄉，即由所至區、鄉籌派伕馬伙食費。如因特別案件者，則其需索又不在此例。

捐獻 抗戰時期，各種「愛國捐獻」名目甚多，其最大者，如蔣介石五秩「壽誕」「一縣一機祝壽」捐獻。至於歡送出征軍人捐獻、春節慰問烈士軍屬捐獻、慰問前方戰士捐獻等不勝枚舉。

救國公債 政府發行的「救國公債」，是一種並不用來救國而是用來肥私或危害國家利益的資本。

兑换券 在國幣狂跌時期，發行「有利兑换券」、「有期兑换券」等，欺騙百姓，榨取民膏。

公司股金 抗戰末期，專員張策安徵集「黔南企業公司股金」；黔南事變後，縣長劉琦徵集的「民生公司股金」；結果實物全進了貪官腰包，退出一部分不值錢的廢幣。

社會租金

地租

物品地租 物品地租，是普遍一般佃租關係的租金。大多數是活的半分花租，亦有四六或三七分租者，如田好而近，則地主收六成或七成（方村壩上的田有這種分租），田壞而遠者則相反；也有少數定租的（多係旱地租），至預租則更少。

勞役地租 勞役地租是一般大地主除物品地租之外，先議定佃户每年給地主盡「義務」勞役若干天。至於非常時期，如營建、婚喪等事，則額外徵發。

貨幣地租 貨幣地租，多半是距佃户近、距離地主遠的土地，並且出産不是主要物品，地主因折收貨幣。這是很少有的情況。

飼養牲畜分租　富人出資買母牛、馬或豬，交窮人（無資金者）喂養，繁殖小牛、馬、豬，或平半分或分幾成，母歸原主，雙方事先議定。

高利借貸　高利貸一般是年息三分至五分，由利起利，亦有以月計者，利上加利者，利息高至一倍或幾倍者。又有以九作十，或八作十借出而另加議定利息者。在民國貨幣貶值時，有從實物計算本利者。高利借貸方式苛刻。

合作社

荔波合作社事業，自民國二十七年開始推行，截至三十年底止，計共組織成信用合作社一百五十一社，社員三千八百七十人，社股三千八百七十股，股金七千七百四十元，貸款三十四萬九千七百一十三元八角六分。生産合作社九社，社員二百三十八人，社股二百三十八股，股金四百七十六元。至三十一年，計劃每鄉鎮設一鄉社，各保組織保社，計共組成鄉社二社，社員一百三十人，社股一百三十股，股金一千三百一十元；鎮社一社，社員二百零七人，社股二百零七股，股金二千零七十元；保社八社，社員六百九十一人，社股六百九十一股，股金六千九百一十元；貸款二萬七千元。以上各社，共計一百七十一社，社員五千一百三十七人，社股五千一百三十七股，股金一萬八千五百零六元，貸款三十七萬六千七百一十三元八角六分。

銀行

民國三十年初，中央政府由中央、中國、交通、農民四銀行聯合辦事處劃分農貸區域，本縣劃歸中國銀行辦理。因於同年七月成立中國銀行荔波縣農貸工作站。三十一年九月，農貸業務悉由中國農民銀行負責辦理，更名爲中國農民銀行荔波縣工作站。三十二年六月，又更名爲中國農民銀行荔波縣農貸通訊處。

物價

民國二十八年，中央爲統制價買各縣所産鉀硝及托巴（硝酸鈣）等起見，於是年七月在荔波成立財政部貴州鹽務辦事處荔波硝磺處，辦理黔南十縣鉀硝、托巴統制價買業務。二十九年一月一日更名爲財政部貴州省硝磺處第三分處。

貨幣

荔波貨幣在明洪武以前無考。

茲將明、清、民國歷代使用各種貨幣列表於後：

明、清、民國歷代使用各種貨幣列表

<table>
<tr><th>貨幣名稱</th><th>使用時期</th><th>兌換比價</th><th>備考</th></tr>
<tr><td>銅錢</td><td>明代有洪武、弘治、萬曆等年號制錢。清季各代，均有制錢通行。到民國初年廢止，十六年絶跡。</td><td rowspan="2">清光緒以前，以銀爲本位，每兩約換制錢六百文至一千二百文。光緒中期改用九八成色紋銀制錢，亦有青錢、毛錢之别。銀一兩約換青錢一千文左右，毛錢可换三千文以上。</td><td>毛錢爲奸商盜鑄，細如魚眼，又稱魚眼錢。有以硬紙殼塗豬血混淆其中。每百文以大錢置中，兩端漸小穿以索，形如尖擔，故名尖擔錢。</td></tr>
<tr><td>銀錠</td><td>錠銀自明清迄民國初年均行使，至民國二十二年實行廢兩改元，錠銀始廢不用。</td><td>銀幣始自漢代，惟無據可考。明、清以後，有重五十兩左右馬蹄形之銀錠，稱元寶，亦稱馬蹄銀。重十兩左右秤錘形之銀錠，亦有馬蹄形者，稱中錠。重三兩至五兩左右饅頭形之銀塊，稱小錁。重一兩至三兩之圓錠，稱福珠，又稱滴珠。此外又有銀條、碎銀等。清末改用九、八成色紋銀。銀錠多由民間銷熔，銀兩混雜鐮砂，成色極低，有所謂乾九成者。民國初年有降低至八成或七成者。</td></tr>
<tr><td>銀圓</td><td>清末行使銀圓，至民國二十五年始廢。</td><td>每銀圓一元换制錢一千四五百文，换銀毫十二枚。</td><td>清末發行龍洋。民國以後，發行人頭洋，有大（袁世凱）小（孫中山）兩種，使用較多。至滇幣半元龍洋及法蘭西、墨西哥和民國十八年周西成鑄造之貴州銀圓等，偶有發現，使用最少。</td></tr>
</table>

續　表

貨幣名稱	使用時期	兌換比價	備　考
銀毫	清末行使銀毫，至民國二十五年始廢。	每銀毫一角換制錢一百文至二百文，換銅圓（當制錢十文）十枚至十四枚。	清末發行龍毫，每枚二角謂之雙毫，一角謂之單毫。又有香港之人頭毫，民國初期發行雙毫，背鑄亞拉伯字 20。民國十八年，又發行人頭雙毫，謂之中山毫（有孫中山頭像），多在廣東鑄造，又謂之廣毫。
銅幣	清末行使銅幣，至民國二十五年始廢。	每銀毫一角換制錢一百文至二百文，換銅圓（當制錢十文）十枚至十四枚。	有清末鑄造之龍幣。民國以後有各省鑄造之銅幣多種，有當制錢十文、二十文、五十文等三種。
鎳幣	民國二十八年使用。	鎳幣一角換紙幣一角。	鎳幣種類有一分、二分、五分、一角、二角等，使用不久。
紙幣	民國二十四年以後。	初使用時，紙幣一元換銀幣一元。民國二十七年以後，價值逐漸低落，至三十六年，等於廢紙。	民國二十四年以後，以中央、中國、交通、農民等四銀行發行之流通券爲法幣，通行使用。銀圓一律歸蔣、宋、孔、陳私有。二十八、九年，各省過去發行之流通券亦一律使用，種類甚多。三十七、八年以後，使用金元券（關金），不數月，已一文不值，復使用銀幣。

紙幣（法幣）貶值跌價以米價計，民國二十四年一元至三十七年漲至四萬八千萬倍。茲附紙幣物價比較表於後：

紙幣（法幣）物價比較表

年別 / 月別及質別 / 類別 / 月份及單價	二十四年		三十三年				三十四年			
	平均價		月份	最低價	月份	最高價	月份	最低價	月份	最高價
米（老斗老秤二十斤）	法幣元	0.50	一	200	七	800	二	1 300	八	3 800
肉（老秤一斤）	法幣元	0.15	一	36	九	160	一	360	八	1 600
鹽（老秤一斤）	法幣元	0.2	一	52	十二	300	四	260	九	400
備考	法幣一元換大洋一元、小洋十二毫。米爲肉三倍強，鹽三倍弱。		米爲肉五倍強，鹽四倍弱。		米爲肉五倍，鹽三倍弱。		米爲肉四倍弱，鹽五倍。		米爲肉二倍強，鹽九倍強。	

續表

年別	月別及質別 月份及單價 類別	米（老斗老秤二十斤）	肉（老秤一斤）	鹽（老秤一斤）	備考
三十五年	月份	一	一	一	米爲肉四倍弱，鹽六倍強。
	最低價	2 200	600	350	
	月份	六	十二	十二	米爲肉五倍強，鹽八倍強。
	最高價	5 000	1 000	650	
三十六年	月份	一	一	一	米爲肉三倍強，鹽六倍弱。
	最低價	4 000	1 200	700	
	月份	五	五	五	米爲肉三倍弱，鹽三倍弱。
	最高價	8 000	2 800	3 200	
三十七年	月份	一	一	一	米爲肉三倍弱，鹽三倍弱。
	最低價	50 000	16 000	16 000	
	月份	九	九	九	金元券一元等於法幣三千萬元，米一斗爲金元券八元，肉一斤二元，鹽一斤三元。米爲肉四倍，鹽三倍弱。
	最高價	240 000 000	60 000 000	90 000 000	
三十八年	月份	一	一	一	一毫等於金元券五元，米一斗六毫，肉一斤二毫五仙，鹽一斤三毫。米爲肉三倍弱，鹽三倍。
	最低價	金元券50	金元券12	金元券15	
	月份	七	七	七	金元券已不使用。米爲肉四倍，鹽三倍強。
	最高價	小洋10毫	小洋2.5毫	小洋3毫	

農　業

本縣僻處邊陲，交通梗塞，文化低落，工商業未具雛形，故整個農業尚停滯在刀耕火種的時代，農民約佔全縣人口百分之九十八以上，惟以萬山叢錯，土地瘠磽，加以過去受帝國主義的經濟侵略和封建的統治，造成了荔波農業落後的狀態。保守性強，迷信神鬼，聽天由命，以致農事不知改良。天災無抵抗，一遇旱澇束手無策，故農民雖終歲勤勞而食不飽，穿不暖，甚至如瑶麓之瑶胞，有爲生活貧困所威脅，而造成溺嬰之慘。姑類瑶胞，每年每人食不上一百斤包穀，終歲以野菜參雜糧煮粥果腹。這是落後農業的結果。茲將過去的農業歷史情況分爲農產、農事、農具等三項略述如下：

農　産

本縣農産，以水稻爲最多，其次麥、包穀、高粱、小米、稗、蕎等皆爲主要糧食作物。又如棉、麻、豆、花生、葉菸、菜油、桐油、甘薯、辣子、芝麻、甘蔗等，皆爲農業經濟上之極有價值者。又撮要分述如下：

稻　稻之種類甚多，約分爲秈稻、糯稻、粳稻三種。秈稻俗稱黏米，種植極普遍，爲本縣民食所關。糯稻各鄉皆有，多種於水田，而以撈村、水慶兩地出産最多，水堯、水葉、板悶、楊拱等處次之。粳稻則種者很少。

麥　麥分大麥和小麥兩種，各鄉皆有種，佔雜糧中主要成份。惟過去農民不習慣食麵食，種小麥者較少。

包穀　包穀一名玉米，一名玉蜀黍。有黏、糯兩種，各鄉産量頗多，而以洞塘爲最，播堯次之。稻穀青黄不接時，各鄉農民全賴包穀接濟。

高粱　高粱亦分黏、糯，山民多種，作主要糧食。以全縣計則産量不多。

小米　小米係砍火畯播種（即在雜木叢生之地，砍伐後燒之，趁熱播種，俗稱「砍火畯」。須隔若干年，俟叢木長成始能輪種一次），各鄉皆有，而以姑類栽種爲最多（該地無稻田，全係雜木叢生之石山），爲年中食糧主要品。

稗　稗適宜於旱地，每年春夏之交，雨水失時，則種之以備荒。

蕎　蕎有苦蕎、甘蕎兩種，一年可種兩季，上季二月下種，五月收穫；下季七月下種，十月收穫，爲救荒主要糧食。

棉　棉分木棉、草棉兩種，出産頗多，各鄉均種，而以城關、時來、福利、朝陽、拉花、洞莪、王蒙、捞村、茂蘭、立化、威巖、拉祥、岜鮮、水爲、水碰、板悶、水葉、板甲、楊拱、水各、新陽、達便、方村、甲良、板考、拉近等地爲較多。陽安、板仰、干坤、廷牌、和勇、恒豐等處地勢高，氣候寒，不宜栽種，出産最少。

麻　麻則以城關、時來、福利、朝陽、拉花、洞莪、地莪、方村等地出産爲多。

豆　豆之種類甚多，而以大豆爲最普遍。大豆各鄉都出産，而以播堯、覺鞏、地莪、陽鳳、拉磨、梅桃、拉平、甲良、董平、甲站、方村、恒豐、和勇、廷牌、干坤等地爲最多。

花生　花生各鄉皆出産，而以茂蘭、瑶麓爲最多。

葉菸　葉菸各鄉皆產，而以城關、時來、福利、朝陽等地出産爲多，色味均佳。至水利之歪村黄泥坡産之菸葉，脉中之支脈相對，俗稱「封筋菸」或「歪村菸」，色金黄而味純香，稱爲上品，惟産量不多。附近各地出産亦較他處爲佳，惟遜於黄泥坡産品。其餘各鄉種者僅爲農家副業，以供自吸。在二十年前，本縣出産較多，除自給外，尚有少數外銷。近十餘年來，除捲菸、絲菸等外來不計外，菸草亦多給於獨山之基場一帶。

油菜　油菜各鄉皆有，惟産量不多，本縣所用菜油多仰給於外縣。

桐油　油桐以城關、時來、福利、朝陽、拉花、洞莪、王蒙等地適栽種，油質亦佳。其他各鄉亦有少量出産。故桐油爲本縣出産較多，除自給外，尚有少數外銷。近十餘年來除捲菸外，此爲大宗。惟抗戰時期，桐油價跌，經營桐林往往折本，砍伐者多。而出産最多之董界地區，桐林編入田畝，每年又須納賦，故衆人砍伐殆盡。此亦本縣農業經濟之一大損失也。

甘薯　甘薯俗稱紅薯，各鄉産量均多，除作蔬菜外，亦可備荒。

辣子　辣子各鄉皆産，而以播堯、覺蛩、地莪等地爲最多，甲良、方村、甲站、董平、和勇、廷牌、干坤、恒豐、新場、達便等地次之，除供本縣食用外，輸出外省、外縣亦不少。

芝蔴　芝蔴多爲棉花地邊之副産物，産量亦多，除直接作食品外，亦有以之榨油，稱芝蔴油。

甘蔗　甘蔗以城關及時來、朝陽、拉花、洞莪、王蒙、捞村、翁昂、吉臘、洞塘、堯所等地出産較多，每年亦有少數外銷。

此外各種農作物産量不多，附列物産表於後，不另詳述。

荔波縣全縣各種農作物産量面積表

種類	面積(市畝)	每畝産量(市斤)	總産量(擔)	備考
稻穀	160 943.5	416.1	66 968.6	
小麥	7 167	90	6 450	
大豆	3 573.6	94.4	3 373	
雜糧	1 662	128.5	21 345	
棉花	2 230	10	223	
蔴	1 780	200	3 560	
油菜	5 971	39	2 090	
其他	739			

附註：一、每擔以百市斤計；二、全縣水田面積爲 162 513 市畝；三、全縣旱地面積爲 46 003 市畝。

農　事

農事分爲農時、積肥、留種、播種、栽插、中耕、水利、收藏等八項分述於後：

農時

本縣對於農事工作時間，相傳有某月某日忌晴、忌雨、忌風或要晴、要雨等等諺語（如清明要明，穀雨要雨。立夏不下，犁耙高掛。五月十三磨刀水，十八洗馬水，二十三洗街水。六月六龍曬骨。中秋月暗棉花桃子爛。又如，水族認爲水東過的九月節下雨，明年好撒秧水。水維的九月節下雨，明年好栽秧水。三洞過的九月節下雨，明年收濕穀。楊柳過的九月節下雨，明年爛稻草），非經科學測驗，均不足信。又有忌雷（每年從打第一次雷——俗「新雷」之日起，即忌諱不動土。有的打新雷後三個月內，只要聞雷即停止工作。有的以地支計，如子日打新雷，第一次忌七天，即從子日忌到午日；第二次五日，即從子日忌到辰日；第三次忌三天，即從子日忌到寅日；以後逢子忌一日，滿三個月才不忌），開秧門（即某地區須等某家——當權的財主家某塊田栽秧之后其他才能栽）等封建迷信。

茲將本縣過去農家在習慣上各個月所做的工作略述於後，爲便於農民習慣常用起見，仍依農曆記載並附以節氣，供對照。

正月立春雨水　正月整理犁耙等農具，注意家畜飼養，砌田坎、打土、理溝、耖乾田，植樹、接木，小季繼續中耕施肥。

二月驚蟄春分　二月添冬水，整水車、水溝、水壩，抬糞、犁水田，繼續植樹接木，小季作最後中耕及培土施肥，種蕎子。

三月清明穀雨　三月糞秧田、下秧種（荔波四鄉普遍撒清明秧，遲則穀雨秧，惟城區一帶氣候較熱，一般撒穀雨秧，如雨水缺乏亦可延至立夏）、曬秧田、收油菜，繼續抄田，棉花、包穀、高粱、黃豆等開始下種。

四月立夏小滿 四月車水，掃秧蟲，刮頭蔴，收胡豆，穫麥，浪田，栽秧，趕種棉花、包穀、高粱、黃豆等。

五月芒種夏至 五月栽秧畢，割蕎，薅頭道或二道秧，旱爛田，包穀、黃豆可繼續種，紅薯扦插，各種夏作開始，中耕除草施肥。

六月小暑大暑 車水，薅二道或三道秧，刮二道蔴，各種夏作中耕除草施肥，棉花剪枝摘芽，紅薯翻蔓，清潔畜舍，撒石灰滅蟲菌。

七月立秋處暑 七月薅三道、四道（糯穀）秧，防蟲害打毛稗，放田水，點秋蕎，攔稻穀防倒伏，摘高粱，收黃豆，整鐮刀、預備穀桶、曬蓆等收穫農具，修整禾倉，紅薯翻蔓，鬆土，棉花摘巔、頂岔芽，中耕除草，注意畜舍衛生，始荐新穀。

八月白露秋分 八月收穀、曬穀、藏穀，選藏稻種，棉花、包穀、黃豆、高粱等收畢，油菜開始播種，犁板田。

九月寒露霜降 九月搶收晚穀，摘糯穀，收稻草，犁板田，點小春，刮三道蔴，紅薯、花生採收，棉花繼續搶收，種蔬菜，修理畜舍。

十月立冬小雪 十月收秋蕎，整園蘺，砍柴，開山田，繼續種小春，消滅板田，種疏菜，中耕施肥淋澆。

十一月大雪冬至　十一月小春中耕施肥，畜舍防寒，注意牲畜飼料的儲存，積肥，開展家庭副業。

十二月小寒大寒　十二月興修房屋，蓋牆，小春繼續中耕、施肥，築田埂、道路，開墾荒地，積肥，修繕農具。

積　肥

圈糞　糞爲農家主要肥料，一般以屋掘坑，周圍砌以石，勿使滲漏，作牲畜圈；關牛、馬、豬於内，鋪以草，使牲畜排泄之糞尿沃之作圈糞。須隨時鋪乾草，勿使爛濕，以免妨害牲畜健康，並可多積肥料。惟住樓房者，以下層掘坑作圈，雖屬便利，但對於人之衛生影響極大，宜加改善。

大糞　一般掘一深坑，或置木缸、瓦缸或搭三合土，以防滲漏，儲積人之大、小便用作肥料。

草木灰　一般儲積家庭所烧之柴草灰，以及掃除之渣滓和糠秕、牛豬骨等燒爲灰，沃以溺水，覆以草土，勿令風雨飄淋，致散性力。或到山上割草燒灰或剷地皮燒灰，這是主要肥料。

拾肥　隨時撿拾在外面之狗、牛、馬等大糞，儲於乾處，勿使風飄雨淋，或沃在糞坑里以作肥料。

秧青　在三、四月間，割山上嫩草或木葉（最好是嫩蕨葉），堆於坑内沃爛或直接泡在水田里作肥料。

此外，尚有菜、桐、茶等油枯是最好肥料，但數量甚少，用者不多。

選種及浸種

凡穀種必須選擇肥大者，稻取穗末，麥取穗本，包穀取穗中，曬乾，盛以器，翻檢必輕，勿傷其胚。將播時，簸去其揚而浮者，浸以水。種經泡後，視將晴，以起魚眼之熱水濾之：

甲、浸後即烘之曬之，名曰「火芽」；

乙、浸後三日濾之，盛以竹器，覆以草，日噴水三次，俟芽甫生即曬之，名曰「屋芽」，又名「明芽」；

丙、浸後濾之，不俟發芽即撒者名曰「啞穀」。

以上三種，以明芽法爲佳，亦最普遍，必早秧不足或田暖氣催者始用啞穀法。曬芽忌酒氣，沾酒必爛。

撒種

本縣撒種，大多在清明、穀雨之間，陽安、恒豐、三洞、方村等地區地高氣寒，多撒清明秧，如秧水缺乏，亦可以撒穀雨秧。過穀雨則秧苗不好。城區及時來、朝陽、董界、捞村等地區氣候較熱，多撒穀雨秧，如撒早則秧長過長，不宜栽插。如缺乏秧水，在城區一帶可撒立夏秧，亦可撒乾秧，但不如在穀雨時撒水秧爲好。秧田須擇好肥田，向陽而泥脚淺並有水源者爲佳。灌水施肥，犁揉三次，俟水澄清後始下種。撒後二日，晴則放水使乾，細理其微浮者，使芽得入土，則根定不浮。曬一日後，微灌以水，使露芽尖，則秧易長。天氣暖則淺其水，寒則稍深，芽喜晴暖，如水深則入泥，入泥深則不生，故秧田必須有水源，始便利取水排水。曬水後二旬，如生蟲，必早晚掃之，掃須輕及勻。如遲則蟲落水中，附秧根，致秧枯死。除蟲之法，一般以陽塵（一名百草霜），或以馬桑葉曬乾碾末，擇晴露日撒上，蟲即死。

栽秧

本縣栽秧，多在小滿、芒種之間。將栽時必先把田耙疏細平，秧始易轉蔸，而暢茂。一般習慣栽肥田行距稀，瘠田密。栽乾秧多是城區大壩上缺雨水，没法耙田，栽時栽乾秧，待後有雨，水泡溶泥即薅平。但只限於城區始用此法。

薅秧

秧栽後，三旬以内必薅，隨後二旬可薅一次，以三次至四次爲宜，糯稻必薅四次，以其晚熟也。

灌溉

本縣田高水低，河水不易取灌，一遇旱災則遍地焦土，政府不理，農民無力，只有靠天吃飯或循古法提灌。

水車　溪大岸高，不易攔水，則就堤之近岸砌一隘港，港内水急，置以水車，繫以竹筒，上置梘槽，車轉竹筒舀水倒入槽内，復修小溝，接梘槽之水引以灌田。以駕歐、播堯、陽鳳等地區之方村河兩岸爲最多。

築塘 擇地在諸田之上，爲山洪所注灌者，掘深爲塘，設水閘，雨水至，則關閘注水，遇天旱則開閘灌溉。此法各鄉皆有，然大都依天然形勢而利用之。

戽桶 溪岸或塘埂稍高，水勢平緩，不能安水車，則用戽桶，控以雙綆，用人掣之，抒水上岸以灌田畝。此法普遍及每個角落，以輕而易舉也。但費力多而所得之水量不大，灌溉面積亦太有限。

收藏

本縣收稻時間多不一致，蓋因氣候不同也。如城區、時來、朝陽、董界、捞村等地區，雖栽秧在芒種以後，而收穫仍在秋分以前。陽安、恒豐、三洞等地區栽秧多在芒種以前，而收穫反而在寒露前後。至收藏之法，約分三種，曰倉，曰簍，曰甕。倉之小者容穀四、五十挑，大者容穀一、二百挑。竹簍大者容穀十二三挑，小者容穀五、六挑。此外亦有用大甕盛儲者，惟甕容量小，只可盛米或種籽、麥子等類。

農具

牛 牛有水牛、黄牛兩種。秋冬時，放出野外吃草。若干户之牛集爲一羣，每日用一人或二人看守，輪班值務，周而復始，謂之牛班。早飯後，由輪值者吹牛角爲號，各家放牛出圈；至晚趕牛歸圈，復吹牛角，各家自行檢點。但嚴寒之日，不宜放之野，須折草飼之，並須用米煮料喂之，以免因冷影響其健康。春夏時，各自管理，割草飼養，以免損害農作物。在工作緊張時，亦須用米煮料喂之。

犁　犁之主要部分爲鐵製之犁口（或稱「犁鑱」，亦稱「鏵口」）及木製之犁梢、犁槃等。駕牛於犁槃，人持犁梢，而使牛前行，則犁口受牛之挽力而能起土。

耙　耙分爲牛耕具和人耕具兩種：**牛耕具**　牛耕之耙，有單耙、雙耙之分。齒有七或九，有前後兩層者爲雙耙，本縣用者甚少；只一層者爲單耙，一般皆用之。上皆有闌，人推闌逐牛而行，則齒破土塊，使之細而平實。齒有鐵木兩種。又有稱「捷耙」、「浪耙」、「水耙」等。**人耕具**　人耕具之耙，有齒五，以鐵製之，度以木柄，用以平土、挖爛水田及挖糞者。平土及挖爛水田者齒寬，俗稱「淌耙」；挖糞者齒尖，俗稱「釘耙」。

翻鍬　翻鍬即古之耒耜。

按　耜以起土，耒爲其柄。上古斲木爲耜，揉木爲耒，皆以木爲之，後以鐵製耜，名曰鍬。

鋤　鋤俗稱「鋤頭」，以鐵製鋤口，木製鋤柄。用以挖石塊者，嘴尖而厚，名「鷹嘴鋤」。用以挖土者，口窄而厚，名「挖鋤」。用以剷草者，口寬而薄，名「剷鋤」。

鐮　鐮用以割草、割稻者。有寬鐮、鋸鐮之分。惟鋸鐮割草不便，近十年來已不見用（在清末民初，茂蘭鄉鋸鐮出産最多，不僅供本縣而且大銷出桂省）。

斧　用以伐樹劈柴者。

柴刀　柴刀用以砍柴者。

禾剪　禾剪用以折糯稻及高粱、小米者。

穀桶　穀桶用以打黏穀及麥子、高粱等。

矖蓆　矖蓆，以竹編成，用以矖穀及其他作物等。

籮　籮有米籮、糞籮之別。米籮用以抬米，糞籮用以抬糞。

扁擔　扁擔用以抬籮筐等。又有抬柴草用者，名「尖擔」。

工業（手工業）

本縣原無機器工業，即手工業亦不發達。大都墨守故制，不知改良，因之出品陋劣價值低賤，以致原有亦多停頓不振。

陶業

水堯、板堯、恒豐等處碗廠製造之各種碗、缸、罈、罐等，產量尚多，惟泥質粗而釉色不佳，三洞碗廠出品泥質白而細嫩，如再加改良，可成瓷器，惟交通不便，銷路日減，原有規模漸形退步，殊爲可惜；茂蘭出產之沙鑵、沙鍋等亦多。磚瓦廠則視需要而設，專設者甚少。因交通不便專設一處，運輸困難，銷路不廣難以維持也。

冶業

鐵礦廠　陽鳳及九阡鐵礦廠，早年開設，惟因交通不便，銷路不廣，時停時開，現仍開辦中。

鐵工業　鐵工業以茂蘭、恒豐爲多，所産鐵器有少數銷出鄰縣。其他地區，亦普遍皆有，惟零星一二人，製日常用具而已。

銀、銅、錫等工業　銀匠各地皆有，但爲數不多。銅匠、錫匠則更少。

木工業

本縣木工業，除城區有木匠數人專業外，各鄉木匠多於農暇時與人造屋及鋸木等工作，而以陽安地區木匠爲最多，技術亦較優良。

石工業

本縣石匠，各鄉皆有，但爲數甚少，現在除城區有少數專業者外，各鄉都作副業經營，亦以陽安地區爲較多，技術亦頗佳。

篾工業

篾工匠各鄉皆有，然亦作副業經營，以洞塘地區竹蓆爲出産大宗。陽鳳地區出産斗笠及各種竹器亦多。

按　洞塘地區出産之竹蓆，有粗細兩種：粗者供一般人夏夜睡眠之用，細者有「大四六」（以寬四尺長六尺也）、「中四六」（較大四六窄）及「半床蓆」等之分。中四六及半床蓆亦供睡眠之用。大四六則以篾之粗細區分，有八百疋至一千二百疋篾者（篾細則疋數多）。一千二百疋之大四六席頗精緻美觀，又可編出文字及各種花樣，故多作陳設品。荔波竹席早日已馳名省內外，惟竹之産量不多，係在巖山上自然野生且多在桂境。故出産之竹席，數量亦不多。

縫紉業

本縣民國初年以前所有縫紉，純系手工，並均以婦女充任，除極少數富有人家僱工縫紉外，其餘多由家庭婦女自裁自縫。男子學縫紉者甚少。自成衣機器出後，此業手工者更少。近年來，城區及有市場地區多用機器成衣，其餘鄉村仍多由婦女自裁自縫。

紡織業

本縣土布，均由各家婦女自種棉花自紡自織。其種類有平布、斜紋布、花椒布、格子布、笆摺布等，亦有用青、藍、白綫互織而成各種花布者。又有用五色絲綫或棉綫織成花紋作被面用者。平布産量最多。幾乎家家都有織布床，而以城區及佳榮、茂蘭、九阡、周覃、三洞等各鄉場貿易爲大宗。

造紙廠

本縣方村、陽鳳地區紙塘較多。以竹浸没塘中，加以石灰，數月後竹腐成漿，用木搗爛，製成草紙及迷信用之錢紙，産量頗多。恒豐白紙廠於民國二十九年開業，城區白紙廠於民國三十年開業，所産品質頗佳。惟内部組織不健全，兼以交通不便銷路不廣，均早年先後停業。

染工業

本縣染工業，染匠各鄉皆有。其用藍靛染出之深淺各色藍布爲業者，謂之「大染缸」。此外，各家婦女有藍靛染出藍布、青布者，謂之「小染缸」，最爲普遍。小缸青布，以九阡爲最佳，三洞次之，此布愈洗愈青，終不變色。

油榨業

本縣出産桐油，故油榨業亦較發達。油榨房各鄉皆有，而以拉花、拉鄉村爲最多，朝陽、福利、時來等地次之。

碾米業

本縣河流錯綜，人們多利用水力建築水碾。沿江及較大溪水兩岸，隨地皆有水碾房。無水碾地區，則用碓舂。

此外陽安出産馬尾帽，其精緻耐用，最宜熱天。惟式樣守舊，不合時宜，倘加以改良，投合時好，則其價值當出草帽之上。

漁業

本縣沿𦰡江、淇江、溶江一帶居民，往往自結網罟或養鸕鷀（俗稱「水老鴉」）、獺貓等，於秋冬農隙時，乘漁艇，三五成羣，巡行江面，捕魚以爲副業。沿江各地以撈村出大魚爲多。此外，各鄉均有田魚，每年穀雨季節將内塘中養之鯉魚放水田中，魚即産卵，經十餘日後魚仔漸大，浪田時，以撈絞取之，分放各田或塘中，至收穫時，放水取魚，魚肥者一尾約重一斤左右。而陽安、恒豐等地區多養草魚及鮥魚等，草魚每年可長三斤或五斤，有養多年重至四五十斤者。鮥魚大者四斤或五斤。發展漁業亦屬改善生活必需條件，應予提倡。

牧業

本縣無專門經營牧業。養牛者，全係農户用作幫助耕種；養馬亦不多，養羊則更少，故牧業不發達。然以本縣荒山、荒地縱横數百畝或數千畝者，各鄉皆有，牧業大可提倡，以供畜力及肉食之需要。尤以姑類傜胞及水爲苗胞所居之地，田土極少，農業不易發展，更應提倡畜牧以發展其經濟而改善其生活。

商業

本縣商業，因位於黔桂之間，在昔爲交通要道，惟以山路崎嶇，行旅不便，故商務不甚發達。自黔桂公路由獨山繞道南丹、河池南下，商場冷落，較昔爲甚。縣城雖有商鋪數間，然資本微薄，貨物不多，各鄉場更屬微小，每逢場期，所交易者僅日常用品。至外銷品雖有桐油、棉花、蔴、竹蓆、水草、香菌等，因交通不便，貨價低落，產量日減，人民生活貧困，購買力極端弱小。

市場

荔波縣市場表

名稱	所在鄉（鎮）	趕場日期	趕場人數	交易情況	距城里數	備考
荔波場	玉屏鎮	亥卯未	五千人至八千人左右	以棉、蔴、土布、桐油等爲大宗。	城東門外	原稱蒙石場，初趕城外里許之老場，後趕城内麻園，現趕東門河街。
朝陽場	朝陽鄉	子午	二三千人	以蔴、桐油爲大宗。	二十華里	原稱巴灰場。
寨馬場	董界鄉	丑未	二三百人	以桐籽爲大宗。	三十華里	原在河東岸，現趕寨馬村側，又稱洞莪場。
王蒙場	董界鄉	辰戌	二三千人	以桐籽爲大宗。	四十華里	
撈村場	撈村鄉	丑未	二三百人	日食用品，無大宗貿易。	九十華里	原趕岜昂場。民國十年以後，因翁昂何星光起事，移趕撈村大寨。

續表

名稱	所在鄉（鎮）	趕場日期	趕場人數	交易情況	距城里數	備考
拉圭場	駕歐鄉	巳亥	二三千人	以黄豆爲大宗。	八十華里	
播緩場	播堯鄉	卯酉	二三千人	以包穀、黄豆、辣子爲大宗。	六十華里	
地莪場	播堯鄉	丑未	一二千人	以黄豆爲大宗。	三十五華里	
陽鳳場	陽鳳鄉	巳亥	四五千人	以竹器（笠、簍、籮、籃）爲大宗。	九十華里	原趕老場。
甲良場	方村鄉	申子辰	四五千人	以牛、馬、豬、草紙、土布、麻、黄豆等爲大宗。	八十華里	原趕老場。
方村場	方村鄉	巳亥	一二百人	日食用品、米等。	六十華里	
恒豐場	恒豐鄉	子午	四五千人	以牛、馬、鐵器、草席、豆腐乾、石灰等爲大宗。	七十華里	
廷牌場	恒豐鄉	巳亥	一二百人	日食用品、米爲大宗。	八十華里	
陽安場	陽安鄉	卯酉	二三百人	日食用品。	一百華里	

續表

名稱	所在鄉（鎮）	趕場日期	趕場人數	交易情況	距城里數	備考
三洞場	三洞鄉	辰戌	四五千人	以牛、馬、豬、棉花、土布等爲大宗。	九十華里	
周覃場	周覃鄉	辰戌	三四千人	以土布爲大宗。	七十華里	
九阡場	從善鄉	亥辰	三四千人	以棉花、青布、水草等爲大宗。	八十華里	原稱豬場，即亥日趕豬場，辰日趕龍場。因從善鄉内宗派矛盾互相殘殺，龍場不能趕。民國十八年以後辰日改趕豬場。
威巖場	佳榮鄉	戌	二三千人	以土布、香菌爲大宗。	一百華里	又稱狗場。
坤地場	佳榮鄉	辰	七八百人	以土布、香菌爲大宗。	一百華里	又稱龍場。
茂蘭場	茂蘭鄉	子午	四五千人	以土布、牛、水草、花生、陶器等爲大宗。	五十華里	
岜昂場	翁昂鄉	辰戌	一二千人	日食用品。	七十華里	民國十年後因何星光起事，秩序紊亂，撈村趕撈村大寨，寨翁趕更侖村，此場停趕。

續表

名稱	所在鄉（鎮）	趕場日期	趕場人數	交易情況	距城里數	備考
洞塘場	洞塘鄉	卯酉	四五千人	以竹、蓆、藍靛等爲大宗。	六十華里	
水洋場	永康鄉	辰戌	二三百人	日食用品。	三十華里	
瑤慶場	瑤慶鄉	辰戌	二三百人	日食用品。	四十華里	
此外，還有過去趕過的小場，但已停趕多年，附録備考：舊縣場、福利場、播苑（拉歐）場、甲站場、河壩場（董干）、水利場、水東場、龍場（楊拱）、水各場、楊柳場、堯所場、拱傘場（水堯）。						

物産

動物、植物、礦物，除飼畜、種植或已開採者外，未經調查，尚難盡悉其種類。兹僅就其習見述之。至各種分類，係偏重於習慣稱呼及使用方面，與科學分類多有出入，取其通俗也。

動物

家獸類

牛　牛有水牛、黄牛兩種，爲幫助農業生産上的主要勞動力，多由外縣買進。因每年秋、冬、春屠宰耕牛上場出售者約三千頭左右，因過節日或辦喪事及用鬼而殺牛者亦不少。加以獸疫流行，牛死亡更多，影響農業生産甚大。

馬　各鄉皆有。一般都喂來騎代步，從未用之耕田。至於馱運物件，亦很少見。而恒豐、三洞兩地區因九月過「多」（水族節日）年坡賽馬，喂者較多。至少數民族風俗，辦男人喪事，多敲馬送死者，故過去喂馬雖多，非爲生産之用。

羊　本縣因氣候熱，不適宜於喂綿羊，而習慣上亦不喜吃羊肉。過去之羊，僅供作喪事祭品。養羊户也很少有。

豬　喂者最普遍。在貧苦農家多作副業經濟收入，作買糧、買衣被的經濟來源。還作婚喪嫁娶請客的主要肉食。本縣小豬特別肥嫩，製風豬、燒豬更是馳名省内外。

此外，**犬**、**貓**等喂的也較普遍，**騾**、**兔**喂者少。

野獸類

豹、**麞**、**狐**、**狸**（俗稱「野貓」）、**獺**、**麂**（俗稱「山羊」）等獸皮，常有出售。**虎**皮、虎骨、**麝**香、**熊**掌、熊膽等亦間有賣。此外、**狼**、**豺**、**猴**、**兔**、**野豬**、**箭豬**、**聾豬**、**竹鼺**、**短狗**、**飛鼠**等獵獲亦多。

禽　類

家禽類

雞、**鴨**喂者最普遍，出産亦多，每年有賣出外縣。**鵝**、**鴿**喂者頗少，**旱鴨**（亦稱「洋鴨」、「木鴨」）

喂者更少。

野禽類

鸕鷀，俗稱「水老鴉」。漁人有喂之捕魚者。**鵪鶉**、**鳩雉**（俗稱「野雞」）、**鳧**（俗稱「野鴨」）、**竹雞**、**瓦雀**（俗稱「麻雀」）、**斑鳩**、**野鴿**等係一般經常獵食者。**畫眉**、**鴝鵒**（俗稱「八哥」）、**黃雀**等有飼之以供玩賞者。此外，**鵲**、**鴉**、**鷹**、**燕**、**鸛**、**鷗**、**鷺**、**鶴**、**杜鵑**、**鷓鴣**、**秧雞**、**金雞**、**黃鶯**、**翠雀**、**貓頭鷹**、**鴛鴦**、**白頭鳥**、**啄木鳥**、**信天翁**、**陽雀**、**山鴣**等，亦常見之鳥類。

魚類

塘魚

鯉魚　喂者最普遍，每年春季，將魚秧或小魚放田中或在村外水塘中，如養料充足至秋可長至一斤以上，大的可供食料，小的移入內塘（村內活水小塘，防獺貓捕吃），次年春再放入田中或外塘，使易長大。種類大約分爲三種：背蒼黑腹淡黃者最多，名青鯉；體紅者名火鯉或紅鯉；體黑者名墨鯉。

草魚　各地皆有，而以恒豐、陽安、從善、三洞等地區喂者爲多。本縣無魚秧，均來自湖南。春季買小魚秧放之外塘，養料充足可長三四斤，秋後入內塘，次年春又放之外塘，五六年可長至三十、五十斤。

鮥魚　喂者僅陽安、恒豐等地區，魚秧亦來自湖南。喂法與草魚同，但大者不過數斤，肉較草魚鮮嫩。

河　魚

青魚、**鯽魚**、**魷魚**、**鰱魚**、**鮎魚**、**蛇魚**、**鰼魚**、**狗魚**、**白飄魚**、**麻魚**、**白甲魚**、**馬鼻鈎魚**、**黃鰜魚**、**七星魚**、**花腰魚**、**桿條魚**、**短頭魚**等是經常在河里捕獲者。又有**萬年魚**、**角魚**、**鱔**等是經常在田裏捕獲者。

介蟲類

茲爲分類簡便起見，除獸、禽和魚之外一律併入介蟲，不另詳細分類。

蠟蟲、**蠶蟲**、**蜜蜂**等間有飼養，但不多。**鼈**（俗稱「脚魚」或「團魚」，又名「甲魚」），以城區、時來、朝陽、董界、駕歐等處爲多。**螃蟹**、**螺**、**蝦**（以陽安、恒豐、三洞、從善爲多）、**青蛙**（俗名「田雞」，以城區好吃者多）等，係經常捕食者。**蚌**、**穿山甲**、**蛤蚧**、**龜**、**蝸牛**、**胡蜂**（俗名「馬蜂」）、**土蜂**、**没食子蜂**、**蛇**（種類甚多，有蟒蛇、蝮蛇、黃頷蛇、赤練蛇、響尾蛇、菜花蛇、四脚蛇、烏梢蛇……）、**五梧子蟲**、**蚊**、**蠅**、**蟻**、**蝶**、**螢**（俗名「火亮蟲」）、**蟬**（俗名「催米蟲」）、**虱**、**蚤**、**蜈蚣**、**螞蟥**、**蝗蟲**、**螟蟲**、**瓦蠟**、**蜘蛛**、**蟋蟀**、**螳螂**、**蜻蜓**、**蚯蚓**、**臭蟲**、**蠹蟲**、**飛蛾**、**蚱蜢**、**尺蠖**、**千脚蟲**、**鼻涕蟲**、**皂莢蟲**、**長鬚蟲**、**打屁蟲**、**鐵練蟲**、**偷油婆**、**金龜子**、**草鞋蟲**、**鋸木蟲**、**豬崽蟲**、**螟蛉蟲**、**壁虎**等，係經常看見者。

植　物

穀　類

稻有秈稻（俗稱「黏米」）、糯稻、粳稻三種。秈稻、糯稻均有早熟、晚熟及紅白各種。粳稻亦有早粳、晚粳、香粳、白玉粳之分。**麥**有大麥、小麥等。**高粱**有紅、白兩種。**蕎**有苦、甜兩種。**包穀**（玉蜀黍）有黏、糯兩種。**小米**有黏、糯兩種。

各種穀類，另詳《農業篇》，不重述。

豆　類

黄豆、**青豆**、**花生**等，種者最普遍，出産亦多。**飯豆**、**豌豆**、**胡豆**、**豇豆**、**刀豆**、**四季豆**、**籬笆豆**等，種者亦多。**扁豆**、**緑豆**、**黑豆**、**蠶豆**、**硃砂豆**、**荷包豆**、**紅豆**、**貓豆**、**角豆**等，種者較少。

瓜　類

南瓜、**黄瓜**等，種者最多。**西瓜**、**冬瓜**、**花瓜**、**苦瓜**、**絲瓜**等，種者亦普遍。**瓢瓜**、**葫盧瓜**、**瓠**、**絞瓜**、**佛手瓜**等，種者較少。

蔬　菜

青菜、**蘿蔔**（有紅、白、黄三種，以恒豐之白蘿蔔爲好）、**韭菜**（有大葉、小葉兩種）、**莧菜**（有紅、白兩種）、**紅米菜**、**廣菜**、**油菜**（過去種者很少）、**辣椒**、**番茄**（俗名「毛秀才」，又名「毛辣果」）、**紅薯**、**蒜**等種者很多。**白菜**、**菠菜**、**芹菜**、**茄菜**、**冬莧菜**（一名「旗菜」或「滑滑菜」）、**牛皮菜**、**蒿菜**、**蒿笋**、**包生菜**、**葱**（有葷葱、火葱兩種）、**薑**、**蒝荽**、**白薯**、**芋**（有白、紫兩種）、**蘑芋**、**茴香**等種者亦普遍。**甕菜**、**茭笋**（一名「茭白」，即菰米之莖也）、**芥藍菜**、**大頭菜**、**薄荷**、**姨媽菜**、**地蠶**（地下莖，白色，狀似蠶，取之醃酸）、**茨菰**（自生在田裏）、**白花菜**、**馬蹄香**、**狗肉香**（自生在地裏）等食者亦多。

木　類

果木類

桃、**李**（以從善鄉所産之栽秧李，俗名「九阡李」爲最佳）、**橘**、**柚**（俗名「朴柚」。**按**　閆人呼柚爲泡子，「朴」音或係「泡」音之轉。以城關區一帶出産者爲佳）、**橙**（俗名「黄果」，以城區及時來、朝陽等地區出産者爲佳。）、**楊梅**（野生）、**榛栗**（俗名「毛栗」，野生）、**板栗**（野生）、**茨藜**（野生）、**枇杷**、**梨**（青梨、黄梨、麻梨數種爲多。又有香水梨，實小而味甘、氣香，霜降後始收，俗名「冬梨」，産於茂蘭、佳榮一帶。又傳説有以香椿樹接梨枝，結實爲烏黑，味清香肥美，可治熱痢。有以地瓜藤接梨枝，結實有地瓜香氣等，但不多見）、**花椒**等，産出甚多。

柿花、**胡桃**（俗名「核桃」）、**柑**、**花紅**、**石榴**、**香櫞**、**佛手柑**、**棗**（有大棗、紅棗、拐棗等）、**涼粉果**（野生）、**木薑**（野生）、**葡萄**（野生）等，産者次之。**杏**、**梅**、**林檎**、**山荔枝**（出佳榮山中，野生，味酸）、**珍珠李**、**花木瓜**等，亦有出産。

經濟木類

油桐（油桐各地皆産，以城區、時來、朝陽、董界、方村等地區爲多，而且油量富，爲本縣出産品大宗）、**樟**（野生最多，可製樟腦）、**漆樹**（出産亦佳，惟栽種者少）、**桑**（野生者多，蠶業不發達，無人經營）、**白蠟樹**（有水白蠟、旱白蠟，即女貞木，茂蘭地區産白蠟甚佳，民國初年，曾在南洋賽會獲奬）、**構皮樹**（野生尚多）、**孟花樹**（有野生、家生兩種）、**油茶**（亦適宜出産，惟經營者少，出産不多）、**烏臼**

（野生甚多，惜未經營）、**五棓子**（即鹽膚木，野生，産五棓子甚多）、**皂角樹**等。

建築木類

松（俗名「樅木」，又名「馬尾松」）各地甚多。**杉**（有油杉、巖杉，數量少，質堅，價貴；紅杉次之；黃杉、白杉質泡，各地多有。又相傳有窖杉者，杉木埋在土中多年，偶值土崩發現，以作用具，盛夏盛物不易腐，作棺耐朽，價貴，又名「陰沈木」，最不易得）、**格木**（高數丈，葉狹而短，經百年後，使可合抱，質堅重，耐水，作棺木耐朽，價頗貴，不多見）、**梓**（出産少）、**楓**（俗名「楓香樹」）、**白楊**、**脱皮龍**（質最硬）、**柏**、**椿**、**檀**、**紫檀**、**梧**、**楠**、**槐**、**烏木**等。

雜木類

枸杞、**楊**、**柳**、**槲**（俗名「青棡」，質堅硬，燒炭最好）、**椶**、**黃楊**（俗名「千年矮」，據説其根搗水，服鴉毒者，灌之即吐）、**榕**（全縣僅城内北門有一株，係百年前古木）、**化香樹**、**梔**等。

竹　類

白竹（産生最多，用途最廣，凡竹器及蔑條等皆用之，二區各地用之製草紙）、**泡竹**（編竹席用，多出洞塘和廣西交界地區）、**釣絲竹**（製蔑條最好）、**若竹**（俗名「椶粑竹」，因其葉包椶粑也。又可用製椶粑葉斗篷）、**金竹**、**紫竹**、**墨竹**、**班竹**、**羅漢竹**、**苦竹**、**刺竹**、**椶竹**、**南竹**、**水竹**、**慈竹**、**實心竹**、**四方竹**、

籚竹等。

菌　類

香菌（佳榮地區出産尚多）、**木耳**（有毛耳、脆耳兩種，出産不多）等爲外銷産品。**松茅菌**（出産亦多，但非外銷品）、**凍菌**、**雷公菌**、**傘菌**、**米湯菌**、**排隊菌**等，各處皆有。

竹蓀　亦於老竹林中有之，但不多見。

花　類

桂花、**榴花**（有單石榴、雙石榴之別，以其花瓣有單層或雙層也）、**紫荆花**、**櫻花**、**梔子花**（有單、雙兩種）、**桃花**、**李花**、**杏花**、**黄飯花**、**夜合花**、**茶花**、**玫瑰花**、**臘梅花**、**茉莉花**、**紫微花**、**滿山紅**（一名「燕山紅花」）、**耐冬花**、**牡丹花**、**芍藥花**（有赤白兩種）、**蝴蝶花**、**繡球花**、**鳳仙花**（一名「指甲花」，有單雙兩種）、**蘭花**、**玉簪花**、**蓮**（有紅蓮、白蓮、金蓮、鴛鴦蓮數種）、**萬年青**、**仙人掌**、**洋芹**、**狀元紅**、**十三太保**、**菊花**（有黄菊、白菊、金錢菊數種）、**西洋菊**、**美人蕉**等。

草　類

棉（爲本縣出産大宗）、**麻**（有大麻、苧麻兩種，苧麻最多）、**藍**（製藍靛原料，以永康、佳榮、從善、三洞、恒豐等地出産較多）、**甘蔗**（以城關、時來、董界等地區出産較多，有少數售出外縣）、**葉菸**

（以城關、時來、朝陽、方村、水利等地區出産較多，而朝陽出産爲大宗，水利鄉歪村之黄泥坡出産味純而香，惟數量不多，二十年前運售外縣，近十來年，又仰給於外）、**水草**（分黄草、耳環草等，從善之姑農、姑成一帶，每年出産千餘斤，茂蘭、佳榮等地區較少，其他地區亦有，但數量不多）、**紫草**（根肥碩，色紫。從善、佳榮等地區出産頗多，爲外銷産品大宗）、**蓖麻**（本縣蓖麻繁殖最易，惟銷路不大，無人經營）、**蕨**（野生，有甜蕨、苦蕨兩種，除供菜食及秧青肥料外，取其根澱粉製成蕨粑，荒年爲度荒糧）、**芸香草**、**巴茅草**、**茅草**、**節骨草**（可入藥）、**火草**（可製印絨）、**毛蠟燭**（可治刀傷）、**蕁麻**（古名「蕁草」，俗名「蝦蛤草」，亦名「荷蕨草」，有紅、白兩種，紅者其根治鼓脹病甚效，並治風氣。皮可製紙，葉可喂豬。）、**粘人草**、**芭蕉**、**狗尾草**、**狼萁草**、**含羞草**、**蒲公英**等。

蔓　類

清風藤（俗名「三角楓」，葉三角形，面青背紅，煮汁可治風濕病）、**血籐**（有大、小兩種，生新血，去瘀血，治血症極效）、**青剛藤**（可編用具）、**葛藤**（可製葛麻，三洞、從善、恒豐、陽安等地，婦女採之製葛麻編撈絞，撈取魚蝦）等。

礦　物

鐵（本縣鐵礦頗富，陽鳳拉平之抹約、從善板甲之水往等處鐵礦，早年開採，産量頗佳，現仍開辦中。至恒豐之塘黨，三洞之地如、水假，周覃拉苑等處，礦苗甚旺，每逢大雨流露甚多，據稱富礦，未經開採）、**硃砂**（周覃之下寨、拉浩、拱仲等處礦苗甚旺，每逢大雨，山洪沖積，雨後經常在路上撿得硃砂。恒豐板力之水凋村左側土坡，農民種地亦常撿得硃砂，惜未開採）、**煤**（本縣煤礦各地皆有，如城區附近之蘿葡木、浪鳳、陽鳳之堯更、播瑶之播緩、恒豐之塘黨、從善之弄力、茂蘭之洞湖、立化等處，有因燒石灰而開採者，惟本縣柴炭頗多，尚未注意及此。據稱播緩、立化兩處之煤，可供黔桂鐵路百年以上）、**銀**（據稱三洞之水假一帶有銀礦）、**銻**（三洞、從善一帶銻礦甚富）、**石棉**（據稱佳榮有此礦）、**銅**（從善、莪蒲、瑶慶等處均有）、**硝**（各地山洞出産甚富）、**鹽**（據稱莪蒲之水息、播瑶等處均有鹽井）、**石油**（據稱王蒙之界牌一帶有石油流出，以燈草蘸之著火即燃，但現在已不知在何處）、**鉛**（佳榮出産，早年開採，現尚有煉鉛廠址）、**硫磺**（陽安、永康等處均發現温泉）、**花岡石**、**石灰石**（各地皆有）、**陶土**（各地皆有，以三洞土碗廠之土質爲佳）等。

此外，本縣之撈村與廣西南丹交界地區，有一種礦石，質堅硬異常。民國二十七年政府曾送一顆到省政府，化驗不出，認爲爲廢物。又據稱是隕石，在世界歷史上算是第三次發現等語。惟據當地居民傳説，在該附近，經常撿得同類小礦石，查該地係黔桂交界，山深林密，數里内無人居住，而前往勘查者僅二人，恐未能深入瞭解，疑難待後人查明。

藥物

山藥（各地皆有，産量頗富）、**杜仲**（栽後五六年，可砍伐一次，從善、楊拱、姑農一帶，每次砍伐，可得數千斤）、**茯苓**（從善、楊拱一帶，每年採得數百斤）、**水草**、**樟腦**（城區、時來、朝陽、董界一帶樟樹甚多，各鄉亦有。民國初年，曾有人提煉樟腦，惟所有樟腦樹均係野生，無人經營，産量不多）、**黄柏**（三洞、從善一帶産生）、**前胡、柴胡、小茴香、石菖蒲、茯神、天門冬、黄精**（俗名山薑）、**麥門冬、通草、山梔、紫蘇、車前、薄荷、血藤、大麻仁、桃仁、杏仁、陳皮、蓖蔴、沙參、何首烏、益母草、金銀花、天花粉、萬年青、牛膝、桔梗、牽牛**（俗稱「黑丑」）、**厚朴、仙茅、山漆、馬鞭草、金釵、山楂、松香、香附子、烏梅、棗、芍藥、牡丹、皮硝、麝香、牛黄、熊膽、穿山甲、文蛤、琥珀、鐘乳石、硃砂、硫砂、硫磺**等。

按 物産種類繁多，難於備載。上列各項或取其數量多，或取質量佳，或取産品珍貴者，其餘品種一概從略。

卷柒　職官志

荔波在元季明初，爲蒙、皮、雷三土司所據。代遠年湮，無文字紀録，徵之耆老，亦無能道其詳者。明正統間，改土歸流，而規模狹隘，未能畫一。清季設官分職，重牧守之權，慎邊閫之寄，較爲完善。民元以後，官制迭更，以期盡善。數百年來，官斯土者，名賢輩出，或以惠政顯，或以武功著，或以清操見，或以文學名，或殺身以成仁，或臨危而赴義。古云「有德則祀之，有功則紀之」，所以崇其功而報其德也。惟採訪或有未周，記載不無脱落。姑就耳聞目見者列之於篇，以俟後之知者補焉。志職官。

土　司

蒙土司建自元季，今玉屏鎮（從前蒙石里）蒙姓極繁，相傳即其後裔，間有用石爲姓者。

皮土司建自元季，今其族湮矣。父老相傳謂今之白姓即皮姓後裔，蓋以土音相沿，積久而差也。

雷土司建自元季，今邑中尚有雷姓，是否即土司後裔，代遠年湮，無從查考。

◎以上採自李稿。

按　李編初稿載九阡土司雷天堡叛，知縣王家珍討平之（詳《大事志》）。至蒙、皮、雷三家建立原起，及分域世次，改革緣由，皆無確據，姑載其崖略，以存夏五郭公之例而已。

流官

列表

荔波縣歷代文官姓名一覽表

職別	姓名	別號	籍貫	出身	到任年月	備考
知縣	刘邦徵				明萬曆中	
知縣	王家珍		江西	進士	清順治中	

續表

職別	姓名	別號	籍貫	出身	到任年月	備考
知縣	胡蒼睿				清康熙二年	
知縣	吕瑛		雲南昆明	監生	清雍正末年	
知縣	金明基				清乾隆三年	
知縣	陳于中				清乾隆四年	
知縣	趙世綸				清乾隆四年	
知縣	李懷春				清乾隆中	
知縣	吴明馨				清乾隆中	
知縣	吴基龍				清乾隆四十六年	
知縣	魯壽松	念莪			清乾隆末年	
知縣	楊約				清乾隆末年	
知縣	蔡元陵				清嘉慶十七年	
知縣	武點熊				清嘉慶二十二年	二十四年復任

續表

職別	姓名	別號	籍貫	出身	到任年月	備考
知縣	楊以增		山東	進士	清道光七年	
知縣	于成保		浙江	太醫院吏目	清道光初年	
知縣	劉樹棠		四川	進士	清道光初年	
知縣	馮紹彭				清道光初年	
知縣	覃武保		廣西容縣	舉人	清道光中	
知縣	稀松齡		旗人		清道光中	
知縣	周虞				清道光中	
知縣	舒文		旗人		清道光中	
知縣	蔣時淳		湖南		清道光中	署兩任
知縣	何斑				清道光十九年	
知縣	謝人龍		四川		清道光末年	
知縣	潘渭春		福建		清道光末年	

續表

職別	姓名	別號	籍貫	出身	到任年月	備考
知縣	葉華春		福建		清道光末年	
知縣	吉爾通阿		旗人		清道光末年	
知縣	嚴鉷	伯牙	浙江		清道光三十年	
知縣	畢楚珍		江南		清咸豐元年	
知縣	魏承柷	將侯	湖南衡陽	大挑知縣	清咸豐三年	
知縣	李珍		直隸		清咸豐四年	
知縣	蔣嘉穀	曉雲	浙江紹興	幕僚	清咸豐五年	
知縣	趙煦				清咸豐六年	
知縣	吴德容	迺安	湖南宜章		清咸豐七年	
知縣	彭培垣		湖南		清同治四年	
知縣	胡永春				清同治五年	
知縣	王子林		雲南		清同治五年	
知縣	鍾毓材		廣西		清同治六年	

續表

職別	姓名	別號	籍貫	出身	到任年月	備考
知縣	谷應賢				清同治六年	
知縣	高　荃		廣西		清同治六年	
知縣	錢　壎	伯雅	雲南昆明		清同治八年	在任五年
知縣	蘇忠廷	福臣	四川納溪	拔貢	清同治十三年六月	◎以上採自李稿
知縣	劉樹勳		四川	舉人	清光緒初年	
知縣	羅卿雲		雲南		清光緒初年	
知縣	張學渠		四川		清光緒初年	
知縣	萬舞庭	雲臣	四川		清光緒初年	
知縣	方人鈺	式如	四川		清光緒初年	
知縣	劉樹培	廉泉	廣西臨桂	軍功	清光緒八年	二十七年復任
知縣	崇　俊	志齋	旗人	進士	清光緒九年	實任
知縣	鄭寅亮	曉宇	河南	解元	清光緒十一年	
知縣	唐則璲	佩長	廣西臨桂	進士	清光緒十三年	實任，在任三年，卒於任

續表

職別	姓名	別號	籍貫	出身	到任年月	備考
知縣	曾世隆	陔林	四川江安	拔貢	清光緒十四年	
知縣	宋澤春	鶴琴	湖南湘潭	監生	清光緒十五年	
知縣	梁宗輝	華堂	廣西玉林	舉人	清光緒十七年	
知縣	湯柄璣	嘯菴	湖南長沙	監生	清光緒二十年	實任
知縣	白建鋆	澤芳	四川	軍功	清光緒二十二年	在任三年
知縣	張濟輝	華庭	四川綦江	優貢	清光緒二十四年	
知縣	黄增益	錦章	浙江	監生	清光緒二十五年	
知縣	楊煜	昇舟	四川酉陽	監生	清光緒二十八年	
知縣	陳介白	薌蓀	四川巴縣	舉人	清光緒三十年	
知縣	謝錫銘	又新	福建詔安	拔貢	清光緒三十二年	
知縣	黄鳳祥	采九	雲南昆明	舉人	清光緒三十三年	
知縣	石作棟	鄭卿	甘肅蘭州	進士	清光緒三十四年八月	在任四年
知縣	陳敏章	憲周	遵義	副榜	民國元年九月	在任四年

續表

職別	姓名	別號	籍貫	出身	到任年月	備考
知事	喻竹	善成	貴定	附生	民國五年	
知事	廖葆真	信初	黎平	附生	民國六年	
知事	傅良弼	佐卿	貞豐	附生，留學日本	民國七年	
知事	楊健	節之	四川酉陽	講武生	民國八年	
知事	蔣峻	佩之	三穗	警察畢業	民國十年	
知事	劉琅	晴崖	郎岱	附生	民國十一年	
知事	龍焕章	斗墟	獨山	附生	民國十二年	
知事	景士清		雲南	附生	民國十二年	
知事	馬秉升		雲南	附生	民國十三年	
知事	藍繼武		貴陽	廩生	民國十四年	
知事	李退谷		貴陽	廩生	民國十四年	
縣長	李煒新	炯初	獨山	廩生	民國十五年	民國十八年復任，在廖任後
縣長	徐致和		銅仁	崇武生	民國十六年	

續表

職別	姓名	別號	籍貫	出身	到任年月	備考
縣長	羅運鈞	伯鴻	德江	講武生	民國十七年	
縣長	廖家謨		貴定	附生	民國十八年	在任未滿一月
縣長	韓知重		四川	中學畢業生	民國十九年	民國二十三年復任
縣長	拓澤忠	壽珊	貴陽	日本留學生	民國十九年	
縣長	王公威		貴定	中學畢業生	民國二十年	
縣長	何幹羣		興義	中學畢業生	民國二十一年	
縣長	徐孟堅		綏陽	中學畢業生	民國二十二年	
縣長	雲　軿	佛齋	湖北	講武生	民國二十四年七月	
縣長	宋植枬	梓丞	安徽	附生	民國二十五年四月	
縣長	汪　漢	錦波	安徽	江淮法政大學畢業生	民國二十五年十月	◎以上採自楊稿
縣長	陳世宇		正安	夏門大學肄業生	民國二十八年四月	
縣長	段叔瑜		貴陽	日本留學生	民國三十年四月	
縣長	劉仰方	範矩	江蘇	大夏大學畢業生	民國三十一年四月	

續表

職別	姓名	別號	籍貫	出身	到任年月	備考
縣長	陳企崇	達佛	山西臨縣	山西省立法學院政經系畢業生	民國三十二年七月	
縣長	劉琦	介民	黎平	曾任上校軍職、台江縣長	民國三十四年元月	
縣長	張曜	冠軍	榕江	貴州法政專門學校、中央軍校軍官高等教育班及中央訓練團畢業，任少將軍職	民國三十四年九月	
縣長	周紹伊		四川興文	私立大夏大學文學士，中央軍校高等教育班畢業，陸軍第一六四師副師長兼政治部少將主任	民國三十七年三月	
訓導	戎輔				清乾隆二年	始立學規
訓導	李同楷					

續表

職別	姓名	別號	籍貫	出身	到任年月	備考
訓導	封建福					
訓導	洪					
訓導	馮					
訓導	黃錕					
訓導	胡					
訓導	張星明	春堂	遵義	舉人	清道光末年	
訓導	梅汝舟	瀛舫		經魁	清咸豐初年	
訓導	鄭珍	子尹	遵義	舉人	清咸豐五年	
訓導	白珩	楚臣			清咸豐末年	
訓導	劉絜矩				清咸豐末年	
訓導	趙旭	曉峯	桐梓	優貢	清同治初年	清同治五年殉難
訓導	張友卜				清同治九年	
訓導	陳培垣	曉珊	貴陽	副榜	清同治十年	

續表

職別	姓名	別號	籍貫	出身	到任年月	備考
訓導	李學延	希年	開州	歲貢	清同治十二年	◎以上採自李稿
訓導	阮燮奎				清光緒三年	
訓導	傅維棻				清光緒七年	
訓導	黃士清	希伯	貴陽	舉人	清光緒八年	
訓導	蕭義烈			廩生	清光緒十一年	
訓導	廖師閩	泗源	印江	優貢	清光緒十三年	
訓導	廖如玥	印江	黎平	貢生	清光緒十六年	
訓導	王書同	子文	遵義	副榜	清光緒十七年	
訓導	李國霖	雨亭	開州	舉人	清光緒二十二年	
訓導	郭中廣	竹居	貴陽	舉人	清光緒二十二年	
訓導	劉國棟	梓卿	貴築	舉人	清光緒二十三年	
訓導	羅會恩		貴陽	副榜	清光緒二十四年	◎以上採自楊稿
典史	趙貞吉			諭德		明世宗二十九年八月謫諭德爲荔波典史。見《綱鑑》

續表

職別	姓名	別號	籍貫	出身	到任年月	備考
典史	魯志儀				清乾隆五年	
典史	高其墉					
典史	王淇					
典史	王覲光					
典史	莊文光					
典史	易嘉言					
典史	萬某					
典史	劉錫紳	筠亭	湖南		清道光末年	
典史	婁奎				清道光末年	
典史	王堯章		四川		清咸豐初年	
典史	宣德		直隸		清咸豐初年	
典史	林正春					
典史	王仲仁					

續表

職別	姓名	別號	籍貫	出身	到任年月	備考
典史	俞成懌					
典史	齊蔭曾				清同治三年	清同治五年殉難
典史	壽其仁				清同治五年	
典史	許鈞鴻	瑞生			清同治七年	
典史	李安瀾	湘泉			清同治九年	
典史	覃炳文				清同治十年	
典史	梁秉鈞				清同治十二年	◎以上採自李稿
典史	唐　棟		湖南	吏員	清光緒二十年	
典史	謝作旼				清光緒二十年	
典史	彭世安					
典史	魯學周				清光緒二十二年	
典史	楊文龍				清光緒二十四年	◎以上採自楊稿
典史	彭德基		四川	附生	清光緒三十年	在任七年

續表

職別	姓名	別號	籍貫	出身	到任年月	備考
方村分縣縣丞	劉禮	子厚	四川		清光緒二十五年	在任七年卒，於任以前無考
方村分縣縣丞	趙鴻勛		廣西	優貢	清宣統元年	
方村分縣縣丞	楊沅	顯之	四川		清宣統三年	
方村分縣縣丞	楊景芳		省溪		民國元年	
方村分縣縣丞	朱峋	介眉	貴築		民國五年	
方村分縣縣丞	廖治平					
方村分縣縣丞	孫華					
方村分縣縣丞	車鳴驥					
方村分縣縣丞	王守智					
方村分縣縣丞	徐文華					
方村分縣縣丞	何增榮	燦章	鰼水	湖北武昌大學商科畢業生		
方村分縣縣丞	安緝齋					

續表

職別	姓名	別號	籍貫	出身	到任年月	備考
方村分縣縣丞	鄧雲亭					
司法處審判官	夏域春	雲峯	貴陽		民國二十五年到任	本年司法獨立
司法處審判官	夏念祖		山西		民國三十二年到任	
司法處審判官	張衍傑		廣東		民國三十四年到任	
司法處審判官	唐頌堯		湖南		民國三十五年到任	

荔波縣歷代武官姓名一覽表

職別	姓名	別號	籍貫	出身	到任年月	備考
荔波營遊擊	李勛				清乾隆四年	至巴乃、鹿林一帶會勘分界，頗著辛勞
荔波營遊擊	慶喜					
荔波營遊擊	張鋭					
荔波營遊擊	保					
荔波營遊擊	夏					

續表

職別	姓名	別號	籍貫	出身	到任年月	備考
荔波營遊擊	陸奎					
荔波營遊擊	盧達				清道光末年	
荔波營遊擊	彭壽					
荔波營遊擊	楊廷柱				清咸豐元年	
荔波營遊擊	興瑞				清咸豐三年	
荔波營遊擊	馬清傑		山東		清咸豐五年	
荔波營遊擊	王敦倫				清咸豐七年	
荔波營遊擊	汪文鈞				清咸豐八年	
荔波營遊擊	范定邦		水城	武舉	清咸豐九年	
荔波營遊擊	鄒玉林	崑山	麻哈	武舉	清同治五年	
荔波營遊擊	羅雲陞		廣東		清同治十年	
荔波營遊擊	徐占光				清同治十一年	
荔波營遊擊	張椿				清同治十二年	

續表

職別	姓名	別號	籍貫	出身	到任年月	備考
荔波營遊擊	尚步瀛	傑州	四川崇寧		清同治十三年	◎以上採自李稿
荔波營遊擊	楊開泰		雲南		清光緒二年	
荔波營遊擊	俞士瀛	僊洲	雲南		清光緒初年	
荔波營遊擊	王恩貴	榮軒	廣西容縣		清光緒初年	
荔波營遊擊	劉德彰	金城	湖南		清光緒年間	
荔波營遊擊	景春林	杏村	四川		清光緒年間	
荔波營遊擊	金繼祖		四川		清光緒年間	
荔波營遊擊	田興和	怡庭	都匀		清光緒年間	
荔波營遊擊	劉長庚				清光緒年間	
荔波營遊擊	黃戴才		湖南		清光緒年間	
荔波營遊擊	劉明遠				清光緒年間	
荔波營遊擊	鄧嘉鑾		丹江		清光緒年間	
荔波營遊擊	邱俊書				清光緒年間	

續表

職別	姓名	別號	籍貫	出身	到任年月	備考
荔波營遊擊	江漢清		遵義	武侍衛	清光緒年間	◎以上採自楊稿
荔波營遊擊	鄧嘉鑾	金波			民國初年	
荔波營遊擊	劉增益	壽仙			民國初年	
荔波營守備	萬安				清乾隆五年	
荔波營守備	唐卓		湖南		清嘉慶年間	
荔波營守備	雷毓英		安順		清道光年間	
荔波營守備	宋位元		山東	武進士	清道光二十一年	
荔波營守備	張福震				清道光末年	
荔波營守備	曾玉麟		貴陽		清咸豐十年	
荔波營守備	王邦學				清同治十二年	
荔波營守備	陳化熊				清同治十三年	
荔波營守備	王龍祥				清光緒年間	
荔波營守備	雷石	鏞聲	定番		清光緒年間	

續表

職別	姓名	別號	籍貫	出身	到任年月	備考
存城千總	李正吉				清乾隆五年	
存城千總	王遇春				清咸豐初年	
存城千總	王化龍				清咸豐七年	
存城千總	范鳳山				清同治四年	
存城千總	許占標				清同治九年	旋署守備 ◎以上採自李稿
存城千總	吉祀元		貴陽		清光緒中年	
存城千總	王文彬		榕江		清光緒中年	
分防三洞汛千總	舒河清	麗泉	江蘇		清光緒中年	
存城把總	張奇傑				清乾隆五年	
存城把總	吳德瑗				清乾隆五年	
存城把總	張玉德					
存城把總	謝金武					
存城把總	吳廷儒					

續表

職別	姓名	別號	籍貫	出身	到任年月	備考
存城把總	黃德明					
存城把總	玉奉璋	崑山	荔波		清光緒末年	
存城把總	邱永吉					
存城把總	張文選					
存城把總	楊萬春					
存城把總	李定邦					
存城把總	高玉升					
存城把總	璩加潤					
存城把總	宋廷福					
存城把總	張友林					◎以上採自李稿
存城把總	汪逢春					
存城把總	高永耀					
存城把總	曹玉聲					

續表

職別	姓名	別號	籍貫	出身	到任年月	備考
存城把總	汪汝洋					
存城把總	刁文錦					
存城把總	古景春					
存城把總	劉星照					
存城把總	龍祚元					
存城把總	宋占元					
存城把總	古卓才					
分防方村汛把總	劉卿材	幹臣			清光緒年間	◎以上採自楊稿
存城外委	陳照光				清乾隆五年	
存城外委	李正魁				清乾隆五年	
存城外委	張少卿				清乾隆五年	
存城外委	李正邦					
存城外委	吴邦瑞					

續表

職別	姓名	別號	籍貫	出身	到任年月	備考
存城外委	蕭必清					
存城外委	康世富					
存城外委	劉勝先					
存城外委	唐友發					
存城外委	徐　順					
存城外委	黃應相					
存城外委	藍世英					
存城外委	巫廷襄					
存城外委	鄭世芳					
存城外委	官紹基					
存城外委	謝文炳					
存城外委	李瓊林					◎以上採自李稿

續表

職別	姓名	別號	籍貫	出身	到任年月	備考
存城外委	王茂蘭					
存城外委	張元勛					
存城外委	彭元慶					
存城外委	玉奉廷					
存城外委	蔡時傑					
存城外委	厲榮光					
分防三洞汛外委	曹運先				清咸豐初年	
存城外委	姚光佑				清光緒年間	
存城外委	龍在田				清光緒年間	◎以上採自楊稿
額外	周益發					
額外	黃坤泰					
額外	宣學孔					◎以上採自李稿

按 本邑在咸、同間兩次陷城暨歷年匪患，陣亡及殉難之外來官兵頗多。兹僅据舊志所載及採訪所得，除事實較詳者，另爲列傳外，並列總表紀載，以俟後補。至本籍陣亡及殉難人士，則另載《人物志》以清眉目。

歷代變亂陣亡殉難職官表

姓名	籍貫	職別	年代	事略	備考
胡蒼睿		知縣	清康熙二年	未到任，行抵水巖，宿於野，賊圍陣亡	
蔣嘉穀	浙江紹興	知縣	清咸豐五年	剿九阡匪陣亡	
劉山	湖南溆浦	六品藍翎，留黔補用從九品	清咸豐五年	守城陣亡	
吴邦瑞		外委	清咸豐五年	陣亡	
吴邦雪		未詳	清咸豐五年	陣亡	隨兄邦瑞出征陣亡
周益發		額外	清咸豐七年	陣亡	
黄坤泰		額外	清咸豐八年	陣亡	
曹運先		外委	清咸豐九年	陣亡	

續表

姓名	籍貫	職別	年代	事略	備考
汪逢春		把總	清咸豐十年	陣亡	
婁奎		典史	清咸豐十一年	城破殉難	
曾玉麟	貴陽	守備	清咸豐十一年	陣亡	
王化龍		千總	清咸豐十一年	陣亡	
張文選		把總	清咸豐十一年	陣亡	
李定邦		把總	清咸豐十一年	陣亡	
康世富		外委	清咸豐十一年	陣亡	
蕭必清		外委	清咸豐十一年	陣亡	
李正邦		外委	清咸豐十一年	陣亡	
官紹基		外委	清咸豐十一年	陣亡	
官紹徽		未詳	清咸豐十一年	陣亡	外委官紹基之兄
彭培垣		知縣	清同治五年	城陷殉難	
吴江		未詳	清同治五年	率兵援解城圍，被困陣亡	署都勻府事獨山知州吴德容長子

續表

姓名	籍貫	職別	年代	事略	備考
鍾毓材		知縣	清同治五年	剿匪宿營董界寨馬後山被圍陣亡	
趙旭	桐梓	訓導	清同治五年	殉難	
壽其仁		典史	清同治五年	殉難	
齊蔭曾		卸任典史	清同治五年	殉難	
范定邦	水城	遊擊	清同治五年	殉難	
范鳳山		千總	清同治五年	殉難	
李瓊林		儘先外委	清同治五年	殉難	◎以上採自李稿
趙德高	桐梓	排長	民國十一年	翁昂匪首何光星搶劫巴灰時陣亡	
何逢春	南丹翁昂		民國二十年	區長何峻峯密派逢春刺死何光星，逢春亦同時被害	
鄧少華			民國二十年	剿從善匪首潘少章陣亡	

列傳

知縣

劉邦徵

籍貫未詳，明萬曆中知縣事。時荔波隸屬廣西慶遠府，各里居民，互相爲患，凡蒞斯土者，皆借寓府城，不敢身歷其地，習以爲常。邦徵至，檄諸民於前，推誠導諭，凡有規畫，悉聽命。因詳請置縣治於喇軫村，歷任數載，恩威並著。至今父老相傳，猶能道其德政云。◎採自李稿。

王家珍

江南人，進士，清順治中到任。時九阡寇賊不法，陷縣城。家珍蒞任，調請官兵剿洗，躬臨前敵，削平巨寇。以舊城殘廢，復請移縣治於方村之襖村。在任二十餘載，開闢文教，尊養耆老，民皆頌之。◎採自李稿。

胡蒼睿

籍貫未詳，清康熙二年到任，至蒙石里水巖村，止宿於野，是夜莠民糾衆劫之，與隨行俱遇害。後經官兵剿洗，附近皆族誅。◎採自李稿。

邑先正李國材《水巖村弔胡官蒼睿》詩云：「蕭蕭車馬一官來，雨晦風盲大木摧。紅袖有人還盼接，白骸和伴已成堆。爲愁魂魄歸無路，不信苗蠻膽是雷。樽酒奠君君甯否？斜陽滿地冷蒼苔。」

吕　瑛

雲南昆明人，監生，清雍正末年到任，公正廉明，爲民所頌。當時以方村縣治偏在一隅，創始改建縣城於蒙石里。一切經畫，井井有條。◎採自李稿。

金明基

籍貫未詳，清乾隆三年到任。時城工未竣，繼事督修，頗能盡職。◎採自李稿。

陳于中

籍貫未詳，清乾隆四年權知縣事。繼修城垣，旦夕督工，頗著勤勞。◎採自李稿。

趙世綸

籍貫未詳，清乾隆四年七月到任。辦理城工善後各事宜，措置裕如。曾至巴乃六林一帶，與清江通判邵自勵、都匀協右營守備王焯、荔波營遊擊李勳、河池州知州孫造、南丹土州莫我謙、慶遠協右營守備劉有梅等，會勘各處分界處所，勒石爲記，區劃得宜，士民懷之。◎採自李稿。

李懷春

籍貫未詳，清乾隆中任縣事，吏治勤慎，愛民如子。公暇，即微行郊外，常與農夫野老談，詢民間疾苦事。見田疇易者獎之，蕪者飭之。又或親入街市塾中，面試諸童功課，獎勸汲引。隨身祇一小僕，未識面者幾不知其爲官長云。◎採自李稿。

吴基龍

籍貫未詳，清乾隆四十六年到任。見學宫頽圮，捐廉勸募，鳩工重修，閱六月而事竣，規模宏敞，廟貌一新。◎採自楊稿。

楊　約

籍貫未詳，清乾隆末年到任。砥礪廉隅，愛民重士，政簡刑清，民稱頌之。◎採自李稿。

蔡元陵　字　經武

籍貫未詳，清嘉慶十七年到任。重修聖宫、文昌宫、書院、學署，才識明達，辦事敏捷。時教匪林疤頸等謀叛，元陵密捕其渠，置之法，事旋平。◎採自李稿。

武占熊

籍貫未詳，清嘉慶二十二年到任。二十四年復任。禮士愛民，安良除暴，人民愛戴。率紳耆補修荔泉書院，親主講席，每月詣院中爲諸生講解，历久不倦，荔邑文化由此振興。◎採自李稿。

楊以增　字　致堂

山東人，清道光初到任。下車之始，增修荔泉書院，培植人才。居官數年，有惠政。去後，邑人思之，立位祀於文廟之名宦祠。後官至河工總督。◎採自李稿。

于成保

浙江人，清道光初到任。太醫院吏目出身，精岐黄術，常施醫濟民，全活甚衆。◎採自李稿。

馮紹彭

籍貫未詳，清道光初年到任。尊崇學校，保愛人民。每值歲饑，發倉廩，施賑濟，民樂生存，咸頌其德。性戇直，凡有建言，不避權貴，以卓異任貴築首縣。◎採自李稿。

蔣時淳

湖南人，清道光中兩任縣事。首重學校，見學宫凋敝，捐廉倡首，董率邑紳捐貲萬金，重修學宫、文昌宫，規模宏敞，足爲一邑壯觀瞻。明禮讓，勸農桑，恤煢獨，省徭役諸善政，至今士民，咸頌賢牧云。◎採自李稿。

覃武保

廣西梧州容縣人，清道光中到任。崇儒重道，廉慎自持，多善政。民至今猶頌之。◎採自李稿。

嚴　錤　字　伯牙

浙江人，工詩能書，有幹濟才，清道光三十年到任。值粤匪亂，建議防堵，闔邑人心，賴以鎮定。後因公被議，改組歸，輿論惜之。既而佐郡江南，以守城功擢郡守，加道銜花翎。◎採自李稿。

魏承柷 字 將侯

湖南衡陽人，清咸豐三年到任。值粵匪朱亞狗逼近邊境，四野震動。建議立軍需局，修碉卡、造軍器、編保甲，全境恃以無恐。思恩失守，躬親督練，越境赴援。號令嚴明，有取民間一盆，斬以徇。亞狗敗遁，乃還。惜在任未久，奉湖南江中丞奏，調回籍統軍，旋陣歿。至於精書法、攻詩文，乃其餘事。◎採自李稿。

鄉先達何振新撰《荔波縣知縣魏將侯公志略》云：「公姓魏諱承柷，字將侯，湖南衡陽縣人，以舉人大挑得爲縣，分發貴州。歷權開泰、天柱二縣，有政聲。補荔波知縣，咸豐三年四月到任。邑人唐某犯邪教，前任畢公楚珍方捕獲，極刑考掠，株連數十人，皆城鄉之樸厚信善好持佛經咒者也。公鞫之，言戒殺生以避劫難，出其書驗之，信然。公憐其好善不明，爲奸人所惑，具情牒大府，盡宥之，罹極刑者皆活。時廣西思恩縣已爲流賊朱亞狗所據，黨羽萬人，勢甚張，漸逼邑境。公練團丁，募義勇，備甲兵，分地防堵，短衣策馬，閱沿邊要害。以瑶慶里大造坡爲四達之衝，尅日鳩工，修石關三重，危城高樓，踞山之巔，俯瞰百仞。賊至，乘高壓下，一夫當萬。他如洞壺、栗門各關，巴容、董界二里隘口，皆得地利。朱賊不敢相侵，然久不出思恩城。我師老餉糜，公憂之，議戰。召羣工多造槍炮，其刀矛弓弩，皆出自精意爲之，尤合時用。團丁、義勇各五千，各分五營，旌旗亦各分五色；所到之處，中營既定，前後左右方位，有越次者斬，一軍肅然。四年正月元宵，我師入思恩境，公先命各營製錦龍花燈。是夜笙簫之聲，與笳鼓競作，試叩各營門，則執戈者環立待旦。公喜曰：「可用矣。」朱賊臨陣多用驍騎衝突，畏其蹏齕者輒奔潰。公檄思恩村民多编豬雞籠，疏其目，聯以麻索，出陣日遍置田野，錯落牽連，以絆馬足。復於要路作陷馬坑，四面伏火器以待。朱賊聞之，不敢抗敵，宵遁。有貢生覃大慶者，先與賊通，誘賊逼脅鄉鄰。賊退，自知無所容，逃入石洞。公率五營圍洞外，領健壯者十餘人，空拳徒步入洞，漸深漸黑，至舉手不自見，則傍石壁行，以足試高下。至是從公者惟數人，齒相擊作聲，坐不敢前。公獨匐匍進，忽有物攔胸，捫之馬也，知距人不遠矣。從容喚覃大慶曰：『我魏某也，單身至此，爲救汝來，汝將爲九幽之鬼乎？抑思睹青天乎？』不應，惟聞人聲嘖嘖，頃見火如螢飛來，至前則大慶手燭也。拜曰：『公真神人，大慶萬死。』公曰：『且出此中，勿多言。』大慶命舉火，數十人束藁齊發，刀光掩映如閃電，足音轟轟然，擁公以出。前坐候數人，懼且顫，不能起。公叱之曰：『若等何必接應，吾來矣。若後行，吾先之。』及出洞，見從大慶者，尚有五十人，皆年壯有力。公慰之曰：『大亂初平，各思父母妻子，汝盍歸乎？』各叩頭散去。獨引大慶入營，責以大逆，囚之。傳檄四鄉，脅從者免。思恩平，公凱旋，獻俘貴州。有忌公功者，謂公妄動，擾鄰封，誣良善以邀軍功，更有示大慶以意，令極鳴其冤。諸大府皆怒，公禍幾不測。會江公忠源總督兩江，爲公同鄉，知公可大用，奏調江蘇，公奉旨解任。欲排擠者，始無可如何。公之爲政也，猛以濟寬，治盜尤嚴。殺某甲以竊一馬，殺某役以竊錢五百。然竊馬者慣賊，而竊錢者則竊兵餉。一邑夜不閉户，雖摴蒱葉戲，亦無敢爲。聽訟則坐堂，片言折獄，無或欺。由威信素著，心悦誠服之故，即獷悍者見之，必背汗股栗，時有魏老虎之名。

「論曰：『大亂初平，守土者各清其境，驅賊於鄰；甚有賄賊以去，而報戰勝克服，邀功賞，賊所以蔓延天下，孰則念唇齒，不分畛域，相援相救如公者乎！然必有公之才略，有公之勇敢，而後能衛人以衛己也。不然衛己且不暇，安能衛人。夫三代以上文武不分，漢時猶然，公其古之良吏也。使江公不死，公到金陵，必得展其抒負；乃方至洞庭，而江公凶耗至。湖南撫軍奏留公在籍團練，援郴州城圍，陷賊陣，左右衝突，被重創，爲賊縛，支解之。噫！公之志烈矣！公之節全矣！吾每見衡陽人，必詢及公，皆能言其慷慨果敢焉。公其仲夫子之流亞歟。』」◎抄自楊稿。

又按 魏知縣有留別荔波士民詩三律云：「豈必全無去後思，終慚小惠未能施。砦鴻遍野驚初定，害馬環郊蔓恐滋。幸有豐年遺父老，仍將大木付工師。春風細雨江南路，回首黔黎送我時。」「難負平生一片心，殷勤學製度金針。民爲邦本千秋鑑，政在人和兩字箴。關塞總須嚴鎖鑰，羽書遮莫付浮沉。郊原已遍桑麻種，猶有烽煙動遠岑。」「八仙山下壞雲屯，十萬貔貅猛氣吞。狡兔搜殘三窟盡，喘牛摧敗五花奔。本知好殺非天意，幸有涓埃達聖明。敢詡禽渠春盎盎，掃平昏霧湧朝暾。」◎抄自李稿。

謝人龍

四川人，清道光末年到任。節己愛民，有古循吏之風。◎採自李稿。

蔣嘉穀 字 曉雲

清咸豐五年到任。恂恂有儒者氣象，而膽略過人。蒞任初，九阡土匪攻城，屢擊却之。親率兵勇討賊，師潰陣歿。邑人建祠祀之。知縣吴德容題額曰「重於泰山」。◎採自李稿。

鄉先達何振新撰《荔波縣知縣蔣公曉雲志略》云：「公字曉雲，諱嘉穀，姓蔣氏，浙江紹興人。遊幕來黔，由府經歷以軍功保舉知縣。咸豐四年，廣西南丹州抹挂山民余光裕信邪教，謀不軌。獨山州三棒司奸民楊元保聚衆應之，遂大亂，擾及邑邊。官兵進剿，半由我邑，運糧運餉，緜屬不絶，繇役煩劇。署知縣李公寶琛稟請委員相助爲理，撫軍檄公來到荔，所事皆辦。大軍凱旋，李公免任，公接署縣事。咸豐五年六月，清平苗叛，至九月蔓及邑之九阡里，煽惑者衆，相率攻城，勢盛燎原，不可撲滅。援兵革於府城，不能下。公議團鄉兵，而太平日久，民不習戰，團之不聚；由粤募勇千人，糧餉鉅費，取給於富民，邑少素封，又不濟。公憂有賊困，無兵援。議戰，民弱而不強；議捐，民貧而少富。如衣敗絮入叢棘，渾身掛礙。有勸公以病請免。公曰：『治則貪謀爵禄，亂則苟全性命，非義也。』日延紳衿耆老問方略。諭貧者出力，富者出財。曉以艱難利害，絮絮千言，語至痛切處，淚交於睫，聽者亦鼻爲酸而不覺涕之隕也。一日，公奮身曰：『古聖有言，信及豚魚。九阡叛民，豈頑於禽獸乎！感以至誠，當無不動。如有不測，官於斯，死於斯，亦分也。』因率所募勇進屯九阡各村，欲示之以威而招之以德。勇目劉某不體公意，縱勇抄掠，村民大噪，倒戈相向。公知事不諧，撤勇歸。至水錯，伏寇突出截路。公大罵，拔刀陷陣，身被重創，遂遇害。時咸豐五年十月七日也。公出城時，命典史宣德曰：『吾此行，冒險耳。叨天幸，事成。如敗，我必死。我死賊必攻城。爾代知縣事，當與馬遊戎和衷共濟，捍衛孤城，以保百姓。』語畢，更立示宣典史以守城數策，兩手捧印篋授之曰：『以累汝！』遂揮手去，無一語及妻子。公遇害，次日賊果攻城。見旗幟森嚴，部伍整肅，知有備，不戰而退。然棟折榱崩，一邑震駭。公二子幼，與母齊聲號哭，數日不絶。士民亦萬家灑淚。瑶臺里板茅村民覃朝相痛公死事，暴屍於野，身領壯健者夜半出，負公屍歸村，殮以棺，間道送城。是日，黑霧昏沈，不見天地，慘烈之氣，鬱結凝聚，至遮迷兩曜。公内剛毅，外温和，接人無疾言遽色，恂恂儒雅。然不避豪強，遇獷悍者，必力爲搏擊。時國帑漸空，軍餉屢缺，有事議遣卒，則武官以無餉辭。荔波營戰守卒八百名，父死子繼，受國家豢養二百有餘年，至是竟成虚設。又復驕縱，陵轢平民。有一卒遊寨莪市，入屠肆肉，多取不遂，刃貫屠人骰，市人共執之，送詣縣，未入城，一營盡甲，鼓而譟。公聞報，見遊擊馬公曰：『民被刃而卒怒，何也？賊滿九阡，卒不殺賊而殺民乎？』馬公大慚，謂其中軍某曰：『爾出戒卒，勿妄動。』復面公曰：『刃民者某卒也，吾除其籍，請公法治。』公歸，坐堂，鞫卒曰：『若貫骰之刃何在？我仍將若刃貫若骰，復暴若於市三日，然後言法，如何？』卒俯首無詞，願受杖。公重懲之。其果決多類此。

「論曰：『九阡民已叛爲賊，相率攻城，而公乃欲感之以誠信，是對虎狼講仁義，鮮不以爲迂也。然以外無援，内無食，孤城懸一隅，其能長保乎？不若乘有餉有勇之日，前往招之，萬一就撫，誠幸也！如招之不來，陷陣而死，猶愈於後日餉絶勇散束手待賊城陷而死耳。公計之熟矣，豈迂也哉。況公之進也，原有周密計畫。苟非劉某之縱勇抄掠，安知公之計不得售耶？惟公已置死生於度外，成敗利鈍，在所不計。觀其捧印與典史訣，早已具必死之心矣。又豈貪生畏死者所能望其項背耶？噫！惟公有如是之迂，乃有如是之烈乎！』」◎抄自楊稿。

又

鄉先達李國材《乙卯仲冬弔蔣明府殉難》詩云：「蠻雲肆潰亂，星落九阡營，得所君能死，無功我愧生。山川黯失色，天地陰難晴。驅馬陟高嶺，猿啼哀慘聲。」

又　鄉先達董成烈論曰：「自烽煙告警，居民震動，公蒞任三月，帶疾視事，撫凋敝之民，提新集之衆，外抗強虜，背城血戰，屢挫其鋒，即古之儒將，何以過焉。雖徵兵調餉，籌畫多艱，此應彼攻，進退失據，此亦時勢之無可如何者也，及乎風霜矢節，戎馬歿身，輝輝乎與日月爭光矣！」

又　《清國史·蔣嘉穀傳》云：嘉穀，順天大興人。原籍浙江山陰。初以府經歷分發貴州，旋保知縣。咸豐三年，署荔波縣知縣。粵氛近逼，土匪乘之。嘉穀內守外禦，境內安堵，治獄尤明允。師疲糧匱，或以勸捐進，嘉穀不忍朘其生而激之變，寢其議不行。五年，水民與粵匪合，聚衆五六千人。嘉穀募勇五百人拒守。時都勻、八寨等各有苗匪，而近省之龍里、貴定，土匪徧地，驛道不通，餉需缺乏。嘉穀毀家募勇，妻陸氏以釵釧佐軍。民感奮，守益堅，以故近府縣皆不保，荔波獨存。後賊詗知空虛，麾衆並進，嘉穀誓死鏖戰，不與俱生。久之，傷亡略盡。嘉穀衝突跳蕩，猶裹創刃賊。俄被執，怒不屈。賊束薪漬油徧體灼之，死而復甦，甦則駡，駡則復灼，如是者數次，乃絶。巡撫蔣霨遠以嘉穀善政得民，力捍疆宇，被害尤慘，奏入從優議恤。光緒十五年，貴州紳民請於死事地方及原籍建立專祠。允之。◎餘詳《營建志·蔣公祠》篇。

趙　煦

籍貫未詳，清咸豐六年到任，適瑶慶賊蒙阿林作亂，檄調五里團兵分三路進剿，斬該賊於水工及從賊數百人。秋九月，九阡土匪謀叛，檄調巴乃、董界、巴灰、蒙石、時來等里團練，會合進攻。因軍無統帥，潰歸。冬十一月，水婆賊起事，檄委邑紳邱樹桐督練團之。團首韋國興擒賊黨以獻，事平。改水婆里爲恒豐里。◎採自楊稿。

吴德容 字 迺安

湖南宜章縣人，清咸豐七年到任。强幹精明，嫻於戎事。在任八年，合官民爲一體，内守孤城，外攘巨寇。興學校、建考棚以培植人才，修昭忠、節烈等祠以維風化。延聘名儒，尊養耆老，頒婚喪禮，蠲田賦。公餘，與諸生雅歌投壺，有古名士風。惜其帶疾從戎，賫志以殁。迄今士民思其德，輒爲之流涕云。◎採自李稿。

鄉先達何振新撰《荔波縣知縣吴公迺安志略》云：「吴公迺安諱德容，湖南郴州宜章縣人也。性俶儻，多知慧。少讀書，觀大意，不屑章句之學。甫弱冠，遊京師，循例入貲，以末入流，分發貴州。人有笑其負大志，多大言，而壓百僚底者，公曰：『以貲入官，吾已愧，以貲入大官，吾尤愧。權藉此區區以爲階梯，能自極卑登極高，方見爲異者。』及上謁，大府見公廣顙豐頤，周旋中規矩，已喜之；而應對明晰，聲音清宛，尤異之。咸惜居末職，難超擢。未幾，越級署布政司經歷，羅斛州判，能理，升署水城通判，更治。撫軍如賀公耦耕、羅公蘇溪，皆一時之傑，而於羣吏中獨器公。咸豐五年，貴州大亂，下游諸苗披猖甚。甕安縣當其衝，勢岌岌。撫州知公才，委署甕安。公至，積廥廩，備器械，增陴浚隍，團練壯丁，内防外剿，賊不敢侵者二年。時我邑之九阡、三洞、水婆、羊安、莪蒲、巴客胥叛，瑶慶半里亦叛，周覃盡陷於賊，瑶臺、方村多遭蹂躪。署知縣蔣公殉難，趙公接署，賊愈張。撫軍患之，調公由甕安署縣事。下車日，開閣延賓，於紳耆外，見有志能士，即布衣徒步，必折節下之。故以人争獻圖策，地利、賊情皆洞悉。公決定先固藩籬，再議克復。仍如在甕安時，修補城池、關隘，儲糧備器，練丁募勇。檄蒙慶湘先團歪村，後進周覃，屯隆卓山。又檄白朝貴由方村進瑶臺，屯高赫寨。而瑶慶之水堯，則檄蒙錫芬駐防，獨當東面。至是，流民漸歸，吾圉漸廣。水婆、羊安、三洞、瑶慶以次反正，惟巴容最後降。而九阡潘新簡、莪蒲吴邦吉，則抗拒横肆，聚亡命以自衛。公分兵兩路，一由水息攻九阡之羊杳，一由板溝攻莪蒲之水閣。團勇皆無宿幕，無炊釜，晨出山巔望賊燃礮，暮歸宿村民家，如是者五年，無寸進，富疲輓輸，貧疲戍役。然剿雖不足，堵則有餘。賊不能出，鹵民得安農，故亦無怨。時咸豐八九年矣。先有舊縣覃大士，黠而猾，素知公急圖九阡，迎合公意，創立新法，張言募勇，誓死戰，平賊巢。公喜之，命開局主其事。九年六月，大士倚局跋扈，公怒，斥逐之。懷怨望，往通九阡賊酋，結朱砂廠教匪，密合城中無賴。一日往謁方村縣丞石某，蹙額歎曰：『公衙冷於僧舍，而吴公之門若市，同官斯地，一飽欲死，一饑欲死，下懷竊爲不平。』石某曰：『吾家世爲官，久饜膏粱，今雖斷炊，齒猶餘肉，即饑而死，不屑乞憐。初離糠覈，甫棄菜根，一得肥甘，無怪其放飯流啜。但恐膨亨如牛，瀉利死耳。』大士聞石言，知其有恨於公也。移几促膝，屏人，互語良久。石命侍者往延方村汛把總李某入。三人附耳語，呫囁至三更，不知何計。至十二月二十八日，東城樓更卒昧旦起，見賊臨城下，擊鼙鼓。聞者皆驚，不知所以。有滕某之妻猝謂其鄰婦曰：『無怪夫昨夜戒吾勿卧，誠知有事也。』鄰婦之夫爲縣役，具其言白公。公立召滕某入内宅，和容婉言訊之，許以實告，賞百金。滕某曰：『大士先邀營兵若而人、衙役若而人、街民若而人，作内應。期是夜，起火燒房内亂，外賊乘隙梯城。城破，官民畜物貨財，任賊囊括去。更迎方村石縣丞、李把總率團兵入城，申報克復。收知縣、遊擊兩印，保大士戰功。大士即詣省謁撫軍，稟留石、李署知縣、遊擊。此其逆謀也。彼以夜臨除夕，城防或疏。詎料環城刁斗徹夜，内應不見舉火，在外者未敢薄城而天已明，是爺爺福庇也。』公問爾何由知其秘計，滕以得之某甲對。公戒之曰：『爾勿出，出恐有害。』因閉之内舍。二十九日，召心腹團長率團丁乘城。密將滕某所指渠魁十二人名，分授諸團長，屬以淩晨一炮爲號，同時力擒。至期，公出坐堂。十二人擒至，命斬決。幕中賓有勸稍緩者。公曰：『十二家子弟親朋不少，倘同邀簒取，奈何？不如立斬，以絶其望。且其逆籍，團長親得之某魁懷中。吾按籍而誅，何寃也。惟滕某雖名在籍中，屬首逆，無可逭。原其直言，令自盡。』時大士不知内應駢首戮，圖再舉，引賊據莪陽山，與城對壘。連日戰，互有死傷。公募矯捷者，捫藤越崖入水春，抄其後路，斷其資糧。十年正月，賊大潰，逃回九阡。大士蓄發，入賊酋潘新簡伍，會流寇石達開擾廣西泗城府。十年七月，分股寇貴州地，同時破定番、獨山兩州。我邑震驚。公憂不保，加練團丁，召勇士，戴笠著屣，履羊奉、方村西北要隘，有宜築鑿者，躬操畚挶，不日成；手布鐵蒺藜椓、梅花杙；更以意匠造火箭、火彈、火筒，工監以法，物物利用而省費；餉銀糧米，開軍需局主之，轉運不絶。咸豐十一年正月，據定番、獨山之賊，先後退竄廣西，方撤西北防務。而賊反由西南闖入白蠟關，直趨城下。出敵，兵勇皆敗散，不能歸城，城空。夜半，賊潛入東城外民家，穴牆燃火筒噴退守陴者，架板作梁，魚貫虎吼入，城遂破。大士率九阡賊爲虎倀，被噬者不少。公先出免難，上方村，圖克復。募勇發團，分營花鉢、板堯，檄瑶慶里清野堅壁，賊無所略。城糧盡，大士引由九阡下古州。路久茅塞，且絶險，賊怒，殺之而去。公入城，招流民，瘞死骨，察户口，十亡一二。雖損傷，幸未零落。公又多方略，能使衰者立興。時府城陷賊中，公以保舉道員署都勻府，仍攝縣事。念歲科試久停，文教廢弛，同治二年四月，就縣城修考棚，共百餘間，閱三月蕆事。更肅邊防，禁賊出。乃請學政按臨。諸生諸童，久躍躍欲試，得補考前屆，連發四榜，歡騰一郡。其尤爲特創者，縣、府、院三試，均不出縣城。街市喧闐，百貨充塞者數月。民之寓賓客，鬻鹽米，下及賣醬、賣蔗，擔樵芻者，莫不探囊而笑，拊髀而躍，羣忘其爲破城之難民也。三年夏，公解任。四年冬，賊蹂躪遍四鄉。五年春，城再破，官吏兵民死者衆。賴公知都勻府事，攝獨山州，力圖克復。賊散後，公由獨山舁棺廓，備衣衾，親身入城，收各官屍，殯殮皆如禮。見流民歸，無粟米，茹草木葉，出貲招米商懋遷，設淖糜廠資蒙袂者。農民無牛種，散給之，勉及時耕。忽疫癘大作，死者枕藉，公備藥置通衢，令知醫者如病與之。是役也，公所費甚鉅，全活尤不少。旋解府任去。邑有蒙某者，性貪婪，魚肉愚民，激成變。桀驁子弟揭竿回應，赤眉黃巾生肘腋，互殺殘。疊易胡、王、谷三令，不理。大府以我縣事非公不辦，六年夏，奉調由安順府領一軍來援。公至，惡少斂跡，十五里歸命，獨九阡仍不順。議剿之。遣員入粵，募勇五營入屯舊縣。餉銀糧米，供應已不支，而軍械之旗幟、鎗礮、刀矛，器用之鍬鋤、斧鐮、盆盎，與什伍所共之帳幕、炊釜、汲桶，下至一竹一木之細，胥在所急需。邑一望焦土，無由取給，物物征之境外。公殫心擘畫，口講手書，印牒印符，晝夜紛飛下，幾廢寢食，如是者一月而病，瘧泄交作。就醫獨山，診脈者謂年老思焦精竭，暴熱煩渴，恐難治。秋八月，果不起，年六十有四。撫軍憫其鞠躬盡瘁，老卒於軍，具情奏，奏旨以道員祭葬。蔭一子入監三月，以知縣銓用。公由微員，歷保記名道。所知府縣，非垂危將殆，必殘破荒蕪、干戈滿野者。及任事數月，四民鼓舞，旌旗變色。內而城郭，外而斥堠，無不整飭，盜賊亦消歸何有。好宴客，座上常滿，盡歡乃罷。尤好賞賚，善激勸。有出力者，靴帽翎頂，年一賜，必遍。獻馘獻俘者，予以金錢，多出望外。某臨陣，刃傷手，和藥裹創流淚。某陷陣死，酹醊大哭，涕泗滂沱。又好爲難事，凡人望而卻步、無所措手者，敢創之任之。在荔波、獨山任，境内軍事旁午，警報頻仍，自捍自衛之餘，分兵蕩府地，援貴定，解省圍，猶有餘力。具供帳，延學政，武略戒嚴，而文事振起，諸多類此。由聰明強毅，應變隨機，遇事犀剖，鏡照難當，雜遝紛更，指揮而定。惟用人雜，邪正兼收，各取所長，有得其死力者，亦有優容生禍，若覃大士之屬者。其籌軍餉公費，則勸富民輸，罰罪民鍰，有不應，威以刑。議者以此少之。然所得咸歸實用。公去後，繼之者愈降愈下，邑人亦愈久愈思之。長老偶追述其軼事，泣數行下，其古之遺愛哉。

「論曰：公治羅斛、水城，解任不旋踵大亂。治甕安二年，去未幾破。治荔波八年，去年餘，城鄉塞荊棘。其保障之才之功，難爲其繼。拔乎其萃，有如此者，公殆救時之能吏乎！豈拘侅迂闊者所能爲，而繩趨尺步者所得譏乎。」◎抄自楊稿。

又按　吴知縣有《寄别荔泉士民詩三律》云：「荔泉三載嘆無功，負咎時形寤寐中。政績敢稱賢父母，癡聾空號阿家翁。宦遊久已如流寓，士氣於今見古風。多感諸君留我意，此心早似欲歸鴻。」「蜚語無端遠近傳，黄堂猶仗鏡高懸。青蠅止棘能交亂，蒼狗爲衣豈信然。事變竟成難了局，心違忍策急歸鞭。會垣不遠聊陳訴，大府心情或未徧。」「一聲去也倍心驚，數載相依忍遠行。芳草漸迷前日路，落花更愴别時情。妻孥多纍真無奈，囊橐無餘笑太輕。料得城鄉諸父老，定應憶我計歸程。」◎抄自李稿。

彭培垣　字　嘯皐

湖南人，清同治四年到任，修城上竹棚。春三月，苗匪由都江竄至三洞，與粤西副將楊廷柱、黄仲慶等退之。十月苗匪攻城，招練保全。五年春二月，賊復圍城四十五晝夜，糧盡援絶，城陷，投泮殉難，可謂勇矣。惜其重優輕士，玩寇折糧，致城中羅雀掘鼠之慘，而城因之以陷，不無遺憾云。◎採自李稿。

按　當時烽煙四起，警報頻來，而城中仍粉飾太平，歌舞尋樂。此其重優玩寇也。至今父老猶能言之。

胡永春　字　烺山

清同治五年到任，時城新復，餓莩盈道，瘡痍滿目。董率邑紳，設團練總局於書院，移縣署於考棚，救敝扶衰，稍有起色。是年八月，瑶慶里等從賊，屢次攻城，值城毁壞，勢不能守，不得已去之。◎採自李稿。

王子林　字　槐堂

雲南人，清同治五年十月署縣事，統練由羊奉進屯舊縣，恢復縣城，糧盡引還。◎採自李稿。

鍾毓材　字　小江

廣西人，清同治六年署縣事，統練由巴乃直抵董界，營於寨馬村後山，賊衆圍之，戰死。◎採自李稿。

谷應賢

清同治六年到任，率楚勇三百至縣城，擊敗賊黨，因勢孤糧盡，引還。◎採自李稿。

高　荃　字　佩庵

雲南人，清同治五年任方村縣丞，旋署縣事。與遊擊鄒玉林剿僞黔粵王姚其登，大破之。後任八寨司馬。◎採自李稿。

錢　壎　字　伯雅

雲南昆明人，清同治八年到任，補城垣，輯難民。辛未春，苗匪據瑶臺，民將奔潰，遣兵擊退。在任數年，建公署，修書院，添設月城，鑿永濟泉，民咸賴之。◎採自李稿。

鄉先達何振新撰《荔波知縣錢公伯雅志略》云：「我邑防外寇，始道光三十年。内賊起，亂大作，始咸豐五年。至同治五年正月，鎮遠、都勻各苗出巢，焚掠邑境。三月城破，夷之而去，嗣大飢大疫，死者枕籍。諸惡少羣起爲賊，自相殘殺，白骨蔽野。百里之内，田土荒廢，雞犬無聲，已四年之久。而錢公始來，奉檄時，大路梗，賊氛正惡，僚友祖餞，皆噤齘。公間道行，冒雪數百里，所乘馬四蹄皸瘃欲脱。同治八年十一月到任，無廨舍，無居民，棲息無所。樹木叢中，寓破廟數椽，上穿下濕。檐前豺狼晝行，鼯鼪競竄。從者色沮，公則泰然。日延紳耆，問民所苦，招逃山洞者歸村，流亡者回籍。農勸開墾，商勸懋遷。以修城郭，建衙署。孔子廟、城隍廟，咸就其舊址，新其殿宇。書院、義學，則更張而拓大之。城中無井，寇臨城下，千家困饑渴。公有鑒於前，急欲得井，掘城中汙窪者幾徧，不及泉。一日，遊城東溪岸，見有水一綫涓出。喜曰：『岸之外有流泉，岸之内必有源，可掘井矣。』異日謀之父老，僉曰：『此泉夏滋冬涸，掘之無濟，況所掘者一綫，汲者千家，即不涸亦無濟。』公曰：『吾屢於無泉之地求泉，今已見泉，不掘何待。即惟夏滋，惟一綫，猶愈於無也。』潔齋三日，禱祝而掘之。清泉噴湧，汩汩其來，甘洌異常，見者驚爲神奇。羣拊掌曰：『泉濟矣，永濟矣。』公因名之曰『永濟泉』。城東南北三面，皆要隘可守。苗匪夷城日，更劃隘。公於城工之暇，復修築之。至是，凡壞者無不完固。計公任内，大興土木，不費公家一錢，惟用民財民力。溝壑餘生，殘喘未息，能百廢興，百墜舉，人人樂從，不聞怨謗。公之爲政，於此可睹矣。邑無人才，而公善因材。在内者則以某勸輸將，某司出納；在外者則以某主剿撫，某編保甲；五工齊集之所，則屬何者構梟材，何者立程式；下至庖廚之夫，灑掃之役，無不各如其能而用。又不恥下問，每舉一事，必會衆議，擇善而從。初甃永濟泉井，工作方形。有擔糞老視而蹙額，公知其不慊於工者，曰：『爾意何爲？』對曰：『小人以爲井方甃不如圓甃也。』公悟，頷之，謂甃工曰：『方則石方，四方不相銜接，久雨，土發易崩。圓則石合爲一迴環鉗，土即發，如箍桶然，愈箍愈堅，彼言可師也。』回顧老者曰：『吾承教多矣！』其從善多類此。自軍興以來，治獄亦以軍法。公聽訟，平心研訊，不刑求。尤寬於竊盜。謂人孰無恥，爲飢寒迫，靦面爲此，乃爲上者不能富教之過，何忍酷刑。且大亂後，幸有孑遺，存什一於千百，撫之字之，猶恐不蕃，可復摧折之乎！其時聞公言者，多感泣愧悔。當時城空大半，苗賊萬人，竄據歪村，距城四十餘里，一發即至。城中團丁官勇，不及二千。又分防羅葡木、撞鐘石各隘，城守惟八百餘人。而公意不在城，發外里團丁，皆令進守洞覽、甲本二村，戒其堅壁勿戰。城中居民及工匠諸人，不知公計，皇皇思散，夜數驚。公安卧不起。雞二更即鳴，羣怪之，公亦不爲意。日出慰民勸工曰：『吾卜筮皆吉，不日賊當遁，勿懼。』人見公無憂色，又見羣公子踘蹴、彈琴、吹笛，故亦安之。無何，賊果他適。有問故者，公曰：『賊欲下城，必取洞覽、甲本二村，以免我軍抄襲其後。彼於二村不能取，即知其不能來城也。』至是，咸服公之膽識。賊去，公念城中空虛，議招城外農民填實。有入城之家，聽其擇便造屋。以城中基址屬官地也，有存私心者，因私生忌，嫉城外人入城，遂憾公而毁公，然無損於公也。公軀幹修偉，廣顙豐頤，儀容整潔，韡塵不沾，衣圭袍褶，必如式。衙署内外，一器一物，各得其所，亦牧令中僅見者。公爲雲南昆明人，名壎字伯雅。

「論曰：『公以候補知縣，歷權普安縣普安同知、獨山州，皆以廉能稱。署縣事五年，保同知直隸州。今去任未數年，又以知府用。公之功名，隆隆日上，公之年齒，方當服官，猶未艾也。將來樹立，豈可限量。吾急爲之傳，似非例及。考古人文集，亦有爲賢者生傳。吾固不及古人毫毛，而公則可幾古賢者也。今公既有可傳，則爲公傳耳。然非急爲公傳，爲邑傳耳。邑之善後事，獨詳於公，欲爲邑傳，則必爲公傳也。」◎抄自楊稿。

劉樹培　字　廉泉

廣西臨桂人，清光緒八年到任，勤理民情，嚴治盜匪，邑賴以安。◎採自楊稿。

鄭寅亮　字　曉宇

河南人，清光緒十一年到任。辦事敏捷，聽訟精明，案無冤抑。視劣紳如仇，而遇公正者則以禮貌待之。◎採自楊稿。

唐則璲　字　佩長

廣西臨桂人，清光緒十三年到任。崇儒重道，敬老尊賢，勤敏政事，洞悉民情。惟到任僅兩年餘，因公赴郡，途中受暑，遂一病不起，卒於任。迄今士民思之，猶爲惋惜云。◎採自楊稿。

曾世隆　字　陔林

四川江安人，清光緒十四年到任。親賢愛士，建賓興，開課堂。合邑俊秀咸德之。◎採自楊稿。

梁宗輝　字　華堂

廣西玉林人，清光緒十七年到任。捐廉重修貶結河官渡及望城坡官道，減行人跋涉之苦。人民至今猶稱頌之。◎採自楊稿。

湯柄璣　字　嘯菴

湖南長沙人，清光緒二十年到任。親賢下士，創辦賨儀，提倡縣志，惜精神欠振作耳。◎採自楊稿。

白建鋆　字　澤芳

四川人，清光緒二十二年到任。時地方多盜，粵匪又逼近邊境。乃辦團防，集鄉兵，堵隘口，以爲聲援，邑賴以安。又復定賨儀，葺書院，建考棚，儲息穀，修城樓，建忠烈宮等善政。將卸篆，挽之不留。邑人思之，立去思亭以作永久紀念。

鄉先達覃金錫撰《邑侯白公澤芳去思亭記》云：「嘗思漆園吏有言：『善養馬者，去其害馬者而已；善治民者，去其害民者而已。』邑侯白公澤芳，蜀人也，丙申夏蒞任，己亥春及瓜。邦人士聞之，愕然驚，憮然嘆，延頸企踵接於衢。乃相東郭河干，鳩工勒石，翼之亭而以『去思』顔之，蓋志能去害也。曩者，歲祲米珠，餓莩載道，民害於饑，則思平糶以賑之，而瘵者蘇矣。邑某里爲盜藪，勢張甚，長蛇封豕者數年，民害於劫，則創團防以弭之，殲厥渠魁，而亂者治矣。初，粤賊踞悶村，踞下幹，踞木論，鄰封蹂躪，我邑戒嚴，民害於外匪，則思練鄉兵以禦之，欸叚按部，妙計潰賊，而危者安矣。夫治民猶治療也，弭盜災猶起沉疴也。民害既捐，公無憾也。況復定賓儀，葺書院，創考棚，儲息穀，修城樓，造忠烈宫，其惠我邑也至矣。一亭一石，烏足以昭紀之哉。雖然，履斯亭者，竊冀思公也而反思諸己：士思所以爲士，農思所以爲農，工思所以爲工，商思所以爲商，馴致乎思不出其位，而安於無災無害之天。否或見思遷，雖驄驄然以思公，抑未也。且非公去後意也。無徵不信，請質之亭。」◎抄自覃著之《贅贅編》。

陳介白 字 薌蓀

四川巴縣人，清光緒三十年到任。防遊匪，懲強暴，減丁糧，興新學，勤政愛民，勸農勵士，常微行問俗，偵求民隱。士民德之，立德政碑以作永久紀念。◎採自楊稿。

《荔波縣知縣陳介白德政碑碑文》云：「明公遺愛，花縣風清，下邑銜恩，荔泉澤沛。躬親防堵，威退遊氛，一也；嚴懲強暴，安撫閭閻，二也；丁糧除弊，子惠無疆，三也；創立學堂，開通民智，四也；克慎克勤，速訊速結，五也；微行問俗，勵士勸農，六也。政平訟理，纍牘難書；廉潔慈詳，編氓感德。噫！天上無常圓夜月，又屆瓜期；人間盼回轉陽春，重依棠蔭。闔邑紳耆士庶公頌。光緒三十一年閏四月立。」（碑存中山公園）

楊煜　字　昇舟

四川酉陽人，清光緒二十八年到任。時廣西遊匪猖獗，邊境震動，飭團派丁，堵截防範，極爲嚴密，遊匪不敢越雷池一步，邑賴以安。並除積弊，減丁糧，傜民尤感其德，爲建專祠立長生碑作永久紀念云。◎採自楊稿。

謝錫銘　字　又新

福建詔安人，清光緒三十二年到任。辦事持平，不貪贓，不枉法，依然書生本色。◎採自楊稿。

石作楝　字　鄭卿

甘肅蘭州人，清光緒二十四年八月到任。爲人剛正廉明，作事尤有把握，不畏強禦。反正時，調團入城，維持秩序，民賴以安。洵良吏也。◎採自楊稿。

鄉先達覃金錫《祭石邑侯鄭卿文》云：「嗚乎！列宿奇光，天邊幾座，令尹清剛，黔南幾個。鄭卿先生，循聲夙播，一別十年，花飛影過。安奉板輿，載欣載賀，不圖楚些，天外飛來，茫茫人事，戚戚予懷，溯回遺愛，觸緒含哀。曩者聽訟，民教譸張，懷抱春露，面挾秋霜，判尾書讞，咸服平章；曩者興學，改葺文昌，衡分鶴俸，玉潤鱣堂，保存國粹，講經琅琅；曩者勸業，賽會南洋，蜡光雪白，牌獎金黃。嘘風滴露，秀麥柔桑，曩者公口，揭櫫自由，驚風駭浪，載沈載浮，謬膺委任，協濟危舟，業業鹿角，公竟能遊，獰獰虎目，公竟能柔，誰撥雲霧，正氣横秋。昔也民樂，今也民思，鳧雖化舄，豹自留皮。節堅鐵漢，心印冰壺，不墨墨以徇俗，不棱棱以譎觚。豈无清者，遜公之真，豈無剛者，遜公之醇。宣統紀元，詔舉孝廉，蹉跎時日，公曰不然，大廷諮議，推轂拳拳。譬彼碔砆，雖辜追琢，畢竟駑駘，難忘伯樂。嗚乎！公已如斯，鯫生可料，雪飄滿頭，心驚鏡照。旦耶夕耶，聽巫陽召。達觀彭殤，何處何弔！感公莫公，馨香致告，隴樹蒼蒼，寒雲深黝，洮水湯湯，熱腸轉九。宋子招魂，吴公知否？」（祭文採自覃著之《贅贅編》）

按　石邑侯鄭卿善政，常得之故老口述，兹整理縣志，讀鄉先達覃金錫先生《贅贅編》，得《祭石邑侯鄭卿文》。雖係私祭，惟述其在邑善政頗多，特録之以作文獻之徵云。

廖葆真　字　信初

黎平人，民國六年到任。重道德，愛人民，政簡刑清，不事苛覈。惜在任不久，卧治之隆，尚未實現。

按　益智當年在外求學，每於鄉信中獲悉廖邑侯道德之高尚。回里，聞故老談，僉稱廖縣長爲民國以後僅見之循吏，其人格已可概見。惜在任僅數月，政績未表現。然不能因事廢人，謹補誌數語，以表去思云。

楊　健　字　節之

四川酉陽人，民國八年到任。居官清勤，免除各里應繳柴、油、炭、布等項，並呈准永遠禁止。佈

告勒石，以昭信守。民咸德之。◎採自楊稿。（碑文詳《大事志》）

雲　耕　字　佛齋

湖北襄陽人，民國二十四年到任。減訟費，裁冗役，除陋規，修衙署，推廣教育，振興實業，創築市街馬路，整飭自衛力量。荔波新興事業，自雲縣長始。◎採自楊稿。

《縣長雲耕佛齋德政碑文》云：「縣長雲公佛齋，襄陽人也。宦游湘、鄂、陜、川、粵、桂等省三十餘年，以廉勤著，有政聲。民廿四年奉調攝荔篆，下車伊始，減訟費，裁冗役，陋規悉去；潔身自好，有循吏風。諺曰『文官不要錢』，雲公足以當之矣。然雲公僅廉吏而已乎，且勇於任事。以吾荔波文化閉塞也，則謀築馬路；實業廢弛也，則激勸工商；預防匪患也，則督修碉堡；從善里素稱賊藪也，則招之使來，閭閻安枕。孔子云：『朞月而已，可也；三年有成。』計雲公到荔，僅七閱月，百廢俱舉；使假之以時日，其造福於吾荔，可勝言哉。茲值瓜代之期，用綴數語，勒之貞珉，以作紀念云。中華民國二十五年四月立。」（碑存中山公園）

汪　漢　字　錦波

安徽人，民國二十五年到任。機警果斷，辦事勤勞。振興教育，統一財政，剔除積弊，肅清盜匪，重視兵役，加緊社訓，普遍造林，修築鄉道，增設電話，續修縣志，培補衙署，整飭市容；各項要政，均有成績。尤其對於鄉村農民及文化最落後傜胞，加以體恤。故鄉農傜民，至今猶思念不置云。◎採自楊稿。

訓　導

張星銘　字　春堂

遵義人，荔波縣訓導，清道光末年到任。學識優長，性情瀟洒，至今士林思之。後以卓異陞江西臨江府。◎採自李稿。

梅汝舟　字　瀛航

清咸豐初年任縣訓導，工詩文，慎廉隅，勤課士。◎採自李稿。

鄭　珍　字　子尹

遵義人，清咸豐五年任縣訓導，品純學粹，詞令優長，邑中學士咸宗之。◎採自李稿。

按　《咸同貴州軍事史》載：　咸豐五年冬十月，羅天明等入三洞相煽，九阡水家遂起應，屢薄縣城。代理知縣候補府經歷蔣嘉穀病莫能興，訓導鄭珍代籌守具，復募廣西練禦之，水家覃朝綱等祈降，已復變去。

又按　黎庶昌《鄭徵君墓表節》云：　「先生補荔波縣訓導，適水夷作亂，大舉攻城。縣令蔣嘉觳病不能視事，先生募南丹廠工三百人，署以軍政，縋城出擊，斬馘甚衆，城賴以完。」

又按 鄭珍《巢經巢詩》：七月初二日，往義蒲相隘設關一首，云：「苗患起且蘭，焚掠日向烈。兵餉兩不繼，疆臣任横軼。所恃毛葫蘆，保就目固結。咫尺三脚屯，失自前廿七。守土往當邊，微軀敢辭拙。侵晨入山谷，連陰氣騷屑。處處胡麻花，緣坡白如雪。草深徑微茫，歷歷踏巖缺。人煙固稀少，衆志尚勇決。爲語下鄉生，急去塹險絶。芒鞋奉雞酒，氣振受指挈。一笑談經牙，化爲論兵舌。」

趙旭 字 曉峯

桐梓人，清同治初年任縣訓導。學問淵博，工篆隸，精卜易，循循善誘，與門下士談，終日不倦，獲益者多。城陷殉難，士人哀之，如喪考妣云。◎採自李稿。

廖師閩 字 泗源

印江人，光緒十三年任縣訓導。學問宏富，文法精密，勤講解，從學者衆。◎採自楊稿。

王書同 字 子文

遵義人，清光緒十七年任縣訓導。工書，文章純正，勤訓士，不憚煩言。凡入其門者皆愛之。◎採自楊稿。

典史

劉錫紳 字 笏亭

湖南人，縣典史，清道光末年到任。爲人謹慎慷慨。嘉慶中，玉屏山崩，日久，缺窪尤甚。協同知縣謝人龍、邑紳邱樹同等倡捐修補。經費不敷，竭力捐助，親督各工，不避暑雨。閱三月而工竣。至今邑人談及，尤念其辛勤云。◎採自李稿。

宣 德

直隸人，縣典史，清咸豐初年到任。時九阡民叛，知縣蔣嘉穀戰敗殉難，全城惶恐奔逃。宣典史權縣事，獨力支撑，捐廉四百餘金以助軍餉。備歷辛勞，城賴以安，真能宏齊艱難者也。◎採自李稿。

魯學周

籍貫未詳，縣典史，清光緒二十二年到任。作事稱職，醫理精明。是年疫疾流行，民間無論貧富，有求必應；無官僚氣習，活人甚多。◎採自楊稿。

武職

興瑞

籍貫未詳，清咸豐三年任荔波營遊擊。與知縣魏承柷督兵援思恩，敗朱亞狗。後調任定旦遊擊。旋陣亡。◎採自李稿。

汪文鈞

籍貫未詳，清咸豐八年任荔波營遊擊。善用兵，好謀能斷。賊攻大坳、白巖等處，率營兵出屯舊縣，兵勢聯絡，調度有方，賊不敢逼；夜以火箭擊賊營，勁兵繼之，大破賊衆，追擊，俘馘而還。◎採自李稿。

范定邦

水城人，荔波縣遊擊，清咸豐九年到任。同治五年，苗匪擾荔，城陷殉難。◎採自李稿。

鄒玉林　字　崑山

麻哈人，荔波縣遊擊，清同治五年到任。剿辦各里土匪，頗著勤勞。◎採自李稿。

宋位元

山東人，荔波營守備。精射法，膂力過人。清道光二十一年到任。越明年，營兵范友奎作亂，諸將無敢前者，位元直趨擒之，如縛雞然，人服其勇。◎採自李稿。

曾玉麟

貴陽人，清咸豐十年任荔波營守備。十一年正月二十一日，粵匪陷荔，與千總王化龍率營弁血戰，死之。◎採自李稿。

王化龍

籍貫未詳，荔波營存城千總，清咸豐七年到任。有勇知方，而尤長於謀略。在任數載，歷次剿匪，衝鋒陷陣，未嘗敗北。辛酉春，粵匪陷城，率兵巷戰，力竭自刎。◎採自李稿。

范鳳山

籍貫未詳，清同治四年任荔波營存城千總。五年城陷，力戰殉難。◎採自李稿。

汪逢春

籍貫未詳，荔波營存城把總。清咸豐十年冬十月，九阡水泰等處土匪作亂，知縣吴德容檄與三洞汛千總莫之茂會剿之。逢春奪幟先登，勁兵繼之，據其要隘，賊乃降。逢春中傷歿於陣。◎採自楊稿。

周益發

籍貫未詳，荔波營額外。清咸豐七年春二月，隨邑紳邱樹桐率師擊賊於獨山，賊退走，乘勝直搗濫土賊巢。賊設伏以待，我軍深入，被賊重圍，困山谷中三晝夜。突圍不出，力竭，與邱樹桐歿於陣。◎採自楊稿。

劉　山

湖南溆浦人，六品藍翎留黔補用從九品，勇敢善戰。清咸豐五年七月，知縣蔣嘉穀招劉山率南丹練助平内亂。九月，九阡賊首覃朝綱勾引下河賊首潘阿六、上江賊首徐多福等數千人圍攻縣城，劉山率帶義勇盧成龍等迎擊於城外楊家橋，大敗之，追至瑶排而還。十月，知縣蔣嘉穀乘勝率劉山等進攻賊巢，戰於水浦，劉山手斬驍賊以罵於陣。賊甚懼，聚衆數萬合圍十餘里，勢甚鋭。劉山奮力抵敵，卒以衆寡不敵，潰退，知縣蔣嘉穀歿於陣。劉山率殘兵退守城垣。賊繼至，圍城三匝，矢礮如雨。劉山率馬兵朱元龍等登城擊賊，被賊銃傷頂心及股，死之。◎採自李稿。

按　《咸同貴州軍事史》載《劉山事略》云：「劉芝山，湖南志作劉山。據志劉山本名伯龍，湖南溆浦人。兄弟皆業冶於廣西河池州。伯龍樸誠驍勇，冶人皆服之。咸豐初，宗人士哲，剿賊南丹。伯龍率冶徒八十餘人佐之，殄其魁。既士哲以知縣去，而伯龍仍留冶河池。會貴州獨山賊楊元保竄廣西，伯龍率冶徒迎擊之，遂擒元保。元保者，黔賊之尤悍也。當事者喜其就擒，然莫得擒賊者主名。有言首克賊者溆浦劉三也，遂以劉山名入奏，請從九品後補。時貴州羣賊蜂起，荔波尤苦賊。知縣蔣嘉穀聞劉山名，數使往聘。伯龍率冶徒八十餘名至荔波，始知已得敘爲官，自是遂居劉山名。明日，即率八十餘名至嘉穀所，並鄉兵數百，擊賊境内，盡殄之。由是縣境戰守事悉委於山。已而賊竄懸壁山。山爲縣要隘。山聞警，疾率數百人，馳六十餘里，争先扼其巔，賊不得上。而他賊窺山遠出，遂率黨犯城。夜三鼓，嘉穀飛檄至，請回授。山乃命營中張燈火，嚴鼓角如故，而潛率健卒數十人，穿賊壘而出，抵城下。天未明，即列炬攻賊，賊倉卒爲所乘，自相轔藉，死者無算，遂大潰，城圍立解。乃使弟叔龍率衆追北，而己仍督飭所部回懸壁山。山下賊亦遷延遁去。當是時，貴州善用兵者，推韓超、徐河清兩人。及山數出奇計敗賊，嘉穀上書巡撫，言山用兵，不在韓、徐下。巡撫調山赴省城。而山重去嘉穀，力辭之。已又敗八寨苗於城下。時貴州下游州縣，均爲賊殘毀，而荔波倚山獨完固。然以此益致賊恨，不時反擊。山益修守備，日夜不休息。久之，賊稍疲。山令叔龍去南門草山爲陣。而己於西門外背水誘賊。賊衆薄山，山力戰，不能敗。而叔龍自後與擊賊，乘勢追剿，至水錯乃止。山方追賊時，嘉穀率數十人隨後觀戰，忽爲賊酋覃朝綱所戕。山哭之如喪所親。自是遂以死戰爲志矣。既率所部及冶徒居守荔波。久之，賊復來攻，山方躍馬，忽爲官營飛礮所中，創甚。山知事不濟，急呼叔龍授以禦賊方略，言訖而卒，年三十餘。山爲人樸拙如村農，然臨陣指揮，輒與古今名將。膂力過人，常持百餘觔巨礮與賊角。其滅諸賊，亦多得礮力。初不識字，及來荔，師事嘉穀，軍事之暇，輒求講説。其他宿儒亦然。有功不自伐。營弁某妒其能，數面辱之，山不與較。既卒，荔波老幼男婦皆流涕。巡撫以聞，詔從優議卹。叔龍與冶徒數十人奉喪河池，遂不復出。叔龍勇與兄埒而知不及云。」

卷捌　人物志

十步之澤，必有芳草；十室之邑，必有忠信。何代無才，何地無才。

按　漢桓帝時毋斂人尹珍實開南域文學之始。**又按**　萬大章先生《漢尹珍學歷考》謂毋斂即自獨山、荔波至廣西南丹等縣之地。

是則漢桓之世，已挺生傑出之才。則知明以前之賢豪英俊，以無史籍之傳而湮没不彰者不知凡幾。

清季以來，距今未遠，然此三百年間，或掇魏科；或膺華選；或武功彪炳，勛名增梓里之光；或治績循良，遺愛播棠陰之譽；或才華富而馳騁於詞章；或進修深而磨礱於德業；或潔身不辱，遇難全忠；或樂善好施，輕財重義；或勵冰霜於閨閫；或敦孝友於家庭；或作昇平人瑞，而齒列三尊；或抱磊落奇才，而名成一藝者；指不勝屈也。

爰叙其事略，俾嘉名之永彰，抑亦可爲後來者勸。志人物。

列表

科甲表

姓名	別號	朝代	科目	備考
陳光謙		清乾隆四十五年	庚子科舉人	◎採自李稿
何金齡	少白	清光緒五年	己卯科舉人	
朱芳		清光緒五年	己卯科舉人	
楊元麟		清光緒	乙酉科舉人	
朱華		清光緒	甲午科舉人	◎以上採自楊稿
朱光斗		清嘉慶	武舉	
黎仲山		清嘉慶	癸酉科拔貢	
劉起鳳	丹山	清道光	乙酉科拔貢	
羅新楷	式堂	清道光	丁酉科拔貢	
王錦	蜀江	清道光	己酉科拔貢	
鄧瑞麟	輯五	清咸豐	辛酉科拔貢	

續表

姓名	別號	朝代	科目	備考
曹之翰	次屏	清同治	癸酉科拔貢	◎以上採自李稿
覃培菁	莪浦	清光緒	乙酉科拔貢	
王國駿	逌之	清光緒	丁酉科拔貢	
高煌	冬心	清宣統	己酉科拔貢	
黄澤沛	雲從	清宣統	己酉科拔貢	◎以上採自楊稿
巫璠		清嘉慶	恩貢	
曹正秀		清嘉慶	恩貢	
岑大鵬		清嘉慶	恩貢	
黄佑儒		清嘉慶	恩貢	
董芝茂	香圃	清道光	辛巳科恩貢	
李國材	似村	清道光	乙未科恩貢	
韋緝熙	敬堂	清道光	恩貢	
蒙錫林	東海	清道光	恩貢	

續表

姓名	别號	朝代	科目	備考
鄧南銑	荆三	清道光	恩貢	
羅彬	儀廷	清咸豐	恩貢	
楊愈培		清咸豐	恩貢	
胡之粹	純庵	清咸豐	丙辰科恩貢	
曹之杰	卓卿	清咸豐	恩貢	
鄧懋修	梅生	清咸豐	恩貢	
曹逵	儀吉	清咸豐	恩貢	
邱樹桐	乙峯	清咸豐	辛亥年舉孝廉方正	
鄧懋官	湯臣	清同治	癸亥科恩貢	殉同治五年之難
梁占魁	梅村	清同治	甲子科恩貢	
韋廷珍	聘三	清同治	恩貢	
潘文彬	子儒	清同治	恩貢	
周育才	德庵	清同治	恩貢	◎以上採自李稿

續表

姓名	別號	朝代	科目	備考
覃金錫	二如	清光緒	乙亥科恩貢	
曹之冕		清光緒	己丑科恩貢	
玉瓊枝		清光緒	乙酉科副拔癸巳科恩貢	
覃金錫	二如	清宣統	庚戌年舉孝廉方正	◎以上採自楊稿
巫　瑞		清嘉慶	歲貢	
蒙天錫		清嘉慶	歲貢	
鄧爾亨	天衢	清嘉慶	歲貢	
鄧蓮峯		清嘉慶	歲貢	
曾日省		清嘉慶	歲貢	
覃登相		清嘉慶	歲貢	
宣學成	裕堂	清道光	歲貢	
邱樹桐	乙峯	清道光	歲貢	
何之紀	肇修	清道光	歲貢	

續表

姓名	別號	朝代	科目	備考
張書銘	西軒	清道光	歲貢	
王　燮	理堂	清道光	己酉科歲貢	
董成烈	少文	清咸豐	丁巳科歲貢	
李肇同	小村	清咸豐	辛酉科歲貢	
玉瓊林		清同治	乙丑科歲貢	
覃兆清	鏡心	清同治	己巳科歲貢	
何長達	逵九	清光緒	丁丑科歲貢	
孫熙揚	心藿	清光緒	庚辰科歲貢	
楊　鵬	叔香	清光緒	乙酉科歲貢	
胡大章	乘軒	清光緒	庚寅科歲貢	◎以上採自李稿
韋永清		清光緒	癸巳科歲貢	
白廷先	進之	清光緒	丁酉科歲貢	
何星輝		清光緒	辛丑科歲貢	

續表

姓名	別號	朝代	科目	備考
覃貴廉	明卿	清光緒	壬寅科歲貢	
李家盛	少卿	清光緒	乙巳科歲貢	
莫讓先	愈卿	清光緒	己酉科歲貢	

封廕表

姓名	別號	出身	官職	案由	陣亡地點	卹典	備考
邱樹桐	乙峯	歲貢	同知 直隸州	攻獨山、三脚大股苗匪	三脚 坉深山中	贈知府銜，給予雲騎尉世職，襲次完後仍給恩騎尉罔替，賜祭葬如律	
朱射斗		行伍	川北鎮總兵	未詳	四川	賜謚勇烈	
黃金貴		行伍	八寨千總	未詳	八寨	給恩騎尉世職	
潘起鳳				清咸豐十一年太平軍陷荔波城	本城	給恩騎尉世職	
蒙卿榮	錦堂			清同治五年苗匪陷荔波城	本城	給蔭監世職	

續表

姓名	別號	出身	官職	案由	陣亡地點	卹典	備考
蒙錫芬			荔波營把總	清同治五年苗匪陷荔波城	本城	給恩騎尉世職	
蒙盛林				在籍辦團有功	本城	保五品頂戴	
梁自成	裕堂	附生	五品軍功	在籍辦團有功	本城	候選巡檢	
全之揚				在籍辦團有功	本城	候選巡檢	
姚思廷				在籍辦團有功	本城	候選巡檢	
韋文華	子美			在籍辦團有功	本城	保六品頂戴	
陳玉全				在籍辦團有功	本城	保六品頂戴	
莫金才				在籍辦團有功	本城	保四品頂戴	

保舉表

姓名	別號	出身	官階	案由	保准官職	備考
何振新	銘三	附生	廣州候補州同	在籍辦團有功	保昇花翎知州	
覃端模	範堂	附生		在籍辦團有功	保知州銜候選知縣	

續表

姓名	別號	出身	官階	案由	保准官職	備考
董成傑	子萬	軍功		從征越南竄匪	保以從九品選用	
蒙慶湘		軍功		六品軍功	候選從九品	
曹之傑	卓卿	恩貢		在籍辦團有功	保以直隸州州判選用加五品銜	
全其心	靈犀	軍功		在籍辦團有功	保以府經歷指分湖南補用	
蒙玉相	輔堂	附生		在籍辦團有功	保以州同署廣西隆州八達分州	
張步雲	夏峯	附生		在籍辦團有功	保候選訓導	
高鳳翔	儀軒	附生		在籍辦團有功	保候選訓導	
孫培蘭	香畹	廪生		在籍辦團有功	保候選訓導	
覃建勳	少杜	附生		在籍辦團有功	保候選訓導	
張書紳	月秋	附生		在籍辦團有功	保候選訓導	
蒙卿榮	錦堂	附生		在籍辦團有功	保以知縣分發廣東補用	

續表

姓名	別號	出身	官階	案由	保准官職	備考
鄧瑞麟	輯五	拔貢		在古州鎮張軍營辦文案有功	保候選訓導	
梁占魁	梅村	恩貢		在蘇軍門軍營辦文案有功	保以知縣分發廣西選用	
李肇同	小村	歲貢		從廣西馮軍門征越南竄匪襄辦文案有功	保以訓導選用加中書銜賞戴藍翎	
潘元琳	次球	附生		歷年辦團有功	保從九品職銜	◎以上採自李稿
楊自傑		軍功		隨廣西馮軍門征越南	保五品藍翎先補用守備	
王國駿	逌之	拔貢		辦理貴州邊防	保選用直隸州州判	
楊樹荃	薌浦	恩貢儘先選用教諭		民國護法之役	保縣知事分發福建任用	

畢業表（大學以上畢業者）

姓名	性別	別號	畢業學校	備考
高煌	男	冬心	日本宏文學院高等理化速成科暨速成師範速成警務等科	清宣統年間
覃思永	男		國立中央大學　學士	民國三十二年九月
韋永和	男		私立大夏大學　學士	民國三十二年九月
黄品鈁	男		上海聖約翰大學	民國三十三年
蒙昭	男	鑑初	國立貴陽師範學院	民國三十四年七月
白正民	男		國立貴州大學	民國三十四年九月
黄槐萱	女		私立正則學院	民國三十四年九月
覃傑	男		國立貴州大學	民國三十五年九月
覃啓賢	男		邊疆學校邊政專修科及中央文化研究班日語系畢業	民國三十三年七月
韋永培	男		國立貴州大學	民國三十七年七月

姓名	別號	出身	朝代	職銜	備考
黎仲山		拔貢	清嘉慶	考取八旗覺羅教習，官授山東知縣	開荔波外職仕路
巫瑞		歲貢	清嘉慶	普安廳教諭	開荔波教職仕路
覃登相		歲貢	清道光	石阡府訓導	
鄧爾亨	天衢	歲貢	清道光	松桃、貴陽訓導	
劉起鳳	丹山	歲貢	清道光	普安廳教諭、大足府教授	
姜鳳翱	竹溪	增生	清道光	廣西宜山、馬平典史，思隆驛丞，柳州、慶遠經歷，南丹州、那地州州判	
王錦	蜀江	拔貢	清咸豐	廣西雒客、修仁知縣，象州知州	
李華林	書吏		清咸豐	吏員	
莫逢春	華圃	軍功	清同治	廣西馬江巡檢	
白朝貴	豈堂	軍功	清同治	廣西東蘭州典史，鳳山、那地州同，河池州知州	
蒙玉相	輔堂	附生	清同治	廣西西隆州州同	

續表

姓名	別號	出身	朝代	職銜	備考
邱育泉	壽田	附生、世襲雲騎尉	清同治	湖南安化縣知縣	
蕭承勛	克齋	附生	清同治	廣西平南縣典史，作登司巡檢，南丹州州同，天莪分縣、四城府經歷	
何振新	銘三		清同治	廣西候補州同，曾主管撫軍文案	◎以上採自李稿
楊自明	鏡心	貢生	清同治	廣西奉議州掌印、州判，懷遠縣知縣，廣東陵水、廣寧、瓊東知縣	
何金齡	少白	舉人	清光緒	山東大桃知縣署文登，蒲台、德州、東阿等縣知縣	
李肇同	小村	貢生	清光緒	特授貴州黔西州教諭	
楊元麟		舉人	清光緒	江蘇候補道	
楊鵬	叔香	貢生	清光緒	湖南候補同知	
楊毅	一名懿藻	監生	清光緒	廣東候補知縣，署龍門縣知縣	

續表

姓名	別號	出身	朝代	職銜	備考
何星輝		歲貢	清光緒	署黎平府訓導，改四川候補分縣	
葉壽禄	盛之	監生	民國	直隸高陽縣縣長	
黄澤沛	雲從	拔貢	清宣統	署山東益都、青城、沂水、淄州等縣知縣，暨特任膠縣知縣	
高煌	冬心	拔貢	清宣統	分發四川補用直隸州州判	
梁開榜	一民	附生	民國	黎平縣縣長	
梁杓	斗堂	廣西高等巡警學校修業	民國	廣西思恩、融水、羅城等縣縣長	◎以上採自楊稿
黄自明	鏡洲	舉人	民國	廣西義寧、中渡、左、上思、來賓等縣知事	
潘憲文	紹豐	貴州陸軍小學及講武堂畢業	民國	黄平縣縣長	
黄品鍈		廣西官辦法政講習所畢業	民國	廣西靖西、貴州三都等縣縣長	

續表

姓名	別號	出身	朝代	職銜	備考
胡樹堂			民國	黄平、舊州縣丞	
楊家鑫	鑄鼎	貴州陸軍模範營畢業	民國	獨山縣徵收局長	
吴中欽	佩竹	中學畢業	民國	荔波縣田賦管理處副處長	
龍寵錫			民國	荔波縣田賦管理處副處長	
潘一志	原名益智	中學畢業	民國	貴州省第二及第四區行政督察專員兼保安司令公署科長	
李鎮一			民國	大定縣田賦管理處副處長	

仕宦表（武職）

姓名	別號	出身	朝代	職銜	備考
朱光斗		武舉	清嘉慶	貴州平遠營千總	
朱射斗		行伍	清嘉慶	四川川北鎮總兵	陣亡賜謚勇烈
劉永福		行伍	清嘉慶	廣西副將	官都司後陞廣西副將

續表

姓名	別號	出身	朝代	職銜	備考
陳官		行伍	清嘉慶	都司	
宣勛		行伍	清嘉慶	九門都司	
莫芝茂	春圃	行伍	清咸豐	貴州古州右營遊擊	
劉學武		行伍	清咸豐	荔波營守備	
黃金貴		世襲恩騎尉	清咸豐	八寨千總	
雷新霆		行伍	清咸豐	荔波營三洞汛千總	
鄧廷贊		行伍	清咸豐	荔波營方村汛把總	
蒙錫芬		行伍	清咸豐	荔波營把總	
蒙錫芳		行伍	清咸豐	荔波營把總	
覃文福		行伍	清咸豐	荔波營把總	
蒙玉璉		行伍	清同治	荔波營三洞汛千總	
李正揚		行伍	清同治	貴州獨山岜開汛把總	
覃開明		行伍	清同治	貴州獨山岜開汛把總	

續表

姓名	別號	出身	朝代	職銜	備考
鄭士芳		行伍	清同治	貴州獨山下思把總	
蒙玉榮		行伍	清同治	儘先把總	
覃錫忠		行伍	清同治	儘先外委	
巫廷襄		行伍	清同治	貴州上江外委	
宣明		行伍	清同治	貴州獨山基長 外委	
唐有發		行伍	清同治	貴州上江協右營外委	
彭發貴		行伍	清同治	荔波營存城外委	
資龍位		行伍	清光緒	貴州獨山外委	◎以上採自李稿
陳玉山	海屏	軍功	清光緒	貴州都勻協花翎遊擊借補麻哈汛千總	
蒙培蘭		行伍	清光緒	荔波營存城外委	
楊茂蘭		行伍	清光緒	荔波營存城外委	歷署本營兩司把總
玉奉璋	昆山	行武	清光緒	荔波營存城外委	
陳錦雲	光廷	行武	清光緒	荔波營額外	曾署本營外委

續表

姓名	別號	出身	朝代	職銜	備考
張元勛		行武	清光緒	荔波營額外	曾署本營外委
彭元慶		行武	清光緒	荔波營額外	曾署本營外委
蒙玉明	曉東	行武	清光緒	東路前營左哨哨官	
全之顯	子儒	行武	清光緒	正哨哨官，保五品藍翎	◎以上採自楊稿
楊家騮		黄埔軍校畢業	民國	上校團長，追贈陸軍少將	
梁杓	斗堂	廣西高等巡警學校修業	民國	少將參謀長	
魏時敏	英臣		民國	少將兵工廠長	
梁一民		雲南講武學校畢業	民國	靖國軍四川第五遊擊司令，討賊軍四川總司令部上校參謀，警衛司令部參謀長	
李治熙	伯純	貴州陸軍小學暨廣東軍官講習所畢業	民國	上校團長，少將副官長	
蒙建一		貴州陸軍模範營畢業	民國	上校團長	

續表

姓名	別號	出身	朝代	職銜	備考
潘憲文	紹豐	貴州陸軍小學暨講武堂畢業	民國	上校參謀長	
朱鵬	翽根	中央軍事政治學校第一分校畢業	民國	上校課長	
彭鐵生			民國	上校大隊長	
陳武煌	與參	廣西軍官學校畢業	民國	中校營長	
楊家鑫	鑄鼎	貴州陸軍模範營畢業	民國	中校副官長	
李孫萬	汝候	廣西講武堂畢業	民國	中校	
梁開先			民國	中校	
李鎮一			民國	中校參謀	
鄧大松		中央軍事政治學校第一分校畢業	民國	中校副團長	

續表

姓名	別號	出身	朝代	職銜	備考
黎啟賢			民國	中校軍需	
古以炯		貴州陸軍模範營畢業	民國	中校參謀	
尹天麟			民國	中校參謀	
李家仁			民國	中校課長	
鐃心源			民國	中校	
覃豹文			民國	中校	
陸治平	道真		民國	中校副官長	
黄槐榮	覺民	中央軍事政治學校武漢分校畢業	民國	中校營長	
朱瑛	建森	貴州崇武學校畢業	民國	中校課長	
蒙錫章		廣西講武堂畢業	民國	少校	

續表

姓名	別號	出身	朝代	職銜	備考
龍學曾	德斌	貴州軍官政治訓練團畢業	民國	少校	
歐大權	伯瑤	貴州陸軍模範營畢業	民國	少校	
覃德操		中央軍事政治學校武漢分校畢業	民國	少校	
王迪光	惠堯	廣西講武堂畢業	民國	少校	
莫樹芬		中央軍校畢業	民國	少校	
莫桂馨	伯丹	貴州陸軍模範營畢業	民國	少校軍械官	
潘汝凰	梧仙	貴州崇武學校畢業	民國	少校營長	
莫儀九		貴州崇武學校畢業	民國	少校連長	

續表

姓名	別號	出身	朝代	職銜	備考
覃剛	柱三	貴州崇武學校畢業	民國	少校	
蒙喧	煦民	中央軍校特別訓練班畢業	民國	少校隊副	
姚成龍		中央軍校畢業	民國	少校參謀	

選舉表

姓名	姓別	別號	選任職務	資歷	備考
李家盛	男	少卿	貴州省議會議員	清貢生歷任地方公務	民國二年
蒙式穀	男	旦初	貴州省議會議員	清廪生歷任地方公務	民國二年
韋金品	男	麗軒	貴州省議會議員	歷任地方公務	民國十年
蒙學仁	男	静山	荔波縣自治會正議長	清廪生歷任地方公務	清宣統元年
何熙齡	男	應南	荔波縣自治會副議長	清附生歷任地方公務	清宣統元年
莫培之	男	寶書	荔波縣自治會常駐議員	清附生歷任地方公務	清宣統元年

續表

姓名	姓別	別號	選任職務	資歷	備考
覃文彬	男	質成	荔波縣自治會常駐議員	清附生歷任地方公務	清宣統元年
覃肇安	男	子静	荔波縣自治會常駐議員	清附生歷任地方公務	清宣統元年
韋金品	男	麗軒	荔波縣自治會常駐議員	歷任地方公務	清宣統元年
覃燦廉	男	子然	荔波縣自治會散議員	清附生歷任地方公務	清宣統元年
蒙繼賢	男	竹軒	荔波縣自治會散議員	清附生歷任地方公務	清宣統元年
姚紹唐	男	堯階	荔波縣自治會散議員	清附生歷任地方公務	清宣統元年
胡竹村	男		荔波縣自治會散議員	清附生歷任地方公務	清宣統元年
蒙式穀	男	旦初	荔波縣自治會董事會議董	清廩生歷任地方公務	民國二年
覃金錫	男	二如	荔波縣自治會董事會議董	清貢生歷任地方公務	民國二年
何同海	男	星山	荔波縣自治會議員	清附生歷任地方公務	民國二年
梁自成	男	裕堂	荔波縣自治會議員	清附生歷任地方公務	民國二年
蒙紹先	男	庚三	荔波縣自治會議員	清附生歷任地方公務	民國二年
李振銓	男	仲長	荔波縣自治會議員	歷任地方公務	民國二年

續表

姓名	姓別	別號	選任職務	資歷	備考
覃金錫	男	二如	荔波縣參議會正議長	清貢生歷任地方公務	民國十年
蒙式穀	男	旦初	荔波縣參議會副議長	清廩生歷任地方公務	民國十年
韋德峻	男	克明	荔波縣參議會議員	中學畢業	民國十年
高烱	男	重光	荔波縣參議會議員	中學畢業	民國十年
韋學霖	男	雨臣	荔波縣議會正議長	中學畢業	民國十年
蒙錫癸	男	珍如	荔波縣議會副議長	農林學校畢業	民國十年
李振銓	男	仲長	荔波縣議會議員	歷任地方公務	民國十年
黃濟	男	用舟	荔波縣議會議員	歷任地方公務	民國十年
姚紹唐	男	堯階	荔波縣議會議員	清附生歷任地方公務	民國十年
覃福景	男	以介	荔波縣臨時參議會議長	中學畢業歷任地方公務	民國三十三年
李治熙	男	伯純	荔波縣臨時參議會副議長	陸軍小學畢業歷任將校軍職及地方公務	民國三十三年
梁一民	男		荔波縣臨時參議會參議員	清附生歷任縣局長、上校軍職及地方公務	民國三十三年

續表

姓名	姓别	别號	選任職務	資歷	備考
李振庚	男	西長	荔波縣臨時參議會參議員	清附生歷任地方公務	民國三十三年
覃文彬	男	質成	荔波縣臨時參議會參議員	清附生歷任地方公務	民國三十三年
何同海	男	星山	荔波縣臨時參議會參議員	清附生歷任地方公務	民國三十三年
覃肇安	男	子静	荔波縣臨時參議會參議員	清附生歷任地方公務	民國三十三年
韋學霖	男	雨臣	荔波縣臨時參議會參議員	中學畢業	民國三十三年
莫伯丹	男		荔波縣臨時參議會參議員	歷任校官及地方公務	民國三十三年
潘子俊	男		荔波縣臨時參議會參議員	歷任地方公務	民國三十三年
覃水心	男		荔波縣臨時參議會參議員	歷任地方公務	民國三十三年
歐華軒	男		荔波縣臨時參議會參議員	歷任地方公務	民國三十三年
莫自賢	男		荔波縣臨時參議會參議員	歷任地方公務	民國三十三年
何慶熙	男		荔波縣臨時參議會參議員	歷任地方公務	民國三十三年
莫讓才	男		荔波縣臨時參議會參議員	歷任地方公務	民國三十三年
韋金品	男	麗軒	荔波縣臨時參議會候補參議員	歷任地方公務	民國三十三年
莫玉軒	男		荔波縣臨時參議會候補參議員	歷任地方公務	民國三十三年

續表

姓名	姓別	別號	選任職務	資歷	備考
韋德華	男	潤身	荔波縣臨時參議會候補參議員	中學畢業歷任地方公務	民國三十三年
何炳均	男	麟書	荔波縣臨時參議會候補參議員	中學畢業歷任地方公務	民國三十三年
蒙紹羲	男		荔波縣臨時參議會候補參議員	中學畢業歷任地方公務	民國三十三年
蒙昭	男	鑑初	貴州省參議會參議員	國立貴陽師範學院畢業任私立導文中學教導主任	民國三十五年
覃冠卿	男	楚材	荔波縣參議會議長	中學畢業歷任地方公務	民國三十五年
覃福景	男	以介	荔波縣參議會副議長	中學畢業歷任地方公務	民國三十五年
玉家成	男	琢美	荔波縣參議會參議員	中學畢業歷任地方公務	民國三十五年
高炯	男	重光	荔波縣參議會參議員	中學畢業歷任地方公務	民國三十五年
吴中欽	男	佩竹	荔波縣參議會參議員	中學畢業歷任地方公務	民國三十五年
徐庭燎	男		荔波縣參議會參議員	中學畢業歷任地方公務	民國三十五年
覃凱民	男		荔波縣參議會參議員	中學畢業歷任地方公務	民國三十五年

續表

姓名	姓別	別號	選任職務	資歷	備考
覃金榮	男		荔波縣參議會參議員	中學畢業歷任地方公務	民國三十五年
何炳均	男	麟書	荔波縣參議會參議員	歷任地方公務	民國三十五年
韋德華	男	潤身	荔波縣參議會參議員	中學畢業歷任地方公務	民國三十五年
韋鈞喧	男		荔波縣參議會參議員	中學畢業歷任地方公務	民國三十五年
潘育三	男		荔波縣參議會參議員	中學畢業歷任地方公務	民國三十五年
潘文彬	男		荔波縣參議會參議員	中學畢業歷任地方公務	民國三十五年
蒙紹熙	男		荔波縣參議會參議員	中學畢業歷任地方公務	民國三十五年
李盛澤	男		荔波縣參議會參議員	中學畢業歷任地方公務	民國三十五年
覃名臣	男		荔波縣參議會參議員	歷任地方公務	民國三十五年
何慶熙	男		荔波縣參議會參議員	中學畢業歷任地方公務	民國三十五年
莫讓才	男		荔波縣參議會參議員	中學畢業歷任地方公務	民國三十五年
蒙志斌	男	劍英	荔波縣參議會參議員	中學畢業歷任地方公務	民國三十五年
莫玉軒	男		荔波縣參議會參議員	中學畢業歷任地方公務	民國三十五年

姓名	姓別	別號	選任職務	資歷	備考
莫伯丹	男		茘波縣參議會參議員	歷任校官及地方公務	民國三十五年
覃以康	男		茘波縣參議會參議員	中學畢業歷任地方公務	民國三十五年
周成武	男		茘波縣參議會參議員	中學畢業歷任地方公務	民國三十五年
莫如才	男	佩三	茘波縣參議會參議員	中學畢業歷任地方公務	民國三十五年
歐正榮	男	華軒	茘波縣參議會參議員	中學畢業歷任地方公務	民國三十五年
潘金城	男		茘波縣參議會參議員	中學畢業歷任地方公務	民國三十五年
全正綱	男	振三	茘波縣參議會參議員	中學畢業歷任地方公務	民國三十五年
徐亮寅	男		茘波縣參議會參議員	中學畢業歷任地方公務	民國三十五年
李治熙	男	伯純	茘波縣參議會候補參議員	陸軍小學畢業歷任將校軍職	民國三十五年
朱　鵬	男	翽根	茘波縣參議會候補參議員	中央軍校畢業歷任上校軍職	民國三十五年
覃德興	男		茘波縣參議會候補參議員	中學畢業歷任地方公務	民國三十五年
覃卓超	男		茘波縣參議會候補參議員	中學畢業歷任地方公務	民國三十五年

續表

姓名	姓別	別號	選任職務	資歷	備考
尹錫珍	男		荔波縣參議會候補參議員	中學畢業歷任地方公務	民國三十五年
韋萬選	男		荔波縣參議會候補參議員	中學畢業歷任地方公務	民國三十五年
覃水心	男		荔波縣參議會候補參議員	中學畢業歷任地方公務	民國三十五年
黎奉先	男		荔波縣參議會候補參議員	中學畢業歷任地方公務	民國三十五年
韋學霖	男	雨臣	荔波縣參議會候補參議員	中學畢業歷任地方公務	民國三十五年
韋思貞	女		荔波縣參議會候補參議員	中學畢業歷任地方公務	民國三十五年
何同海	男	星山	荔波縣參議會候補參議員	清附生歷任地方公務	民國三十五年
黄印壽	男	幼雲	荔波縣參議會候補參議員	中學畢業縣黨部書記長	民國三十五年
何金鏞	男		荔波縣參議會候補參議員	歷任地方公務	民國三十五年
莫繼宗	男		荔波縣參議會候補參議員	歷任地方公務	民國三十五年
姚顯宗	男		荔波縣參議會候補參議員	歷任地方公務	民國三十五年
歐福元	男		荔波縣參議會候補參議員	歷任地方公務	民國三十五年
覃興武	男		荔波縣參議會候補參議員	歷任地方公務	民國三十五年
蒙聖培	男		荔波縣參議會候補參議員	歷任地方公務	三十五年十月補爲參議員

續表

姓名	姓別	別號	選任職務	資歷	備考
莫自賢	男		荔波縣參議會候補參議員	歷任地方公務	三十六年三月補爲參議員
莫遠揚	男		荔波縣參議會候補參議員	歷任地方公務	
覃冠羣	男		荔波縣參議會候補參議員	歷任地方公務	三十五年二月補爲參議員
覃冠卿	男		國民代表大會代表		三十六年餘詳前
蒙昭	男		國民代表大會候補代表		三十六年餘詳前

教員表（中學以上教員）

姓名	性別	別號	任教學校	備考
李家盛	男	少卿	都勻十縣聯立中學校長	
高煌	男	冬心	都勻十縣聯立中學教員	任國文及數理化等科
覃貴廉	男	名卿	都勻十縣聯立中學教員	任國文
黎希賢	男	卓甫	都勻十縣聯立中學教員	任歷史地理等科

續表

姓名	性別	別號	任教學校	備考
覃恩永	男		荔波縣立初級中學校長及貴州大學教授	
韋永和	男		荔波縣立初級中學教導主任、校長	
潘益智	男	若愚	荔波縣立初級中學教導主任及教員	任國文歷史地理等科
梁一民	男		荔波縣立初級中學教員	任國文歷史地理等科
韋德峻	男	克明	荔波縣立初級中學教員	任算術地理歷史等科
韋樹森	男	植三	荔波縣立初級中學教員	任算術
黄品錕	男	劍秋	荔波縣立初級中學教員	任國文
黄品鑅	男	和呂	荔波縣立初級中學教員	任歷史地理等科
蒙澤民	女		荔波縣立初級中學教員	任音樂
王迪光	男	惠堯	荔波縣立初級中學教員	任童軍
覃啟聖	男		荔波縣立初級中學教員	任數理化體育等科
林繼儒	男		荔波縣立初級中學教員	任童軍體育等科

續表

姓名	性別	別號	任教學校	備考
蒙昭	男	鑑初	私立導文中學教導主任、私立達德中學教員	
覃傑	男		私立永初中學暨省立貴陽中學教員	
黄槐萱	女			
韋奇	男		國立貴州師範學校暨荔波縣立中學、榕江縣立中學教員	
蒙紹華	男		榕江縣立中學教員	
高炯	男	重光	荔波縣立中學教員	
朱鵬	男	翽根	荔波縣立中學教員	
玉炯章	男		荔波縣立中學教員	
玉成瑞	男		荔波縣立中學教員	
高偉	男		荔波縣立中學教員	
覃啟賢	男		荔波縣立中學教員	

耆壽表

姓名	住址	享壽年歲	年代	備考
覃玉珍	城區	90	清咸同間	清恩貢生覃金錫之父，已故。
秦延壽	城區	90	清咸同間	已故。
蒙紀沃	城區	85	清咸同間	平寨人，清拔貢覃培菁岳父，已故。
王楊氏	城區	85	清咸同間	歷署廣西州縣事王錦之妻，已故。 ◎以上採自李稿。
玉覃氏	城區	96	清末民初	清恩貢生玉瓊枝之妻，現任小學教員玉克昌之曾祖母，精神尚健，紡織如恒。
蒙覃氏	城區	90	清末民初	清增生蒙式穀之母，民國二十五年歿。
石玉連	城區	87	清末民初	現任電話局所長石成銘之父，民國二十八年歿。
陳韋氏	城區	87	清末民初	清六品軍功陳玉全之母，已故。 ◎以上採自楊稿。
莫丁氏	城區	92	清末民初	莫子齋之母，精神矍鑠，健飯如少年，雖四代同堂孫曾繞膝，然猶朝夕經紀家事不輟云。
覃福隆	城區	115	清末民初	平生無疾病，垂死之年尚能挑七八十斤重擔，已故。
韋洪氏	城區	88	清末民初	韋克明之祖母，逝世時全部牙齒完好。

續表

姓名	住址	亨壽年歲	年代	備考
韋蘭階	城區	87	清末民初	科員韋瑞田之父。
張沈氏	城區	89	清末民初	已故。
陸楊氏	城區	88	清末民初	尚在。
覃（雙壽）	時來鄉	82	清光緒	覃芳聯祖父母同年同月生，同年同月卒。
蒙連升	時來鄉	86	清光緒	
玉瓊琚	時來鄉	84	清光緒	已故。
覃李氏	時來鄉	86	清光緒	現任縣金庫主任覃冠卿之祖母，已故。
梁母	時來鄉	82	清末民初	梁自成之母，一民之祖母。
覃玉氏	時來鄉	83	清末民初	覃冠卿之母，精神強健，尚能紡織操作云。
玉母	時來鄉	80	清末民初	現任鄉長玉家成之母，精神尚健。
覃母	時來鄉	90	清末民初	覃醴泉祖母，尚健在。
陳明新	朝陽鄉	86	清末民初	尚健在。
覃繼光	朝陽鄉	84	清末民初	精神尚健，四代同堂，孫開儒、開科均在中學肄業。

續　表

姓名	住址	享壽年歲	年代	備考
覃母	朝陽鄉	84	清末民初	現任朝陽小學教員覃之樑之母，民國三十一年歿。
覃母	朝陽鄉	83	清末民初	覃采臣之母，尚在。
覃母	朝陽鄉	80	清末民初	覃哲之嫡母，尚在。孫慶松、慶楠、慶槐等均肄業中學。
何讓甫	董界鄉	86	清道光	清舉人何金齡祖父，已故。
何兼三	董界鄉	85	清道光	詳《善行編》本人列傳。◎採自李稿。
何霍氏	董界鄉	85	清咸豐	何金齡之母，已故。◎採自李稿。
蒙母	董界鄉	85	清末民初	蒙仲平之母，尚健。
何母	董界鄉	80	清末民初	何貴連之母。
何母	董界鄉	83	清末民初	何老博祖母，尚在。
何母	董界鄉	88	清末民初	何三把叔母。
何母	董界鄉	84	清末民初	何木生之母，民國二十八年歿。
莫汝明	駕歐鄉	83	清末民初	夫妻雙壽均八十三歲，尚健。子四，孫數人，大重孫十歲，肄業小學。

續表

姓名	住址	享壽年歲	年代	備考
何文清	駕歐鄉	96	清末民初	四代同堂，子一，男孫數人，重孫二。民國三十一年歿。
莫蓮茂	駕歐鄉	84	清末民初	
莫逸侯	駕歐鄉	92	清末民初	
莫公	駕歐鄉	97	清末民初	莫光正之父。
王公	播瑶鄉	134	清乾隆四年生	王公，忘其名。原籍都勻。清道光初來荔，住地莪場。有子二，渡船爲業；俱四五十年病歿。王憤甚，不爲生計，居拉強洞中，乞食附近各村。管帶王興貴欲迎之，以病辭。知縣唐則璲嘗召至署，厚賜之，不受。亦奇人也。◎採自李稿。
周守一	播瑶鄉	84	清末民初	已故。
韋母	播瑶鄉	82	清末民初	聯保主任覃文齡祖母，已故。
莫公	播瑶鄉	94	清末民初	莫榮章祖父，已故。
姚母	播瑶鄉	84	清末民初	姚光庭之母，尚健，能紡織。
韋芳榮	播瑶鄉	82	清末民初	尚健。
柏母	播瑶鄉	92	清末民初	柏火貴之母，尚能紡織。

續　表

姓名	住址	享壽年歲	年代	備考
覃　公	播瑶鄉	80	清末民初	覃金福之父，尚能整日工作。
韋金山	播瑶鄉	92	清末民初	精神尚健。
韋　梁	播瑶鄉	83	清末民初	尚健。
楊再隆	播瑶鄉	88	清末民初	民國三十二年歿。
韋　母	播瑶鄉	99	清末民初	韋王貴之母，民國三十年歿。
韋金壽	播瑶鄉	92	清末民初	民國三十年歿。
韋　公	播瑶鄉	87	清末民初	韋永龍之父，民國二十四年歿。
莫三喜	陽鳳鄉	87	清末民初	民國三十一年歿。
莫　公	陽鳳鄉	82	清末民初	莫讓元之父，尚健。
羅金包	方村鄉	96	清末民初	尚健。
莫永富	方村鄉	90	清末民初	尚健，四代同堂。
白　坤	方村鄉	99	清末民初	白建三之父，民國二十八年歿。
莫伯卿	方村鄉	80	清末民初	鄉長莫自賢之父，民國三十二年歿。

續表

姓名	住址	享壽年歲	年代	備考
莫母	方村鄉	85	清末民初	現任方村小學校長莫淑文祖母，民國二十九年歿。
莫文芳	方村鄉	88	清末民初	莫伯丹祖父，民國六年歿。
莫公	方村鄉	86	清末民初	莫應儒祖父，民國三十年歿。
莫公	方村鄉	87	清末民初	莫應章祖父，民國三十一年歿。
莫松山	方村鄉	85	清末民初	莫治平之父，尚在。
莫母	方村鄉	83	清末民初	莫永康祖母，尚在。
莫爾榮	方村鄉	86	清末民初	尚在。
韋阿杰	恒豐鄉	104	清咸同間	年一百零四歲，精神尚健，敢飯食肉，少年不及。常出外工作，歿年未詳。◎採自楊稿。
韋素	恒豐鄉	82	清末民初	已故。◎採自楊稿。
韋母	恒豐鄉	117	清末民初	韋阿之母，已故。
韋潘氏	恒豐鄉	88	清末民初	韋寬之繼母，尚在。
韋母	恒豐鄉	81	清末民初	韋南高之母，已故。
韋學佐	恒豐鄉	82	清末民初	尚在。

續表

姓名	住址	享壽年歲	年代	備考
韋珍璵	恒豐鄉	81	清末民初	尚在。
吴母	恒豐鄉	92	清末民初	吴錦燦之母。
韋周貴	恒豐鄉	93	清末民初	尚在。
韋母	恒豐鄉	100	清末民初	韋鍨之母,已故。
韋開彬	恒豐鄉	83	清末民初	大學生韋永和祖父,已故。
潘符	陽安鄉	91	清末民初	已故。
楊母	陽安鄉	93	清末民初	楊鳳章之母,已故。
莫斯儒	陽安鄉	98	清末民初	尚健。
楊吴氏	陽安鄉	99	清末民初	楊清潔之母,尚健。
莫楊氏	陽安鄉	84	清末民初	莫銘三之母,尚健。
楊莫氏	陽安鄉	82	清末民初	楊少謨之母,已故。
楊蒙氏	陽安鄉	83	清末民初	楊正游庶母,尚在。
莫斯蘭	陽安鄉	82	清末民初	已故。

續表

姓名	住址	享壽年歲	年代	備考
楊玉儒	陽安鄉	86	清末民初	尚健。
潘注富	三洞鄉	95	清末民初	潘芝茂之父，清道光十一年生，民國十四年歿。平生無疾病，飲食不少衰。
韋光才	三洞鄉	93	清末民初	清道光二十九年生，民國三十年歿。垂老但苦作猶壯時，然一食非升不飽。
韋光玉	三洞鄉	92	清末民初	韋光才之從兄，清道光二十七年生，民國二十六年歿。中年後三易其齒，臂力猶壯丁，無疾而終。
潘廷	三洞鄉	93	清末民初	
潘批	三洞鄉	87	清末民初	
潘陸氏	三洞鄉	85	清末民初	潘益智祖母，民國十三年歿。
潘芝茂	三洞鄉	85	清末民初	已故。
周鳳高	周覃鄉	105	清咸同間	◎採自李稿。
韋官保	周覃鄉	97	清光緒	
周白氏	周覃鄉	86	清光緒	周成武曾祖母，已故。

續表

姓名	住址	享壽年歲	年代	備考
周覃氏	周覃鄉	80	清光緒	周炳武之母，尚在。
覃周氏	周覃鄉	83	清末民初	覃茂卿之母，尚在。
覃周氏	周覃鄉	87	清末民初	覃錦德祖母，尚在。
覃周氏	周覃鄉	82	清末民初	覃清廉之母，尚在。
覃周氏	周覃鄉	81	清末民初	覃克儒之母，已故。
周覃氏	周覃鄉	83	清末民初	周仁山伯母，已故。
覃貴林	從善鄉	83	清末民初	已故。
李徐氏	從善鄉	98	清末民初	武生李壯鵬之從堂伯祖母，已故。
覃引弟	從善鄉	85	清末民初	已故。
潘謀	從善鄉	85	清末民初	已故。
潘朝	從善鄉	83	清末民初	尚在。
李陳氏	從善鄉	83	清末民初	貢生李少卿之母，已故。
潘義	從善鄉	83	清末民初	已故。

續表

姓名	住址	享壽年歲	年代	備考
潘包	從善鄉	81	清末民初	已故。
覃國忍	從善鄉	84	清末民初	已故。
潘文舉	從善鄉	80	清末民初	已故。
潘喜	從善鄉	83	清末民初	已故。
潘儔	從善鄉	81	清末民初	尚健。
覃母	從善鄉	92	清末民初	覃鳳之母，已故。
覃德貴	從善鄉	84	清末民初	已故。
吴聖	莪浦鄉	83	清末民初	尚在。
吴英	莪浦鄉	85	清末民初	尚健。
吴母	莪浦鄉	83	清末民初	吴佩章嫡母，尚在。
吴母	莪浦鄉	82	清末民初	吴佩琚祖母，尚在。
何恩益	撈村鄉	91	清末民初	尚強健，有孫十餘人。
何應堂	撈村鄉	88	清末民初	民國三十一年歿。

續表

姓名	住址	享壽年歲	年代	備考
何母	撈村鄉	87	清末民初	何禮文祖母，民國三十一年歿。
覃恩	永康鄉	93	清末民初	覃登龍之父，已故。
覃母	永康鄉	92	清末民初	覃文恩之母，已故。
覃銀保	永康鄉	86	清末民初	覃富源之父，已故。
覃珍貴	永康鄉	82	清末民初	已故。
覃母	永康鄉	84	清末民初	覃建安祖母，已故。
蒙阿低	永康鄉	84	清末民初	蒙老玉祖父，已故。
蒙老巖	永康鄉	90	清末民初	已故。
覃晉安	永康鄉	84	清末民初	尚健。
蒙母	永康鄉	83	清末民初	蒙殿星之母，尚健。
文全氏	洞塘鄉	97	清末民初	文高賢祖母，已故。
吴木養	洞塘鄉	97	清末民初	尚在。
吴木生	洞塘鄉	92	清末民初	吴木養之弟，尚在。

續表

姓名	住址	享壽年歲	年代	備考
周天發	洞塘鄉	95	清末民初	四代同堂，已故。
姚含章	洞塘鄉	89	清末民初	已故。
羅吴氏	洞塘鄉	95	清末民初	尚在。
蒙老寅	洞塘鄉	85	清末民初	妻八十二，齊眉雙壽，尚在。
歐（雙壽）	茂蘭鄉	98	清末民初	歐福蔭之父母，均九十八歲，已故。
歐觀泰	茂蘭鄉	82	清末民初	已故。
歐公	茂蘭鄉	85	清末民初	歐建林之父，已故。
歐母	茂蘭鄉	94	清末民初	歐良宗祖母，尚在。
歐老襪	茂蘭鄉	94	清末民初	尚能挑十斤赶四五十里之鄉場。
尹有善	茂蘭鄉	89	清末民初	已故。
尹吴氏	茂蘭鄉	84	清末民初	尹有善之妻，已故。
歐士明	佳榮鄉	89	清末民初	尚健。
蒙老賢	瑶慶鄉	84	清末民初	尚在。

續表

姓名	住址	享壽年歲	年代	備考
蒙潤泉	瑶慶鄉	85	清末民初	已故。
何雅景	瑶慶鄉	83	清末民初	已故。
蒙八奶	瑶慶鄉	96	清末民初	蒙祖佑祖母，已故。

忠烈表

按　本邑在清咸同間兩次陷城及歷年匪患，陣亡暨殉難者不下萬人。而其死事情形，又各不相同：有奮勇當先而死者，有守城受傷而死者，有窮追遇伏而死者，有城陷巷戰而死者，有被擒不屈而死者，有厲聲罵賊而死者，有投河、投池、投井、赴火、跳樓、服毒、自刎而死者，其忠肝義膽，炳若日星。据舊志李稿稱云：「咸豐中知縣吴德容始建昭忠祠於城隍廟前，入祀一千有奇；同治元年再建昭忠祠於武廟左側，入祀三千餘衆。自吴德容解任後，又大亂十餘年，統計城鄉各里士庶之家，有全村絶滅者，有僅剩孤嫠者，有死亡過半者，求其苟完無損，蓋百不得一焉。」噫！舊志李稿，創修於光緒元年，其過去死亡已有如是之慘。光緒以後，雖無大變亂，然萑苻塞道，烽鼓時驚，或盡職而捐軀，或無辜而死難者，又不知凡幾也。惟册籍無存，傳聞互異，雖多方採訪，而所得未及十一於千百。九泉有知，得勿飲恨吞聲，而有向隅之歎耶！姑就舊志所載，及採訪所得，列表於後；並將事實較詳者，另爲列傳，以求翔實。至其遺漏者，暫付闕如，以俟來哲之採補焉。

歷代變亂陣亡殉難人士表

姓名	職銜	年代	事略	備考
潘開榜	武生	清咸豐五年	殉難	
潘成美	俊秀	清咸豐五年	殉難	
朱元龍	士兵	清咸豐五年	陣亡	馬兵，拒賊於城北炮樓，中鎗死（一稱元標，待考）
黃力池	士兵	清咸豐五年	陣亡	
黃錦春	士兵	清咸豐五年	陣亡	
璩守忠	士兵	清咸豐五年	殉難	
鄧廷贊	把總	清咸豐六年	陣亡	
鄧廷貴	未詳	清咸豐六年	陣亡	隨兄廷贊出戰陣亡
璩玉林	人民	清咸豐六年	殉難	
邱樹桐	候選同知直隸州	清咸豐七年	陣亡	

續表

姓名	職銜	年代	事略	備考
唐道喜	士兵	清咸豐七年	陣亡	
劉福慶	士兵	清咸豐七年	陣亡	
劉有光	士兵	清咸豐七年	陣亡	
覃容光	士兵	清咸豐七年	陣亡	
覃玉光	士兵	清咸豐七年	陣亡	
楊　二	士兵	清咸豐七年	陣亡	
黃先鋒	士兵	清咸豐七年	陣亡	
楊大順	士兵	清咸豐七年	陣亡	
欽文品	士兵	清咸豐七年	陣亡	
韋朝颺	士兵	清咸豐七年	殉難	
雷新霆	千總	清咸豐七年	陣亡	
雷光禧	馬兵	清咸豐七年	陣亡	隨父新霆出戰陣亡
韋芝儒	團首	清咸豐七年	陣亡	

續表

姓名	職銜	年代	事略	備考
蒙慶湘	六品軍功候選從九品	清咸豐七年	陣亡	
覃文福	把總	清咸豐七年	陣亡	
吴阿撒	軍功	清咸豐九年	陣亡	
李國材	候選直隸州州判	清咸豐十一年	殉難	
張銘書	候選訓導	清咸豐十一年	殉難	
高鳳翔	候選訓導	清咸豐十一年	殉難	
張步雲	候選訓導	清咸豐十一年	殉難	
鄧履中	九品職員	清咸豐十一年	殉難	
潘起鳳	世襲恩騎尉	清咸豐十一年	殉難	
任明善	附生	清咸豐十一年	殉難	
陳綬章	武生	清咸豐十一年	殉難	
鄭遇奎	武生	清咸豐十一年	殉難	
萬理泰	監生	清咸豐十一年	殉難	

續表

姓名	職銜	年代	事略	備考
王肇修	庠生	清咸豐十一年	殉難	
王世流	士兵	清咸豐十一年	陣亡	
覃廷魁	士兵	清咸豐十一年	陣亡	
璩老杏	人民	清咸豐十一年	殉難	
李瑋	人民	清咸豐十一年	殉難	
黎老光	人民	清咸豐十一年	殉難	
李國興	人民	清咸豐十一年	殉難	
李廣山	人民	清咸豐十一年	殉難	
劉洪模	人民	清咸豐十一年	殉難	
巫恩慶	人民	清咸豐十一年	殉難	
蕭雲	人民	清咸豐十一年	殉難	
范二喜	人民	清咸豐十一年	殉難	
文發	人民	清咸豐十一年	殉難	

續表

姓名	職銜	年代	事略	備考
劉成妹	人民	清咸豐十一年	殉難	
王家祥	人民	清咸豐十一年	殉難	
王家璧	人民	清咸豐十一年	殉難	
黄老松	人民	清咸豐十一年	殉難	
邱永壽	人民	清咸豐十一年	殉難	
王老引	人民	清咸豐十一年	殉難	
鄭士賢	人民	清咸豐十一年	殉難	
楊二	人民	清咸豐十一年	殉難	
袁安	人民	清咸豐十一年	殉難	
鄭老長	人民	清咸豐十一年	殉難	
鄧南邦	人民	清咸豐十一年	殉難	
楊禮房	人民	清咸豐十一年	殉難	
黄應基	人民	清咸豐十一年	殉難	

續表

姓名	職銜	年代	事略	備考
黃應奎	人民	清咸豐十一年	殉難	
黃應書	人民	清咸豐十一年	殉難	
覃物講	人民	清咸豐十一年	殉難	
羅福東	人民	清咸豐十一年	殉難	
李永福	人民	清咸豐十一年	殉難	
刘秉鳳	人民	清咸豐十一年	殉難	
巫精臨	人民	清咸豐十一年	殉難	
夏秉章	人民	清咸豐十一年	殉難	
謝老孝	人民	清咸豐十一年	殉難	
曹之喜	人民	清咸豐十一年	殉難	
羅新楷	候選直隸州州判	清咸豐十一年	殉難	
鄧懋官	候選直隸州州判	清同治五年	殉難	
全其心	分發湖南候補府經歷	清同治五年	殉難	

續表

姓名	職銜	年代	事略	備考
劉學武	守備	清同治五年	殉難	
蒙玉連	前任三洞汛千總	清同治五年	殉難	
蒙錫芬	把總	清同治五年	殉難	
覃開明	前任獨山豈開汛把總	清同治五年	殉難	
資龍位	前任獨山豈開汛把總	清同治五年	殉難	
蒙玉榮	儘先把總	清同治五年	殉難	
覃錫忠	外委	清同治五年	殉難	
李華林	吏員	清同治五年	殉難	
張楨	廩生	清同治五年	殉難	
胡元凱	增生	清同治五年	殉難	
宣學賢	附生	清同治五年	殉難	
劉家騂	附生	清同治五年	殉難	
楊自誠	附生	清同治五年	殉難	

續表

姓名	職銜	年代	事略	備考
覃衍羣	附生	清同治五年	殉難	
覃德昌	附生	清同治五年	殉難	
鄧勷	武生	清同治五年	殉難	
陳憲章	監生	清同治五年	殉難	
王錫元	俊秀	清同治五年	殉難	
楊玉昇	人民	清同治五年	殉難	
楊茂青	人民	清同治五年	殉難	城陷一家男女十餘人同被害
宣老長	人民	清同治五年	殉難	
胡元泰	人民	清同治五年	殉難	
李國林	人民	清同治五年	殉難	
璩璠	人民	清同治五年	殉難	
鄧元興	人民	清同治五年	殉難	
李孝	人民	清同治五年	殉難	

續表

姓名	職銜	年代	事略	備考
徐五七	人民	清同治五年	殉難	
錢應五	人民	清同治五年	殉難	
錢應彰	人民	清同治五年	殉難	
黄保壽	人民	清同治五年	殉難	
何照發	人民	清同治五年	殉難	
覃應宗	人民	清同治五年	殉難	
覃水綫	人民	清同治五年	殉難	
覃文藻	人民	清同治五年	殉難	
覃文炳	人民	清同治五年	殉難	
楊愈材	人民	清同治五年	殉難	
秦獻瑛	人民	清同治五年	殉難	
秦獻璧	人民	清同治五年	殉難	
周老照	人民	清同治五年	殉難	

續表

姓名	職銜	年代	事略	備考
陳漢章	人民	清同治五年	殉難	
蒙雨化	人民	清同治五年	殉難	
楊貴發	人民	清同治五年	殉難	
王繼丙	人民	清同治五年	殉難	
范大喜	人民	清同治五年	殉難	
鄧廷芬	人民	清同治五年	殉難	
楊萬章	人民	清同治五年	殉難	
滕永發	人民	清同治五年	殉難	
王老官	人民	清同治五年	殉難	
曾光華	人民	清同治五年	殉難	
鄧懋桀	人民	清同治五年	殉難	
何板林	人民	清同治五年	殉難	
黃發泰	人民	清同治五年	殉難	

續表

姓名	職銜	年代	事略	備考
覃國興	人民	清同治五年	殉難	
潘成章	人民	清同治五年	殉難	
賴天才	人民	清同治五年	殉難	
賴福生	人民	清同治五年	殉難	
賴蔭生	人民	清同治五年	殉難	
覃文安	人民	清同治五年	殉難	
覃阿紅	人民	清同治五年	殉難	
覃金保	人民	清同治五年	殉難	
覃品德	人民	清同治五年	殉難	
覃龍弟	人民	清同治五年	殉難	
覃付高	人民	清同治五年	殉難	
覃金貴	人民	清同治五年	殉難	
覃生貴	人民	清同治五年	殉難	

續表

姓名	職銜	年代	事略	備考
胡之惠	人民	清同治五年	殉難	
胡元亨	人民	清同治五年	殉難	
楊舒鳳	人民	清同治五年	殉難	
楊鳴鳳	人民	清同治五年	殉難	
楊自強	人民	清同治五年	殉難	
鄧元昌	人民	清同治五年	殉難	
童永祥	人民	清同治五年	殉難	
陳德光	人民	清同治五年	殉難	
張老亥	人民	清同治五年	殉難	
劉麻子	人民	清同治五年	殉難	
楊再奉	人民	清同治五年	殉難	
羅成二	人民	清同治五年	殉難	
蘇四	人民	清同治五年	殉難	

續表

姓名	職銜	年代	事略	備考
蘇二	人民	清同治五年	殉難	
姚雲保	人民	清同治五年	殉難	
唐三	人民	清同治五年	殉難	
陳德輝	人民	清同治五年	殉難	
吴老巖	人民	清同治五年	殉難	
鄭老開	人民	清同治五年	殉難	
鄭老元	人民	清同治五年	殉難	
唐新富	人民	清同治五年	殉難	
陳新發	人民	清同治五年	殉難	
田正興	人民	清同治五年	殉難	
陳永安	人民	清同治五年	殉難	
胡老巖	人民	清同治五年	殉難	
胡阿勤	人民	清同治五年	殉難	

續表

姓名	職銜	年代	事略	備考
楊松保	人民	清同治五年	殉難	
江新有	人民	清同治五年	殉難	
江五	人民	清同治五年	殉難	
吴士均	人民	清同治五年	殉難	
唐保林	人民	清同治五年	殉難	
葉海清	人民	清同治五年	殉難	
葉海真	人民	清同治五年	殉難	
韋登雲	人民	清同治五年	殉難	
陳大榮	人民	清同治五年	殉難	
鄭開科	人民	清同治五年	殉難	
歐老元	人民	清同治五年	殉難	
黎大	人民	清同治五年	殉難	
黎二	人民	清同治五年	殉難	

續表

姓名	職銜	年代	事略	備考
黎　三	人民	清同治五年	殉難	
李老喬	人民	清同治五年	殉難	
李振先	人民	清同治五年	殉難	
李金順	人民	清同治五年	殉難	
謝老冬	人民	清同治五年	殉難	
謝玉山	人民	清同治五年	殉難	
邱長齡	人民	清同治五年	殉難	
黃華成	人民	清同治五年	殉難	
李老松	人民	清同治五年	殉難	
李長茂	人民	清同治五年	殉難	
官紹封	人民	清同治五年	殉難	◎以上採自李稿
何佩忠	團紳	民國十二年	抵抗翁昂匪首何光星，被光星圍攻其家燒死	撈村鄉人
何克彥	團紳	民國十二年	抵抗何光星，被光星截殺於巴昂場途中	撈村鄉人

續表

姓名	職銜	年代	事略	備考
覃朝陽	團紳	民國十二年	攻翁昂匪被虜，受五馬分屍及挖目割鼻之慘	時來鄉人，餘詳大事志
玉振賡	團紳	民國十二年	攻翁昂匪被虜，受五馬分屍及挖目割鼻之慘	時來鄉人，餘詳大事志
何超貴	團紳	民國十六年	抵抗何光星，光星燒殺婆村，超貴死之	董界鄉婆村人
潘慶傳	團紳	民國十六年	剿翁昂匪首何光星，陣亡	從善鄉人
莫雨山	團兵	民國十六年	廣匪數十人進擾巴乃，雨山一人擊之於蘇家坪，斃匪四人，匪退，雨山亦負重傷歿	駕歐鄉人
何其美	團兵	民國十六年	何光星搶劫地街，其美追匪，遇伏陣亡	駕歐鄉人
潘朝林	區長	民國十九年	被匪埋伏截殺	三洞鄉人，餘詳列傳
潘田文	隊長	民國十九年	屢攻從善匪首潘富文，富文圍燒其村，殺之	從善鄉人
羅上羣	人民	民國十九年	紅軍經茂蘭鄉被殺	茂蘭鄉人

續表

姓名	職銜	年代	事略	備考
蕭培元	團總	民國十九年	紅軍經茂蘭鄉被捉去，至廣西富禄遇害	茂蘭鄉人
李吉恩	團兵	民國十九年	翁昂匪首何光星白晝搶劫播堯拉日村，拉牲擄貨，全賴吉恩奮勇截擊，匪放棄人貨逃，吉恩亦受伤斃命	播堯鄉人
蒙慶雲	小學生	民國三十二年二月	持槍殺賊遇害	玉屏鎮人，餘詳列傳

抗戰陣亡官兵表

姓名	部隊番號及級職	戰役或事由	備考
楊家騮	陸軍第60師108旅360團上校團長	民國二十七年參加抗戰，九月於江西崑山之役陣亡	餘詳列傳
全正熹	空軍第二大隊第十四隊中尉本級隊長	民國二十六年參加抗戰，由魯飛京，被敵机包圍，陣亡	餘詳列傳

續　表

姓　名	部隊番號及級職	戰役或事由	備　考
楊真明	不詳	民國三十一年參加抗戰，陣亡於安徽	真明，陽安鄉人，十四歲從軍，二十四歲任連長，民國二十六年參加抗戰，三十一年陣亡於安徽。留子二女一，現尚流寓蜀地
朱鳳翏	陸軍第103師中尉譯電員	南京抗戰陣亡	荔波城内北街人
韋興才	陸軍103師中尉排長	湖北抗戰陣亡	
韋金報	陸軍40師一等兵	江西抗戰陣亡	
何吉冒	陸軍40師一等兵	江西抗戰陣亡	
韋隆生	陸軍40師一等兵	江西抗戰陣亡	
孟廷書	陸軍57師上等兵	江西抗戰陣亡	
韋勝全	陸軍102師上等兵	江西抗戰陣亡	
張國清	陸軍6師二等兵	安徽抗戰陣亡	
陳慶安	陸軍138師一等兵	安徽抗戰陣亡	
羅永秀	陸軍40師一等兵	安徽抗戰陣亡	

續表

姓名	部隊番號及級職	戰役或事由	備考
覃�弟	陸軍40師一等兵	安徽抗戰陣亡	
楊保	陸軍46師一等兵	山西抗戰陣亡	
韋義堂	陸軍38師上等兵	湖北抗戰陣亡	
陳金林	陸軍142師二等兵	湖北抗戰陣亡	
王國興	陸軍142師二等兵	湖北抗戰陣亡	
韋彦生	陸軍142師二等兵	湖北抗戰陣亡	
蕭長民	陸軍142師二等兵	湖北抗戰陣亡	
韋谷	陸軍142師二等兵	湖北抗戰陣亡	
吴申明	陸軍140師上等兵	湖北抗戰陣亡	
梁榮發	陸軍11師上士班長	寶山抗戰陣亡	
李秀柏	陸軍26師上等兵	上海抗戰陣亡	
楊子儒	陸軍103師一等兵	山口抗戰陣亡	
鄒明詩	陸軍59師下士	江蘇抗戰陣亡	

續 表

姓　名	部隊番號及級職	戰役或事由	備　考
韋　海	陸軍第 2 預備師列兵	未詳	
莫時恩	浙江省國民抗敵自衛團第二支隊二大隊四中隊二等兵	錢江抗戰陣亡	
向明清	陸軍 92 師上等兵	魯南抗戰陣亡	
周吉臣	陸軍 170 師上等兵	姚家宅抗戰陣亡	
莫世才	士兵	未詳	陽鳳鄉人
何桂祥	士兵	民國三十二年九月長沙陣亡	撈村鄉人
歐爲福	士兵	民國三十二年四月二十一日緬甸陣亡	瑶慶鄉人
龍建武		民國三十三年緬北之役壯烈犧牲	餘詳列傳
姜根春	陸軍 14 師 41 團 5 連上等兵	民國三十三年八月二日陣亡於緬甸密支那	城區人
莫永才	陸軍 58 師二等兵	民國三十三年抗戰陣亡	
歐保揚	陸軍 58 師一等兵	民國三十三年抗戰陣亡	
莫吉乃	陸軍新編第 1 軍新 38 師 上等兵	民國三十三年抗戰陣亡	

續表

姓名	部隊番號及級職	戰役或事由	備考
吴少明	陸軍58師173團1營1連二等兵	民國三十三年抗戰陣亡	
韋三弟	陸軍103師二等兵	民國三十三年抗戰陣亡	

貞烈表

荔波兩次失守，婦女之盡節者不一而足，或投河，或赴井，或溺廁，或沉池，或懸樑，或服毒，或攜孫抱子，或以媳隨姑，或投火自焚，或引刀自刎，或罵賊被殺，或跳城受傷，或閉門自盡，或絶粒以亡。要之其死難雖異，而所以死義則同也。至髡頭矢志，節凛冰霜，剪髮養親，心堅金石者，又不知其凡幾也。迄今年湮滅久，傳聞異辭，難以周知。兹謹依舊稿所載，其事實較詳者别爲列傳；餘列之表，以俟後之採訪云。

姓名	事略	年代	備考
璩周氏	殺賊殉節	清咸豐五年	璩守瑞之妻
璩陳氏	殺賊殉節	清咸豐五年	璩守瓊之妻
王陳氏	殉節	清咸豐五年	團民王開勛之叔祖母

續表

姓名	事略	年代	備考
吴陳氏	城陷投官署蓮池	清咸豐十一年	邑侯吴德容之妾，攜女秀瑛投池殉節
張林氏	城陷殉节	清咸豐十一年	歲貢張書銘之母
王唐氏	城陷罵賊殉节	清咸豐十一年	王祥之妻
邱李氏	城陷投官署蓮池	清咸豐十一年	署湖南安化知縣邱育泉之母，攜幼孫承歡、女孫秀鳳、僕秀祥、婢桂香投池殉節
邱黄氏	城陷投官署蓮池	清咸豐十一年	邱育泉之妻
陳邱氏	城陷投官署蓮池	清咸豐十一年	邱育泉之妹
鄧巫氏	城陷投後園大池	清咸豐十一年	拔貢鄧瑞麟之母
鄧李氏	城陷投後園大池	清咸豐十一年	鄧瑞麟之妻
官王氏	城陷自刎	清咸豐十一年	外委官紹基之妻
璩周氏	城陷投水	清咸豐十一年	攜孫貞臣、女小妹、使女荷香投水殉節
璩彭氏		清咸豐十一年	璩文魁之妻
黄鄧氏	城陷投河	清咸豐十一年	武生黄富成之母，抱幼子投河殉節
王鄧氏	攜女春英投聖宫泮池殉节	清咸豐十一年	庠生王肇修之妻

續表

姓名	事略	年代	備考
李黎氏	城陷投廁	清咸豐十一年	庠生李錦文之妻
黎涂氏	城陷投廁	清咸豐十一年	庠生黎淳之妻
闞余氏	城陷投廁	清咸豐十一年	監生闞振新之妻
蕭王氏	城陷投楊公井	清咸豐十一年	分發廣西縣丞蕭承勛之母
蕭潘氏	城陷投楊公井	清咸豐十一年	蕭承勛之叔母
蕭鄧氏	城陷投楊公井	清咸豐十一年	蕭承勛之妻
張梁氏	城陷閉門自縊	清咸豐十一年	廩生張楨之妻
雷劉氏	城陷投西門新井	清咸豐十一年	千總雷新霆之妻
雷陳氏	城陷投西門新井	清咸豐十一年	馬兵雷光喜之妻
董雷氏	城陷投井	清咸豐十一年	歲貢董成烈之妻
黃黎氏	城陷自刎	清咸豐十一年	黃元泰之妻，同女領袖自刎殉節
胡李氏	城陷自刎	清咸豐十一年	恩貢胡之粹之妻
范王氏	城陷服毒	清咸豐十一年	范二喜之妻

續表

姓名	事略	年代	備考
李宣氏	城陷投池	清咸豐十一年	吏員李華林之妻
蔡張氏	城陷投井	清咸豐十一年	
董熊氏	城陷投河	清咸豐十一年	監生董之盛之妻
滕劉氏	城陷赴火	清咸豐十一年	庠生滕永蘭之妻
滕陳氏	城陷赴火	清咸豐十一年	通事滕永芝之嬸
滕王氏	城陷赴火	清咸豐十一年	滕永芝之妻
滕秦氏	城陷赴火	清咸豐十一年	通事滕遠侔之妻
鄧姜氏	城陷投井	清咸豐十一年	把總鄧廷贊之妻，攜女定柱赴井殉節
鄧彭氏	城陷閉門自縊	清咸豐十一年	青少守節撫孤，城陷殉節
蕭張氏	城陷服毒	清咸豐十一年	蕭雲之妻
劉謝氏	城陷殺賊殉節	清咸豐十一年	武生劉紹圻之妻
王周氏	城陷自殺	清咸豐十一年	王之音之母，守節二十餘年
陳張氏	城陷投廁	清咸豐十一年	王鳳祥之母，守節二十餘年

續表

姓名	事略	年代	備考
夏黃氏	城陷投井	清咸豐十一年	戰兵夏秉章之妻
李陳氏	城陷投井	清咸豐十一年	戰兵李老福之妻
楊謝氏	城陷赴火	清咸豐十一年	楊禮房之妻
璩范氏	城陷投泮池	清同治五年	從九璩守先之妻
高鄧氏	城陷投泮池	清同治五年	訓導高鳳翔之妻
王趙氏	城陷投井	清同治五年	千總王化龍之妻
黃王氏	城陷殉節	清同治五年	黃瑞香之母
文陶氏	城陷投溷	清同治五年	文發之妻
宣陳氏	城陷投井	清同治五年	宣學斌之妻
范璩氏	城陷殉節	清同治五年	范大喜之妻
鄧趙氏	城陷殉節	清同治五年	庠生鄧炳之母
李唐氏	城陷投河	清同治五年	李福之妻
梁楊氏	城陷投河	清同治五年	梁朝賡之母

續表

姓名	事略	年代	備考
劉厲氏	城陷投河	清同治五年	劉春之母
劉高氏	城陷自縊	清同治五年	書辦劉福海之妻
鄧連英	城陷自縊	清同治五年	幼瞽雙目不適人，賊至殉節
曹陳氏	城陷罵賊殉節	清同治五年	庠生曹之選之母
巫劉氏	城陷殺賊殉節	清同治五年	巫承恩之祖母
巫黎氏	城陷殺賊殉節	清同治五年	巫廷英之妻
黄謝氏	城陷殺賊殉節	清同治五年	黄理泰之妻
黄王氏	城陷殺賊殉節	清同治五年	黄觀泰之妻
黄蔡氏	城陷殺賊殉節	清同治五年	庠生黄學灝之妻
鄧高氏	城陷殺賊殉節	清同治五年	鄧廷玉之妻
楊曾氏	城陷殺賊殉節	清同治五年	楊玉貴之妻
鄭何氏	城陷殺賊殉節	清同治五年	鄭開科之妻
姜尹氏	城陷殺賊殉節	清同治五年	姜繼昌之妻

續表

姓名	事略	年代	備考
涂馬氏	城陷殺賊殉節	清同治五年	涂天瑞之妻
涂羅氏	城陷殺賊殉節	清同治五年	涂天瑞之媳
吴陳氏	城陷殺賊殉節	清同治五年	吴雲之之母
陳郎氏	城陷殺賊殉節	清同治五年	陳盛國之母
張宋氏	城陷殺賊殉節	清同治五年	歲貢張書銘之繼室
周巫氏	城陷殺賊殉節	清同治五年	周廷華之妻
周李氏	城陷殺賊殉節	清同治五年	周廷貴之妻
劉陳氏	城陷殺賊殉節	清同治五年	劉紹杰之妻
王吴氏	城陷殺賊殉節	清同治五年	王開元之妻
王傅氏	城陷殺賊殉節	清同治五年	王潤元之妻
李黄氏	城陷罵賊殉節	清同治五年	李長春之妻，同女小鳳殉節
李謝氏	城陷投河	清同治五年	候選教諭李國材之妻，攜女玉娥投河殉節
張鄧氏	城陷自刎	清同治五年	張有桂之妻，處士鄧昌熾之次女
邱楊氏	城陷自縊	清同治五年	邱永發之妻，年二十餘夫死，守節三十年，賊至閉門自縊

續表

姓名	事略	年代	備考
李王氏	城陷自刎	清同治五年	李廷璋之妻
李范氏	城陷自刎	清同治五年	李廷梅之妻
李黄氏	城陷自刎	清同治五年	李廷槐之妻
周李氏	城陷自刎	清同治五年	周廷華之母，守節四十餘年
李羅氏	城陷自刎	清同治五年	年二十，夫亡守節
李楊氏	城陷殉節	清同治五年	李廷材之妻
李周氏	城陷殉節	清同治五年	李廷春之妻
李鄧氏	城陷殉節	清同治五年	李益茂之妻
李游氏	城陷殉節	清同治五年	李瓊英之妻
黄李氏	城陷殉節	清同治五年	黄元昌之妻
譚李氏	城陷殉節	清同治五年	譚致謀之妻
黎劉氏	城陷殉節	清同治五年	黎勛如之母
黎梁氏	城陷殉節	清同治五年	黎勛如之妻
黎蕭氏	城陷殉節	清同治五年	黎勛如之嫂

續表

姓名	事略	年代	備考
鄧劉氏	城陷殉節	清同治五年	從九鄧履中之妻
陳田氏	城陷殉節	清同治五年	陳紹基之妻
鄧劉氏	城陷殉節	清同治五年	鄧南英之妻
林黄氏	城陷殉節	清同治五年	庠生林春芳之妻
黎蕭氏	城陷殉節	清同治五年	黎老先之妻
曾羅氏	城陷殉節	清同治五年	曾光華之妻
黎藍氏	城陷殉節	清同治五年	黎茂山之妻
黄王氏	城陷殉節	清同治五年	黄觀佑之妻
劉宣氏	城陷殉節	清同治五年	劉勝章之孀
覃陳氏	城陷殉節	清同治五年	團民覃海壽之妻
黄王氏	城陷殉節	清同治五年	黄越之母
覃陳氏	城陷殉節	清同治五年	團民覃阿金之妻
羅覃氏	城陷殉節	清同治五年	武生羅增齡之妻
張黄氏	城陷殉節	清同治五年	張謂先之妻

續表

姓名	事略	年代	備考
韋王氏	城陷殉節	清同治五年	韋德貴之妻
鄧楊氏	城陷殉節	清同治五年	戰兵鄧廷芬之妻
徐鄧氏	城陷殉節	清同治五年	徐玉清之妻
楊胡氏	城陷殉節	清同治五年	
李鄧氏	城陷殉節	清同治五年	
黄鄧氏	城陷殉節	清同治五年	
何鄧氏	城陷殉節	清同治五年	
李楊氏	城陷殉節	清同治五年	
李王氏	城陷殉節	清同治五年	
宣傅氏	城陷殉節	清同治五年	庠生宣學賢之妻
宣黄氏	城陷殉節	清同治五年	宣老長之妻
羅劉氏	城陷殉節	清同治五年	羅發之妻
賴彭氏	城陷殉節	清同治五年	

續表

姓名	事略	年代	備考
穆韋氏	城陷殉節	清同治五年	穆德六之妻
覃蒙氏	城陷殉節	清同治五年	文生覃金錫之母
覃何氏	城陷殉節	清同治五年	覃金錫之庶母
胡張氏	城陷殉節	清同治五年	
楊羊氏	城陷殉節	清同治五年	
邱孫氏	城陷殉節	清同治五年	
黄宣氏	城陷殉節	清同治五年	
羅唐氏	城陷殉節	清同治五年	羅阿央之妻
陳郎氏	城陷殉節	清同治五年	陳水安之母
巫汪氏	城陷殉節	清同治五年	巫福保之母
張胡氏	城陷殉節	清同治五年	兵吏張燦之妻
官胡氏	城陷殉節	清同治五年	營兵官紹封之妻
官周氏	城陷殉節	清同治五年	營兵官紹徽之妻

續表

姓名	事略	年代	備考
董林氏	城陷殉節	清同治五年	董芝秀之妻
楊李氏	城陷投水	清同治五年	楊少師之母
楊田氏	城陷投水	清同治五年	楊少師之妻
何和氏	破屯殉節	清同治五年	董界里何長達之母
何霍氏	破洞殉節	清同治五年	董界里何唐先之妻
錢李氏	城陷投天后宫池	清同治五年	錢興祥之妻
劉巫氏	城陷投井	清同治五年	劉石安之母
黄錢氏	城陷投井	清同治五年	黄能之妻
楊陳氏	城陷投縣池	清同治五年	
范淑人王氏	城陷投井	清同治五年	
齊孺人汪氏	城破被焚死	清同治五年	
林孺人	城破被焚死	清同治五年	
劉安人徐氏	城陷投天后宫池	清同治五年	

續表

姓名	事略	年代	備考
趙孺人	城陷投泮池	清同治五年	◎以上採自李稿
羅王氏	城陷殉節	清同治五年	拔貢羅新楷之妻，夫妻同殉難，骸骨無存
楊胡氏	城陷殉節	清同治五年	處士楊茂菁之妻 ◎以上採自楊稿

列傳

宦蹟

王錦字蜀江

清道光己酉科拔貢，官廣西雒容、修仁知縣，象州知州，有政聲。◎採自李稿。

賜進士出身刑部江蘇清吏司主事加一級象州鄭獻甫撰《誥封奉直大夫少白大夫暨誥封宜人錢太宜人八秩雙壽序》云：「父母俱存，兄弟無故，此君子所難冀之樂也；夫婦齊眉，孫曾繞膝，此世人所難全之福也。今於吾郡侯蜀江刺史堂上，星占南極，月弄西池，不禁躊躇滿志矣。我郡侯以道光己酉貢於黔，後以咸豐庚申宦於粵。州如斗大，空夢三刀，城比山荒，不留一瓦。我侯不僻固其地，且不鄙夷其民，隻鶴同行，雙鳧竟往。三十乘立國，遠比衛文，十七人守城，近方馮令，魚符雜至，雁户粗安。雖有領郡之名，實無排衙之樂，爾乃築琴臺於三家村畔，望親舍於一片雲中。新春送寒，故里迎養。同治元年，封翁少伯大夫暨太宜人爰攜孫曾至於象。時也，城郭是而人民非，盜賊梳而官兵篦；萬家分蔭，方仰慈雲，一綫生陽，又逢愛日。但行祝哽祝噎之禮，不賦陟岵陟屺之詩，桃李四郊，開成花縣，笙歌兩部，吹出南陔。部下民感我侯之德，益思承我侯之歡也。條其事寄獻甫，囑爲之詞。謹案畢元賓之堂前，名父觀焉；鄭善果之屏後，賢母坐焉。計其時兖州之赤子，魯國之蒼生，同我太平，祝君壽考，必有誇燕翼，祝熊丸，相與溯洄不置者，飲水思源，登枝求本，情所不得已，即禮所不得辭也。而況封翁暨太宜人者，旌旗引路，並坐潘輿，帉帨登筵，高擎鴻案。當粉署謀迎之日，正珂鄉失守之時，萑苻騷然，枌榆蕩矣！乃偪陽之城自破，孫期之舍自全，以宦爲家，隨兒作郡，黄黄蘺菊，尚戀陶廬，白白江魚，姑吟杜句，非地之偶逃其劫，實天之巧佑善人也。其所以就養也有如此。又吾州之校職久虚，試士之期多誤。至我侯特開之，借席爲門，編蘆作屋，以鹿鳴之童子，代鸞笑之仙人，以藥籠之人材，代露囊之天酒，集兹采筆，娱我斑衣，馬隊可以校書，蜂房可以戰藝，其所以承歡也有如此。然使堂立虞氏，沈沈府中，毹稱豳門，亦望望門外耳。今乃坐召公於棠陰，居庚桑於畏壘，將笛作子，撫竹如孫，民忘縣令之尊，官講家人之禮，教人以善，與物同春，尸而祝之，急乃抱佛，壽者酬也，善則歸親，是又娱老之奇方，養年之高致也。其所以共祝也又如此。宜乎，虞升卿新治之民，陶士行舊遊之客，共定考法，益悉母儀，仰喬木於山南，頌萲花於堂北，願陳華祝，請聽輿歌矣。惟獻甫本部中之退士，作境外之遊民，於今六年，去家千里，妻孥無恙，且幸依劉，子弟分行，不曾拜紀。緘魚有路，捧兕無緣。不得與偷桃之羽客，擊磬之侍兒，共宴於幔亭山爲可惜耳！然登山臨水，我已將歸，謀子詒孫，心猶未艾。異日者，鱸膾碩而張翰來，驢背駝而鄭棨至。梅開臺月，菊放延年，重隨諸父老躋堂，則拜木公，揖金母，登天門之曲，即許開先，添海屋之籌，不妨處後云耳。謹序。」◎抄自楊稿《藝文志》。

白朝貴　字豈堂　號德卿

軍功，官廣西東蘭典史，鳳山、那地州同，河池州知州，所至多政績，在南丹軍營積勞病故。經撫院蘇題奏部議給減半葬銀五十兩，祭銀四兩，奉旨准允通行在案。

附　朝貴《宦遊粵西留别荔波父老》詩三律：「力掃妖氛萬丈塵，依然書劍十年身。出山應惹林泉笑，愛我無如父老親。此去誰爲青眼客，再來都是白頭人。江干祖餞心何切，握别殷殷淚滿巾。」「超然無纍起長征，千里行囊一葉輕。好唱驪歌同賦别，敢云戎馬是書生。憑將肝膽酬民望，那得涓埃答聖明。自笑身如新嫁女，但逢姑舅總低聲。」「暫辭泉石舊莓苔，象郡迢迢走一回。山水名傳臨桂好，杋檣影背荔波來。家如蓮舫隨風合，人似梅花帶雪開。樗櫟自今應不負，根株端向五雲栽。」◎抄自李稿。餘詳《武功編》本人列傳。

何金齡　字　少白

清光緒己卯科舉人，署山東文登、蒲台、德州、東阿等縣知縣，德政播口碑，有「何青天」之譽。致仕回黔，卒於省寓；宦囊如洗，其清廉已可概見。

鄉先達覃金錫撰《歷權山東知縣少白何君墓誌銘》云：「于清端宰羅城，民敬而信，稱曰『于清天』；魏愼齋宰應城，民悦而畏，稱曰『魏青天』。以爲遊宦爲如牛毛，名宦如麟角，通都大邑，庶幾遇之，而此稱則邊省寥寥罕聞也。鄉先達爲令爲牧，洊擢漕督，歷有其人。而此稱則我邑寂寂，尤未聞也。不圖數千里外，旃檀之風，挾『何青天』三字，而入耳洋洋，令人油然生懦立頑廉之感。謹按　君諱全齡，姓何氏，字少白，秀外慧中。厥考銘三刺史公，錫師也。以故世誼戚誼，情最摯。應縣試，同冠歲科；應鄉試，同貴山肄業。楊學博見君而賀曰：『是必雋。』錫問：『見其文耶？』曰：『否。』『然則何所見而賀？』曰：『滿頰霞生，雙眸電閃，瑞徵也。』榜發果雋。梁梅老賀以聯：『荔波縣二百年開榜，鬱林王卅六字連書。』一時佳話，傳殆遍。己丑挑知縣，籤分山東。榮城各縣災，奉委分賑，報旅費，人報絀而君報贏，李撫異之。甲午中日構釁，大吏知君才，電調萊州，參謀前敵，動合機宜，李撫重之。英租威海衛，委導員劃界，民反對，圍之。檄君赴援。君曉以大義，聞見感泣，圍解而租定，大府慰而宏奬之。歷權文登、蒲台、德州、東阿縣事，有政聲。其在德州也，適拳亂，訇然動地。君憫其惑邪教所致，請撫之。項城袁公怒，幕府徐道，與君有舊，函述『袁奏剿，制曰可，遵制戡亂，紅頂花翎在握也。若固執，誠恐噬臍，時機不可失。』君仰天嘆曰：『頂雖紅而心漆黑，殺人求福，寧死不爲也。』燈下繕稿，鉫剳利病以對。越日批回，令剿愈厲。薛丁奎者拳魁也，聞之挺身投獄，曰：『不忍累公。』於是戮其魁，諭其衆，悉撫而散，由死而生者以萬計。袁惡之，君去任。百姓泣曰：『血滴滴捧出心肝，救民而爲民負罪者，何青天也。』餞者、嗅靴者，公送衣傘者，攀轅卧轍，環而泣者，塞於衢。當是時，袁威而猛，勢能飛砂走石，倒海移山，雖監司皆鞠拱唱喏，誰敢片言諍之者。乃君爲民請命，以三寸管，七尺軀，拼雷霆萬鈞之力，利薰心而不動，害壓腦而不驚，豈其生而勁氣獨得耶？抑獨行其志，而克定克堅，錚錚然鐵也。君誠懇而惠，文登防地也，民苦兵燹，君請免徵以紓其困。蒲台河濱也，民苦水患，君請頒賑而冀其蘇。戊戌夏，西壩決口，堵塞躬親，急甚，君搏顙而祝曰：『百姓何辜，哀此煢獨，下官有罪，願葬魚腹。』祝畢，趨向河，摟身而擲。僚佐侍從，急援而止之。瞥見龐然大物，隱隱露水面，如護堤狀。諦視之，黿也。俄而水落，西壩安。民國肇造，君自魯過蜀，任南部一等催税官，及瓜回黔。戊午四月十九日，疾終省寓，壽六十有四。高冬心者，我邑拔萃也，路出德州，君停問曰：『何青天安否？』高問故，具得遺愛狀。回里，常述及之，始嘆『何青天』之稱，雖物換星移，德尚足徵，而錫之記之也信。噫！總角知交，零落殆盡。嘗擬爲君立傳，自恧不文，握管而輟者屢矣。辛酉冬，哲嗣星山，修墓乞誌，及摭其出處政績犖犖大者，聲於石。

「銘曰：巍巍泰山之巔兮，當頭日壓其肩；汪汪渤海之濱兮，盟心水讓其清。挾巫雲而歸黔樹兮，倒屣屢致歡迎；黄土制英雄兮，老淚傾；撫荒涼片石兮，嗚乎！此其塋。」◎墓誌文抄自覃著《贅贅編》。

黃澤沛 字 雲從

清光緒己酉科拔貢。歷署山東青城、膠、淄川、益都、沂水等縣知事，循聲冠全省，而尤以治匪得輿人之誦。

山東益都、昌樂、臨朐、沂水、安邱五縣士民《公頌黃君雲從政績序》云：「粵稽晉文謀帥，首重詩禮。宋代知州，專用文臣。良以士通經致用，正心術，充器識，裕材猷，學道愛人，藹然爲愷悌君子，一旦出而匡時，乃能濟世安民，人受其福，非彼健將滑吏顓頑作氣勢者敢望也。若黃公雲從殆庶幾焉。公隸貴州荔波縣籍，自少力學，沈潛經義，博極羣書，思爲明體達用之士，以濟時艱。前清己酉應拔萃科，已選貢入成均。民三甲寅考取縣知事，分發山左，旋以長材而疊任劇邑，由青城而膠縣，而淄川，而益都，所至稱治，循聲冠全省，而尤以治匪名於時。數年以來，蒙山積賊，乘間竊發，搶劫屠戮焚燒之禍，慘不忍言；蹂躪數縣，而沂水適當其衝。上憲悉公才，調蒞是縣。公籌戰守之備，選警團而親教練之。環城築礮樓三十座，令四鄉一律修寨築碉，編練民團，合兵農爲一體，聯官民如一家。未及周歲，因以衆志成城。丙寅夏，蒙匪詭稱難民，流寓沭水集鎮，夜半大股來襲，寓者內應，將市肆劫掠一空。公聞警，率隊追擊敗之，奪回被劫良民二百餘人，財物無算。十月之交，大股賊自西東竄，公又扼之曹家坡，殲過半，蒙匪始斂跡不敢北向。彼時臨朐土匪烽起，大小數十股，蔓延益都、昌樂、安邱諸境，焼殺劫掠，民不聊生，但匪畏公威，不敢擾沂水。大吏有五縣會剿之檄，公奉令於丁卯春初，捲甲疾趨，北逾穆陵，馳至東汶水涘時，冰雪滿地，寒流澌澌，警兵憚，莫能渡。公跣足徑涉，爲士卒先，乃相率畢渡，疾馳二十里，及賊於駝峪嶺。賊方聚散爲整，結衆千餘，據險頑抗。酣戰竟日，賊不能支，乃悉數向西南夜竄。公率幹隊，越叢嶺，追至九山。匪又轉而西北，公約友軍協助，復窮追數百里，經沂水雙山、柳山，以至昌樂境駐馬河，匪卒不能逃，突被包剿，殲無算；其逸出者，悉爲鄉團擊斃殆盡。臨朐數年匪患，竟告肅清，益昌、安邱亦報敉平。上賞以公功最，而數縣人民亦頌公不置於口。蓋公性簡夷，無宦場驕惰气習，策蹇從戎，與士卒同甘苦。所歷鄉區，進父老而詳詢之，故深得賊情，無失道之憂，無愆期之悔，電掣霆擊，遂速蕆事。其行軍也，號令嚴明，軍容整肅，不擾民，不掠物，行糧自備，不煩鄉縣之供張。自數年兵興以來，如公師出以律者，蓋亦鮮矣。夫兩漢賢能之吏，以虞詡、張敞爲最著，虞長朝歌而盜賊屏息，張尹京兆而桴鼓不鳴，然亦祇能舉其幟，未聞有越境以討賊者。惟公以自治餘力，引而之他，任人患若己患，視鄰民亦吾民，救焚拯溺，如恐不及，自非根仁而發爲義勇，盍克臻此？因思清季川楚亂興，如蓋軒之任商州，劉天一之任南充，皆以選貢起家，文員平賊，裒然爲循吏名將之首。由今視昔，何多讓焉。某等五縣齊民，沐公之恩，感公之惠，佩服公之威德，欲竭涓埃而無從報効，輒自託於輿誦口碑，以誌異日之懷思，而紀我公之實録焉。爰敢鞠躬而進爲序。」

◎序文抄自楊稿《藝文志》

黄自明　字　鏡州

清光緒庚子辛丑併科舉人。廣西官班法政講習所畢業，歷署廣西義寧、中渡、左、上思、來賓等縣知事。勤政愛民，輿歌載道。復能隨機應变，鎮静雍容，有古循吏之風。

邑人何同海撰《黄鏡州先生志略》云：「先生諱自明，字鏡州，姓黄氏。其先世由四川之墊江徙居貴州之獨山，再徙荔波。世業儒。先生天資聰穎，未成童，已知讀書。弱冠補弟子員，益溺苦於學。邑之宿儒如李君少卿、王君適之、楊君薌浦等咸與結文字交，文壇角逐，互相伯仲。劉梓卿先生以名孝廉來司荔鐸，每見其文，即嘆賞曰：『頗得春夏氣，終非池中物也。』辛丑秋，舉於鄉。先生素講大義，性至孝，太夫人久病，屢藥無效，深以爲憾。乃搜集各種醫書，朝夕研究，以是精岐黄術。侍疾年餘，衣不解帶，事無鉅細，以躬親，未嘗假手妻子；且齋戒沐浴，暗禱神祇，願以身代。然人生修短有數，非人力所能挽回。太夫人屬纊之夕，極哀毀，一慟幾絶。喪葬畢，閉門讀禮，不薙髮，不飲酒，不茹葷，如是者三年。服闋後，以揀選舉人入廣西官班法政講習所肄業。畢業時，適改造共和，桂都督陸委署義寧縣。民初應袁大總統文官考試，取列甲等，仍分發廣西補用。歷署中渡、左縣、上思、來賓等縣，有政聲。其在來賓也，到任數月，粤政府興師討陸，兵差絡繹，土匪縱横，荆棘滿地，險象環生。在他人處此時局，不操之過激，即失之太懦。先生則從容鎮静，應變隨機，卒能消患於無形。計先生連任數年，解組後，兩袖清風，幾不能自給，足見廉吏之難爲也。有子五：長曰品鍈，綽有父風，曾署廣西靖西縣；次曰品鑅，任本邑高小校校長；三曰品錚，四曰品銓，五曰品鈁，俱尚幼，可克家。竇氏五桂，不過是也。」◎志略抄自楊稿《藝文志》。

武　功

朱射斗

官四川川北總兵，陣亡。賜謚勇烈。

劉永福

官都司，後陞廣西副將。

◎以上二人均抄自李稿，功績未詳。

邱樹桐

清道、咸之亂，辦團練，保衛梓桑，厥功甚偉。詳《忠烈編》本人傳。

莫芝茂

荔波營三洞汛千總，清咸豐六年冬十一月，九阡水庇土匪作亂，方村汛把總鄧廷贊戰死，芝茂率壯勇乘夜破之，墮其碉卡，乃降。七年冬十一月，率壯丁攻三洞，連克九寨，人心稍安。後升至古州遊擊。◎採自楊稿。

雷新霆

詳《忠烈編》本人列傳。

韋芝儒

詳《忠烈編》本人列傳。

蒙慶湘

詳《忠烈編》本人列傳。

吴阿撒

詳《忠烈編》本人列傳。

劉學武

詳《忠烈編》本人列傳。

白朝貴 字 芑堂

邑之巴容人也。見義勇爲，不避艱險，重然諾。清咸豐初年，與蒙慶湘團練壯丁，捍衛閭里，厥功甚偉。繼遊宦粵西，辦理南丹土州團務，積勞成疾，卒於軍。

鄉先達何振新撰《白芑堂志略》云：「白君朝貴字芑堂，邑之巴容高里村人。少好學而性魯，夜讀常達旦，仍不能記誦。在李晴舟先生之門，稱最下；後頗有悟，作詩文，沉雄博大。值黔政多故，學政停童子試，未入庠。及邑烏合者叛，君以布衣從戎，與蒙君小洋分途掃蕩。先由方村開團局，練壯丁，進趨瑶臺，屯高赫，入據水婆干衡洞，遂克羊安，而攻獨山屬之羊洛，以分賊勢。小洋乃得復隈村，定周覃，招三洞。邑西北數里，獷悍者剿，良善者撫，地丁糧税無敢抗，訟獄拘攣咸服。小洋之謀，亦君之力也。叙功保舉州同，漸有忌而譖之。君見幾作，循例入貲，指分廣西試用。未幾，奉委代辦鳳山司土州同，代理河池州知州，皆有聲。後辦理南丹土州團務，積勞成疾，卒於軍。年三十七，未展抱負，賫志以歿。君有至性，早喪父母，間言及風木，淚涔涔下。常延兄嫂同居，敬之甚篤。其事晴舟師，尤人所難能。初魏邑侯聘師主軍需局，出糧餉，修造器械。有妒者忌之。魏邑侯去任，李邑侯接署，讒言入，大獄起。師爲羣小所陷，被錮。時巡道承公按下司軍營，君親詣營鳴冤，轅卒拒之，不獲，擁而推之，出復入，鞭箠交下，不避。有鑼卒見憐，代進牒紙。君俟數日，不聞可否。襆被上省，雞斯徒跣，越五百餘里，赴學政愬之。以無錢，仍爲門者阻。君憤擊堂鼓，始得上達，師之冤於是乃白。君之交友也，然諾信。在軍中，小洋與約，既訂，無不應。其於諸友也，凡有託，亦未嘗負焉。君有逆眉，眉尖毫如筆豎起。初見者疑有不馴，相亦未可盡信乎。」◎抄自楊稿。餘詳《宦蹟編》本人列傳。

何振新　字銘三

清附生，廣西候補州同；嗣丁憂回籍，辦團有功，保花翎知州。其在粵也，撫軍張征南寧，考各官策問剿撫，振新迅筆疾書數千言，爛漫瀟洒，洞悉機宜，撫軍喜，拔第一，委充隨員，主文檄。其回籍也，適同治五年，苗匪陷城，土匪蹂躪，傷時憂世，毅然以平盜賊衛地方爲己任。時廣西協戎孔平階駐防牛洞，繞道求援，添募義勇，心力俱瘁，復帶瘧從戎。同治八年，破九阡賊巢，擒僞王潘新簡。維時瘡痍滿地，無餉無糧，咄嗟而辦，邑賴以安，厥功尤爲不朽矣。◎採自李稿。

翰林院修纂趙以炯撰《誥授奉政大夫廣西補用知州何公字銘三墓誌》云：「水不由江河而入海者謂之瀆；木不待扶植而隻立者謂之材。士生窮鄉僻壤，無名師益友之資，無書可讀，而能卓然建樹者，謂之豪傑之士。如年伯何公銘三先生若人也。其先世由豫章之廬陵徙貴陽，再徙荔波縣之董界里；屢葉幽光潛德，不能殫述。至贈公讓甫公抱沖和之資，明粹之質，平生以排難解紛拯亡賙急爲務，涵英毓秀以誕生先生。先生幼而歧嶷，負笈從耆宿李似村先生，一見大喜，每閱一藝，必激賞曰：『文有雄直氣，吾道其以子昌乎？』先生聞之，益自砥鏃於經史子集，天文地學無不通，賈餘勇旁收醫卜星算皆精。弱冠補博士弟子員；犖犖有大志，槃槃具大才。當道、咸之際，粵逆勢張甚，荔之九阡奸民潘阿簡聞風響應，伏莽漸興。先生慨然以捍衛桑梓爲己任，創設大局，集練民團，力守孤城，賊不敢逼。以功歷保州佐，簽分廣西；是時公之去留，即邑之安危繫之也。而公接部照，義不容辭，乃捧檄趨桂林。適田州土目叛，桂撫張月卿中丞扃閣省屬僚於試院，問剿撫奚便，先生以先剿後撫對，且引明李熊文燦等爲戒。張公韙之，榜取第一。即檄辦幕府，倚之如左右手。田州平，方欲大用，而先生之太夫人在籍考終，聞訃趣裝。中丞挽留切，先生曰：『翟方進、張江陵輩著績可觀，皆以奪情遺謗，某何人，敢虧大節。』中丞益歎賞而不忍留。及到籍治喪，荔波糜爛之情形已不堪矣。官若民穴居野處，潘阿簡據險稱王，先生目擊心憂，墨經在身，不忍坐視，爰集子弟兵於白巖洞。爲肅清計，上書求救於黔撫張中丞，乃委吴公德容募勇三千來援荔難。兵至，進荔之舊縣時，四野荒涼，一片焦土，糧餉軍械，一切倚辦於先生，五官并用，肆應機張。惜吴公急攻賊之老巢，先生諫不聽，戰失利，憤懣疾殁。其軍無主，向先生譁索者屢，勢將叛。先生以計遣黠者，慰藉病者，文武吏及諸同事恐事不濟，均遠避。先生抱瘧疾，厲羸兵，晝旌旗，夜刁斗，以張虚聲；手草檄，口應客，以聯衆志；日飯盂粥，而百折不回之氣不衰。無何，賊窺得實，突擁大股來犯。先生率羸卒戰，衆寡不敵，炮折足，幾殁於陣。幸子弟兵來援獲免，義士覃繼典負先生歸白巖砦。時先生以一身支殘局，再蹶再起，受創未愈，偵知故交孔副戎憲隆率廣兵五營駐於思恩縣之牛洞，防荔賊竄擾。先生力起，率同事到孔營作包胥請，孔公允援，並據情奉請桂撫蘇公鳳文添兵，蘇公亦允請，乃更派潘副戎其泰帶五營兵同孔公進荔協剿，先生又自募義勇二營作響導，於是會剿九阡之兵，聲威始壯。所難者滿目瘡痍，供億無出，營官問糧及餉，萬口噤齘，無敢應者。先生挺身任之曰：『在我在我。』人皆爲先生危，先生則從容鎮定，乘欵段，勸諭四鄉，激以親上死長之大義，殺賊保家之利害，故人人踴躍輸錢運穀，應若肸蠁。雖所費不貲，而咄咄嗟立辦也，豈不難哉。既存餉足食，先生乃與潘、孔兩副戎謀分兵進剿，先取蝨山鼠洞小賊巢以剪羽翼。潘副戎由毛蘭收復水息，以窺九阡，爲東路兵；孔副戎則由周覃攻破水閣，降僞鎮德王吴邦吉，以窺九阡，爲西路兵。僞輔德王潘阿簡親督賊黨分抗。先生同二副戎臨陣指揮，炮震數十里，賊死戰，擁盾如堵，輒洞之，多死傷，心已怯。其神巫又中炮，立殞陣前，賊益駭，遂鳥獸散。潘阿簡率餘黨逃入生苗之水盆山。先生恐其日久滋蔓，又出爲患，遂單騎至水盆，徑不容足，下馬入山。僞王素慑先生名，聞先生至，駭愕無措，呼賊同羅拜曰：『公真神人，我等伏乞公爲救也。』先生娓娓諭之，潘阿簡降。至是，犁庭掃穴，荔波數十之積患除矣。凱旋，即擘畫善後事宜，修城池、官舍、廟宇、書院。城中無水，屢以此失，始於東門外掘地四丈，得泉甘洌，甃以石，名曰永濟。一邑之規模備，根本固矣。先兵後工，合計費數巨萬，皆以義集之鄉人，不請公家一錢，尤能人所不能。以功蒙黔、粤兩撫奏保知州用，仍留原省，并賞戴花翎。先生諱振新號銘三，貌頎晳，鬚眉疏秀，電目鐘聲，著有《駐馬草堂》各集行世；半生戎馬，偏體鱗傷，而志不少衰。而荔邑之氣象蒸蒸然，而公之四壁蕭然，赴引無資。軍務竣，教讀十餘年以終。今荔邑之茂才賢士，半出先生門下。嗚呼！以先生之才，其上焉者，當咸、同間，不得與羣雄角逐於吴楚之交，以竟厥施；其下焉者，又不得斗大一州，以略試其循能。公爲荔人，固荔之幸，終於荔事，則公之不幸。才豐遇嗇，其公之謂歟！抑天之將留以有待歟！元配霍氏，繼配覃氏，霍在覃逝。長子金齡，霍出，領光緒己卯鄉薦，爲荔波破天荒，即少白同年也。以遴選舉人簽分山東，歷署德州、文登、蒲台、東阿各州縣。廉明勤慎，剛正慈祥，有政聲。次子丙齡，覃出，邑庠生，聰明有志。女三，適士族。男孫同海，邑庠生；同松、同禧、同書均幼。女孫五，二適士族，餘尚幼。先生以道光戊子年生，殁於壬午年三月初五日，葬於故里之祖塋旁。」◎墓誌抄自原碑。

又　鄉先達覃金錫《挽業師銘三先生》詩云：「崛起匡時五十霜，超超出處夜焚香。無雙國士題官府，第一功人救故鄉。繡口談經通白虎，鐵肩挑劫換紅羊。可憐忠義心頭血，半嘔文場半戰場。」「力疾秦廷哭請兵，萬家憂重一身輕。墨磨盾鼻時旁午，米淅矛頭夜唤庚。潛感豚魚天地動，飛攖狼虎鬼神驚。峨江再造公拼命，水亦悲涼變徵聲。」「築城鑿井濟時艱，誅卯功成又鑄顔。器識宏深黄叔度，詞章和雅白香山。六經辨難如犀剖，一榜同堂見豹斑。更博千秋佳話在，荒天破自鯉庭間。」「説法生公妙入神，點頭頑石有前因。難忘馬帳彌留日，猶授蛇珠記事珍。誨我恩深如鞠我，門人情至化家人。來生侍立知何處？雪滿空山淚滿襟！」

蒙玉相　字　輔堂

永康鄉太極村人，縣之諸生也。少倜儻有大志。前咸豐丁巳，太平軍圍攻貴阳，糧道不通。知縣吴德容奉令招募鄉勇，赴平伐退敵，保護糧道。玉相應募，招本鄉壯勇百餘人前往；應需火餉，全由自己擔負。至平伐，率隊出戰，身先士卒，所向披靡。敵退，鎮守平伐，疏通糧道，功績卓著。蒙上峯奏保以州同，分發廣西任用；加五品銜，並賞戴五品藍翎。未期年，蒙委署廣西西隆州八達分州。奉職清廉，與岑宫保、毓英友善，誥封奉直大夫。嗣因長子學賢夭折，乃卸職返梓。適地方匪燄未熄，萑苻塞道。玉相復招募鄉勇，創辦團防，以維治安。且樂善好施，遇有善舉，必欣然贊助。貧困告貸，慨然諾，不少吝。晚年雙目失明，家居課子，享天倫之樂。有子二，一名學仁，曾食廩餼，惜年不永；一名學鈞，曾任區長。孫曾滿室，和樂一堂，謂非行善之報歟。◎採自楊稿。

陳玉山　字　海屏

邑之莪陽人也。體魁偉，氣象軒昂。清同治初年，黔亂日亟，投入都匀協効力，積功歷保至花翎遊擊。光緒初借補麻哈汛千總。到汛後，與當地紳耆聯合，籌畫防務，邑賴以安。夷考其行，弓馬純熟，營務飽諳，爲全協之冠。每考軍政均獲獎，歷任長官皆器重之，同僚輩亦欽佩有加。不幸因公赴都匀，抱病身亡。因其人慷慨好義，囊無餘貲，身後蕭條，未免令人惋惜耳。◎採自楊稿。

蒙玉明　字　曉東

董界孟塘人。膂力過人，好騎射。未冠，入武舉，應甲午武闈鄉試，馬步箭皆佔優勝，操必中權。殊至技勇一場，舞刀風起，不能止，刀微刷地，遂犯規，不第。一日，勃然曰：「窮達命也；獨善兼善，隨所遇也，此生豈無建樹乎？」乃以捍衛桑梓爲己任。清光緒末，遊匪蠭起，匪首梁桂才踞宜北，蔓延二百餘里；柳慶一帶，徧地荊棘，擾及邑之東南各地。曉東嚴團防，固疆圉，擇族中精壯子弟數十人，加緊訓練，討論戰術。警報至，不分畛域，立馳援救，所向克捷，聲震四鄰。邑宰楊昇舟彙其功上陳，保充東路前營左哨官。未幾，張觀察翼卿奉命剿桂匪，耳其名，調赴前敵，破堅挫鋭，迭奏奇功。頗爲同僚忌，誣以縱兵擾民，送縣獄拘留候斬。楊昇舟憐其冤，縱之，詭言破獄遁。適南丹屬紀悶地方，匪常出没，不能耕種，請其前往保護。曉東欣然諾，毅然去。匪無所掠，忿甚。匪婦韋五嫂、顔二嫂等率匪數百來犯，不介意，死之。◎採自楊稿。

全之顯　字　子儒

瑶慶里洞塘人。體力邁衆，有膽略，少時讀書不成，棄而學武，精騎射。弱冠，入武庠。其兄之楊任該里鄉正，適地方有變，之顯助兄維持，居民賴安。清光緒末，遊匪擾邊，親率團壯在黎明關一帶堵截，匪知其名，不敢犯。南防得以保全。時龍統領濟光在粤剿辦，稔悉其老於戎行，調赴統部任用，旋委充濟字營正哨哨官。遊匪肅清，得保五品藍翎。後辭職歸里，享壽七十餘而殁。◎抄自楊稿。

何崧齡　字　峻峯

清附生，性慷慨好客，有「座上客常滿」之概。又勇敢善戰，每次剿匪，身先士卒，有後退者，怒叱之，聲若巨雷，故士卒用命，所向披靡。民初，桂邊翁昂匪首何光星（一名何妖）嘯衆行劫，邑境騷然。峻峯獨當一面，賴以保障者十有餘年，卒計殲光星，復兩次解城圍，厥功甚偉。

邑令韓知重撰《何先生峻峯紀功碑記》云：「民國肇造以來，外受帝國主義者之侵掠，内受軍閥土匪之蹂躪，禍患相循，歲無寧日。荔波毘連桂邊，山深林密，地瘠民貧，幾爲全省之冠。而縣屬之第五、六兩區，路當要津，盜匪充斥，殺人劫貨，攻城掠寨，時有所聞。然荔城迄未受兵匪之劫殺蹂躪者，實有賴何先生峻峯之大力維持也。先生勝清附生，辦團治匪，卓著勳名。民國初年，桂屬翁昂毘連縣屬之董界，該地爲先生居住之所，距城三十餘里之地，與匪何妖咫尺相隔。翁昂天險，匪憑爲穴，邊區人民，受害日甚。先生視匪如仇讐，親率團隊，屢年進剿，風餐露宿，九死一生，卒殲其渠，犁其庭，掃其穴，志願終達，民賴以安。民十四，周公西成回黔，有匪首楊八等乘機竊發，聚匪數千，圍城三晝夜。防軍一營之衆，屢戰敗北。時團防局長何星三、校長韋植三、教員黄劍秋等出城請援。先生即率團丁漏夜趕至，親冒彈矢，搶渡痛擊，匪徒潰竄，人心始安。民十九，余攝縣政，要隘佈防，多得先生之力。民廿三復任，先生已七十有五，精神矍鑠，不減當年，捐金辦學，熱心公益，仍不後人，尤以先生之愛護人民，保衛鄉邦，令人欽仰。比之趨利避害者，誠有霄壤之别矣。不但邑人咸感先生之功德，余得臂助，亦復不少。爰綴數語，題勒於石，藉誌紀念，並留爲異日修志紀功之徵信。民國二十四年四月日。」（碑存中山公園）

益智回憶民國二十六年春，峻峯先生逝世，喆嗣同臯、同矩囑余誌墓，因將先生勦匪援城經過敘述塞責，附録於後，以資考證：「《清授登仕佐郎峻峯何公墓誌銘》：公諱崧齡，字峻峯，姓何氏，邑之二區人，清附生也。幼聰穎，有文名。壯遊齊魯，阨於運，宦途蹇滯，賦歸。民初，治團務。時桂邊匪首何妖踞翁昂險，嘯衆搶劫，勢甚熾。黔、桂軍進勦未捷，患彌烈，邊民賴公保障者十餘年。民二十，公密計刺斃何妖，犁其庭，掃其穴，民乃乂安。先是民十四，省政變，邑有匪魁自稱司令者，率衆數千攻城，圍三晝夜。防軍以一營戰，失利，城幾陷，居民惶恐。公率隊進城增援，婦孺羅拜馬前請命。公曰：『勿懼，何峻峯在，賊無能爲也。』時公年六十有六矣。翌日，上馬出城，與賊混戰。旌旗所至，賊披靡。約四時許，賊大敗，潰遁，城圍解。老幼歡聲震地，僉曰：『生我者父母，救我者何公也。』民十八，有僞旅長吴文淵者，乘周、李之役，收潰軍土匪數千，佔獨山，姦淫擄掠，無不至。欲分兵駐荔，邑人恐，議拒之。吴怒，率匪全力攻城，踞黄泥坡，射城中，彈如雨下，又進焚河街。全城騷動，紛紛欲遁。公登城指揮徹夜，伺賊懈，遣隊猛擊。賊潰退，城危復安。民廿四，公長二區，余奉上峯令襄助，追隨數月，甚相得。公常語余曰：『何妖授首，邊患肅清，余可以休矣。』時公年七十有六，健飯如常，方以爲期頤可卜。民廿五，余長朝陽小學。次年春公晉城，路過朝陽，到校晤談，精神猶矍鑠。不料回家十餘日而噩耗傳來，悲夫！公長子同臯，過寄姨父覃氏，生子祖澤、祖蔭、祖勛，女荷英，均在小學肄業。次子同矩，年尚幼，亦肄業小學。女六，于歸者五，惟滿女未字。卜公墓於板墨山之陽。公子同臯、同矩囑余誌墓。余以公之德，口碑徧婦孺，當與荔水峨山並壽，固不繫墓石之有無也。惟以稱述先達，流風餘韻，以迪方來，斯固後死者之責，不敢以不文辭。因誌其略，並爲之銘曰：捍邊患，解城圍，民歌其德，匪畏其威。積厚者流光，是以壽逾古稀，而奕葉騰輝。其生也榮，其死也哀，公復何憾？惟後死者思公之德，不禁涕泣歔欷。」

姚炯南　字　北卿

邑之六區（今瑶慶鄉）人也。短小精幹，見義勇爲。民初，黔桂邊匪，爲禍甚烈，民不聊生；六區適當黔桂之交，蹂躪尤甚。北卿目擊心傷，慨然以保護梓桑爲任，整飭六區團務，清保甲，編壯丁，修築碉卡，充實械彈，肅清內奸，抵禦外寇，全縣賴爲東南屏蔽者十餘年。

邑人吴中欽撰《姚公北卿墓誌銘》云：「公諱炯南，字北卿，先世本九江望族。高祖某遷荔波之瑶慶里板央村，世業農。公父紹棠，入邑庠，有文名，生二子，公其長也。幼木訥而性敏悟，讀書每冠儕輩，紹棠公常語人曰：『此吾家千里駒也。』比冠而科舉廢，乃負笈省門，孳孳汲汲，勤奮異於常人。

以家貧輟學力農，猶時時瀏覽古今書籍，其於地方關隘斥堠，尤注心焉。會有桂匪之亂，張觀察翼卿督師來剿，公詣軍門，面陳邊地形勢及進剿機宜，觀察韙之，遂任以督糧全責。公感知遇，竭忠籌運，士常有餘，軍容爲之一振。匪平，公實與有力焉。事後，論功敘獎，保以五品軍功。民元以后，歷任水堯小學教員暨南區勸學員等職，循循善誘，鄉黨稱道弗衰。民十一，被選任爲第六區區長。設分局，清保甲，編壯丁，辦聯團，類能因時措施，防患未然，六區成績，遂爲各區冠。乙丑以後，我邑連遭兵禍，繼以荒旱，浩劫重重；而何匪起於翁昂，伏莽遍於九阡，荆天棘地，道無行人。公所治區，首尾皆與匪鄰，於是充實民團，請編六區團壯爲常備、續備、義勇、後備等五十餘隊，並令民衆輪流醵金購置公私槍彈，事集而民不擾。後此堵潰軍，解城圍，平翁昂，定九阡，殆無役不賴六區之力，即無役不賴公之力，非偶然也。公天性和藹，事親孝，交友信，族黨有急，與之貸，無不應。因擊匪傷足，跛於行。若以貌取人，似無足奇，然於臨陣時，聲如洪鐘，一呼百諾，團壯恒畏之若虎，所謂外怯内勇膽大心細者非耶！公以甲戌年某月　日卒，春秋五十，葬於某山之陽。子八：長成均，曾充某軍某師某旅某團營長，先以某年　月　日抗日陣亡於上海閘北；次子成驤，省立第一中學畢業；三成龍，現肄業於省立高級中學；四成華、五成鎰、六成安，均肄業小學，七、八尚幼。女一人。「銘曰：樹我武兮衛我疆；播團防之英譽兮周於南防。人望而生畏兮微公誰倡。莪山高兮荔水長，數典兮難忘；式兹墓兮鄉邦之光。」◎墓誌銘採自楊稿。

益智回憶當年挽姚北卿先生一聯云：「聞噩耗碩老云亡，盜寇尚如毛，我爲梓桑拼一哭；讀嗣君述先紀實，言行堪入志，公遺模範足千秋。」亦寫當年實情也。

覃子惠

佳榮鄉坤地人。民國初年，佳榮匪勢猖獗，子惠整飭團務，訓練壯丁，相機剿撫。以一身繫全里安危者十餘年。

姚志儒 字 席珍

洞塘鄉板寨人。民國初年，肄業都匀中學。洪憲政變，停課回籍，從事團務。歷任鄉兵中隊長及團防總局長。時廣西翁昂匪首何光星勢正熾，復以戴老水、舒老六、何老六等擾亂洞塘、茂蘭一帶，徧地荆棘。賴志儒維持治安者十餘年。民十六，剿翁昂，志儒身先士卒，冒險前進，負重傷。雖未能掃盪巢穴，亦足以寒賊膽。創愈後，仍以肅清盜寇、保衛鄉閭爲己任。直至光星授首，邊匪次第消滅，始歸田休養。不幸於三十二年秋病卒。功在梓桑，聞噩耗者無不傷悼云。

師表

巫 璠

嘉慶初年貢，弱冠以文學名，一時才俊如黎仲山、覃登相等皆執經請業焉。惜壯年即逝，著作無存，後進難言梗概耳。◎採自李稿。

黄佑儒

嘉慶中貢，精堪輿，司鐸養正義塾五六年，從學子弟極多。享年七十有三。壽終之日，弔者在門，而選缺之報適至，不得生見，數也。◎採自李稿。

何顯才　字　兼三

邑之董界人，清嘉慶間附生。設家塾，廣招徒衆，來學者不計束脩。其教人也，主去惡，重因果。清季董界里文化之盛，先生之遺澤也。◎餘詳《孝行編》本人列傳。

李國材

學問淵博純粹，爲邑中翹楚。其誨人不倦，循循善誘，己立立人、己達達人之苦心，尤爲學者所宗仰。

鄉先達何振新撰《李似村暨覃玉山、林秋圃三先生志略》云：「李似村先生，別號晴舟，諱國材。家居縣城，東偏有屋，顔曰『可廳』，先生著書授徒處也。先生少孤家貧，生有異禀，甚敏慧，聞鄰兒讀，默聽之，雒誦上口。太孺人無力具束脩，七歲未就外傅。先生日取餅餌入塾賣，側听詩書，久之，開卷自能句讀。太孺人喜，謀諸族人，咸喜，代其脩脯，命之學。十三歲，始得師受業。日無停晷，夜，太孺人篝燈課之。先生以穎悟之資，加攻苦之力，日新月異，不數年補弟子員。旋食餼，貢成均。時楊公以增、劉公樹棠以名進士先後官吾邑，月課士，得先生文，咸歎賞。有解元覃公武保署縣事，見先生，尤器之，聘入署教羣公子。更砥勵先生以詩古文詞，並授以《周易》，備聞費晁諸家之説，先生之學於是更進。及其教人也，昉朱子《小學》作《蒙養遺規》，大而孝弟，小而洒掃，胥就淺近者言。童子讀之，不待解，自能領悟。日講《論》、《孟》，備極形容，聖賢曉人之意，一一傳出，口吻如生。牧豎樵夫，聞者無不點頭。即説前人詩文，必使作者匠意苦心畢見紙上。故從遊者多卒業，亦多成名。遇歲科試，學政取入庠，強半屬先生門下士。其所與交者，同學惟覃先生玉山、林先生秋圃二人，倜儻骯髒，卓犖自立，與先生同，故始終膠漆。又同志在文教，見邑多寒畯，不能應試，三年縣考，寥寥數十人，同志愍焉，因同倡義舉，身勸殷實之家，捐銀錢，買田畝佃租，交商販生息，以作三年彙童報名填卷紅案之費。至是我邑應童試者二百餘人。後田畝存，商販耗，惟收租穀，無息錢，於是報名填卷尚有費，紅案無費。今當大亂後，都匀所屬州縣童子試，多者二三十人，甚惟十餘人，而我邑有百餘人，乃先生之嘉惠，亦覃、林二先生之遺澤也。咸豐三年，魏將侯公令吾邑，時粵氛甚惡，内防外剿，開軍需局，儲糧餉，備器械，聘先生主其事，皆辦，魏公敬服。先生著有《周易易知録》、《學庸便己録》、《晴舟詩文》若干卷、《可廳隨笔》若干卷、《荔波縣志稿》。十一年正月流寇破城，先生殉難，所有著述焚於兵火，惜哉！有子小村，能世其業。

「覃玉山先生，諱德輝。世居舊縣後村。生而岐嶷，十八歲補諸生，目閃閃如巖下電，性剛正，鄉里宗族咸敬畏之。能使俗易風移，駸駸乎禮義。如假以年，當更有振作。乃年四十八而卒，天其有靳於斯人乎！

「林秋圃先生，諱春芳，亦邑諸生，魁偉昂藏，好俠，扶善抑惡，有不平者，羣向之鳴，鳴亦無不應。亦年四十餘而卒。

「玉山先生有子孫，不克家。秋圃先生無嗣，似村先生子小村即其婿也。

「論曰：吾邑先正，何先生父子祖孫，皆温温恭人；邱先生則恂恂如也。殆所謂忠厚長者乎！若李、覃、林三先生，則豪傑之士也。崛起巖邑，斯文之興衰，風俗之厚薄，戚里患難，皆仔而肩之，所謂雖無文王猶興者非歟！」◎志略抄自楊稿。餘詳《忠烈編》本人列傳。

何之紀　字　肇修

邑宿儒何顯才之胞侄，清道光間歲貢。教學不擇貧富。性好佛，勉人爲善，學者多受感化。◎餘詳《孝行何顯才列傳》。

覃登相

清嘉慶間歲貢，官石阡府教諭。解組歸，年七十矣。家素封，佩實銜華，敦詩説理，鄉黨化之。平道路，治橋樑，咸推碩德云。

鄉先達覃金錫述先詩有《詠登相公一律》云：「易俗移風渾噩天，廣文破例富青氈。遠栽桃李春都笑，晚惠家園老自憐。徑闢羊場拖翠嶺，橋横虹影落晴川。出甘苜蓿歸貽穀，難怪村翁社媼傳。」

◎採自覃著《贅贅篇》。

覃德輝

邑高才生，倜儻有爲。與李肇同先生少同學，壯同志。雅以培學校厚風俗爲任。清道光間，修孔廟。工竣，隱峨陽山，飲酒賦詩，泊如也。絶笔詩有「抱疾三年負學宫」之句。年四秩卒。

鄉先達覃金錫述先詩有《詠德輝公二律》云：「超然别墅白雲灣，名重儒林玉笥班。蔀屋數椽留月宿，芹宫萬仞仰天攀。三年丹臒分籌畫，千古青蓮共往還。惆悵峨陽人去後，秋高黄葉冷空山。」「南金東箭逐時新，多少承家席上珍。附驥難逢名易晦，磨驢况是跡都陳。飄零風雨宗無譜，檢點弓裘我現身。更覓遺珠何處見，茫茫滄海浪翻銀。」◎採自覃著《贅贅篇》。

何振新

心細情厚，宏濟艱難，待人謙而忠，少穎悟，益自淬厲，經史子集、詩古文詞瞭然。尤究心時務，爲有用之學。辦團時，軍需旁午，手未釋卷。邑肅清後，復授徒，從學者户外屨滿。教有妙術，引伸之，譬喻之，如僧公説法，致頑石點頭。其子金齡，得其緒餘，便具巍科，遊庠食餼者，多出其門。文清峭，不落時徑。著《吾文稿》、《吾詩稿》、《所知志略》、《軍旅志略》。惜年五十五卒。邑人敬之愛之，至今稱之。◎抄自李稿。餘詳《武功編》本人列傳。

羅新楷

教學嚴而善誘，桀驁者繩以律，不稍假；愚鈍者博引旁搜，詳加解釋，務使之瞭解。故從學者衆，有不遠千里而來者。◎餘詳《忠烈編》本人列傳。

白凌霄　字　子昂

廩生，博通經史，頗有學力；文章純粹，理法精密。屢試棘闈，薦而不售。以授徒爲業，循循善誘，凡遊泮食餼入成均者，多出其門，至今人猶稱之。◎抄自楊稿。

李肇同　字　小村

清咸豐辛酉科歲貢。性謙和，藹然可親。選授黔西學正，與諸生講學，終日不倦，士民咸愛戴之。及歸，設帳於鄉，從學者衆。先生施教，首重道德，經義次之。對於存養省察之功，諄諄訓誨，不憚其煩。而訓詁考據之學，亦必博引旁搜，瞭如指掌。至其人格之高尚，能使學者潛移默化而不自知。所謂經師人師者，此其人歟。

益智謹按　先君師事李公有日。兒時，先君常引述李公嘉言懿行以垂訓，故聞之熟而記之深。飲水思源，特略述其梗概耳。

附　黔西州士民恭立《李老師筱村德教去思碑》：「筱村先生，荔波縣名流也。三代書香，一庭詩禮。出關剿越，曾揮戰馬之鞭；渡海征瓊，早破長鯨之浪。自凱旋於梓里，仍掌教於樟江。都人士多出其門，洵可謂學貫中西，才兼文武者也。癸卯秋，選黔西訓導，甲辰八月到任。庚戌秋，推升學正。裁成後進，和藹可親，九年如一日焉。觀其著《水西鄉土志》、《安氏名人記》、《黔西學記》、《小村詩草》等書，典雅精詳，足資考鏡。矧復請得三代誥封，制曰『考績報循良之最，用獎臣勞；推恩溯積纍之遺，載揚祖澤』等諭。客秋反正，先廢儒官。膠庠内外諸人，罔不同聲嘆息而相告曰：『過此以往，我邑難得若是之良師矣！今日者，掛冠歸去，淵明之五柳常青；遺愛猶存，學署之四松空翠。燊等欲鑄金於泮水，難挽行旌；爰采石於他山，用彰道範云爾！』」

覃培菁　字　莪浦

邑之花圍村人，清光緒乙酉科拔貢。爲人渾厚，性聰穎，有學力，工詩能文。因艱於嗣，無意功名，不理外事，以授徒爲業。及門者常數十百人。先生因材施教，循循有序。講解經史諸書，娓娓不倦，務求透澈。改竄文字，則頂批旁註，不厭其煩。故受業者多名列膠庠。至其渾金璞玉之姿，令人肅然起敬，學者至今猶仰山斗焉。

王國駿　字　遹之

清光緒丁酉科拔貢。淹貫羣書，爲邑通儒。生性瀟洒，落落穆穆，有名士風。在家設教，從學者多中小學畢業生。

白廷先 字 進之

清光緒丁酉科歲貢。清末民初，設館於家，小學畢業者，多執經請益焉。

李家盛 字 少卿

清光緒乙巳科歲貢。沉重淵懿，道德博備，清末館於鄉，從學者多列膠庠。民國四年長都匀十縣合立中學校，嘉惠士林，學者皆欣欣羨慕焉。

按 李公少卿喆嗣伯純先生曾以公行狀屬益智誌墓，言之較詳，附録於後，以資紀實。《清授登仕郎少卿李公暨正配羅孺人墓誌銘》云：「李公諱家盛，字少卿，清光緒乙巳科歲貢。先世聚族居邑之從善里豬場，業農商。至公父曉春公，見公生姿聰穎，賦質雋秀，不肯以農商誤，始延白師子昂教讀。時公年僅成童，凡經史子集，過目成誦；不數年，文理清暢。白師喜，以爲破天荒克光李氏門第者必公也。癸未應縣試，屢列前茅。甲申院試，舉博學第子員。遊泮之日，公年最少，見者豔羨，贊歎嘖嘖。公志甚高，不以一領青衿自限。乙酉、丙戌，負笈獨山，就學劉師虛齋。丁亥因病，館於家，藉以休養，然課餘仍以古詩文揣摩。戊子、己丑，就學省垣曠師樂天，習舉業，深得奧竅。然兩次入闈，均邀鶚薦，未上公車，數也。庚寅出廩缺，丁外艱，例不應試。辛卯、壬辰，應本邑茂蘭劉公漢卿之聘，任教讀。公循循善誘，從學者衆。凡列膠庠及縣府試冠軍者多出公門下。癸巳出廩缺，又丁祖父憂。乃應至友王公幹夫之約，入總戎幕襄辦軍書。丙辰回籍，習岐黄術，設藥店，懸壺行醫，活人無算。戊戌接管爨儀，以清理公款，不徇情，致與前任纏訟數年，勞力傷財不計，其爲公也如此。己亥應歲試，列一等。計甲申遊泮至庚子，十七年始得食廩餼，亦數也。辛丑、壬寅當保。癸卯鄉試，仍失意。乙巳輪歲貢。民二被選省議員，民四、五長都匀十縣合立中學校。嘉惠士林，至今稱之。民八遊桂、粤，考察各省政治，欲有建樹。繼因時局变亂，不得志。民九回里。公抱負不凡，學期致用，倘能假以百里之地，得展其才，必斐然可觀。乃時運阨人，抑鬱終老，亦莫非數也。返里後，息影家園，不復出而問世。然而鄉里之有疾者，診候切脉，有求必應。桑梓事，甚關切。民十長經費局，地方財務，振刷一新。民十四冬月從善匪起，公適抱病，然不忍坐視地方糜爛，乃冒槍彈，犯霜雪，力疾往勸，曉以利害，衆恬然瓦解，亂遂平。而公心力俱瘁，返家後，病日劇，竟於某月某日溘然長逝，傷哉！公生於同治丁卯，享壽五十有九，卜葬於西山之陽。生子幾，存者惟伯純上校，學術卓越，克繼公志。生女幾，適士族。尊閫羅孺人謹厚儉樸，寡言笑，不尚文飾，有古賢媛風。其奉尊章以孝，待小姑、娘、婢以寬，處鄰里、戚族以和。居常椎髻挽車，經紀家政，雖勞苦畢世，怡怡然無怨言，至今内外老幼咸稱頌焉。孺人以同治　年生，殁於民國　年　月　日，享壽　十有，祔於公塋之側。伯純上校以公行狀囑誌墓，自愧文行無似，不足以彰公之德，爰就公經歷而述其崖略耳。

「爲之銘曰：以公學問之博而不得志於有司，以公道德之隆而不見用於當時，造物者之厚薄，似不可得而知。然而杏壇雨化，橘井春回，所謂身修梓里恭者，何莫非居窮處約有以致之。天之薄之而適以厚之，夫復奚疑。公先其歸，其室有邱，陰幽坤從，壺彝是攸，祔塋同穴，封樹千秋。」

覃金錫　字　二如

清光緒乙亥科恩貢，宣統庚戌舉孝廉方正。光緒末年歷任勸學所所長及學堂堂長。性聰慧，攻詩文，屢領鄉薦不售，乃恬然自持。嘗謂除貧當富，除辱當貴，除煩惱當壽考，遂自命爲「三除居士」。著有《贅贅編》行世，文頗多奇氣。其教學也，重修身處世，不徒章句之末，學者多景仰焉。

胡大章　字　乘軒

邑之方村人，清光緒庚寅科歲貢。博學能文；性敦厚樸實，設館二十餘年，從學者衆，名列膠庠者，頗不乏人。

黄自明　字　鏡州

清光緒末年，曾任學堂教員。民國十七年，遊宦歸來，任教育局長。先生博極羣書，教授學子，循循誘掖，有如時雨之化，學者咸景仰焉。◎餘詳《宦蹟編》本人列傳。

莫讓先　字　愈卿

邑之茂蘭人，清宣統己酉科歲貢。設館多年，從學者衆。曾任城區兩級小學國文教員。教授有方。惟不惜品，夏日上課時敞胸露懷；時與屠狗者酣飲於市，士林病之。

高煌字冬心

城區人，清宣統己酉科拔貢。日本宏文學院畢業，以培植後進爲己任。民初，任兩等小學教員。當時體罰未廢，而先生上課不執教鞭，從容啟告，詳細講解，於和靄中現莊嚴態度。勤勉者悉心靜聽，惟恐失時；頑劣者畏而生敬，寂然懾慴。蓋威而不猛也。民國八年，都勻十縣公立中學張校長衷白專輿迎駕，囑伕坐守，先生不便堅辭，乃就。任國文、數學，教授得法，學生受益不淺。民九，允繼續連任，殊寒假回籍，雙目失明，學生聞之，有哀悼涕泣者，其感人之深也如此。失明後，仍教徒數人消遣，教授經史，閉目朗誦，旁引注證，不假思索。時從學者均已文理通暢，改竄文字，則先由作者誦讀數遍，先生口評瑕疵，令作者筆録更易。其熱心教育也如此。奈天阨善人，抱負未展，賫志以殁，惜哉！

按　先生東渡返國，路過山東夏津縣，遇至友張令衷白，堅留先生任科長並教授諸公子。既而遊平津，歷武漢，經粤、滇回黔，多得當軸薦柬介紹黔政府。先生抵省垣，越宿而出，裹函返里，親荷鋤種地，以挽頹風。其耿介也如此。

先生掌教都中時，益智正肄業斯校，常詣先生寢室侍教。談及社會，每撫然曰：「叔世澆漓，人心險惡，惟口白而心黑者始能鑽營。吾輩笨伯，只好寄生涯於粉筆耳。」蓋平生肺腑之言也。民十一，益智濫竽小學，常詣先生府請益。時先生已失明，猶殷殷以努力教育相勗勉，並以宦場角逐爲戒。廿年來，益智拳膺弗敢失。而先生光明磊落，沖澹粹穆之胸懷可見矣。先生研究字書，頗有心得，漢魏碑帖，家藏甚富。惜著作無存，恐其淹没，謹將目見耳聞者敘其崖略，以備後考。

蒙式穀　字　旦初

清增生，歷任勸學所長、教育局長，並創立荔波公立兩等小學堂，任校長。教學嚴，時學生有「蒙老虎」之稱云。

胡含章　字　廣軒

邑之方村人，清附生，都匀師範研究所畢業。民初，設帳於荔波、三合、都江邊區各村，從學者數百人。

胡有濟　字　巨川

邑之方村人，清附生，清末民初在荔波、三合、都江各村設館授徒，從學者衆。

潘樹勛　字　小桐

邑之三洞人，有宿學，阨於科場，無意功名，設館於家二十餘年。荔波、三合、都江邊區學子先後受業者數百人。民十一以前，各鄉小學尚未成立。出其門者，徑投考中學，多列前茅，蓋以教學爲終身事業，不敢稍事敷衍有以致也。

益智謹按 先嚴幼受庭訓，先王父督學嚴，而尤以節操相淬礪，長受業於邑中名宿李公肇同之門。李公方正不苟，爲邑士林表。先嚴親炙默化，常稱李公嘉言懿行以自律，且以勗子弟。其教學之嚴有自也。益智不肖，不能繼其志而述其事，然不敢掩先人之善以獲罪戾，特謹書其崖略耳。

李孫億 字 汝能

貴陽達德中學畢業。曾任黔西濫泥溝及本縣城區兩級小學主任、教員。其教學也，誘掖有方，學者愛之敬之。蓋所謂「師嚴然後道尊，道尊然後民知敬學」，李君有之。惜天阨善人，中年蚤逝，悲夫。

邑人吴中欽撰《李君孫億傳》云：「君姓李，諱孫億，字汝能，别號暢公，荔波人。祖肇同，黔西州訓導。父振庚，邑庠生，君其仲子也。少慧，十二歲，入高小校四期肄業，人以神童目之。畢業後入都勻中學，刻苦研精，爲全校同學冠。與余同班，榜發君輒冠，余亞之，蓋天資使然也。君性和藹謙沖，不以意氣驕人，故同學多親之。甫兩年，以父宦遊桂嶺，舉家遷焉。君至桂，肄業於英文專修科，多所心得。旋回籍，考插班入貴陽達德中學三年級。每試冠軍，卒以甲等第一名畢業。志在升入大學，迫於世亂與家庭經濟不果，終身引以爲憾。黔西友人徐秋猷知君學有專長，於十六年聘君充濫泥溝小學主任教員，循循善誘，學子至今猶稱道之。返里後，任城小教員近十年，滿城桃李，盡出公門，真不愧家學淵源卓有祖風者矣。民國二十四年春以疾卒於家，春秋三十有二。君初病至易簀時，皆其高足蒙健、蒙建新等輪侍之，自始至終不稍懈，其感人之深可想見矣。天道無知，君竟乏嗣。有女名老芬，年甫數歲云。

「論曰：師道不行久矣，而君獨振之。誠於中形於外，固無怪學子心悅誠服也。惜乎，天不永年，使後之學生，失所依歸，則師道之不行，是誰之咎歟！」

秦慕源　原名　洪濤

貴陽簡易師範畢業，歷任城區男女小學教員，及地維初級小學校長二十餘年。性和平誠摯，教學娓娓不倦。民國二十八年秋，調赴都勻講習，年高體弱，不勝跋涉，病歸，歿於途中。士人悲之。

黎希賢　字　卓甫

邑之播堯鄉人，貴陽農林中學畢業，從事教育十餘年。曾任都勻十縣公立中學教員，並創辦本縣堯花初級小學及駕歐小學，煞費經營。其教學也，循循善誘，學子獲益頗多。民國三十二年秋卒。

覃之樑　字　棟臣

邑之朝陽鄉人，民國六年，畢業都勻十縣聯立中學後，即從事教育。歷任城區女子小學教員，巴灰初級小學校長，朝陽小學教員，計三十六年，從未間斷。民國三十一年，承貴州省政府教育廳給予獎金五十元。三十三年春病歿，承荔波縣政府照章給予卹金三千餘元。

覃文彬 字 質臣

清附生，都匀師範研究所畢業。歷任城區小學暨城區女子小學校長、教員數十年，以教育爲終身事業，本縣學子，多出其門。爲人謹飭，言笑不苟，有長者風。教學有忍耐心，遇天資魯鈍者，必反復詳解，不憚其煩。學者多所領會。民國三十五年病殁。

黄品鑠 字 和吕

邑之舉人鏡洲公次子。性忠厚和藹，自幼好學，畢業於廣西舊制中學。民十七隨父歸里，即執教於本縣第一兩級小學。民國二十五年至卅二年擔任校長凡八年，團結同事，悉心教學。其後任督學、縣民衆教育館長、中學教員、教育科長等職。桃李遍地，頗得學子敬仰。除本人外，其家昆仲、妻、弟媳等人均從事教育事業多年。三代書香，才華鼎溢，殆祖風之遺澤歟。

文學

陳克謙

少負材器，聰敏過人。童試屢列前茅。學憲按臨匀郡，奇之，令其肄業南臯書院，益肆擴充，遂中清乾隆庚子科舉人。由是荔波向學者衆，此所謂豪傑之士也。◎採自李稿。

巫　璠

詳《師表編》本人列傳。

巫　瑞

清嘉慶間歲貢，官普安廳教諭，開荔波教職仕路。書法精工，文體清拔，有古氣。◎採自李稿。

鄧而亨　字　天衢

清嘉慶間歲貢，書法古勁，文藻華贍。◎採自李稿。

黎仲山

清嘉慶十八年拔貢，博學强記，工詩文。考取八旗覺羅教習，官授山東知縣。初入境，未知土性，半度爲潮沙所掩。其嗣君復淳，邑庠生，匍匐奔喪，扶柩歸里。先是荔波拔貢額已久，皆爲別屬冒去。自仲山始，實選爲拔貢第一。◎採自李稿。

董芝茂　字　香圃

清道光辛巳科恩貢，工詩，性瀟洒，築宜園於城之東北隅，種名花百種，有流觴曲水之勝，日與諸名士遊詠其中。著有《宜園詩鈔》八卷、《訓子規箴》二卷、《家塾文鈔》十卷、《名花考》四卷、《廿一史考辯》二十卷、《莪江紀略》二卷、《醫宗辯要》八卷、《本草摘元》十二卷。清道光中奉憲委倡捐義穀三千七百餘石,復奉知縣蔣時淳委修文廟,捐款萬餘金,有成效矣。旋以病卒,惜哉!◎採自李稿。

按 先生著作甚富,因幾經兵燹,軼散無存,望古遥集,徒深悵惘耳。

蒙錫林 字 **東海**

清道光恩貢,喜書法,工詩文,名於當時。◎採自李稿。

李國材

十六歲試冠童軍,力學清操,兼通羣籍,隨叩輒應,如數家珍。詩古文詞,皆能出自心裁,標新領異,不拾前人餘唾。著作甚多,兵燹之餘,十不存一,良可惜也。常自題堂聯云:「獨立千載與誰友,自成一家才偪真。」◎抄自李稿。

按 先生著有《晴舟詩録》,遺稿已付梓,行於世。◎餘詳《忠烈編》及《師表編》本人列傳。

宣學成 字 **裕堂**

清道光間歲貢。爲人疏宕有奇氣。詩才敏捷,每有所感,輒形於歌詠。其袖裹帽中,信步所之,不離詩稿。嘗作《九日登玉屏山賦》，上下古今，一唱三歎，朗誦一通，覺《騷》《選》古音猶在人間。又每於酒酣耳熱後，扼腕時歎，必痛哭流涕。先作《送五窮鬼文》，後作《迎五窮鬼文》，悲歌慷慨，令人擊碎唾壺。今全軼散，惜哉！迨至暮年，常於燈前月下以昭明之書叩之，猶背誦琅琅，不差一字。◎採自李稿。

孫培蘭　字　香畹

清道光間廩生。有實學，博通經史。凡一切詩古文詞，直造先民之域。而虛懷若谷，渾厚和平，有長者遺風焉。◎抄自李稿。

張書銘　字　西軒

清嘉慶間歲貢。學有心得，吐屬不凡；工書能詩，性敦孝友，所謂先器識而後文藝者也。生平謙抑，不立崖岸以驕人，洵學養兼到之士也。◎採自李稿。

王廷英　字　雲帆

邑附生，才氣沉雄，天姿敏鋭，筆下有春秋氣。乃屢邀房薦，未上公車，其果文章憎命歟？◎抄自李稿。

鄧南銑　字　荆三

清道光間恩貢。爲人忠厚誠實，有長者風。文亦雄深簡茂，不事雕琢。◎採自李稿。

姜鳳翔　字　竹溪

清道光間增生。官廣西宜山、馬平典史，思隴馹丞，柳州、慶遠經歷，南丹州州同，那地州州判，開荔波外職仕路。爲人天真爛漫，瀟洒自如，文亦如之。◎採自李稿。

鄧瑞麟　字　輯五

清咸豐間拔貢。在古州鎮張軍營辦文案有功，保以訓導選用。文才清華雅健，意匠工整。◎採自李稿。

胡之粹　字　純庵

清咸豐間恩貢。工文章，屢試棘闈不售，數奇也。◎採自李稿。

鄧懋修　字　梅生

清咸豐間恩貢。書法整飭，文章朴茂。◎採自李稿。

董成烈 字 少文

清咸豐七年歲貢。能文章，尤工書法。每於酒酣耳熱時，運筆尤爲夭矯。喜吟詠，並擅岐黄術。◎採自李稿。

益智謹按 董成烈先生性豪放，不拘小節。常與衙役皂隸以水果花生下酒，隨地取樂。惟廉隅自失，畢生服公務，不名一錢。亦不輕代人關説。先生距今近百年矣，然望古遥集，不禁神往。書文乃其末藝耳。

鄧懋官 字 湯臣

清同治癸亥科恩貢。學力天姿，俱臻絶頂。而笔極敏捷，運典如鑄。嘗謂天下無難題亦無易題，知言哉。◎採自李稿。

何振新

詳《師表》及《忠烈編》本人列傳。

羅新楷

詳《師表》及《忠烈編》本人列傳。

梁占魁　字　梅村

清同治甲子科恩貢。性剛正。工詩文，著有《二知軒集》一書。其生平少可多不可，有季野皮裡春秋之風。且爲人耿介，不苟取。有許某貴陽人，在何某處教讀，忽患神經病，何以厚金贈之歸。抵城，全數贈梁，梁拒不受。其操守尤爲人所難能也。◎抄自楊稿。

邑先正覃金錫有《生祭梅老詩》云：「兔走烏飛忙未了，十二萬年天告老。盤古開天闢地才，瀟瀟秋雨荒陵草。世説神仙生上天，不知陸地有神仙。千秋生挽陶公創，笑指黄花斷俗緣。怎奈登場絳灌伍，意馬心猿衆逐虎。天地爲爐陰陽炭，跳脱誰敵古人古。一篇生祭勢瀾翻，滿紙飛鴻雪爪痕。漫怪新詩新韻勝，先生别號是梅村。烈士暮年多慷慨，夕照桑榆添老態。疑是唐軺顯慶存，又疑魯殿靈光在。隋珠應記事茫茫，草檄枚皋佩智囊。羨煞當年三出塞，秋光萬里玉關涼。憫予小子銜哀感，眼底紅愁又緑慘。境遇不平設想奇，踢倒亂山无坎窞。黄粱未熟日遲遲，北望邯鄲轉似痴。公乞長醒儂乞夢，一般心緒兩般時。豫凶非禮胸成竹，珍重生芻致一束。老吏翻案局翻新，咬文當肉歌當哭。遊戲人間蜃化樓，鼓殤一例水東流。巴詞偏是高聲唱，要惹閻羅笑點頭。」

尹作書　字　訓三

清附生。能文工詩，著有《一畫山房文稿》《一畫山房詩稿》兩書。尚未付梓，今已散失，惜哉！◎抄自楊稿。

白凌霄

詳《師表編》本人列傳。

李肇同

工書法，能文章，尤長於雜體文字。著有《歸田集》一書，基於道德至性，發爲文章；其嚴正之氣，流露於字裡行間，可以壽世。惜未付梓，稿已軼散。緬想前賢，徒深景仰耳。餘詳《師表編》本人列傳。

何金齡

天資卓越，秀外慧中，文情條暢，筆勢夭矯如龍。◎抄自楊稿。餘詳《宦蹟編》本人列傳。

楊鵬 字叔香

別號顛三，清光緒乙酉科歲貢。工書法，尤工吟詠。生平瀟洒，不拘小節。喜詼諧，談笑風生。逢人和顏悦色，即貧賤親友，亦不輕視，可謂謙謙君子也。◎採自楊稿。

覃金錫

性聰慧，工詩能文，筆格古拔，摛翰振藻，媲美莊騷。著有《贅贅編》行世。餘詳《師表編》本人列傳。

楊元麟 字 小秋

一名懿年，字怡真。清光緒乙酉科舉人，楊鵬之胞弟也。工書法，文章深刻，有古名大家風。惟生性傲慢，崖岸自高，故鄉親友絶少往來，多與時輩不和。◎抄自楊稿。

王國駿

天資靈敏，工詩能文，對於雜體文字，尤多入妙。著作甚富，惜未整理付梓，將來亦難免軼散耳。餘詳《師表編》本人列傳。

李家盛

性聰穎，學力尤富。凡經史子集，無不該綜。工文章，惜鄉試屢薦不售，蓋亦所謂文章憎命者歟。餘詳《師表編》本人列傳。

高樹杭　字　級三

一字髣杭。清光緒間廪生。工書法，尤工詩文，詞氣蓬勃。惜鄉薦不售，抑鬱抱疾以終。◎抄自楊稿。

梁　樾　字　蔭堂

一字秋白，清末附生，天資聰穎，工詩文。小試三冠童軍。每蓬月課，均列超等。邑侯張濟輝常嘉賞之。惟性情傲慢，每與時輩不合。及至鄉試，期在必中。有不乘駟馬高車，不復過此橋之慨。揭曉後，竟薦而不售，乃四出餬口，終身落拓，賫志以殁。◎抄自楊稿。

覃培菁

詳《師表編》本人列傳。

黄自明

詳《師表編》本人列傳。

何長達　字　逵九

邑之董界人，清光緒丁丑科歲貢。博綜羣書，文氣樸茂。家素封而力崇節儉，躬親耕鑿如老農，尤注重讀書。子瀓齡、侄熙齡，常勉以及時勤學。每春初步行至貴陽延訪名師，所聘皆傑出之士。兒輩或不任教督，則哭而數之曰：「年荒衆之荒也，學荒兒之荒也。倘不自奮，負我苦心矣。」子侄唯唯聽命。後子入泮宮，侄亦學有成就。鄉黨以先生淵源家學，信仰特深，遇有雀角細故，就其排解，衆皆欽服。今已三代，而當地傜民，每季農忙時，猶數十百人，至其家幫工，稱其後人爲小主人，其感人之深可見矣。◎採自楊稿。

高　煌

天資穎悟，淹通經史。性豪爽，和藹宜人。文氣活潑，有瀟洒出塵之概。東渡留學後，復研究外國文學。故其摛藻抒情，縱横跌宕，頗有奇氣。餘詳《師表編》本人列傳。

黄澤沛

生性聰穎，工書法，能文章，氣概瀟洒，雅好音樂，不拘拘以文字見長。及分山東知縣，居官廉明，有膽識，不畏強禦，不擾小民，政聲卓著。民十，吏治考核案，省府加「行潔才長，勵精圖治」獎語，並獎四等嘉禾章。雖歷署益都、青城、沂水、淄川等縣，及死時，宦囊如洗，停柩濟南，尚未歸正首丘，其廉潔已可想見。餘詳《宦蹟編》本人列傳。

孝　行

何顯才　何之紀

兩叔侄，性純孝。

鄉先達何振新撰《何顯才、何肇修先生志略》云：「何先生顯才，字兼三。世居董界板墨村，祖父業農。先生幼好讀書，而里無师友，年十三，負笈上都匀，訪良師受業，晝夜不輟，歲一歸省親而已。如是者五年，補弟子學員。以父母老，不復遠遊，歸家奉養。父歿，哀毁骨立。母六十後目瞽，服食需人，先生不假妻子，事事躬親，二十年如一日。扇枕温席，澣洒中裙廁牏，有黄香、石建之風。其教人也，以去惡爲主。嘗謂『人不去惡，不足言善』。逢人談因果，備極形容，歷歷在目，聞者悚然。或曰：『此佛説也。』先生曰：『積善餘慶，不善餘殃，是佛説也。』每年正月開家塾，廣招徒衆。鄉鄰宗族來學者，不言束脩，聽其自行以上。貧家子弟，更無所取。見有師徒較錙銖者，輒止之曰：『師道非市道，若以詩書爲奇貨乎？』當先生時，吾里幾家絃户誦；至今里人尚知學，先生之遺澤也。有姜某者，爲先生蒙師。其子不肖，且貧困，仰給於先生，時來過訪，流連月旬。先生日具酒肴，待以客禮。其人絮帽鶉衣，汗膺骨鼻，見者咸遠之，先生無厭色，其不忘故舊如是。而處己則不褻，終身儒冠儒服，即酷暑不釋。士有科頭跣足，必責之，謂其類人道於牛馬。然無矜嚴之態，鬚眉魁偉，滿面慈祥，對人無疾言遽色。時與霑體塗足者並坐，共話桑麻，以爲笑樂。壽逾八十，無疾而逝。其胞侄名之紀，字肇修，尤秉先生教，敦厚誠樸。二十三歲，補諸生，旋食餼，貢成均。好讀史，手不釋卷。曰：『此人鑑也。』性至孝，居父喪，廬墓朝夕上食，哀感路人。其引誘後進，亦如先生。不擇貧富，來學者一體授受。與人交接，胸無城府。然性好佛，或闢之，則曰：『彼教明心見性，即《大學》明明德；而其色空之説，即孟子無欲也。爲教不同，同歸於善而已。』居恒跏趺閉目坐，如僧入定。乃意不壽，年四十四而卒。」◎採自楊稿。

張書銘

幼孤，母林氏青年守節。銘既長，爲請旌表，奉旨建坊。清咸豐辛酉春城陷，銘以身庇母，駡賊殉難。

李肇同曰：「同先君乃西軒先生之太封翁門下士也。有世誼，相知最深。咸豐十年，先君主講荔泉書院，西軒先生司鐸養正義塾，來往亦最密。同捧巾待廁。每聞讜論，竊心誌之。先生常言曰：『讀圣賢書，以端本正則爲第一，苟家庭稍留缺憾，雖豐功偉烈不足言也。』先生宿學不仕，功烈未彰，即端本一言，可徵素履矣。況庇母駡賊，節殉危城，忠孝兩全乎！」◎抄自李稿。餘詳《文學編》本人列傳。

在憂服之中，未葬不茹葷，三年不高坐，每食必面壁。事死如此，事生可知矣。

邱樹桐

鄉先達何振新撰《邱嶧峯先生志略》云：「先生初名倣嵩，字一峯，後更名樹桐，字嶧峯。贈公由福建商於邑城，因家焉。生先生，有異表，方面長眉，鼻若截筒，齒若編貝，見者奇之。七歲就外傅，即知勤學。成童入庠食餼，作歲進士，更究心經史。習舉業，鄉試屢薦不售。爲人貧儉自守，取與嚴一介。篤敬謙和，事父母以孝聞。贈公性烈，少不如意，輒加杖，先生跪受不避。賀公耦耕巡撫貴州，聞先生有學行，聘課公子。歲暮歸，甫及門，贈公責以歸晚，大怒，不許入門。先生跪檐外。時臨除夕，風雪緊，鄰婦憐其凍僵，來勸免，贈公不許，怒，戚友代請，更執杖杖。於是無人敢爲言，先生亦長跪不動。至夜贈公闔門卧，先生乃起入内，理度歲物。天未明，仍出檐下跪，如是者又一日夜，贈公始霽顔命起。先生毫無怨色，愉愉如也。人以是稱爲純孝。贈公歿，先生期年不薙髮，苫塊之年，斷酒肉，極哀毁。咸豐初元，詔舉孝廉方正，貴州巡撫以先生應。未幾，廣西寇起，邑爲黔粵門户，戒嚴。先生於邑侯議防要害，清内匪。巴容里山峻洞深，叢林密箐中多盜窟，無敢過問。先生匹馬孤僕入其地，或金購之，或計擒之，送詣縣，置之法，十年逋逃藪，一旦歸空。大府至是知先生才足辦賊，時咸豐二年也。四年二月，南丹州山民余光裕倡亂，衆數萬，蔓入獨山下司，掠邑之羊奉里。大府檄先生團鄉丁助兵，不數月盪平。以有戰功，保藍翎同知。五年六月，都匀苗叛，不能殲除。十月，知府鹿公以先生久習戎行，召入府計事，聞命兼程奔赴，方入城而羣苗合圍。戰守事，鹿公一委於先生。先生亦竭力殫心，乘城臨陣，部署機宜，晝夜擘畫，城圍而復安者數次。乃外援不至，内糧空乏，賊聚日多，由是坐困。六年八月初二日城陷，公拔佩刀欲自剄，從者挽手奪刀，負之出。時太宜人方歿數月，先生在危城中不能奔喪，哭母憂國，形容枯槁，到家日一慟而絶，久乃蘇。謂子育泉曰：『吾負親負國，靦然偷生，自時厥後，更無生理矣。汝當自立，毋恃我。』未數日，荷戈入邑邊防營。嘗匹馬陷陣，賊多披靡。敗必窮追，戰退則望空咄咄，如醉如痴者又數月。七年二月，率羊安團丁勦羊洛，馬陷泥淖，賊百矛競攢，身被多創，力竭遇害。先生深沉果毅，敢任事，未亂時，已樂拯人危，救人急，凡智力所能者，求無不應。及大亂，都匀城當苗衝，困其中者，咸思免脱，先生反馳入。雖無守土之責，而爲守土者所寄。守土者死，先生不死，以歉太宜人靈前一慟耳。到家數日，囑子而入邊營，求死所也。死後，吴邑侯據情稟巡撫何公請卹，奉旨予雲騎尉世職。子育泉，同治初選授湖南安化縣，未幾被劾，去官。」◎抄自楊稿。餘詳《忠烈編》本人列傳。

按 志略與埒撰合傳（載《忠烈編》本人列傳）所叙事實有出入處，姑存待考。

李國瑾

父病，百藥不效，割股以進。其墓聯云：「割股奉親，今之孝子；嘔心創業，古之勤民。」知縣吴德容所製也。◎抄自李稿。

周老發

母病臨危，割股和藥。◎抄自李稿。

蔡老安

割股爲羹，以療母病。◎抄自李稿。

割股非孝也，先儒論之詳矣。幸而子身无恙，无補於病；不幸而至於傷生，將以死，誰懟乎？且即子身無恙，仍不可以爲訓，何也？以父母之遺體，不能全受全歸，罪一也；親竟溘逝，而己之創痛未痊，殯葬均難致慎，罪二也；親幸獲安，聞子爲己虧體，倍傷其心，罪三也；不使親知，累親有食子之咎，己博孝親之名，罪四也。然則割股之事，孝者所不爲也。今奚取於是而書之？夫亦曰：可以爲難矣！孝則吾不知也。◎抄自李稿。

黄清吉　字　紹武

荔波大街人，黄義興之孫，黄松發之遺腹子。讀書未成，常赴兩粤作小經紀。年廿二，孀母病篤，延醫診治罔效。醫曰：「若母病已危，如大便甜，可速備後事。」清吉速嘗二次，味悉甜，酸楚不已，病無法挽救，只得虔禱神祇。母竟不藥而愈。城鄉聞者，莫不孝子名之。

邑先正李肇同有詩云：「黄兒名紹武，母病不離床，兩次嘗親糞，精神感上蒼。」

蒙子才

瑶慶鄉人，性至孝，母年七十，久病，子才日夜侍床榻，不稍離。進飲食，事澣洗，從不假手於人，三年如一日，可謂難矣。

覃敬業

永康鄉溪竹村人。事母孝。母病，卧榻前問安視膳，奉湯藥，更衣被，滌垢澣溷，十年無倦容。

邑人覃福景述其《曾祖敬業公事略》云：「曾祖考諱敬業，生於清乾隆末年，性至孝，誠實謙和，急公好義。幼遵高祖教儼若嚴師。所可異者，方喃喃學語時，得果餌，必先奉母，俟母食後食。離襁褓後，機智略開，見母病，必問故。十歲時，高祖父嘗外貿易，公侍高祖母，聽命應遣，未嘗廢離。年未冠，高祖父棄養，因輟學務農。曾祖母來歸，共奉高堂，自始至終，怡怡不厭。其尤難者，高祖母垂老而衰，病在牀褥。公寢榻前，朝夕問安視膳，奉湯藥，更衣被，滌垢澣溷，十年無倦容，可謂孝矣。公遇鄉黨族戚，和而誠；族戚間有急難者，必盡力援助；鄉黨中有膠葛者，必盡力排解。濟人之難，救人之急，公無愧矣。而慈善，而公益，公尤以身先之。如修路橋，興水利，救災施振等，無不樂爲之者。僅就本地上中下各處堰溝言，每年從事修築，惟公一肩獨任，終身罔懈，可謂好義急公矣。族里間能雍睦而樂於互助者，感公之誠也。公之待人極厚，而克己極嚴，故自奉亦極薄。其節儉勤勞，則非常人所能企及。公之生活如此刻苦，故能由寒素之門第，而成豐裕之家庭，有由來也。公晚年生祖維賓公，愛之甚，延師課讀。惜祖父學業未成，而公賫志以歿，良可慨矣。」

方技

按 《漢書・藝文志》謂：「方技者，皆生生之具，王官之一守也。太古有岐伯、俞拊，中世有扁鵲、秦和，……漢興有倉公。」今其技術晻昧，故論其書以序方技，分爲醫經、醫方、房中、神仙四種云云。《唐書》有《方技傳》，則以推步、卜相、醫巧諸技屬之。竊房中、神仙、卜相之類，多妄誕不經。除舊稿所載，姑録之以備一格外；新採訪者，僅醫藥一種而已。蓋亦本生生之意也。

秦延壽

邑人，精醫術而不立崖岸，其爲醫不拘貧富，即雪夜延之必往。數十年來，全活甚衆。壽登八旬，猶矍鑠不衰云。◎抄自李稿。

黃和尚

逸其名，雲南大理府人。鬚髮如戟，骨格奇偉。少時隨劉大將軍綎征番有功。偶至黃平飛雲巖，頓悟前因，遂削髮出世。明天啟中至荔邑岜嶺之仙人洞，愛其幽僻，因住錫焉。土人歲時瘟疫旱潦，咸延之以禱，屢有奇驗。於洞內地池旁面壁二十餘年，蛻化而去。遺像印於石壁，栩栩欲活。右側有朱書三十二字，非篆非隸，人不能識。今洞門「清虛靈洞」四字，其筆跡也。◎抄自李稿。

涂兆清

邑人。其教傳自湖南之尹真人，以祈禱世其家。傳至兆清而教益宏。曾遇異人傳度。每登壇施食，能運鏡眼見人生魂攖食。以令牌擊之，退則其人生，不退則其人必死。嘗考驗之，百不失一，又能以鷄子照水碗，即知其家休咎。復工戲術，嘗以帶化爲蛇，吞人梨果殆盡。人懇之，頃刻還於故處。始知古人吐蜂，非虚語也。◎抄自李稿。

董成烈

精岐黄術，設藥舖於城大街，貧者施舍。診脈治病，活人無算。餘詳《文學編》本人列傳。

王國駿

精脈理，認病真确，每處方，分量頗重。然藥到病除，郤有起死回生之力。餘詳《文學編》及《師表編》本人列傳。

李家盛

醫術高明，處方精細；所治之病，絶少誤事。邑中之儒醫也。餘詳《文學編》及《師表編》本人列傳。

白廷先

醫理深研，處方穩帖，邑中病者，多登門請診。亦醫中之穩健也。餘詳《師表編》本人列傳。

蒙式穀

切脈認病，胸有成竹。下藥頗重，然亦多有把握，活人甚夥。餘詳《師表編》本人列傳。

黄自明

遊宦粤西，精通醫術。致仕歸，常爲鄉人治病。手到春回，人多沾感。餘詳《宦蹟編》、《文學編》及《師表編》諸編本人列傳。

梁自成

精醫理。民國二十年左右，邑中諸醫術、諸先進，均先後物化，惟梁公碩果猶存。病者求診，絡繹不絶，活人亦多。

益智謹按　我邑醫道，自先生逝世後，繼起無人。無醫無藥，爲目前最嚴重問題。回憶當年曾向先生問岐黄術，承先生授以《寒温條辨》一書，囑：「閲通後再爲深研。」乃將其全部鈔畢，略審門徑，正擬質疑，殊不數日而先生溘逝。尚記輓先生一聯云：「後學受知深，記往時藥詢君佐，疾問寒温，勉勵話周詳，一片活人心未已；貽謀流澤厚，看奕葉文播循良，武明韜略，分甘娱矍鑠，畢生清福古來稀。」蓋表景仰之意也。先生逝世後，啟發無人，復以食衣奔忙，遂中途擱置，殊深悵惘。濟世活人，仁者之術。不爲良相，當作良醫，是所深望於來者。

朱燮烜　字　理卿

城區人。精外科，治跌打損傷有奇效，尤以接斷骨斷筋爲神妙。治愈傷者，不計其數。曾任獨山守備司令部軍醫官。

朱平初

朱理卿之兄，得其術，懸壺於市廿餘年，活人尤多。惟死後無傳，惜哉。

潘　仕

三洞鄉人。精外科，以草藥治病有奇效。並善魔術，能以木葉擲水中變爲魚及用籮筐盛水等遊戲技術。

田雨亭

洞塘鄉人。治跌打損傷及癰疽瘡疥等，無不靈驗。被槍傷，子彈在皮肉内者，能不施手術，以藥力取出，活人無算。

忠　烈

潘開榜

邑武生，九阡人。家富有。清咸豐五年，逆首覃朝綱煽衆作亂，里人皆附。開榜以潔身見嫉，不容於鄉，遂棄家避居三洞，賊益恨之，卒遇害。蓋亦鐵中錚錚者歟！◎採自李稿。

潘成美

邑俊秀，九阡人。清咸豐五年之亂，里人皆附賊，成美苦勸不聽，棄家遠去，備歷難險而志彌堅。賊有誘之者，輒被其痛駡，益恨之。後水昔卡破被執，駡賊，賊怒，割其舌，斷其頭，剖其腹而碎其屍焉！其亦顏常山之流亞歟！◎採自李稿。

鄧廷贊

荔波營方村汛把總，清咸豐六年冬十一月，九阡水庇土匪負險作亂，廷贊率營兵與之戰於周覃里下拉宛村，馬蹶死之。其弟廷貴亦同遇害。◎採自李稿。

邱樹桐　字　乙峯

歲貢生，清咸豐元年舉孝廉方正，道、咸之間，黔省大亂，盜賊充斥。乙峯慨然以捍衛梓桑爲任，辦團練，建碉卡，聯聲勢，嚴守望，邑賴以安。復奉檄應援鄰縣，轉戰於甕安、都匀、獨山、三合各地，功甚偉。卒以援獨，擊退股匪，窮追入賊巢，遇伏，困山谷中三晝夜，突圍激戰，手刃數賊，力竭歿於陣。

主講東川書院竇塝撰《卹贈知府銜候選同知直隸州邱君諱樹桐暨德配李恭人闔門殉難合傳》云：「咸豐丁巳春二月，黔中逆苗犯獨山州，援師候選同知直隸州邱君樹桐解其圍，窮追遇伏，死之。越三載庚申正月，髮逆陷荔波，邱君之妻李恭人率媳黄氏、女適陳、幼孫承歡、女孫秀鳳闔門殉難，僕秀祥、婢女桂香與焉。吁！可傳矣！按 君行一，諱樹桐，原諱倣嵩，字一峯，亦字嶧封。先世爲閩上杭人，厥考崇光公始遷於黔之荔波縣家焉。宿學未仕，生二子，長即君也。幼喜讀書，性淳厚，敦孝友。及長爲邑諸生，食廩餼，以明經就廣文。咸豐辛亥舉孝廉方正。先曾肄業貴山書院，撫軍賀公常嘉賞之，謂其文鬱勃有奇氣。應鄉試十餘次皆薦而不售，亦數奇也。居父喪，廬墓三年，不飲酒，不茹葷，其他可知矣。喜與人排難解紛，有葉姓饋千金，拒而不受，以故鄉人皆敬而重之。雖夷苗無所間。道光庚戌歲，粤西髮逆滋事，毗連荔境，奉文舉辦團練，邑人士皆諉避，君獨毅然曰：『執干戈，衛社稷，儒者事也。使人人存畏死倖生心，則桑梓之地，誰與守哉！』遂捧檄，身任總辦團練事。首先輸貲以爲鄉人倡。建碉卡，聯聲勢，得守望之助，境内恃以帖然。是時胡文忠公方權貴東道篆，調君帶練隨征，外剿内防，枕戈未遑者三載。癸丑黔中甕安榔匪滋事，君帶團練剿辦，不數月擒其渠魁，餘黨皆平。撫軍蔣奏保以知縣選用。甲寅粵西南丹逆匪勾結黔匪楊元保等倡亂，奉胡公檄調帶練剿辦，事竣，復保賞戴藍翎。值胡公升任楚北，徵君隨往，君以老母在，不敢遠離，固辭。乙卯春，都匀分駐之台拱逆苗蠢動，蔓延各州邑，衆至數十餘萬，以大股逕撲匀郡，城中鼎沸，勢岌岌不可終日。是時鹿觀察攝郡篆，飛檄調君率豹勇千餘人入保危城。君設疑置伏，智應機先。賊百計圍攻，往往失利，死者相枕藉，以故攻稍緩。守至丙辰秋，城中糧盡薪絶，至易子析骸者，賊終莫測其虛實，遂解圍而去。撫軍復保以同知直隸州選用。方君之守匀城也，荔邑夷苗乘機竊發，漸肆猖獗，知縣蔣君陣歿，接任趙君爲賊阻，四郊之内皆賊巢，人心惶惶，莫知所措。至是聞匀城解圍，急調君歸保荔城，才半月而匀城陷矣。先是胡公至楚北，屢遣使徵君，君皆不就；復以檄調君，君俱以桑梓有事，力辭不往。歸荔後，孑然一身，獨力支持，數月之中，剿撫兼至。值獨山屢次告急求救，君遂於獨荔適中之地，樹營壘，爲兼顧計。越丁巳三月，三脚屯逆苗大股攻獨山，君擊走之，解其圍，遂乘勝逐北，身入賊巢，遇賊伏，被困山谷中三晝夜，從騎傷亡殆盡，君復手刃數賊，力竭歿於陣中。其嗣君爲邑諸生，方辦城防，聞耗，匍匐率練往求其屍，不得。李恭人手札諭之曰：『汝若無力取父屍歸葬，我必不再爲人。』嗣君遂糾集團練，奮力與賊戰，攻破賊巢，殺賊無算。百計求父屍，歷四十餘晝夜，始得。並生擒逆首十餘人以歸。閲君屍受四十餘槍，面如生，膀猶流血。窀穸事畢，李恭人諭嗣君曰：『自今而後，汝以剿賊復仇爲事，家事汝勿與聞。』撫軍以其事上聞，卹贈知府銜，給予雲騎尉世職，襲次完時，仍給恩騎尉罔替，賜祭葬如律。嗣君遂墨絰從軍，轉戰獨、荔、都江、台拱間幾三載。庚申六月髮逆陷獨山，荔波糧盡無援，危在旦夕，李恭人變釵環助餉，以此人心感奮，爭先輸貲，皆効死弗去，荔城危而復安者，皆恭人之教也。十二月嗣君率練克復獨山，賊衆大潰，乘勝追殺百餘里，出粤西界，擒逆首七名，奪旗幟器械無算。自赴省獻俘，節帥田嘉其勇，委赴銅仁軍營差辦遣，嗣君遂不遑歸里，捧檄以行。不逾月，髮匪復至。圍荔城五日，遂陷。李恭人集闔門長幼於園池上，謂之曰：『今日得見先夫於地下矣。』媳黄氏、女適陳請先之。恭人曰：『尊卑有序，家之率，老身先之矣。』遂投水死，其媳與女及兩孫、婢僕二人以次投水死。越兩旬，荔波克復，其長女適曹居孀者，距城九十餘里，奔入城，收葬成禮焉。後張制軍督師入滇，嗣君適統領鎮南後軍隨征，道出渝城，時埒主東川講席，謁制軍，因得晤嗣君，始悉其顛末焉。嗟乎，邱君以文人而當擾攘之秋，縱横戎馬，親冒矢石，身繫地方安危者將十載，非胸有甲兵，矢志報國者豈能若是？使天假之年，身當大任，安見澄清之局不可定，而韓、范之功名不出於儒生。乃未竟其功而中道綆絶，遂使賫志以殁，豈不深可惜哉！其德配李恭人持家有道，鄉里以賢稱。其姑李恭人謝世，正邱君守匀城吃緊之際。恭人以一身當大事，喪葬皆經營如禮。育一子三女，長適曹，青年而寡，守節廿餘載，矢志不移。次適陳，又次適羅，皆以淑德聞。其平日之婦德閫教，已可概見矣。至变簪環助餉，勉其子以殺賊復仇，更爲常情所難及。至城陷之日，率闔門從容就義，則又大義凛然，大節昭著，殆所謂巾幗中之完人者耶！誠不愧爲邱君之配矣！其嗣君名育泉，號壽田，以積功纍保知縣，現統領鎮南後軍，爲人精明沉毅，倜儻不羣，知其能讀父書，繼父志者，邱君其不死也夫！」

李肇同謂曰：「乙峯老伯，同先君莫逆交也。同自髫齡齔齒，得侍教言，嘗憶其自題堂聯云：『愛惜精神，留此身擔當宇宙；擴充見識，高著眼看透古今。』迄今思之，猶忽忽如昨日事，而公已千古。昔范文正爲秀才時，便以天下爲己任，公之志其庶乎！事固未可以成敗論也。」

董成烈曰：「先生孝友本於天性，文章發於至誠，久爲衆所推仰。因事亂，毅然以一介儒生，側身戎馬，必欲殲滅賊匪而後已。乙卯秋，先生兵防在外，聞我荔土匪倡亂，倉皇歸里，慷慨從戎，一戰而克羊奉，再戰而定瑶臺，三戰而水婆澄清，四戰而羊安席捲；他如平南丹、捍都勻、衛獨山、靖甕安之功不計焉。迨乎星落前營，馬革裹屍，賫志以歿；其精忠浩氣，足以塞天地而貫金石。吾荔沐國家百餘年，養士之報，斯其人歟！斯其人歟！」

◎以上三文均抄自李稿。

雷新霆

三洞汛千總。咸豐七年，三洞人民從賊，率營弁會同團首韋芝儒、軍功蒙慶湘等統團練剿之，因深入無繼，賊以死黨截其後，師潰於四方井，力戰陣亡，其子光禧與焉。◎採自李稿。

韋芝儒

辦團有功。清咸豐七年，三洞人民從賊，聲勢浩大。芝儒以維持桑梓爲任，率團練會營弁署千總雷新霆進剿，卒以孤軍深入，被賊截其後，師潰於四方井，死之。◎採自李稿。

蒙慶湘　字　小洋

邑之板堯人，六品軍功候選從九品。清咸豐五年十月，知縣蔣嘉穀攻九阡匪，被困，殁於陣。匪乘勝攻城，圍三晝夜，慶湘率團練援救，賊潰敗。十二月，代縣事宣德檄委慶湘設局於平寨，練團固守，城賴以安。七年五月，三洞人民從賊，知縣吴德容檄慶湘統練會營弁署千總雷新霆往攻。以孤軍深入被截，慶湘與團練數十人歿於陣。◎採自李稿。

鄉先達何振新撰《蒙小洋志略》云：「蒙君慶湘字小洋，邑之板堯人也。少美丰姿，清標玉立，眉目如畫，裘馬翩翩，見者喜，有易帽擲果之思。君具文貌而有武志，弱冠入塾，不屑章句，好騎射。策怒馬下坡，須臾至城，飲半酣，復馳馬登岡而去。其俊邁之氣，鬱而不發，久躍躍欲試。咸豐四年，廣西南丹州山民余光裕聚衆叛，掠及邑邊。大府檄邱嶧峯先生團練鄉兵，君聞之拊髀曰：『男兒志在報國，此肉不可生也。』遂自團一旅，合嶧峯先生爲軍。賊平敘功，予六品頂戴。五年八月，邑之九阡叛，四竄焚掠，附近之水利、水巖四野農夫吴老東等亦甘心附賊，稱王稱帥。君先事預防，一村獨全。同里各砦，多爲賊脅。君曉以利害，護以團丁，皆反正，願爲君用。君編爲伍，教之戰，所向皆捷。由是板堯團强冠一邑。十月，蔣曉雲公入九阡招撫遇害，一邑震駭。城中兵民多逃亡，君憂不守，椎牛釃酒，饗壯士，申説大義，慷慨激昂，聲音慘烈，泣數行下。觀聽者羣憤然作色，拔劍起舞，有氣吞九阡之概。君腰弓揚纛，上馬先馳，從者千人，攘臂追隨。旗分五色，成列而進。至城，登東樓，吹篳篥三環，視四方中央，旗色不亂，人聲無譁，乃詣縣署謁代知事宣公。宣公者縣典史，諱德字潤齋。獨守孤城，無援。見君至，大喜，以手加額曰：『吾與一城生靈，獲再造矣。』次日，賊大至，見旂幟整，刁斗嚴，遁去。六年正月，開團練局於城東平寨。團蒙石、時來、巴灰、董界、羊奉、巴乃六里壯丁，爲戰守計。邑團練之名自君始。其爲賊脅從，被賊蹂躪之里不與焉。開局後，剿瑶慶里旗望山，斬逆首蒙阿林，以次招撫各砦，瑶慶平。周覃里當賊衝，君先率團丁屯隈村，召流亡者歸業以爲後援。乃進周覃，據隆卓山險。賊出争，連戰敗之。周覃逃者漸歸。君示以屯砦法，後皆能自強。君之克水婆也，則先取干衡洞。洞内寬平，外險要，率百勇屯其中，然後團里人教之戰，凡爲賊脅者皆入團。惟三洞里多桀驁，敢抗兵。而投誠者紹之，反言易與。漫云：『率團深入達便洞，直刺腹心，則三洞瓦解矣。』君信之，請雷千總以百兵相助。由周覃徑趨達便。至洞中，人多長髮、腰雙刀，見客不言，瞠目立。君心悔，於洞内外分布團丁，作長蛇勢。雷千總兵，先請其退，距洞二里而軍，據歸路也。次日，洞中火起，洞外賊攻。君分應之，火熄，賊敗。又次日，賊大集，君議更番爲營，連環接應，且戰且却。無如雷兵怯，見賊衆，不相援，争先奔，陣亂大潰。君執刀斬數人，不止，自與賊搏戰，馬陷沮洳，身被多創，殉於難。雷千總亦遇害。時咸豐七年五月初四日也。邑人聞之，莫不傷悼。」◎抄自楊稿。

吴阿撒

水巖人，勇而捷，每戰則請爲先鋒。清咸豐九年秋九月，下河逆苗黄起鳳統領匪數萬攻白巖，勢甚鋭，我軍三進三退，勝負未分。時阿撒見我軍稍却，揮雙刀沖陣，斬賊首三人，奪幟五桿。卒被伏賊槍傷頂心而死。◎採自李稿。

李國材　字　似村　號　晴舟

清道光十五年貢士，道德文章，爲邑中泰斗。咸豐十一年，城陷被擒，罵賊遇害。忠肝義膽，炳若日星，蓋亦間氣所鍾歟。

其子李肇同紀有《殉難行略》云：「李肇同恭紀先嚴似村君行略。先君諱國材，字似村，號晴舟，道光中恩貢士也。幼失怙，事祖母陳以孝聞。家道清貧，入泮後，即以授徒爲業。硯食鄉村城署，先後三十餘年，邑中山斗焉。時命限人，屢科不第，乃於館課之下，窮愁著書，成《荔波縣志引》二十卷、《周易易知録》十二卷、《學庸便己録》八卷、《兵鑑》若干卷、《可廳隨笔》若干卷、《晴舟詩録》若干卷、《讀離騷經》一卷、《通鑑论略》二卷。自經兵燹，惟《通鑑论略》獨存。惜哉！道光年間，邑侯蔣公委修聖廟及文昌宫并學院、學署，工竣，贈『一邦之望』扁額。咸豐初年，鄰封不靖，邑侯魏公創立總局，委辦軍需，贈『好是正直』扁額。繼又隨魏公督練越剿思恩股匪，草檄一篇，朱逆得檄，引去。魏公贈詩有『吾愛李夫子，元爽才不羈。韜鈐富淵海，學問無津涯。上馬能殺賊，下馬露布馳。翩然一紙書，聊城爲之摧』等句，皆寔事也。無何，魏公調任，李公下車，先君不善阿逢，旋誣以侵蝕軍器，革名下獄，成《訓子詞》十首、《箴》一首以訓同。時同方七歲，而我邑揭竿者起矣。既而蔣公接事，始得申雪復名。爰歸卧於巴乃里之東廬山房，稍蘇殘喘。迨至邑侯吴公於干戈擾攘之中，振興文教，再三函聘主講荔泉書院，先君於是復出。庚申夏，獨山失守，荔邑震動，加以境中伏莽，屢寇城壕。先君左右吴公，籌防籌剿，半年罔懈。辛酉正月，大股髪匪自南來。衆寡相懸，如山壓卵。時值吴公防剿在外，守備單弱，官僚士庶，倉皇無措，痛哭登陴。先君從容言曰：『盡人事以聽天。』蓋有必死之心矣。次宵五鼓，賊衆乘城，先君爲賊所擒，駡不絶聲，遂被害。城復後，面目如生。同收骨葬於城西，感傷不已。及同治丙寅二月，苗匪復來攻，圍四十餘日，城陷。先母謝、亡妹玉娥均投河盡節，骸骨無存。哀哉！嗚呼！小鳥巢林，尚借一枝之寄，枯魚銜索，長懷終古之悲。乃賦質愚頑，不足以闡揚先烈，恐或湮没，爲罪滋大，謹書崖略如此。前辛酉之難，同族中死者有伯興、兄廣山、二伯母游、姊適胡、妹小娥等；丙寅之難，有叔林，兄喬，侄振先、金順，大伯母羅，三伯母劉，二嫂吴，妹玉芝等，計一門殉難死節者合之凡十有六人，因備録之以俟採風者。」◎抄自李稿。

附

《大定府黔西州學正瓦光禄稟都勻府憲王請轉詳准，將李國材入祀鄉賢祠並准李謝氏、李玉娥旌表建坊文》云：「竊以闡揚節烈，朝廷有旌表之文；採訪忠貞，教職有專司之責。事期得寔，固無分乎此界彼疆；人果堪傳，須取信於同鄉共井。茲查有五品花翎内閣中書銜升缺升用現任大定府黔西州訓導李肇同之父，候選教諭李國材於咸豐十一年正月二十一日髮匪陷城，罵賊被害。母李謝氏、妹李玉娥，於同治五年三月二十六日，苗匪陷城，母女二人聯袂出城，投河盡節。謹按李國材之爲人也，少孤失怙，經紀營生。奉節母以孝聞，懽承菽水；事堂兄盡弟道，愛溥荆枝。家計清貧，舞勺而未能就傅；得天獨厚，賣餳而常近書齋。聞多士攻書，餂窗紙則鑽研學蠹；見羣兒習字，據階墀則炭筆塗鴉。塾師怪責，而不以爲羞；族長垂憐，而甫令肄業。乃半商而半讀，脊親之甘旨無虛；自謀食與謀衣，師長之束脩靡欠。洎采芹而食餼，資館穀而舌耕。受邑侯聘入齋衙，以經術交相砥礪。貢成均於乙未，祖逖先鞭；陳試策於丁庚，劉蕡下第。遂乃慈闈養志，斂手名場；因而閉户著書，潛心理學。養如叔度，聚千里之門徒；人是康成，堆等身之著作。論文章則專求氣息，不趨鄉會時風；談性理則務醒顓蒙，深類周程語録。廣交遊於黔粵，相期則誼篤金蘭；睦宗族於桂林，數典則譜修玉牒。德配有如賓之敬，里黨觀型；傳家成訓子之詞，州閭取法。相攸韓姞，重斯文何論家資，教養玖英，方待字早嫺節義。遵朱子山陵議狀，遷兆域於瀧崗；痛曾參風木興悲，豎豐碑於防墓。悅親戚之情話，排鄉黨之争端。勸友朋創建宗祠，大族之本支永賴；勸孀嫂捐修義渡，通衢之利濟無邊。循功令以課徒，聖諭十六條，必留心於朔望；凜師傳而造藝，及門二三子，多出色於鄉城。聿新萬仞宫牆，建朝山塔置考費田，兼學署奎樓而蕆事，嘉惠一邦士子，修山斗堂，造文昌閣，栽紫薇丹桂以徵祥。學問本無津涯，韜鈐復富淵海。處平世則經畬食力，值軍興則兵鑑成書。慮文獻之無徵，獨修縣志；受邑侯之幣聘，出辦軍需。綜局務而設關津，督鄉團而援鄰境。草檄退他邦巨匪，能不戰而屈人；揭竿多本邑妖氛，逐買山而歸隱。課徒巴里，門人攜眷屬以相從，被劫山房，羣盜見書箱而失笑。受聘掌荔泉書院，栽培一邑菁莪；登陴偕官弁兵民，悲壯五更鼓角。執干戈以衛社稷，徒存汪踦之心；冒白刃而張空拳，未斷常山之舌。先生往矣，蓋棺多論定之詞；大節昭然，入祀合鄉賢之例。其妻李謝氏相夫半世，洎孀居而撫子成名；其女李玉娥，待字深閨，嫻姆教而依親爲命。一旦城門失火，皆能遇難以全貞，千秋志乘流芳，不愧從容而就義。誓波瀾兮不起，赴清流則腹葬江魚；尋遺蛻兮無存，題墓誌則魂招潋鷺。憶劫灰於四境，難定驚魂；彰忠義於一門，應邀曠典。光禄生鄰梓里，敢獻芻言。與該員誼切寅恭，見聞熟習；乞我憲轉詳撫院，附片奏陳。籲懇天恩賞准，將貴州都匀府荔波縣失城殉難之教諭李國材交部從優議卹，并入祀本籍鄉賢祠。節婦李謝氏、烈女李玉娥母女二人均准旌表建坊，以維風化，而闡幽光，地方幸甚！」

又附　邑先正廣西州判恩貢生梁占魁撰《李晴舟先生傳》云：「先生姓李，諱國材，字似村，號晴舟，係恩貢生，候選教諭，貴州都匀府荔波縣人也。七歲父朝龍故，事孀母陳，陳守節撫孤，家甚寒，藉女紅謀升斗。母旋瞽，不能針黹。國材賣餳度日，能得瞽母懽。母目痛無錢購藥，以舌餂母目，痛輒止。每自外入，必近母身，俟母以手代目撫摩畢，方敢移步。母病，躬親侍疾，數十晝夜無倦容。母歿，治喪遷葬如禮。年十二，未讀書，常賣餳過義塾。見羣兒讀書寫字，心愛甚。聽諸生誦讀，默識之。往往隱數文錢，私買紙筆學書，遭伯母王訶責。自是日必過塾，據地以炭學書。有問賣餳者，或不應，幾不知此身爲何事來也。塾師怪而責之。則曰：『某心愛讀書，恨未由耳。』堂兄國清、國瑾聞之，始令就傅。上課畢，即請師先放回家，仍朝夕賣餳奉母。嗣後半讀半經紀，習爲常。最勤敏，不數年補弟子員，旋食餼。道光己未貢成均後，在堂兄側，仍愛敬不衰。一日，立堂兄國瑾旁絮談家政，國瑾倦，隱几卧，逾時醒，先生依然侍側，跬步不移，鄉黨多德之。壬寅，董修聖廟，勸捐宅地，鳩工庀材，晝夜勤勞，不問寒暑，三年蕆事。手持五尺量度，爲汗所漬，色幾赤焉。並董修文昌宮、魁星閣、訓導署、荔泉書院等項。事竣，手植丹桂二株於文昌宮，植紫薇二株於書院。荔邑自建城設學二百餘年，向無科目。光緒己卯秋，文昌宮桂二株結子，何金齡始開科中經魁。乙酉秋桂復結子，花又重開，是科楊元麟中孝廉第八。迄今桂薇暢茂，鄉人以發祥神物視之。道光丙午，赴桂林訪宗族，修譜牒成，題曰：『處家貴和，勿一於和，一於和則昵，昵則亂，當鎮之以禮。治家貴嚴，勿過於嚴；過於嚴則隔，隔則戾，當運之以寬。』咸豐辛亥，髮匪陷廣西思恩縣，與荔毗鄰。邑侯魏公承柷，聘國材綜局務，清保甲，製軍器，設關隘，練團丁，督鄉勇；隨魏越境赴援，營於大造坡、羅降一帶。草檄一篇，朱逆亞狗，得檄引去，荔境得安。嘗緩魏頰，救鄉民命。鄉民私以百金謝，嚴卻之。後任蔣公嘉穀，委辦城防。蔣督勇親剿九阡逆巢，國材知不可，屢諫不聽，蔣陣亡，遂買山歸隱。載書多，萑苻誤爲輜重，圍掠之，啟笥見書，羣笑而散。庚申署都匀吴公德容再三敦聘主講荔泉書院，乃回城居。是歲獨山失守，荔邑震動，加以九阡苗匪，屢薄城壕，與地方官籌剿籌防，半年罔懈。辛酉正月，大股髮匪肉薄攻城，先生筮之，得無妄之同人。喟然曰：『莫非命也，安命聽天而已。』晝夜守陴拒戰。二十一日城陷，身受重傷，駡賊被害。吴公德容賜謚文敏，祀昭宗祠。生平著作甚富，培植後進，盡一邑。爲文講究氣息。講學聲震屋瓦。及門最盛，學舍常不能容。邑令每微行遇訪，聞講學必止步静聽，俟講畢而後入。著有《學庸便己録》、《周易易知録》、《禮記缺疑根本集》、《性理論指略》、《訓子詞箴》、《養正遺規》、《可廳隨筆》、《通鑑論略》、《晴舟詩録》前後集、《荔波縣志》等書。軍興後，復著《兵鑑》一書。惜並燬於兵燹。現惟存《性理論指略》、《通鑑論略》、《晴舟詩録》前集及《訓子詞箴》數卷。妻謝氏、女玉娥，於同治丙寅年三月二十六日，苗髮匪陷城時，母女二人聯袂出城，投河盡節，祀節烈祠。占魁忝列東床，深知底藴；爰備書爲小傳，以俟後之修志者，有所考焉。」

又附 知縣蘇忠庭《弔李似村明經殉難即步似村弔蔣明府原韻詩》一律，云：「懔懔常山舌，怦怦駡賊聲。不降頭可斷，雖死面如生。奉命來邊瘴，招魂趁晚晴。遺編猶訓子，合振舊家聲。」

羅新楷　字　式堂

清道光丁酉拔貢，耿介廉隅。家住舊縣，與城一河之隔。日課徒，非大故，不履城市，不入公門。咸豐十一年，城陷，與其配王孺人殉難，骸骨無存。慘哉！

鄉先達楊樹荃撰《清授徵仕郎羅公式堂暨正配王孺人墓誌》云：「聞之天地一大公无我之區也，

人生其間，作善者必降祥，作惡者必降殃，其報施初信以爲不爽，今吾於羅公暨尊閫王，而竊有大不解者焉。公諱新楷字式堂，道光丁酉拔貢。世居舊縣街，與荃有戚里誼。其平生雖不甚詳，而其略亦曾得諸父老之傳聞者。公以書法名家，於教讀更爲嚴謹。凡及門諸子，無論年之少壯，犯其規訓，必重責以鞭笞。有不能悟道者，則多方告誡，不憚煩言。以故堂開喇軫，童冠偕來。縱地遠千里，亦必親承提命，而桃李慶盈門焉。何莫非善教之所致也。生平賦性戇直，日以課徒爲事，而外務絶不干涉。以故非有大故，足不履城市，身不入公門，其善行愈可嘉也。居常簡易持己，不事浮華。其處昆季間，亦相勉以誠樸，怡怡然無纖芥嫌。即處族鄰戚里，遇有雀角細故，力爲排解。縱或以惡言相觸，公獨和緩自若，絶不生忿。此尤善養氣之最著者也。其賢配王孺人性秉坤貞，德符巽順，凡公所行者，從不少違，所謂夫婦和家道成者，要皆惟善爲室也。至於奉姑嫜善盡孝道，處妯娌善以和光，亦猶公之片言無忤焉。夫若婦有此善德，宜其家道鼎昌，孫枝繁衍。乃公舉丈夫子二，長曰其玉，次曰其燦，俱少年不禄。生女二，長曰雲娥適胡，次曰素娥適李，均幸托令門。咸豐辛酉，髮匪竄荔，公與孺人俱與難，而形骸不知所終。嗟乎！以善人而獲如此惡報，猶謂天地爲大公之物，吾不信也。復城後，其媳周氏爲之置靈柙書生辰，合葬於舊縣吉勞之坂。及今夏，鳩工修墓，問誌於余。因不揣固陋，爰綴數語，泐石爲銘，亦不過誌二老之善，免蹈夏五、郭公之例而已。

「其詞曰：　爲善必善終，胡乃死不正！爲善後必昌，反嗟伯道鄧！惟其不善終，愈見善之行；惟其後不昌，彌見善之慶。我言非偶然，稽古有明證。存仁者顔淵，卅二傷短命，萬古傳其賢，伊誰不欽敬。作惡如盜跖，以殺人爲事，僥倖得永年，唾罵千秋競。如公與孺人，善惡差報應。初猶爲不平，證古始無憾。今日爲崇封，發祥有餘蔭。雖未正首丘，靈爽應不昧。合塜葬衣冠，永冀常憑式。」◎墓誌抄自楊稿。

劉學武

在營多年，著有勞績。清咸豐末年，以功保任荔波營存城千總。繼署守備二次，代理遊擊一次。同治五年城陷，與賊血戰，力竭殉難。◎採自楊稿。

潘朝林　字　翰卿

三洞鄉人。民國二十年，任第五區區長。時從善匪首潘富文、三洞匪首潘汪等互相響應，勢猖獗。朝林慨然以肅清寇盜，安靖閭閻爲志。殊爲該鄉通匪之劣紳所忌，從中破壞，乃忿然辭職，調長三區。及軍團會剿，劣紳暗縱匪首潘汪等數十人於水洋洞。縣長王公威因投鼠忌器，不予追究。然朝林辭職内容，已徹底明瞭，再三浼朝林復任。朝林不忍坐視梓桑糜爛，允之。應王召赴從善開秘密會議，計劃進剿方略。匪偵之，恨甚，設伏於途，俟其歸，截殺之。卒年僅三十，惜哉！

其弟朝榮浼益智撰墓誌，附於後以徵實：「君諱朝林，字翰卿，姓潘氏。性中直，木訥，事父母孝。民國十一年肄業貴州省立都勻舊制中學。民十四政變停課，君回籍，服梓桑務，致所業未卒。民二十，卒業貴州區長訓練所，委長五區。時盜賊充斥，君以肅清醜類，安靖閭閻爲任。慘淡經營，不遺餘力。繼爲劣紳掣肘，君忿然辭職，調長三區。治理有方，政績至今猶嘖嘖人口。君去任後，五區匪勢燎原。迨軍團會剿，而劣紳之通匪縱匪情弊畢露。邑令王乃浼君復任。君不忍坐視梓桑糜爛，慨然應允。深入重地，不避艱險，遂遇害。噫！天果不欲平五區也！君子道消，小人道長，尚何言哉！夫人不能無死，君之死，爲梓桑也。公道自在人心，蓋棺定論，君何憾焉！余與君同宗至好，幼同學，長同事。令弟華卿以墓誌囑。余因平生善，不獲辭；又不能以諛詞汚磷磷之白石，更不敢以私情夸飾，貽後人之唾罵，乃核其實而志之。余顛沛無狀，文行又無似，其言不足重君以取信於人。然事實俱在，輿論可傳也，君又何疑焉。君卒於民國二十年十二月初六日，年三十。男一、女一。二十二年十二月十五日卜兆於古典山之原。

「銘曰：幼而了了志於學，長而佼佼，雞羣之鶴。服務梓桑，光明磊落。犧牲蒙難誓除惡。入虎穴，驚耗噩。吁嗟昊天！何速之奪！豹皮無恙，年不永而壽者名，身不爵而貴者行。我銘諸石，以妥幽靈。海可枯兮石可爛，浩氣磅礴兮與天地長存。」

又附 邑人韋廷楠撰《潘翰卿君墓誌銘後詞並引》云：「若愚君既以簡賅激憤惋愕之詞，義表翰卿君墓，道盡君身世而可傳矣，夫奚復贅。顧介弟華卿丐余書於石以刊，余忍無一言以慰故人於地下哉！詞曰：天生英哲，錚錚金鐵。淬厲言行，滿腔熱烈。何物孽物，爲氛爲妖；狐魅使之，賊我賢豪。邦人慟惜，有淚如雨；羣詈陸梁，有舌如斧。謂寢其皮，疇不劍舞。於戲翰卿，公爾之身，碧血長存。繫以微辭，慰君幽魂。」

全正熹

洞塘鄉人，中央航空學校第二期飛行科畢業，任空軍第二大隊第十四隊中尉本級隊長。民國二十六年，參加抗戰，十月二十四日由魯飛京，遇敵機包圍，被擊着火，陣亡。

附 邑人吴中欽撰《烈士全君正熹事略》云：「烈士姓全，諱正熹，貴州省荔波縣洞塘鄉人。其先世自湘延陵遷荔邑，已八世矣。祖明堂，字之光；父羣星，字耀武。均出身辦團，捍衛桑梓，疊著勞績，今邑人猶念之。烈士幼聰俊，五歲入塾時，有了了之譽。年十四，入縣立兩級小學肄業，每試輒冠軍。畢業後，入省立都匀第五中學肄業。沉毅寡言，不染時習。性好數理化，尤專精焉。年十八畢業返梓，其父耀武先生，欲強與完婚，了向平願。烈士則婉言辭謝。同學輩有邀請在地方任教者，亦如之。時貴陽舉辦軍官團，烈士遂毅然往應考。離家時，父母兄弟十餘人牽衣不捨去。烈士慷慨陳言，有割裙風。家人不能阻，遂聽之。烈士入學試驗，取列前茅。苦心造詣，雞鳴起舞，得長官歡。將届畢業，適武漢成立中央軍官分校，蒙保送前往肄業。中間以『九一八』事变，遷校首都，經委座之薰陶化育，已成一唯一革命軍人。迨畢業，以高才生送入中央航空學校肄業，專心致志，成績蔚然。畢業後，蒙委座委充本校飛行教官，旋升中央空軍第九隊隊長，駐防廣德。斯時也，烈士始與宁波葉女士祺堯結婚。女士係高級師範畢業生，相與勵志，報國存仁之心，至是益堅。本年蘆案發生，烈士蒙改調空軍第十四隊隊長。歷次奉稟伯父耀賢，捨身取義，情見乎詞！今前後遺札猶在也。不幸於本年十一月四日，烈士竟以身殉國，春秋二十有六。父耀武於二十一日被匪仇殺，母以憂鬱死。遺柩在堂，殊堪悽惻。遺孤名心穎，出世僅十九閱月。有弟正奎，先烈士一月不祿。現僅胞弟正權一人。嫡堂弟雖有多人，大都家道中落，乏術謀生。烈士重泉之下，瞻念遺族，得無愴然有感焉！用志厓略如右。」

附 益智擬《荔波縣黨政軍警農工商學各界公祭全烈士正熹祝文》云：「窮天黯淡，風雨淒其。痛我烈士，爲國捐軀。緊維全君，我邦之傑；間氣所鍾，聰鑒挺特。肄業小學，名列前茅；洎升中學，淬厲節操。抱負不凡，豈甘小造；投筆從戎，肄業軍學。蒿目時艱，空軍尤重；轉習航空，才期大用。畢業出校，率領空軍，駐杭操練，技術尤精。何物倭奴，爲禍斯烈。佔我朝鮮，噬我東北。賴我委座，朝夕奮發；領我全民，努力建設。國家進步，一日千里；統一告成，亂庶遄已。惟彼倭奴，且驚且懼，恐我復興，於彼不利。百計破壞，未克成功，七七蘆案，猝爾逞兇。奪我平津，攻我淞滬；轟炸民房，慘殺婦孺。惟我委座，赫然斯怒，决心抗戰，武力是訴。惟我全君，奉命殺敵，迭奏奇勳，倭奴懾慴。方朝乘勝，直搗東京，雪我仇恨，救我生靈。孰料噩音，飛自廣德；彼蒼者天，曷其有極！嗚乎全君！捨身殉國；骨已成灰，何須裹革。嗚乎全君！有妻在室，夢繞深閨，望夫化石。嗚乎全君！遺孤數月，天相吉人，宗祧一脈。嗚乎全君！雙親未葬，再話重泉，不勝惆悵！嗚乎全君，無須幽咽，自古有死，惟君尤烈。君有妻子，政府撫恤，勿使流離，君胡於邑。親喪未葬，君有介弟，志士解囊，君胡憂慮。嗚乎全君，死重泰山；惟有我輩，後死艱難！倭燄方張，疆土日蹙；君其有知，佑我民族。我輩哭君，非徒誌痛；痛我國難，日益嚴重。嗚乎全君，幽冥有路；我輩與君，泉台再晤。嗚呼全君，尚能殺敵；惟恐我輩，枉試鋒鏑！嗚乎全君，無須幽憤；兩軍對壘，惟哀者勝！衆志成城，亡秦三户，正義昭彰，得道多助。惟我荔民，同胞十萬，不願偷生，願飲敵彈。惟有犧牲，可救民族，勿諱言死，偷生最辱！我輩其死，會君泉壤，我輩不死，殺敵扶桑。君其有知，與君定約，不在福岡，在橫須賀！君其有知，與君約定，十年之前，五年之後！嗚乎全君，飛霜急節，氣壯山河，忠貫日月！望皖心欷，瞻徽思越，藉用可塵，昭忠難闕！」

楊家騮

方邨鄉郊峻邨人。陸軍第六零師一八零旅三六零團上校團長，追贈陸軍少將。民國二十七年參加抗戰，崑山之役陣亡。

迎櫬回籍，葬於荔波城內中山公園。

墓碑載將軍年表及血親表，附録於後。

抗戰陣亡追贈陸軍少將楊家騮將軍年表

民國紀元	年歲	大事	附記
前八年		出生	清光緒三十年九月二十五日卯時，在荔波縣方邨里郊峻邨。
前一年	七歲	開始認字讀書	父兄教授。
二年	九歲	入地莪太陽寨私塾	從伯父慶恩連讀二年。

續表

民國紀元	年歲	大事	附記
四年	十一歲	入方村把廷郁私塾	從堂兄家駒連讀二年。
六年	十三歲	入方村小學	連讀四年。
九年	十六歲	遭母喪	
十年	十七歲	入都江屬壩街私塾	從胡大章。
十一年	十八歲	入軍士教導隊	黔軍總司令袁祖銘所辦，在貴陽。
同	同	任中士班長	隨袁祖銘入川，隸黔軍一師四旅八團。
十二年	十九歲	升少尉排長	隸原團。
十三年	二十歲	升中尉排長	隸原團，連任二年。
十五年	二十二歲	入黃埔軍校	屬第五期，習步兵。
十七年	二十四歲	畢業派充見習	在九師四九團。
同	同	連升少中尉排長	隸原團。
十九年	二十六歲	調上尉營附	隸原團。
二十年	二十七歲	升少校團附	隸原師。

續表

民國紀元	年歲	大事	附記
二十一年	二十八歲	調少校營長	隸軍政部特務團，在江西。
同	同	結婚	在南昌。
二十三年	三十歲	率隊駐南京	
二十四年	三十一歲	入軍官高等教育班	特務團團長王文彥保送。
二十五年	三十二歲	畢業回原職	名列優等第七名。
同	同	升中校團附	三五七團在渭南。
二十六年	三十三歲	請假回家	「七七事變」後，送眷屬回家並省親，在家僅三日。
同	同	假滿回職參加抗戰	在上海、嘉興一帶。
同	同	升上校團長	六零師一八零旅三六零團，兼任第四支隊指揮官，在廣德、溧陽一帶。
二十七年	三十四歲	突出敵圍	在溧陽金雞嶺被敵圍困七日，突圍出，蒙蔣委員長電令嘉獎，並記大功一次。
以後同	以後同	補充整訓部隊	在績溪。
		繼續抗戰	在東流及南昌一帶。

續表

民國紀元	年歲	大事	附記
		殲敵一聯隊	在隸樹港之崑山境。
		中敵彈受重傷	九月二十六日上午九時，在崑山境戰場。
		殉職	九月二十六日下午二時，在崑山境團本部。
二十八年		迎櫬回籍	葬於荔波城内中山公園，同時縣屬各界開會追悼。
三十年		包墳立碑	元月穀旦，闔邑各界全體公立。

楊家騮將軍二等以内血親表

親屬別	姓名	備考
祖父	自杰	
祖母	姜氏	
外祖父	向廷芳	
外祖母	劉氏	
父	慶旭	
母	向氏	

續表

親屬別	姓名	備考
兄	家碌、家驊	
姊	家蔭	
妻	雙淑華	
妹	家萱、家英、家蓮	
子	金聲	
女	菊珍、幼珍	

蒙慶雲

城西門外板基村蒙子恒之子，年十三，肄業於玉屏鎮中心學校五年級。民國三十二年一月某日下午八時許，土匪搶劫鄰近之板廟村。慶雲聞警，持槍往救。馳至板廟村後遇伏被害。雖未能殺賊，然以十三歲童子，救人之急，奮不顧身，可謂烈矣！魯之匇殤汪踦，慶雲可以媲美乎。

益智曾挽以聯云：「戰死不爲奇，最難得殺賊争先，年方舞勺；人生原若夢，所可貴成仁取義，气塞蒼冥。」

龍建武

城區人，抗日之役，本縣參加远征軍之龍建武，在緬北勇敢作戰，光榮犧牲。民國三十三年七月，美國駐中、緬、印軍前方司令部陣亡將士撫卹處羅賓遜上尉來函通知其家屬，並給撫卹費一萬八千五百元云。

貞　烈

蕭王氏　蕭潘氏　蕭鄧氏

廣西賜進士出身浙江刑部主事鄭獻甫撰《勑封孺人蕭母王氏暨嬸潘氏媳鄧氏三列傳》云：「隋大業之亂，裴倫之妻曰柳夫人，與其女其媳同死井中，余嘗覽其事而愴然；至明崇禎之季，劉炳文之母曰杜夫人，與其女其媳同死樓上，余聞其事益愴然，曰：『嗟呼！忠義出於末世，貞烈聚於一門，人生所謂不幸之幸，乃如是哉。』今年復得荔波蕭氏婦死事狀：蕭孺人曰王者，處士蕭公正和之配，有子二：曰成勛、培勛；其弟嬸曰潘者，叔氏正高之配也，嫁一期而寡，出一女而殤；其媳曰鄧者，即成勛配，有子二：曰雲飛、鵬飛。妯娌雍睦，姑婦慈孝，號爲鄉里女宗。咸豐初年，兵戈紛起，荔波舊屬吾鄉之慶遠，乙卯以來，苦於攻戰者屢年。辛酉正月，盜復圍城。適大雨，城爲所陷。烈婦知不免，與其弟嬸潘訣曰：『蕭氏一脈，惟寄兩子。吾夫體重，恐不能逃，兒輩既長，當求自脱；我等女流，舍一死無可謀者。』盜方入城，二婦已離舍，相攜於所謂楊公井者，癡立以待。其夫適至，欲挈家並奔。潘謂王曰：『可麾手令兄公亟自去，賊已偪，徒相纍死耳。』遂無言，各抱一孫投井死。鄧後至，見二姑與二子俱投井，亦跳而入，三姑媳相枕死。惟三父子幸逃脱，所遺兩女，猶未知死所也。烈婦王之弟蜀江，己酉拔貢，爲吾州之牧。其甥隨侍，訴其家死狀，都爲一函，遠寄千里，囑爲之傳。余本州民，時居羊城，故敬書其略，以俟後之采風者。

「鄭獻甫曰：自干戈蝟起，士女蟻潰，其不幸而僇辱者，庸可問哉。然有不敢不死者，又有不得不死者。三烈婦當城破之時，紛紛藉藉，非指名之家。倘以智自全，塗面易衣，隨衆而出，未必不幸免，而卒不肯苟免者何哉？當死而不決，恐有求死而不得者。烈婦殆思之審矣。嘗讀陳同甫所書陳氏女遇賊事，謂一姊引頸受刃，其妹畏死受辱。事後人誚之曰：『若獨不能爲姊之所爲耶？』連聲答曰：『難！難！』如三烈婦者，夫何難哉！嗚呼！此其所以爲難也。」◎抄自李稿。

邑先正附貢廣西補用知州何振新撰《蕭孺人三烈徵文啟》云：「自古一德一心，鬚眉尚稱罕覯，同生同死，巾幗更屬稀聞。故彤管千秋，未傳娣能殉姒，黄泉一路，難期婦可從姑。孰則古井同盟心，寒泉同濡首，如蕭門三烈婦者乎！三烈婦者：姒則王家淑女，族大烏衣；娣亦潘氏名媛，歌哀黄鵠；而子婦則嬪於鄧氏，歸此蕭郎。有琴瑟之和，徵蘭桂之盛。閫内肅肅，閫外雝雝。閭里羡其賢，裙釵奉爲則也久矣。詎料歲盤正捧，頌方獻夫椒花；鼙鼓忽敲，聲更敫於鐃擊。未幾四圍火起，無援何有狼煙；不圖半夜城傾，自救羣思兔脱。妖氛滿地，惟問爾欲何之；刀劍森天，不信人猶求活。乃有靦然面目，甘爲僕妾於赤眉；任爾拘攣，暫緩須臾之黄壤。論其自玷，非只玉之留瑕，聞其受污，甚於花之落溷。求比冰壺之潔，而無鸞鏡之羞者，未之有也。爾乃取義捨生，出門入井。但求完璧，不畏沉沙，亦已難矣。及觀其屬子出圍，勸夫脱難，以爲宗祧之斬，鬼其餒而爪瓞須緜。爾盍往矣！是又知有可生者不必死，能計出萬全；更喜得有可死者不求生，故淚無一點。當永訣而乃委婉，處造次而尚從容，孰有如此者乎？至若分抱二孫，同歸一井，更爲思之密計之周焉。何也？夫襁褓孩童，潛藏無地；而紛騰戎馬，踐踏誰憐。與其骨肉拋殘，飽城頭之烏雀；孰若清波同葬，作泉下之兒孫。雖已覆巢，尚能完卵，此更非溝壑之匹婦，婉孌之諸姬，倉皇而自圖者之所能也。兹者，喆嗣克齋，荔波童試，在泮名冠其曹；粵海宦游，委贄年當其壯。皆昔三遷之貽訓，故有長子之克家。他年阡表瀧岡，芳烈應須遠播；此日淚彈孝水，遺徽猶待闡揚。振新居同梓里，變起桑田。思作嘉言，用宣懿行。愧無淋漓之筆，盡揮井底之泉；敢書涕淚之箋，用引懷間之玉。所願闡幽君子，揚善賢人，各吐花毫，大書金管。詞源混混，浮出沈香；奎耀煌煌，昭斯潛德，以俟采風之采，而爲傳後之傳焉！謹啟。」

黔南諸生趙汝金撰《荔波蕭氏三烈婦序》云：「從來舍生取義者，丈夫之事也，而婦女爲之，誠女中丈夫矣。咸豐辛酉年，荔波城陷，將士皇皇，賊盜紛紛，智者見機而作，愚者遇寇則降，其貪生畏死者，大抵不乏人耳。而三烈婦何其冰清玉潔乎！夫時可死而不死，其生也辱於死；不可死而死，其死也非正命；惟其可死而死，其死也榮於生。三烈婦見之明審之真，同溺楊公井，以光蕭氏門。將見大節與日月增輝，偉烈與河山並壽。抱此堅剛不磨之情性，亦古今不朽之完人。禮曰『臨難毋苟免』，可爲烈婦擬之。」

山陽進士廣西按察使司秦煥撰《讀三烈婦傳書後》云：「予於庚申通籍。是年春，捻子犯清淮團，大臣晏同甫副憲奏調回籍，襄辦江北軍務。次年春出京，行至山左遇寇，遂繞道青萊，沿途烽火。至一村，名朱梁。賊氛益熾。有婦人聞警，殉身於井。予欲一訪姓氏，而輿夫懼寇，揚鞭亟奔，心甚憾焉。因於夜宿題句於壁曰：『滚滚黄沙逐御輪，竟從坦道起煙塵。可憐仗鉞奇男子，不及朱梁一婦人。』謂時有大帥棄城而走者。近守桂林時，荔波蕭克齋佐貳出三烈婦傳，讀之。一爲其妣王太宜人，一爲其叔母潘太孺人，一爲其配鄧孺人，均於咸豐辛酉年賊至時，同時共殉於井。嗟乎！同一井焉，過朱梁之井，予慟焉！聞荔波之井，予尤慟焉！讀《易》至井卦九三曰『井渫不食，爲我心惻』，是可爲烈婦占也。乃下言『王明受福』，是喪在一泉，榮在千古焉。他日克齋振作有爲，向朝廷請而旌之，是予所重望於克齋也乎。」

舉人廣西補用知州楊文昭撰《後荔波三烈婦節略書》云：「烈婦王氏，黔南捧莪世族也。少有至性，識大義，父母鍾愛之。及笄，歸邑處士蕭春舲。生二子承勛、培勛。春舲弟仰之，聚潘氏女，孝謹聰慧如王，王愛敬之。年餘，生一女殤，期年，仰之卒，潘悲慟欲絶。王哀而慰之，潘泣止。承勛婦鄧，慧而賢，事潘如事姑。生子鵬飛、雲飛。王與潘含飴樂甚。里中人咸嘖嘖稱蕭氏三賢婦不置。咸豐乙卯，黔中教匪、苗匪竄荔波，丙辰、庚申間尤甚，去來無常處。辛酉正月，賊攻城，大風雨，城陷賊入。王語潘曰：『噫！數也！恐吾夫困頓難逃耳，吾二子宗祧所繫，當令遠出。吾與若一婦人，恨不能出力殺賊，洩吾忿。然死歸也，義不可苟活取辱，曷早引訣。』潘諾。各攜一孫兒出，至楊公井側。春舲適至，挽之逃，不可，强挽之，潘目王，令揮之，泣別去。二人抱孫跳眢井中。鄧後至，尋兩姑不得，人告以故，呼天號泣，亦跳井中，枕而歿。二穉女拋棄草間。時正月二十一日事也。慨自晚近以來，談節義者，詡詡然，酒酣拔劍，攘臂掀髯，大言馬革裹屍，男兒快事，非婦女所及知也。一旦禍臨倉卒，床頭人頓足牽衣，掩泣求計，遂不覺倉皇失色，手足無措。求如紅粉青燐，勿污丹史不可得，洵乎死之難，難於當死即死，尤難不必死而亦死。且閨門節烈，同死如三婦者，里中人至今又嘖嘖稱蕭氏三烈婦不置。克齋徵詩歌，未暇作，録三烈婦死事行狀爲報。時戊辰初秋識於桂林旅舍。」

貴築解元歸順直隸州知州顔嗣徽撰《跋蕭氏三烈傳後》云：「余前得讀洪蜚英大令荔波蕭氏三烈婦詞，見其一門節孝，可泣可歌，心嚮往者久之。今秋調簾來省，克齋貳尹出一帙屬題，乃知其太宜人及娣若媳辛酉城破投井殉難事也。詩歌贊傳，琳琅滿紙。余匆匆就道，未克續貂。姑俟異日，續題郵寄。『波瀾誓不起，妾心古井水。』讀東野《烈女操篇》，可爲之欷歔太息也矣。」

臨邑解元全州教授鄒仁撰《讀荔波三烈婦傳》云：「人情之好尚，皆各成爲風氣，忠臣不以苟生辱其君，烈婦不以畏死累其夫，其義也。年來萑苻烽起，郡邑之陷者屢矣。其激而成節烈者正不乏人，何獨於蕭氏三烈婦而異之。然傳之者，意正有在。以爲著此三婦之節烈，即可以風天下凡婦之不節不烈與一切有愧節烈之婦者。嗚乎！彼婦行也，其可忽乎哉。」

金築狀元、四川典試廣西提督學院趙以炯撰《荔波三烈婦贊》云：「咸豐初元之亂，我黔尤甚。蕭氏三烈婦，以一門閨媛，慷慨輕身，可謂壯矣。然觀其臨難數言，互相慰藉，從容告語，抑何哀哉！予嘗論天下之物，至堅者莫如氣，雖鋭若金石，猶可鎔鑄磨礲以變其質，獨至氣所在，雖銼其筋，剔其肉，喪其元，毁其身，而氣終不可撓。而後之論者，未嘗不爲之撫膺長痛也。若蕭氏諸淑媛，當其奮身殉節，豈計後人之哀與不哀哉。而聞其風者，亦不知其何以泣下沾襟也。君子曰：是謂知義。」

貴築拔貢特授全州知州洪杰撰《蕭氏三烈婦論》云：「古之所謂節烈之婦，知死必勇。非死者難也，處死者難。方荔波城陷之時，蕭氏姒娣，駐足井側，其志固已決矣。及觀其遺子麾夫，抱孫投井；而其婦亦接踵相投，又何其烈也。自古可死不可死者蓋多矣。王公卿相，藩封侯服，以至守令丞倅，與夫將帥戰士之流，食人之禄，守人之土，任人之事，峨大冠，拖長紳，佩虎符，坐臯比，昂昂然，侈談忠節，以爲白刃可蹈，鼎鑊可甘。洎乎變生肘腋，率衆登陴，示以死守。一旦寇深援絶，或開關而延敵，或城破而身逃，或被擒而乞降，堂堂鬚眉丈夫，下與忍恥偷生之匹婦等。無怪乎采風讀史者，輒以少完人爲憾也。蕭氏豈必死之人耶！倘從夫子而逃，幸免於賊，可以不死；即夫子離散，或遇賊而以計自脱，亦可以不死；即不然，遺兩孫付夫子，而或子負母逃，夫挈婦去，亦未必盡死。及姑若婦，不願同生，寧願同死，非其志之決而性之烈哉！余嘗讀明紀至崇禎甲申之變，有姑婦三人同沉眢井者，有母女妻妾互相刎死者；有一家百餘口闔室自焚者，率皆縉紳巨閥，朝廷命婦。議者咸歎其死事之難。蕭氏者，家稱寒素，身非著名，卒能全貞完節，死人之所難死，死人之所不必死，非所謂知死必勇者哉！婦所投名楊公井，皜皜乎，凜凜乎！雖與楊公争清白可也。」

豫章進士特授崇善縣以同知用黄文棠撰《荔波蕭氏三烈婦論》云：「天地間磅薄嶙峋之氣，鍾於男子，亦鍾於婦人。自來世亂變生，死節之忠臣義士，垂之史册，千百年而不磨滅者，此天之鑑其衷而彰其隱也。即如貞女烈婦，或從容就義，或敵愾捐軀，或慘切哀迫而僨身，皆死也，皆死得其道也。其間有傳有不傳者，斯亦有幸有不幸焉。若蕭氏之一門三烈婦，可謂難矣，是烏可以不傳。當時縉紳大夫，表揚盛事，已先我而爲之詳矣，毋復瑣屑爲也。而吾獨謂王太宜人者，以不可死而死，以必不可死而死。其以不可死而死者，不惜一身之死，脱其夫與子之不得陷於死也；其以不可死而死者，全其夫與子以至於不死，正爲延蕭氏之脈而後無憾於死，明乎義也。潘孀婦能承王太宜人之志，完一生冰雪之操，守其常也。鄧孺人者，克齋之完配也。不死從夫，又孰得而議之，而必欲從其姑於地下，終其養於身後。不獨爲一己盡事姑之道，且爲其夫盡爲子之道，行其孝也。夫明其義而決以必死，與守其常而繼以死，行其孝而同歸以死，丈夫不易得，而乃得之於婦人耶！然而王太宜人用心苦矣，流澤遠矣。揮手者永訣於前，繼踵者樂從於後，其平日之睦其娣而教其媳者，不又可見耶！嗚呼！可謂難矣！是烏可以不傳。」

甕安副貢候選直隸州判簡世楨撰《荔波三烈婦碑銘》云：「癸亥孟春，余承太守吴公聘館於荔邑之城隍廟。由廟後稍折而東，則新建節烈祠在焉。祠内設牌位六，中供吴公淑配劉恭人，位前即其閨秀幼女，左右臚列同時殉難諸烈姓氏。瞻拜之下，凄然含悲，肅然起敬，謂其足以愧鬚眉而維世風也。既而李生肇同以鄭小谷先生所傳《蕭氏三烈傳》見示；且稱其家將建亭豎碑於井上，索余留題數語。余以其事關風化，不以譾陋辭，爰爲之銘曰：三才定位，人居其中，剛柔健順，德本化工。忠孝節烈，事異心同。辛酉之春，變起兵戎。蕭氏有婦，大義能通。生資井養，死藉井終。纖塵不染，有色皆空。一門三烈，正氣常充。寒泉冽食，明月清風，建亭勒石，垂於無窮。」

邑先正貢生董成烈撰《蕭氏三烈婦銘》云：「名門之裔，挺生貞烈，冰比其清，玉比其潔。歲在辛酉，粤寇陸梁，殺掠侵陵，厥勢披猖。壯哉宜人，清潔自矢，聞賊登陴，井旁立俟。顧夫囑子，或竄或逃，宗祧之計，宜付爾曹。余爲身謀，惟甘一死。若緩須臾，其辱更恥。語畢從容，先墜重淵。曰潘曰鄧，共歸九泉。古有楚妃，水湧高臺，全符不至，畢命堪哀。亦有貞娘，爲賊所擄，自投清流，高風千古。取義成仁，君子所器，孰若奇節，一家萃聚。余覽史鑑，俯仰三千，貞烈麟炳，今古稱賢。五官百骸，過眼皆空，惟兹正氣，與天不窮。我闡幽光，茹毫飲血，留待史乘，以昭大節。」

治城舉人廣西補用知縣王俊臣撰《閤門三烈婦傳賦》云：「歲在咸豐辛酉正月，荔城陷。予適于役慶遠，抱病旅邸。時慶郡亦戒嚴，防堵資熟手，幾不容返車。予以狀再三丐辭回榕，會而病益劇。亟醫治，三閱月乃瘥。迄今痛定思痛，猶覺旌旗影亂天同慘，金鼓聲淫鬼亦愁，情事如昨也。克齋以閤門三烈婦傳屬題，感念疇昔，遂亦不嫌春鶯僵舌，仿王羲豐賦館娃，楊誠齊賦浯溪，爲古體賦一通，藉博囅笑：悲夫！歲序更迭兮荔波往事猶可説。大寇如林兮攻城，缺城不守兮民飄瞥。風獵獵兮悲且號，井有波兮湔碧血。烈婦埋冤兮心如冰雪，娣姒纍纍兮同時殉節。一門悽愴兮倉皇訣别，秋墳鬼唱兮哀聲嗚咽。夫既生離兮恨死不同穴，望夫成石兮慈竹哭裂。雙雙俱至兮志何決，攜孫併命慘尤切。枕花斑斑兮夫心哽噎，魂兮魂兮爲誰鬱結。鄉里傳聞兮莫不咋舌。不曰難難兮洵女宗英傑。鄭公表揚三人兮佳話臚列。我撫卷流連卒讀兮心爲之折。爰拜乎稽首而贊嘆之曰巾幗。識此大義兮眼中早應有鐵。樹即不種冬青兮墓草亦聞芳烈。願效邑宰矢精忠兮泉臺會須怡悦。三人雖死猶生兮破涕爲笑，杳不知其氣概風節。永堪表率萬世兮清門果然虚設。宗祀賴以不墜兮又與執夫手出灘異轍。媲沉淵而不一躍兮雖獠師皆詑爲奇絶。倘如祝家婦共立烈女廟兮地下且欣然詩題指嚙。是蓋智足然後勇生兮不淄何如不涅。觀夫駢肩連袂從容以就義兮夫固慮患也必周守道也若拙。舍死無以救夫與子兮若留孫又徒爲遺孽。欲不溢美於志乘兮必先紀石於碑碣。獻甫一傳蓋實録也。

吁嗟乎！昔余忠宣公一家仁兮，井垂千年不磨滅。兹誦祝家不朽之著作兮，彼楊公井有寒泉度亦永汲之清潔。」

◎以上抄自楊稿。

邑先正拔貢王錦撰《哭蕭氏姊哀歌》云：「四郊之賊哮如虎，一城之人竄如鼠。楊公井畔鬼相語，水底應眠三烈女。娣隨姒去婦隨姑，中有一人吾女嫛。先呼兩子令逃避，次揮夫子無踟躕。癡立井邊何所望，黄泉在下白日上。孫男孫女各在懷，次第投入同穴葬。有弟有弟方宦海，邊遠揄粟時領州。阿甥蘇衣告阿舅，慟倒空自張雙眸。回憶時會坳間別，申申而詈殷殷説。兩年妄意得同居，數語誰知成永訣。吁嗟乎！彦達分禄皆空言，英公煮藥兼無緣。曹娥碑與愍氏誄，幸附鄭子雲臺篇。年來對案時振觸，欲以哀歌寫賢淑。一字一淚不成書，三踊三號聊代哭。姊本知書再三讀，悲聲應滿射鮒谷。」

訓導陳培垣《詠楊公井殉難三烈婦歌行》云：「天地清貞氣，間世産賢良。匪特忠臣義士流，女子坤柔寓乾剛。莪陽山水多奇崛，婦道守貞堅不屈，我爲千載植綱常，遑惜一身就幽鬱。迺今苗逆竄捧峨，蕭室一門貞烈多。王氏潘氏同鄧氏，相隨入井井不波。余因司鐸來此境，道旁忽睹楊公井。井上碑文觸目傷，堪嗟汲古無修綆。幽魂渺渺歸何地，生存大節死爲神。死者長已矣，聲名震閭里，人間父老稱斯人，天上婣星照此水。吁嗟乎！當時城陷各呼號，千門萬户衆奔逃。豈無東鄰西鄰婦，垢衣塗面出城濠。總之人生百年耳，與其偷生不如死。偷生死後有誰知，死難終當載書史。爲止感嘆作歌行，巾幗長留不朽名。珠沉玉碎雖物化，英風凜凜氣如生。杞婦之城湘君竹，焉能儗此窮途哭。

惟留清白在人間，鬚眉男子亦驚服。閨中君子古所稱，烈女傳中堪追逐。」

◎以上抄自李稿。

張林氏

庠生張國華之妻，歲貢張書銘之母，廩生張楨之祖母也。青年喪偶，守節撫孤。經撫院賀、學院丁題奏奉旨旌表建坊在案。咸豐辛酉城陷，賊至其家。偕子書銘罵賊，同時遇害，洵可謂女中丈夫也。◎抄自李稿。

餘詳《孝行編·張書銘列傳》。

邱李氏　邱黄氏　陳邱氏

邱李氏，卹贈知府銜候選同知直隸州邱樹桐之妻，署湖南安化知縣邱育泉之母。邱黄氏，邱育泉之妻。陳邱氏，邱育泉之妹。清咸豐四年六月太平軍陷獨山，荔波糧食無援，危在旦夕，李恭人變釵環助餉，人心感奮，争先輸貲効死，城賴以安。五年正月，城被攻陷。李恭人集闔門長幼於園池上，謂之曰：「今日得見先夫於地下矣。」媳黄氏、女適陳，請先之。恭人曰：『尊卑有序家之率，老身先之矣。』遂投水死，其媳與女及兩孫、婢僕二人，以次投池死。噫！可謂烈矣！◎採自李稿。

餘詳《忠烈編·邱樹桐列傳》。

吴淑人陳氏

知縣吴德容之妾。清咸豐十一年春正月城陷，慨然曰：「婦人之義，不出閨中，守正死，分也。」遂攜女秀瑛投蓮池殉節。

邑貢生梁占魁輓以詩，有「滿城節義爲先導，惹得羣花不愛春」之句。贊曰：「吴淑人者，知縣吴德容之夫人也。聰明慈惠，爲邑女宗。在荔數載，值干戈紛起，糧餉不繼，嘗脱簪珥以助軍貲，織戰袍以賞勇士。吾邑多事之秋，所以能保障數年者，淑人與有力焉。及乎全城奔潰，慨然守正以死。蓋其死生之義明而利害之念泯，固能節烈若斯也。噫！共姜而後，舍淑人其誰與歸！」◎採自李稿。

董熊氏

太學生董芝盛之妻，候選從九董成杰之養母，歲貢董成烈之叔母也。青年失配無子，矢志冰霜，不出户庭者十餘年。咸豐辛酉城陷，帶傷投河死。◎採自李稿。

張鄧氏

處士鄧昌熾次女，拔貢鄧瑞麟之姑母也。家甚貧，守節廿年。惟日事針黹以奉姑撫孤。後姑逝子夭，睘睘獨立。同治五年城陷，引刀自刎。◎抄自李稿。

李謝氏

候選教諭李國材之妻，特授黔西州教諭李肇同之母。清同治五年城陷，攜女玉娥投河盡節，骸骨無存，哀哉！◎採自李稿。

餘詳《忠烈編·李國材列傳》。

巫朱氏

少失所天，撫孤養老，數十年如一日。經大憲題請旌表，並給予「節孝可風」四字。◎抄自李稿。

李陳氏

恩貢李國材之母，歲貢李肇同之祖母，增生陳堯典之姑母也。青年守節，矢志撫孤。家貧甚，藉女紅謀升斗。嘗不飽，自以米汁充飢，而留飯飼兒，使勤苦讀書。中年後，目漸失明。迨國材入泮時，不能視矣。以手摩衣頂而哭曰：『我廿年茹蘗，不料得有今日。』逾數年，抱孫而歿。知縣劉樹棠有詩記其事。◎抄自李稿。

按 詩已軼。

林陳氏

年十八，失所天，有子重蛟甫數月。氏撫孤養老，心如金石，百折不回，鄉黨欽之。◎抄自李稿。

黃陳氏

外委黃坤泰之妻也。其夫陣亡，遺一子一女。氏青年守節，撫子女成立。今抱孫矣。◎抄自李稿。

何和氏

庠生何長盛、廩生何長達之伯母也。年二十餘失偶，無子。矢志靡他。今年將六十矣。◎抄自李稿。

曹邱氏

孝廉方正邱樹桐之女，恩貢曹之杰之嫂，俊秀曹之楷之妻。年二十四而夫歿。立志守節，孝事翁姑。撫侄興爲己子，鄉黨稱之。◎抄自李稿。

巫李氏

恩貢李國材之姪女，上江外委巫廷勷之妻也。其夫在任殉難，無子息。氏矢志柏舟，守節歸母家。後十餘年，死於亂。◎抄自李稿。

李梁氏

青年喪偶，矢志堅貞，上有翁姑，下無子息。氏送終養老，之死靡他。◎抄自李稿。

劉宣氏

營兵劉應祥之妻，庠生宣學賢之妹。年十九，夫亡無出，茹苦守節，二十餘年無他志。◎抄自李稿。

林李氏

庠生林大農之妻。年二十餘夫亡，以針黹自給，足不出户庭者三十年。閭里賢之。◎抄自李稿。

羅周氏

邑拔貢羅新楷之媳，俊秀羅琪玉之妻，處士周良桂之女也。十七于歸，十九夫歿。立志守節，事翁姑惟謹。翁姑殁，經理喪葬，居然孝子。己無所出，踽踽嬛嬛。迎孀母周劉氏同居。母女二人，俱矢清操，相依爲命，節之苦者也。光緒十年學院楊贈「臺築懷清」匾額。十七年撫院潘、學院楊題奏奉旨旌表建坊。◎抄自李稿。

梁李氏

文生梁自成之母。夫早逝，苦操針黹，撫子成名。光緒十三年，學院楊贈給「松筠晚翠」匾額。◎抄自李稿。

石蒙氏

俊秀石炳芳之妻。夫殁時二十一歲。青年守節，白首完貞。代夫盡職，孝事翁姑；教子成家，勤操耕讀。光緒十年學院楊題贈匾額。經内閣中書李錫齡呈報禮部題旌奏十三年十二月十九日奉旨旌表，坊待建。◎抄自李稿。

劉鄧氏

夫疾不愈，割股肉以醫之。◎抄自李稿。

王李氏

邑拔貢王錦之媳，俊秀王培元之妻，拔貢王國駿之母，處士李習文之女也。幼失怙恃。年十四于歸。適清咸豐初年亂，城陷。時阿翁服官桂嶺，板輿迎養。氏隨祖父母及阿姑赴任所。旋舉三子：國泰、國駿、國驤。及不數年而夫亡，祖父母及阿翁、長子相繼去世，經營喪葬，宦囊已空。上遺孀姑，下有幼子，異鄉羈旅，生計維難。乃多方籌措，奉姑攜子歸里。抵家後，清理舊業，薄有餘糧；又午夜篝燈，辛勤針黹。事姑盡孝，教子成名。洎姑氏見背，營葬營齋，代夫盡道。每念桂嶺先塋，時欲狐丘正首。雖其志未遂，而孝行已屬可嘉，貞操尤堪足式。清光緒二十八年蒙前撫部龐、學院朱彙奏奉准旌表。享年八十有一而歿。◎採自楊稿。

高韋氏

邑庠生賞藍翎候選訓導高鳳翔之媳，俊秀高雲濤之繼室，處士韋欽之女。年十八于歸，事翁姑孝，遇有病，親侍湯藥，衣不解帶。清咸豐辛酉城陷，翁姑殉難。氏攜前婦子女隨夫逃避廣西新城縣。夫以筆札爲生，氏以針黹補助。雖茹苦含辛，而夫婦之間，伉儷甚篤。乃未幾而夫歿，旅櫬未厝，子女復相繼夭亡。惟氏一人，異鄉孤零，煢煢孑立，痛不欲生。時年方念六也。然氏矢志柏舟，始終不改。及亂平返荔，膝下空虛，乃延住廣西南丹屬里湖村族孫高炆、高煌兩兄弟來舍撫養，藉慰寂寞。後炆孫家稱富有，煌孫名登拔萃，氏之教也。鄉人欽慕，聯名公舉節孝，蒙前學院朱給予「冰霜堅整」四字匾額；並會同撫部院龐題奏奉准旌表。年七十有五而歿。◎採自楊稿。

陳朱氏

邑俊秀陳金文之媳，花翎遊擊借補都匀協麻哈汛千總陳玉山之妻，處士朱本崇之女也。年十八于歸，未五年而夫歿，遺子女各一。時宦囊羞澀，景況蕭條。百計經營，喪葬盡禮。矢志守節，以女紅度日。乃不數年而孤子夭，女適貢生楊樹荃亦旋踵而逝。孤另一身，形影相弔。然氏誓矢靡他，貞操不改，鄉里稱之。後經民政部主事張玉麟呈請禮部題奏，清光緒三十四年二月奉准旌表建坊。乃坊未建而病歿，享壽六十有九。◎採自楊稿。

高秦氏

邑處士高雲注之媳，廩生高樹杬之妻，中學畢業生高炯之母，俊秀秦文雲之女。年念一，失所天。上遺六旬孀姑，下有及齡幼子。夫弟樹楠僅八歲，夫妹瑞全年十六未字。薄有田穀，僅敷半年。白頭黄口，度日維艱，事畜之責，繫於一身。氏不避艱苦，矢志靡他，毅然一肩獨任。夫妹瑞全，亦立誓不嫁，同作伴侶。井臼躬操，藉鍼黹度活。每值姑病，親侍湯藥，未嘗廢離。及姑歿，哀毀異常，喪葬盡禮。其孝可欽，其貞足式，鄉里稱之。現年逾古稀，精神尚健，殆天所以佑善人云。◎採自楊稿。

黄鄧氏

俊秀黄金鰲之妻，拔貢生歷署山東州縣黄澤沛之祖母也。年十六賦于歸。清咸豐辛酉城陷夫亡，全家俱與難，外氏亦幾絶，僅存舅姪錦廷、錦成兄弟二人。一綫苟延，傷悼曷極。時氏年方二九，悼念黄氏一脈，既無餘子，若不早爲之計，勢不免若敖其餒。乃撫舅姪錦成爲嗣，更名欽臣。時地方未靖，攜子逃避粵西，以針黹度日。及城復歸來，爲謀室家，籌資本作小生理，家計稍裕。乃錦廷、錦成又相繼殁，氏痛不欲生。差幸遺孫二：長澤沛、次澤霖。氏復嘔盡心血，撫養教誨。卒澤沛名列拔萃，歷掌山東州縣篆；澤霖亦能克家。鄉里咸稱爲茹苦守節之報焉。光緒二十五年，蒙前學院傅賞給「貞徽永播」四字；並會同前巡撫部題奏，奉旨旌表。殁年七十八歲。◎採自楊稿。

羅覃氏

時來里甲埲村清文生羅榮貴之嫡母。夫早逝，氏無出。簉室生榮貴而出姓。氏矢志守節，撫榮貴，以養以教，榮貴卒成名。蒙學院題贈「冬心獨抱」四字匾額。

羅何氏

夫早逝，子女皆殤，守節終老。

欽命貴州全省提督學院翰林院編修加三級録五次陳題贈「苦節高齡」四字。並序云：「節婦羅何氏係故民羅廷輔之妻，監生何其華之女，文生何其惠、何其榮之姪女，增生何廷瓚之堂妹，監生何級輝、文生何星輝、武生何光輝之堂姑母。幼嫻四德，長備三從。有子女皆殤，年廿九夫歿，矢志柏舟，貧而無怨。現年七十七歲。光緒十六年八月初一日題。」

卷末　雜録志

雜　録

清嘉慶二年玉屏山崩。十年地震。十七年彗星現於西方。

清道光二年地動，又大饑。三年旱。五年大饑，人相食。十七年，玉屏山崩。二十三年七月彗星現於南方；七夕，西南角天開一道，聲如裂帛。二十四年春三月大疫。

清咸豐七年六月，雷震文廟大成門右柱。八年正月，彗星現於西方，九月大火。九年八月，有星墜於城北，其聲若雷。冬十月大火。

清同治三年十一月笴發如春，大旱。四年大疫，九月有大鷹羣飛蔽日，自西而東。五年四月，黑氣起城南，逾時始散；大饑，人相食。六年六月大疫。八年十月大雨雹，大風拔木，屋瓦飛。十年五月大水。十一年十一月大火；虎斃人數百。十二年九月大風雷，大雨雹，雹大如雞卵，草木皆折。十三年瘈狗斃人畜，不計其數。

清光緒元年二月大雷電、大雨雹，大風拔木，屋瓦飛，蒙石里水龍村壓死人民十餘口；五月五日卯刻地震二次。二年七月雨雹，傷稼，繼至八月不雨，大飢。三年二月大風雷，大雨雹，傷麥。◎以上採自李稿。

五年三月雷震文廟鐘鼓樓。八年七月彗星現東南方。◎採自楊稿。

民國六年十二月大火，延燒城内十字街商店民房數十座。十四年夏大旱。十五年大飢，斗米一百二十毫，道饉相望，死者不計其數。◎採自楊稿。

三十年夏大旱。三十一年夏大水。三十二年夏末秋初，螟蟲蝕盡稻葉稻莖，秋收損失甚鉅。

民國二十九年，播瑶鄉男女婦孺被虎咬死者五六十人。三十二年豺狼白晝結隊遊行，但未聞傷害人畜。

民國三十一年秋，霍亂流行，各鄉均有死亡，而以播瑶、駕歐兩鄉爲重，各死亡男女三四百人。三十二年秋，洞塘鄉染霍亂症死者亦多。

吴大

元末明初，瑶慶里板央村有吴大者，短小精悍，鐵額銅頭，身披犀甲，矢礮不能入，所執戟重百餘斤，上陣如飛，人咸畏之。◎採自楊稿。

覃氏祖

舊縣後村覃氏祖，忘其名，長身高顴，有勇力。清揚威將軍哈元生南征至楊拱，覃仗劍請謁。哈異之，令試其技。覃以石臼爲盔，牛皮爲甲，大木爲桿，運動風生。哈大悅，厚賜之歸。◎採自楊稿。

某道士

清道光二十七年，有道士身披破襖，肩擔漆簶，神骨蒼老，憩於城東之龍王廟。不飲不食，善以符咒治病，沉痾立起。人厚餽之，盡傾以施貧乏。常自吟云：「壺裡春秋多歲月，胸中經史大文章。自從悟徹菩提樹，看透人間萬古忙。」居數月，不知所之。◎採自楊稿。

蘇瓊

不知何許人，夫婦寄居荔波，不茹葷，不飲酒。以米麵爲團，實糖於内，外加紅米裹之，名曰「喜團粑」。蒸熟，鬻於市以自給。夫婦同日屍解。茅屋數椽，忽生異草，香透一室。◎採自楊稿。

黄姓婦

瑶慶里有黄姓婦，偕一子方七歲，耕於山。有虎突至，撲婦於地，將噬之。其子不知爲虎，以小木擊之，虎舍婦而遁。◎採自楊稿。

姚煦

義僕姚煦。邑先正何振新撰《姚義僕志略》云：「閒讀《後漢書·獨行傳》，李善以男僕撫幼主，乳爲生湩，竊疑善即愛主，第男身，安所得婦乳？及聞城東平寨父老談姚義僕乳幼主事與善同，始信古人不我欺也。義僕姓姚名煦，無字，邑之瑶慶里巴恒村人。傭於平寨蒙早家。值大疫，早生一子，三日身故，再三日其妻繼亡。族人見是呱呱方六日，羣謂稺甚，不可養，以屬義僕，聽其自爲。義僕保抱心誠。求啼則以己乳注飴漿使吮。久之，乳長大，如有兒婦。試授之，果生湩，給幼主食。早族人奇之，屬以家産，聽其自爲。義僕撫主耕田，一歲所入，衣食外，餘則藏之，分毫不苟。幼主亦視之如母。自襁褓至成童，無須臾離。十六歲完婚，高會族人親戚於堂前。義僕稽首曰：『僕兢兢業業，十六年於斯，主人今日有室矣。僕亦身老力衰，敢謝諸公，敬從此辭。』其幼主聞之，趨而前，雙手抱其頸曰：『哥何往！哥何往！』淚涔涔下。義僕因之淚，滿堂觀者，亦莫不淚。幼主名秋桂，自能言，即以哥呼義僕。

「論曰：僕之事主，猶臣之事君，大小一也。若義僕者，不惟可爲霍光，且可幾孔明。如宋太祖者，其愧於斯人乎！王莽、曹操之流，則不堪爲僕者也。昔光武於李善，不嫌其爲僕而官之，亦以其爲僕而忠主，則爲臣必忠君也。乃姚煦之事，昔則無聞於朝，今將有聞於里。余心慭焉，誌之以俟采風者。」◎抄自楊稿。

韋榮

韋榮，清初恒豐里人，其父因案被押古州。榮往來照料，苦巖鷹灘之險，不利行船。乃鑿通之。古州道嘉其功，免父罪，並稟准免恒豐里廷牌、紅罕、木陀、地兩、務條、地哀、梅甫等村丁糧。後因案，充畢節，現繁衍數百户云。

覃開榜

覃開榜，清乾隆時從善里人，力大，能將兩手合圍樹子連根拔起飛舞，能兩手緊握百斤重黄牛四肢，拋上高樓。亦異人也。

附　志

荔波縣志整理委員會組織規程

第一條　本會以整理縣志舊稿並採訪編纂遺漏及新有事實，完成付印爲目的，特訂定本規程。

第二條　舊志稿之體裁文字，除必須修改者外，得仍其舊。

第三條　本會設委員若干人，由縣政府聘地方公正紳耆及熱心文化人士組織之。

第四條　本會設主任委員一人，由縣長兼任，綜理全會事務；並就委員中推定一人爲副主任委員，負責襄辦本會事務及總編纂之責。

第五條　本會委員均負採訪審核及校對之責；並由本會聘各鄉鎮長、各中心學校校長及各鄉鎮熱心文化人士爲採訪員，分頭採訪（採訪範圍另定之）。

第六條　副主任委員先將舊志稿分送本會各委員輪流閲讀，簽註意見，限期轉交副主任委員彙交本會初次審核。

第七條　各委員簽註意見，經本會審核通過後，再交副主任委員從事整理。

第八條　採訪所得事實，經本會審核通過後，交副主任委員從事編纂。

第九條　全部志書，整理編纂完竣後，送交各委員輪流修飾潤色，復經主任委員審核，即行付印。

第十條　本會暫定採訪閲讀時期爲兩個月，整理編纂時期爲兩個月，修飾潤色時期爲一個月，繕正校對時期爲一個月，共計六個月。必要時得呈請縣政府延長之。但延長時時期不得超過三個月以上。

第十一條　本會設書記、工役各一人，處理日常事務；必要時得呈請縣政府增設臨時書記若干人。

第十二條　本會除副主任委員及書記爲有給職外，其餘委員及採訪員均爲無給職。惟整理結束後，得由主任委員酌致酬金，以慰辛勞。

第十三條　本會辦公費每月暫定爲一百元，實支實報。必要時得呈請縣政府增加。

第十四條　本會經臨各費，由會擬具概算，呈請縣政府籌發。按月領取支付，取據報銷。

第十五條　印刷費俟届時議價確定後，再由本會呈請縣政府籌發。

第十六條　本規程自呈請縣政府核准公佈之日實施。

第十七條　本規程如有未盡事宜，得呈請縣政府修改之。

荔波縣縣志整理委員會經費支出計算書〔單位 元〕

科目	支出數		附註
第一款 縣志整理委員會經費	10 000	00	
第一項 經費	6 205	00	以八個半月計，自三十二年三月十六日起至十一月底止
第一目 俸給	5 100	00	
第一節 副主任委員薪津	2 550	00	月支 300 元，生活津貼及實物補助在内
第二節 書記薪津	1 700	00	月支 200 元，生活津貼及實物補助在内
第三節 工役生活費	850	00	月支 100 元，生活津貼及實物補助在内
第二目 辦公費	1 105	00	
第一節 筆墨紙張費	510	00	月支 60 元
第二節 燈油費	255	00	月支 30 元
第三節 郵電費	85	00	月支 10 元
第四節 雜支費	255	00	月支 30 元
第二項 臨時費	3 795	00	
第一目 繕寫費	2 269	00	
第一節 繕寫工資	2 000	00	

續　表

科　　目	支出數		附　　註
第二節　紙張費	269	00	
第二目　酬勞費	726	00	
第一節　酬勞費	726	00	
第三目　旅費	800	00	
第一節　旅費	800	00	

附記
1. 繕寫費繼因物價增高，不敷甚鉅，乃將三十三年度文獻委員會事業費二千八百四十元挹注開支。
2. 敵寇淪陷軼散後重行編整，並無待遇，僅由政府發給繕寫費國幣壹拾萬元正（三十六年三月五日支付）。
3. 印刷費計　部，共去國幣　元正。